구한말 교육과 일본인

구한말 교육과 일본인

지은이 —— 이나바 쯔기오(稻葉繼雄)
옮긴이 —— 홍준기
초판 1쇄 인쇄 —— 2006년 4월 17일
초판 1쇄 발행 —— 2006년 4월 20일
펴낸이 —— 김용항
펴낸곳 —— 온누리

충북 청주 상당 수동 90-4 · 서울사무실 마포 합정동 393-11
전화 324-4790 · 팩시밀리 333-6287

출판등록 —— 1982년 12월 6일
등록번호 —— 제아-20호

값 30,000원
ISBN 89-8367-093-2 93370

구한말 교육과 일본인

(原題 : 舊韓國의 教育과 日本人)

이나바 쯔기오 지음 · 홍준기 옮김

저자의 말

한국 정부 파견으로 2002년 10월부터 2005년 3월까지 큐슈대학 대학원의 연구생과 정규생으로 수학한 홍준기 씨가 이번에 졸저(拙著) 『舊韓國의 教育과 日本人』의 번역서를 출간하게 되었다. 저자로서는 더 없는 영광이다.

홍 씨가 번역에 대한 말을 처음 꺼냈을 때 나는 솔직히 걱정이 앞섰다. 원작이 취급하는 舊韓末時代는 일본에서는 明治時代이고, 인용자료의 대부분이, 오늘 날에 와서는 일본인 대학원생들조차 좀처럼 읽기 어려운 옛날 일본어로 쓰여 있기 때문이다.

그러나 홍 씨는 우리 연구실의 일본인 학생들과 그 친구들의 도움을 받아가면서, 어쨌든 번역을 완성하였다. 그런 의미에서 이 번역서는 홍 씨 자신의 노력은 말할 것도 없고, 홍 씨의 인간성에 의해 형성된 팀웍의 산물이다. 또「2005 한일 우정의 해」의 기념비의 하나로서 출판을 더욱 기쁘게 생각한다.

나는 1971년 4월 한국에 유학했다. 당시의 지도교수이신 홍웅 선생님으로부터 오천석 님이 쓰신 『韓國新教育史』(현대교육총서출판사, 1964년)를 입문서로 지정받아, 나는 한국어 사전을 한 손에 들고 이 책을 열심히 읽었다. 즉 이 책은 나에게 있어 한국어 및 한국교육사의 교과서였고, 결국 한일 근대교육사의 연구자로서 넘지 않으면 안 될 목표가 되었다.

『韓國新教育史』는 와타나베 마나부(渡辺學) · 아베 히로시(阿部洋) 이 두 분에 의해 일본어로 번역되어, 『韓國近代教育史』라는 제목으로 1979년 10월 동경의 고려서림에서 출판되었다.『韓國近代教育史』는 한국어를 이해하는 사람이 거의 없었던 (그리고 지금도 상당히 적은) 일본의 교육계 · 교육사학계에 큰 영향을 끼쳤다. 이 책에 의해 한국과 일본의 근대사에 관심을 갖게 된 일본인은 결코 적지 않다.

졸저와『韓國新教育史』를 비교하는 것은 주제넘는 일이지만 홍준기 씨에 의한 이 번역서가,『韓國近代教育史』가 일본에서 달성한 역할의 만분의 일이라도 한국에서 행할 수 있다면 매우 다행이라 생각한다.

2005년 12월

九州大學 大學院 教授 稻葉繼雄(이나바 쯔기오)

역자의 말

여러 가지 부족한 자신의 능력을 헤아리지 않은 채 도전에 올랐던 유학 길이, 적지 않은 고난의 길이 될 것임을 난 처음부터 예상하고 있었다.

그 예상은 제대로 적중했다. 지금도, 2년 반이란 짧지 않은 기간을 어떻게 버텼는지, 생각하면 스스로도 놀라울 따름이다.

하지만 나름대로 '잘' 버틸 수 있었던 것은, 바로 내 평생의 恩師이신 이나바 쯔기오(稻葉繼雄) 선생님을 만난 덕분이었다.

내게는 한국에, 삶의 기틀을 마련해 주신 여러 은사님이 계신다. 하지만 일본에 계신 이나바 선생님으로부터는, 학문도 학문이지만, 스승의 권위와 가르치는 자의 열정, 그리고 인간미를 더 감명적으로 배웠다.

번역의 동기라면, 이 책이, 교육행정가로서의 교육에 대한 조그만 열정의 표현이 됨과 동시에, 우리의 교육 발전사를 회고해 볼 수 있는 기회가 될 수 있었으면 하는 바람 때문이다.

선생님의 저서를 '감히' 번역하겠다는 말을 꺼내 놓고, 막상 착수하여 부닥친 장벽은, 실로 넘기가 쉽지 않았다. 선생님 말씀대로, 일본인 대학원생조차 읽기 어렵다는 고문(古文) 번역은, 혼자의 힘만으로는 넘을 수 없는 장벽이었다. 게다가 인명(人名)과 지명(地名) 읽기는, 이방인(異邦人)의 힘으로는 거의 불가능한 일이었음을 고백하지 않을 수 없다.

번역 과정에서 주변의 많은 도움을 받았던 바, 고문 번역에 자신의 연구

시간을 쪼개어 도와준 동료 대학원생 타나카 미츠하루(田中光晴) 君과, 청주대학교 대학원 유학생 요시다 유타카(吉田緩) 씨에게 특히 감사의 인사를 드린다.

마지막으로, 유학기간 중에 임종조차 허락치 않으시고 다시 못 올 곳으로 떠나버리신 어머님의 영전(靈前)에, 생전에 보여드리지 못했던 불효 자식의 졸서(拙書)나마 바치려 한다.

그리고, 하나 있는 아들 놈 군에 입대시켜 놓고, 이역(異域) 땅에서 남모르게 눈물짓던 아내에게도, 늦게나마 고맙다는 말을 전한다.

2005. 12.

우암산 앞 당산(唐山) 아래서 홍준기

緖言

이 책은 구한말 교육에 관하여 필자가 지금까지 써 두었던 원고 11편을 모은 것인데 그 일람은 다음과 같다.

○「갑오개혁기의 조선교육과 일본」『國立教育研究所紀要』 제121집 1992년

○「한말교육의 구조」 우노 세이이치(宇野精一) 감수 『동아시아의 사상과 문화』 도서 문헌센터 1980년

○「이노우에 카쿠고로(井上角五郎)와 『漢城旬報』 『漢城周報』 — 한글 사용 문제를 중심으로」 『文藝言語研究』 言語 編 12 츠쿠바(筑波)대학 문예 · 언어 학계 1987년

○「통감 이토오 히로부미(伊藤博文)와 한국교육」 나카지마 나오타다(中島直忠) 編著 『教育行政學의 課題』 教育開發研究所 1992년

○「오오쿠마 시게노부(大隈重信)와 구한말 · 식민지 교육」 『近代 日本의 아시아 教育 認識』 문부성 과학연구비 연구 성과보고서(대표자 阿部洋) 1996년

○『구한말의 教育近代化와 일본인의 역할』 昭和 56년도 츠쿠바(筑波)대학 학내 프로젝트 연구성과 보고서 1982년

○「東京高等師範學校와 구한말 · 식민지 교육(그 2) — 미츠치 츄우조(三土忠造)와 한국교육」 『日韓兩國에 있어서의 精神文化의 交流 — 近代化와 내셔널리즘을 視点으로』 昭和 58년도 츠쿠바대학 학내 프로젝트 연구 성과 보고서 1984년

○「구한말 고빙(雇聘) 日本人 『學部 직원』의 그 후 — 1909년 7월~1916년 10월의 動向」

『큐슈대학 教育學部 附屬 比較教育文化 研究施設 紀要』 제45호 1994년
○「구한말 『日語學校』의 일본인 교사 — 그 대표적 사례」『國立教育研究所紀要』 제115집 1988년
○「구한말 관공립 보통학교의 일본인 교원 — 교원 인사를 중심으로 『츠쿠바대학 地域研究』 제11호 츠쿠바대학 大學院 地域研究 研究科 1993년
○「구한말 관공립 보통학교의 일본인 교원 — 교육활동을 중심으로」『歷史批判』 제13호 서울 도서출판 다섯수레 1994년

그러나 각 編(본서에 있어서의 각 章) 상호간의 연관을 고려하여 일부 첨삭과 재편을 했으며, 논문 발표 후 얻은 새로운 지식에 근거하여 잘못된 부분은 정정했다고 하는 의미에서, 이미 발표한 논문들의 단순한 재수록은 아니다.

본서는 크게 4부분으로 이루어져 있다.

제1부는 朝鮮 教育史上 근대화의 신기원이 됐던 갑오개혁(1894~1896년)부터 한일합병(1910년)에 걸친 구한말 교육사의 개설(槪說)이지만, 평범한 제도사적 개설이 아니고, 일본인의 관여를 키포인트로 구한말 교육의 구조와, 거기에 있어서의 한일 쌍방의 다이나미즘, 즉 일본 측의 간섭과 한국 측의 주체성과의 긴장관계를 밝히려고 힘썼다.

제2부에서는 정치가 3명을 택했다. 이노우에 카쿠고로(井上角五郎)는, 말하자면 후쿠자와 유키치(福澤諭吉)의 대리인으로서 활동했던 인물이다. 이토오 히로부미(伊藤博文)는, 말할 것도 없이 초대 통감으로서 일본의 을사늑약에 의한 조선 강점 이후 한국을 통치했고, 이토오의 정치적 라이벌인 오오쿠마 시게노부(大隈重信)도, 구한말에 관한 많은 언행이 있었다. 여기서는, 그들과 구한말의 교육과의 관계를 새롭게 부각시켰다.

제3부는 구한말의 「雇傭外國人」으로서의 시데하라 타이라(幣原坦) · 미츠치 츠우조(三土忠造) · 그 밖의 학무 관료의 사례연구이다. 그들이, 신분상으

로는 한국 정부에 고용된 몸이면서도, 결과적으로 일본에 의한 식민지교육의 터를 닦은 과정을 실증하였다.

제4부는 이른바 「日語學校」와 관공립 보통학교의 현장에 있었던 일본인 교사들의 움직임을 추적했다. 「日語學校」와 보통학교는 학교의 기본적인 성격이 다르지만, 거기에서의 일본인 교사의 「국책의 첨병」적 성격은 공통적이었다. 제4부에서는, 그들 개개인의 동향으로부터 최대공약수적인 일본인 교사상을 추출하려고 했다.

이상과 같은 4부 11장의 논문에 의해 구한말 교육상황에 대해 속속들이 살펴볼 수 있는 것은 물론 아니지만, 정치가 · 학무관료 그리고 교사라고 하는 다면적인 각도에서 접근함으로써, 구한말 교육에 대한 일본인의 간여, 솔직히 말하면 합병 후의 동화교육을 향한 준비공작을 거의 전면적으로 파악할 수 있지 않을까 생각한다. 합병 후에 비해 아직 밝혀지지 않은 부분이 많은 구한말 교육사의 연구에 본서가 일조(一助)했으면 하는 바람이다.

전에 지은 『舊韓末 「日語學校」의 硏究』(1997년)에 이어, 본서도 平成 11년(1999년)도 문부성 연구 보조금을 받아 큐슈대학 출판부에서 출판하게 되었다.

관계자 여러분께 깊은 감사를 드린다.

1999년 8월 이나바 쯔기오(稻葉繼雄)

차례

Ⅰ 概說

제1장 갑오개혁기의 조선교육과 일본

머리말

갑오개혁은, 조선의 근대를 획짓는 일대 사건이면서도, 아직도 그 기간조차 확정되어 있지 않다. 일반적인 시기 규정은, 1894년 7월 27일의 군국기무처 설치로부터 ① 군국기무처가 약 210건(일반에는 208건)의 개혁안을 빠르게 의결했던 약 3개월간(10월 29일까지) ② 군국기무처가 최종적으로 철폐되는 동년 12월 17일까지 ③ 1896년 2월 11일 국왕 고종이 러시아 공사관으로 몸을 옮겼던 이른바 아관파천까지의 3시기이다.

한편 갑오개혁의 역사적 평가도 다양하다. 종래에는 부정적인 평가가 많았는데, 그 전형적인 것으로, 「소위 갑오개혁을 종합해 보면, 한국정부는 오오토리(大鳥) 공사 등 일본 관헌의 조종과 간섭 아래서, 208건의 새로운 법령을 3개월 될까 말까 한 사이에 의결, 공포하여, 전국민에 실행을 강요한 것에 지나지 않는다」[1]라고 하는 견해가 있다. 이에 대해, 최근 특히 좌익계 연구자들 사이에, 「군국기무처는, 어디까지나 조선의 혁신 세력이 독자적으로 수립한 정치 기구이며」 「일본인이 예상한 바와는 달리 군국기무처는, 혁신 관료들의 정력적인 활동에 의해, 조선사회의 발전에 본질적인 의의를 가진 수많은 사회경제적 개혁을 실시했다. 만일 군국기무처의 개혁 활동이 계속됐더라면, 조선사회는 급진적으로 근대화를 실현하여, 자주적 발전의 길에 들어설 가능성이 있었다」[2]라고 하는 적극적인 평가를 볼 수 있게 되었다. 그리고 「갑오경장은, 오히려 한국의 개화파 관료들이 주도하고 일본이 방조했던, 궁극적인 의미에서의 자율적 개혁이었다」[3]라는 평가가, 그 중간에 위치하고 있다.

교육사학계에서는, 「갑오경장은 이에 이르기까지의 경위는 어찌 되었든 간에, 이 나라가 수천 년 동안 들어 앉아 있던 구각(舊殼)으로부터 벗어 나와, 새 시대와 호흡을 맞추어 나라를 근대화하려는 첫 시도였다고 하겠다」[4]라는 吳天錫의 논리 전개가 상징하는 것처럼, 갑오개혁의 경위를 깊게 추구하지 않고, 결과로서 나타난 교육 사상(事象)의 추적에만 힘을 쏟아 왔던 것이 일반적인 경향이다.

이상과 같은 상황을 고려하여 본 章에서는, 갑오개혁을 둘러싼 일본 측의 내정간섭과 조선 측의 주체적 혁신의 움직임은 어떻게 전개되었는지, 그 결과 어떠한 교육개혁이 행해지고, 거기에서 일본적인 요소를 어느 정도 볼 수 있는지, 다시 한번 검토하는 것을 목적으로 한다.

본 장에서 말하는 「甲午改革期」는, 광의의 갑오개혁(1894년 7월~1896년 2월)뿐만 아니라, 1897년 이후의 이른바 光武改革의 시기까지도 포함한다. 그것은, 특히 교육에 관해서는 광무개혁도 갑오개혁의 연장선 상에 위치하고, 러일전쟁에 이르기까지 연속성을 갖고 실시되었기 때문이다.

또한, 光武 개원(改元)과 함께 조선은 「大韓帝國」으로 불렸으나, 본 장에 있어서의 국명은 편의상 「朝鮮」을 기본으로 한다.

1. 갑오개혁의 기본적 성격

일본에 의한 조선의 내정개혁을 최초로 제안한 것은, 재조선 일본 공사관 서기관 스기무라 후카시(杉村濬)였다. 그는 1894년 6월 13일, 「조선정부는 반란을 일으킨 민중을 진압할 수 있는 능력이 없어 이웃 나라에 좋지 않은 영향을 주었다는 구실로 청국 정부와 협의하여 조선정부에 내정개혁을 권고합시다」[5]라는 등의 의견을 외무대신 무츠 무네미츠(陸奥宗光)에게 올렸다. 이를 접수한 일본 정부는, 우선 청일 공동으로 조선의 내정을 개혁하기로 각의에서 결정하였으나, 결국은 일본 단독으로 이를 추진하게 되었다. 청국이 일본의 제안을 거부한다는 것은, 처음부터 예측된 것이었다.

이토오(伊藤) 내각의 훈령에 의해 조선주재 일본공사 오오토리 케이스케(大鳥圭介)가 고종에게 내정개혁의 필요성을 주상(奏上)한 것이 동년 6월 26일, 5개조의 「內政改革方案綱領」으로서 개인의 안을 구체적으로 제시한 것이 7월 3일이었다. 오오토리는, 「綱領」을 부연하여 「內政改革方案綱目」을 작성, 이것을 둘러싸고 7월 10, 11일 양일, 申正熙 등 조선 측 위원과 협의를 했다. 이것이 유명한 노인정 회담이다.

그러나, 조선 측은 「綱目」의 실천을 거부했다. 그 이유는, 「우선 일본군을 철수한 후 조선정부 스스로 개혁을 시행한다」[6]라고 하는 것이었다. 실제, 일본군 진주 하에서, 게다가 사항에 따라서는 10일 이내에 실시라는 급작스런 개혁 「권고」는, 당시의 조선정부로서는 받아들이기 어려운 것이었다. 또, 노인정 회담에 앞선 6월 22일, 金嘉鎭 · 兪吉濬 등 신진 개화파를 새로 등용하는 등 조선정부가 자주 개혁의 자세를 보였던 것도 사실이다.

「綱目」의 실행 강요를 일단 포기한 오오토리는, 7월 23일에 왕궁을 점거, 즉 대원군 · 개화파를 이끌고 쿠데타를 감행했다. 이 거사는, 실제는 일본정부의 뜻에 반하는 것이었다. 무츠(陸奥) 외상은, 7월 19일, 오오토리 공사에게 다음과 같이 훈령했던 것이다.

> 조선정부가 우리의 개혁안을 거절한 것에 관한 당신의 전보는 받았다. 지금부터는 (오오토리)공사가 스스로 정당하다고 믿는 수단을 사용해도 좋다. 다만, 내(무츠 외무대신)가 보낸 「51號 電報 訓令」에 있던 대로 다른 외국과 문제를 일으키지 않도록 충분히 주의해야 한다. 우리의 병력을 사용해 왕궁이나 한성(漢城)을 수비하는 것은 得策이 아니라고 생각하므로 (왕궁이나 한성의 수비를) 결행하지 않기 바란다.[7]

이처럼 갑오개혁을 둘러싸고 처음 발단부터 일본정부(陸奥外相)와 경성 공사관(大鳥 · 杉村 등)과의 사이에 인식의 차가 있었던 것이 분명하지만, 무츠에 있어서는, 일본의 이권획득이나 청일전쟁의 수행에 비하면, 조선의 내정개혁 자체는 그다지 중요한 문제는 아니었던 것이다. 당시를 회고한 『蹇蹇錄(켄켄로쿠)』에서, 무츠는 다음과 같이 말하고 있다.

> 나는 이전부터 조선의 내정개혁이라는 것은 정치적 필요 이외에는 아무런 의미가 없는 것이라고 생각하고 있다. 또한 의협심에서 십자군을 일으킬 필요는 조금도 없기 때문에 조선의 내정개혁이라는 것은 먼저 우리나라의 이익을 주안으로 하여 조선의 내정개혁 때문에 우리나라가 손해를 볼 필요는 전혀 없다. 이번 사건을 통해 내정개혁을 논하면, 원래 조선의 내정개혁이라는 것은 일본과 청나라 사이에 복잡하게 엉켜 풀기 힘든 난국을 조정하기 위해서 생각했던 정책 중의 하나이지만, 상황이 일변해 결국 우리나라의 힘만으로 맡지 않으면 안 되게 된 것이다. 따라서 나는 처음부터 조선의 내정개혁 자체에 대해서는 그다지 중요시하지 않았고 또한 조선 같은 나라가 만족할 만한 개혁을 완수할 수 있을지 의문을 갖고 있다.[8)]

어떻든, 쿠데타를 감행하여 개화파 정권을 수립한 오오토리 등은 7월 27일, 갑오개혁 추진의 모체가 되는 군국기무처를 발족시켰다. 스기무라 후카시(杉村濬)에 의하면 그 경위는 다음과 같다.

> 나는 …… 신정부 조직에 앞서 평의회를 만들고 그 평의회에서 모두의 의견을 통일할 필요가 있다고 생각했다. 이를 동지들과 상의했더니 모두 동의하므로 공사관에 돌아가 오오토리 공사께 말씀드렸다.
>
> …… 26일 오전 11시 왕궁에 가서 대원군을 배알하고 모두의 의견을 통일하기 위한 평의회를 만들 필요성을 말하자, 대원군께서는 굳이 이의를 제기하지 않으셨다. 그러므로 집합소에 돌아가 다시 상담하여 의원으로 적합한 사람 등을 찾아, 다음날 27일 오전 11시 왕궁에 가서 대원군께 말씀드리자 대원군께서는 그

것을 받아들여, 명칭을 「군국기무소(軍國機務所)」로 하도록 명하셨다. 이날 김굉집(金宏集)이 영의정으로 임명됨과 동시에 군국기무소 총재로 임명되었다.[9]

이처럼 군국기무처는, 스기무라 후카시의 이니셔티브에 의해, 일본의 원로원 · 추밀원을 본따 설치되어, 일본 측의 지도성을 확보하기 위해 「총재의 지명에 의한 상임 기초위원 약간명을 두고, 군국기무처 회의에 상정할 의안은, 미리 기초위원이 스기무라(杉村) 서기관 · 오카모토 류우노스케(岡本柳之助) 등과 협의를 거쳐, 원안을 작성하고, 총재가 회의에 상정하는 방법을 취했다.」[10] 또, 일본 공사관 書記生 시오카와 이치타로(塩川一太郎)가 仮郎廳(원외서기)으로서 총재를 보좌했다. 그러나, 군국기무처에 있어서는 조선 측의 주체성이 크게 발휘되어, 「그 중에서도 兪吉濬은 총재 金弘集(처음 이름은 宏集 - 著者 註)에게 깊은 신뢰를 받아, 일본 공사관 및 대원군과의 연락을 맡아, 사실상 군국기무처 회의의 추진 세력이 된 느낌이었다.」[11] 이것은 널리 인정되고 있는 바이다. 兪吉濬은, 갑오개혁에 앞선 1894년 6월 24일, 參議交涉通商事務로 정치의 제1선에 등용되었는데, 군국기무처가 개설되자마자 그 의원에 임명되고, 제1차 金弘集 내각(동년 8월 15일~12월 17일)에서는 議政府都憲(내각관방장관)을 맡았다. 그간의 그의 업적은 다음과 같이 평가되고 있다.

> 소위 갑오경장은 한국사회에 크나큰 변화를 일으켰는데, 兪吉濬은, 전면에 나서지는 않았으나 실은 뒤에서 모든 것을 주도하였다고 한다. 내각인 의정부의 관제를 비롯하여, 사법권의 독립, 재정개혁, 신분제 철폐, 조세의 金納化 등은 그의 사상이 반영된 것이었다.[12]

그 후에도 兪吉濬은, 內務協弁 · 內務大臣 등을 역임하고, 아관파천 직전의 제4차 金弘集 내각(1895년 10월 12일~1896년 2월 11일)에 이르러서도 「정무의 대부분은 金弘集과 兪吉濬의 마음에서 나온다」[13]라고 불리울 정도였다.

즉 兪吉濬은, 金弘集 정권의 존속 기간 중 거의 일관되게 개혁을 주도하는 입장이었다. 다만, 「그는 오전에는 케이오의숙(慶應義塾)에서 공부하고 오후에는 후쿠자와 유키치(福澤諭吉)선생에게 사사(師事)를 받는 생활을 수년간 계속했기 때문에, 완전히 후쿠자와식 교육에 심취해서 후쿠자와 선생님을 神과 같이 보고, 나중에 세상에 나갈 때는 반드시 자신이 선생과 같이 되리라고 깊이 마음 먹고 있었다」[14]라고 하는 후쿠자와 유키치와의 관계 때문인지, 일본에 대한 경계의식이 희박했다는 아쉬움은 부정할 수 없다.

그런데, 이야기를 되돌려 1894년 8월 20일, 일본 정부는, 오오토리 공사로 하여금 외무대신 金允植과의 사이에 「暫定合同條款」을 체결시켰다. 그 제1조〔이번에 일본정부는 조선정부가 내정을 개혁하는 것을 희망하며 조선정부도 개혁이 급선무임을 알고 (일본 정부의) 권고에 따라 실행해야 할 개혁의 내용은 순서에 따라 시행한다〕에 의해 「조선정부는 이때부터 조약상의 의무로, 일찍이 일본으로부터 권고된 내정개혁을 실행해야 할 책무를 지게 되었다」[15]라는 것이다. 그러나, 이 시점에서도 일본 측에는 아직, 조선의 내정개혁에 적극 간섭하는 자세가 확립되어 있던 것은 아니다. 오오토리는, 8월 14일 무츠 외상에게 올린 「조선 내정개혁 권고에 대한 우리 정부의 방침 大概」에서, 「개혁사업은 가능한 한 조선 사람의 손에 맡겨 행하고 우리는 깊이 간섭하지 않는 것이 중요하다」[16]라고 말하고 있고, 오오토리의 의견을 받아 열린 8월 17일의 각의에서도, 구체적인 대조선 정략은 확정되지 않았던 것이다. 이처럼 일본 측이 소극책을 취했던 것은, 7월 25일에 시작된 청일전쟁의 귀추가 아직 분명하지 않았기 때문이다.

9월 16일의 平壤會戰에 의해 在朝鮮 淸軍이 거의 궤멸된 후, 무츠는 오오토리에게 「조선국 내정개혁에 관해서는 적당한 간섭이 필요함」을 훈령했다. 그 일부분은 다음과 같다.

> 이번 평양에서의 승리로 민심이 확 바뀐 기회를 타서, (오오토리) 각하는 우리의 세력을 확장하는 데 힘써, 조선이 ……(中略)…… 외교상은 물론 내정상의 일

이라도 조금이라도 중대한 일이라면 반드시 각하의 의견을 듣고 동의를 얻은 후에 시행토록 유도할 것.[17)]

이렇게 하여 일본 공사관에 의한 간섭의 조건이 정비되었으나, 결국 오오토리 공사 시대의 내정개혁은, 일본 측이 기대한 만큼의 성과는 거두지 못했다. 그 때문에 오오토리는 해임되고, 더 큰 거물 공사로 이노우에 카오루(井上馨)가 부임하게 된다. 이노우에가 공사로 정식 취임한 것은 1894년 10월 26일이다. 그는 부임 전부터 조선의 내정개혁에 관한 복안을 갖고, 이것을 모은 20개조의 「內政改革綱領」을 11월 20일 고종에게 제시했다. 이어 12월 17일, 이 강령의 실현을 위해 군국기무처를 폐지시키고, 金弘集 · 朴泳孝의 연립정권(제2차 金弘集 내각)을 출범시켰다. 이어 1895년 1월 7일에는, 「綱領」 전반의 취지를 정당화시키기 위하여, 형식적으로는 「綱領」 제20조(독립의 기초를 굳혀 내정을 개혁하기 위해서는 國是를 정하여 종묘에 맹세하고 이를 백성에게 알리게 하는 것이 필요하다)를 근거로, 고종으로 하여금 「洪範14條」를 선서하게 했다.

무릇 국왕이 종묘를 참배하고 선서하는 것은 조선의 관습에는 없었기 때문에 「洪範14條」가 이노우에의 의도에서 나온 것임은 말할 것도 없다. 「이노우에 공사는 메이지 22년 2월 11일의 헌법 공포 때 메이지 천황이 賢所(궁중에 있는 세 개의 신전 중의 하나 – 譯者 註) · 皇靈殿(궁중에 있는 선조를 제사 지내고 있는 곳 – 譯者 註)을 참배하고 글을 올린 것을 모방하여, 특히 조상의 신령에 맹세하여 개혁의 결의를 확고히 하기 위해, 이 선서식의 거행을 권고한 것이다」[18)]라고 한다. 서고문(誓告文)의 기초는 스기무라 후카시(杉村濬)가 맡았다. 스기무라는, 1894년 12월 「11일 공사는 나에게 명하여 …… 종묘에 올리는 서고문의 초안과 그 날짜에 관해 김총리 이하의 사람들과 협의하라고 말씀하셨다」[19)]라고 말하고 있다.

이처럼 「洪範14條」를 둘러싸고 일본 측이 주도한 것은 사실이지만, 스기무라가 「김총리 이하와 협의」했다고 하는 것은, 거기에 조선 측의 자주성이 작용할 여지가 있었음을 의미한다. 「洪範14條에는, 徐光範이 미국 망명시절에 얻은 법률 지식과 의견이 많이 받아들여졌다」[20], 혹은 「朴泳孝(내무) · 徐光範(법무) 등의 의견이 반영되어 있는 것으로 생각된다」[21] 등이, 현재 한국 학계의 통설이다.

그런데, 이노우에가 내정개혁을 추진하면서 수족으로 활용한 것은 일본인 顧問(고문보좌관 · 서기관 · 보조원 등을 포함)이었다. 조선정부에 일본인을 고문으로 보낸다고 하는 구상은 갑오개혁의 초기부터 있었다. 예를 들면 1894년 8월 14일, 오오토리 공사가 무츠 외상에 올린 「조선 내정개혁 권고에 따라 우리 정부가 취해야 할 방침 大概」에는 다음과 같은 2개 조항이 있다.

> 4. 조선정부의 초빙에 따라야 할 재정, 병제(兵制) 및 법률의 고문관(顧問官)은 우리 정부에서 추천하고, 그 신분은, 우리 정부에서 휴직 중에 있는 사람, 혹은 파견을 위해 특히 휴직을 명한 성실하고 노련한 관리, 혹은 정부와 내밀한 약속이 있어서 처음부터 끝까지 우리 정부와 동일한 방침을 취하는 사람이어야 한다. 그런 사람이면 조선내정의 개혁에 관해서 우리(공사관)는 전혀 관여하지 않고 이 고문관에게 맡길 수가 있다. 또 이 고문관에게는 정부에서 은밀하게 훈령을 하여 모든 일을 주재공사(駐在公使)와 협의토록 하여 공사의 의견에 반하지 않게 해야 한다.
>
> 5. 구미인(歐美人)의 감정을 상하지 않게 하기 위해 미국인 고문관(顧問官) 한두 명을 고용하게 하는 것이 상책이라고 생각한다. 다만, 남모르게 우리 정부가 보호하여 반드시 우리 정부의 방침에 찬성하도록 하는 것이 중요하다.[22]

이 취지에 맞추어 군국기무처도, 8월 15일, 「각 부아문(府衙門)에 외국인을 한 사람 고용해서 고문으로 할 것」을 의결하고 있다.

하지만, 앞에 말한 것 같은 소극적인 간섭 책략 가운데, 오오토리 공사 재임 중의 고문 인사는 극히 일부 밖에 진척되지 않아, 그 본격화는 이노우에 공사의 부임을 기다리지 않으면 안 되었다.

이노우에는, 부임 초기부터 일본인 고문 채용의 필요성을 강조하여, 「內政改革綱領」에도 이것들을 명기했다(제18조 숙련된 고문관을 각 아문에 초빙할 것). 이리하여, 1894년 11월부터 익년 초에 걸쳐 일본인 고문이 속속 초빙되고, 그 수는 도합 약 40명이 되었다. 참고로 다음의 후쿠자와 유키치(福澤諭吉)의 1895년 1월 4일자 「時事新報」 논설은, 당시의 일본 여론을 대표하는 것으로 볼 수 있다.

> 이것에 관해서 내 의견을 말한다면, 독립국의 체면을 유지시키는 것은 좋지만, 실제로는 정복한 것으로 간주해서, 조선정부의 가장 중요한 지위에는 일본인을 넣어 실권을 쥐게 하여, 군사나 경찰의 일로부터 회계에 관한 일, 지방의 시정에 이르기까지 이 모두를 일본인의 손으로 직접 실행하고, 그 동안에 조선인으로서 조금 사정을 알고 있는 자를 채용하여 政事를 익히도록 하는 것 말고는 더 좋은 수단은 없다. 이렇게 하면 간섭이 너무 지나친 게 아닌가 하는 느낌도 들지만, 사실이 그러니까 간섭하는 것을 꺼려 헛되게 시간을 보낼 필요가 없다.

하지만, 제반 개혁을 실시하려 해도 조선정부에는 재원이 없었다. 그 때문에 이노우에는, 1894년 12월 이래 일본정부에 500만 엔의 차관을 요청했으나, 이것이 300만 엔으로 삭감된 뒤 겨우 실현된 것이 1895년 3월 30일이었다. 일본인 고문의 지도 아래, 각종 개혁법령이 제정 공포된 것은 이 이후의 일이다.

그러나, 청일 강화조약 조인(4월 17일) 직후의 삼국간섭(4월 23일~5월 5일)에 의해 일본의 국제적 위신은 어쩔 수 없이 감퇴되었다. 따라서, 일본인 고문이 종횡으로 수완을 발휘할 수 있었던 것은 짧은 기간이고, 삼국간섭 후에는, 그 지도력에도 스스로 한계가 있었다고 볼 수 밖에 없다. 조선 측의 자주성 발휘의 한 예로, 이전에 노인정 회담에서 대표위원의 한 사람이었던 金宗漢은, 「나는 그 당시 궁내 협판(協判) 혹은 궁내 서리대신(署理大臣) 등의 관직에 있었으나, 현재의 왕실 직제의 기초는 (당시는 宮內府) 전부 내 손으로 만들어진 것이다」[23]라고 말하고 있다. 덧붙여 말하면, 「宮內府 官制」가 공포 시행된 것은 동년 4월 26일이다.

스스로 의도했던 내정개혁 구상이 좌절된 이노우에는, 9월 17일, 최종적으로 한성을 떠나, 일본인 고문들도 후원자를 잃었다. 『경성부사(京城府史)』에 의하면, 그 후의 동향은 다음과 같다.

> 9월 17일 이노우에 전 공사가 서울을 출발해서 21일 인천을 출항한 후에는 민파(閔派)가 궁중 내의 세력을 점차 확장했다. 그 뒤의 사정을 보면 궁중과 러시아 공사관과의 결탁은 이미 더 없이 강고하게 되어 있었다. 이에 반해 개화당 세력은 급격하게 쇠퇴하여, 수많은 일본인 고문도 아무 할 일이 없고, 화가 나서 곧바로 서울을 떠나는 사람이 있는가 하면, 떠나지 않은 사람도 단지 팔짱을 끼고 있을 뿐이었다. (일본인 고문들은 그 해 연말에는 대부분 정부를 떠났다.)[24]

위의 인용 말미에 「일본인 고문들은 그 해 연말에는 대부분 정부를 떠났다」라는 것은, 10월 8일, 이노우에의 후임 공사 미우라(三浦) 등에 의한 명성황후 시해 사건이 발발하고, 여기에 관여한 오카모토(岡本柳之助) · 시부야(澁谷加藤次) 등 일본인 고문이 국외로 추방되었을 뿐 아니라, 조선에서의 일본 세력 자체의 후퇴에 더 한층 박차가 가해졌기 때문이다.

1896년 2월 11일의 아관파천 이후, 金弘集 · 魚允中 등은 참살되고, 兪吉濬은 일본에 망명했다. 이에 의해, 그때까지 명맥을 유지하고 있던 개화파는 최종적으로 좌절하고, 광의의 갑오개혁도 종언(終焉)을 고하게 되었다. 이러한 결말이, 갑오개혁이 철저하지 못하게 끝났다는 것을 이미 충분히 말해주고 있다. 그러나, 일본에 의한 간섭과 조선 측의 자주성에 포인트를 맞추어 갑오개혁의 기본적인 성격을 논한다면, 지금까지 보아 온 것처럼 갑오개혁의 큰 틀은 일본에 의해 정해졌으나, 일본 공사관이나 일본인 고문의 간섭에는 대부분의 기간을 통하여 제약이 뒤따랐고, 거기에 조선 측의 자주성이 발휘될 여지는 많이 있었다. 역사적으로 보면 갑오개혁의 정신적 원천은, 1884년 개화파에 의해 행해진 갑신정변(甲申政變)에 있고, 청일전쟁의 직접 계기가 된 동학(東學)농민운동의 요구사항도 갑오개혁에 반영되어 있었다. 이런 의미에서 갑신정변~동학농민운동~갑오개혁은 내재적 연속성이 있는 것으로 보아야 할 것이다. 따라서, 갑오개혁의 과정에서 일견 친일적인 정책이 펴졌다 해도, 그것은 주로 조선 측에 의한 자주적 선택의 결과였다고 볼 수 있다.

그리고 이것은, 러시아 공사관으로부터 고종이 환궁(1897년 2월 20일)한 후, 일본과 러시아의 세력 각축 중에서 전개된 광무개혁에 있어서도 기본적으로 같다.

2. 갑오개혁기의 교육사업

1894년 6월 27일, 외무대신 무츠 무네미츠(陸奧宗光)가 내각에 심의를 요청한「조선국 내정개혁에 관한 조선국 주재 오오토리(大鳥) 공사에의 훈령안」에는, 권고 사항의 하나로「학교를 설립하여 태서(泰西)의 학술을 강(講)하는 것」이 있고, 이와 함께 충고할 사항으로「문벌준수(門閥俊秀)를 선발하여 외국에 유학시키는 것」이 포함되어 있었다. 그러나, 내각의 심의 결과 이것은 폐안(廢案)이 되고, 실제로 내정개혁 권고 사항을 열거한 6월 28일자 오오토리 공사에게 보내는 훈령(機密送 제26호)에는 학교 신설의 1건이 완전히 누락, 부수적인 주의(注意)를 훈령한 기밀송(機密送) 제27호에 유학생 건이 언급되어 있을 뿐이다.[25)]

이 두 통의 훈령을 휴대한 정무국장 쿠리노 신이치로(栗野愼一郎)가 조선에 파견된 것이 6월 29일, 도착한 것이 7월 5일이었다. 하지만, 전술한 것처럼 이에 앞서 7월 3일, 오오토리 공사는 스스로 구상한「內政改革方案綱領」5개조를 조선정부에 제출하고 있었던 것이다. 이「綱領」의 제5조가「교육제도를 확립하는 것」이고, 이것은, 7월 7일의「內政改革方案綱目」에서 다음과 같이 부연되어 있다.

제5조 교육제도를 확정하는 것

1. 시세(時勢)를 감안하여 학제를 새로 정하여 각 지방에 소학교(초등학교)를 설립하여 자제를 교육할 것
2. 소학교의 설립을 기다리고 점차 중학 및 대학을 설립할 것
3. 학생 중 준수한 자를 선발하여 외국에 유학시킬 것[26]

초등학교뿐만 아니라 중학교 및 대학까지 시야에 넣은 것으로 보면, 오오토리는 마치 교육개혁에 적극적이었던 것 같지만 실제는 그렇지 않다. 다른 사항들을 10일 이내 또는 6개월 이내에 시행해야 하는 것으로 한 데 대하여, 교육 관계 사항은 모두 2년 이내 즉 가장 늦게 기한을 정하고 있었기 때문이다. 그것은 어쨌든 이 「綱目」 자체를 조선 측이 거부했다는 것은 전술한 대로이다.

한편, 메이지 일본의 대표적 교육잡지였던 『教育時論』은 오오토리의 「綱目」을 다음과 같이 논평하고 있다.

조선인의 정신을 개조하는데 교육 이외에 좋은 방법이 없는 것이 물론이니, 제반 기관의 개량을 촉구함과 동시에, 학정(學政)의 개선에도 더 많이 힘을 쏟아 조선정부를 유도하여, 점차 개선의 효과를 거둘 수 있게 해야 한다. 하지만 교육제도의 개선도, 다른 정치기관의 개선과 마찬가지로, 조선의 立國主義 및 조선의 풍속과 인정에 반해서는 이룰 수가 없다. 아니 立國主義 및 풍속과 인정에 반해서는 이룰 수 없다는 것이 그 밖의 다른 정치기관 보다도 더욱 확실하기 때문에, 정말로 조선정부를 도와 교육제도를 개선하려면 조선의 입국주의, 풍속 및 인정을 관찰하여 경솔한 거동을 함부로 해서는 안 될 것이다.[27]

즉, 『教育時論』의 논조는 매우 신중하다. 이면을 뒤집으면, 이 시점의 일본에는, 구체적인 對 조선 교육방침이라고 할 만한 것은 없었던 것을 알 수

있다.

이상에서 본 것처럼 일본 정부 · 주조(駐朝) 공사관 · 민간여론은 다 같이 조선 내정개혁의 다른 분야에 비하여 교육에는 이렇다 할 관심을 기울이지 않았던 것이다.

7월 27일에 발족한 군국기무처는 정치 · 경제 · 사회 등 각 부문에 걸친 과감한 개혁책을 잇따라 내놓았는데, 教育史上 특히 중요한 것은, 과거(科擧)의 폐지와 신분제의 타파이다. 이것은 교육의 기회균등 이념이 도입되어 학교교육 전개의 전제가 정비되었음을 의미한다.

전문적인 교육행정기관으로는 7월 30일, 의정부 8아문(衙門)의 하나로 學務衙門이 설치되었다. 그 기구 및 직무 분장은 다음과 같다.

○ 총무국
○ 성균관 및 庠校書院 : 사무국 선성(先聖) · 선현(先賢)의 제사 및 경적(經籍)의 보수
○ 전문학무국 : 중학교, 대학교, 기예(技藝)학교, 외국이학교 및 전문학교에 관한 사무
○ 보통학무국 : 소학교 · 사범학교에 관한 사무
○ 편집국 : 國文철자, 각 國文의 번역 및 교과서 편집

언뜻 봐도 알 수 있듯이 소학교 · 사범학교 · 중학교 · 대학교 · 기예학교 · 외국어학교 · 전문학교 등 다양한 여러 학교의 개설이 구상되고 있었는데, 學務衙門은 다음의 告示를 통하여 그 의욕을 보이고 있다.

돌이켜 보면 지금, 시국은 크게 바뀌어 많은 제도가 모두 새로운 제도로 바뀌었다. 그 중에서도 영재를 교육하는 것이 첫 번째 급선무이다. 그러므로 우리 아문(衙門)은 소학교, 사범학교를 우선 서울에 세워 위로는 공경대부(公卿大夫)의 아이부터 아래로는 평민의 준재에 이르기까지, 모두 이 학교에 들어가서 경서(四

書五經), 자전(子傳), 육례(禮 · 樂 · 射 · 御 · 書 · 數), 백가(諸氏百家)의 문장을 배워, 아침에는 낭송하고 저녁에는 익혀, 요컨대 지식을 얻어 현 시대를 구하고 내정이나 외교, 그 밖의 일을 하도록 하겠다. 실로 좋은 기회라고 할 수 있다. 대학교, 전문학교도 잇달아 설치하도록 하겠다.

그리고 이 고시 후, 소학교와 사범학교는 실제로 개교되었다. 이에 관한 선행 연구에 대하여 필자는 알 수가 없으나, 1894년 11월 5일 발행된 『教育時論』에는 다음과 같은 기사가 있다.

○ 조선에 소학교 열다

학무의 첫 번째 사업은 학교의 설치이다. 우선 사범학교, 심상소학교(尋常小學校) 및 각 외국어학교를 열게 되었다. 외국어학교는 1)일본어 2)중국어 3)영어 등 3부로 나누어 가능한 한 가까운 시일 내에 시작할 예정이다. 사범학교와 소학교는 같은 장소에서 열기로 하고, 이전의 민영준(閔泳駿)의 저택을 교장(教場)으로 하여 낮에는 소학교 학생을 가르치고, 그 후에 사범학교 학생을 가르친다고 한다. 소학교의 수업은 지난 달 17일부터 시작했다고 한다. 또 들리는 바로는 소학교 학생은 60명, 사범학교 학생은 40명이고, 그들의 생활비는 전부 정부가 부담하며, 적당한 교과서가 없기 때문에 당분간은 조선의 구법(舊法)에 의하게 되었다고 한다.[28)]

그 후 1895년 1월부터 4월에 걸쳐 조선의 학사(學事)를 시찰한 쿠마모토현(熊本縣) 사립교육회원 아리츠구 만조(有次滿象)는, 당시의 사범학교와 소학교의 상황을 다음과 같이 알리고 있다.

○ 사범학교 및 소학교〔學務衙門직할〕(在京城校洞)

사범학교 생도 총수 80명, 2등급으로 나누어 두 학교에 배치한다. 각 40명

소학교 생도 총수 120명, 3등급으로 나누어 네 학교에 배치한다.[29)]

이처럼, 생도 수 자체는 개교 당초보다 두 배로 늘었으나, 동년 2월 25일자로 키무라 토모하루(木村知治)가, 「조선의 사범학교와 소학교는 유명무실해서 그저 나이든 유생(儒生)이 기계적으로 가르치고 마치 서당과 같다. 빨리 교육자를 불러 개혁해야 한다」[30]라고 평가하는 것처럼, 그 실태는 근대교육과는 꽤 거리가 먼 것이었다. 이것이 學務衙門 산하의 (즉 후술하는「漢城師範學校官制」「小學校令」이전의) 사범학교나 소학교의 존재가 지금까지 무시되어 온 이유일 것이다.

學務衙門 사무기구에서 또 하나 주목되는 것은, 편집국이 國文綴字 즉 한글의 보급을 중요한 임무로 하고 있었다는 것이다. 편집국이 편찬하는 교과서도, 한글의 사용을 전제로 하고 있었다는 것은 말할 것도 없다. 실은「國文」이라는 호칭이 쓰였던 것도 이때가 처음이다. 1443년에「훈민정음(訓民正音)」으로 창제된 한글은, 오랫동안 거의 여자와 아이들의 문자인「언문(諺文)」으로 비하(卑下)되었고, 갑오개혁에 이르러 처음으로「國文」의 지위를 얻었다. 갑오개혁을 맡은 개화파에 있어서, 민족 고유의 문자인 한글을 존중하는 것은 바로 독립 자주정신의 발로였던 것이다.

이 정신은, 1894년 12월 17일 발포된 칙령 제1호「公文式」에서 결실을 맺었다. 그 제14조는,「법률 칙령은 모두 國文을 기본으로 하고, 漢文附記 또는 국한문을 혼용한다」는 것이었다. 이어서, 1895년 1월 7일의「洪範14條」가 순 한문, 순 국문, 國漢 혼용문의 3가지 문체로, 동년 2월 26일의 소위「敎育立國詔書」가 한문 및 국한 혼용문으로 발표되었다. 또, 1894년 7월 23일 이래 한문으로 간행되었던 관보는, 1895년 2월 23일 이후 국한문 혼용이 되었다.

시기적으로 순서가 뒤바뀌지만, 1894년 11월 20일에 이노우에(井上)가 제시했던 20개조의「內政改革綱領」중 교육에 관련된 것은 제19조(유학생을 일본에 파견해야 한다)뿐이었다. 바꿔 말하면 이노우에에게는, 조선에 있어 광범한 민중을 대상으로 하는 근대교육을 일으킬 의사는 없고, 소수 특권층의 자제를 일본에 유학시켜, 일본의 영향을 받은 그들 엘리트를 통하여 조선 지배를 강화하려고 했다고 볼 수 있다.

관심을 유학생 파견에 집중시키고 있던 이노우에는, 다음과 같은 구체적인 청사진을 그리고 있었다.

> 외국에 파견하는 생도는 연령을 두 가지로 구분하여, 예를 들면 일본 유학생에 있어서는 17, 8세 이상은 속성(速成) 생도로, 일본어를 할 수 있게 되면 일본 각 관성(官省) 또는 각 지방청, 각 재판소에 들어가 사무를 보고 익히게 하며, 귀국 후에는 그 능력에 따라 각 部 · 각 재판소 또는 각 지방청에 채용하도록 한다. 17, 8세 이하의 생도는 오로지 실학(實學)을 배우게 하는 목적으로 중학(中學)을 거쳐 대학에 입학시켜 전문학 즉 법률, 경제, 행정, 광산, 이화(理化), 공업, 농업, 의술 등 여러 전문과를 졸업시켜, 큰 인물이 된 후 귀국시켜 그 재능에 따라 채용하도록 한다. 또 군인이 되기를 원하는 생도이면 중학교 졸업 후 토야마(戶山) 학교에 입학시키고 졸업 후 귀국하면 軍部의 무관으로 채용하도록 한다.[31]

또 이노우에 공사 시대 말기의 일본 유학생 20명에 관해서는 다음과 같은 정치적 의도가 있었다고, 스기무라 후카시(杉村濬)가 대변하고 있다.

> 유학생의 수는 20명으로, 주로 민씨 가문에서 골랐다. 그들의 연령은 20세부터 35, 6세이니, 학생이라기 보다는 오히려 일본 사정(事情)을 조사한다는 것이고, 公使의 생각은 그들을 일본화하여 조선 궁중과의 관계를 깊게 하려고 하는 데 있다.[32]

1895년 1월 7일에 고종이 포고(布告)했던 「洪範14條」 안에도, 「나라의 훌륭한 자제를 널리 파견하여 외국의 학술 기예를 전습(傳習)한다」라는 항목이 있었다. 朴泳孝나 徐光範의 의견이 반영되었다고 하는 「洪範14條」의 문안 작성 과정, 또 이미 군국기무처가 유학생 파견을 의결하고 있었다는 것 등을 감안하면, 유학생 파견 사업 자체는, 일본 측뿐만 아니라 조선 측이 의도하는 바도 있었다고 볼 수 있다. 다만, 「洪範14條」를 입안할 때 조선 측은, 이노우에의 「"강령"에 따라가면서도, 그 색채를 희석하여 조선의 독자성을 나타내려고 부심하고 있었다. 예를 들면 제11조에 있는 유학생의 행선지는, 일본으로 한정하지 않고 외국 일반으로 되어 있다」[33]라는 견해를 그대로 받아들이는 것은 다소 무리가 있다. 왜냐하면, 1894년 6월 28일자로 무츠 외상이 오오토리 공사에게 보낸 훈령(機密送 제27호)에서도, 오오토리의 「內政改革方案綱目」에서도, 학생의 유학 행선지는 「外國」으로 되어 있고, 갑오개혁을 둘러싼 문맥에는 「外國」은 「日本」과 거의 같은 뜻이었기 때문이다.

유학생 파견 사업이 구체화된 것은, 1895년 3월 이후의 일이었다. 당시의 학무대신 박정양 재직시에 유학생을 케이오의숙(慶應義塾)에 보내는 것이 정식으로 결정되고, 5월에는 114명의 양반 자제가 그 의숙에 입학했다. 이어서 7월, 學部大臣 李完用과 케이오의숙의 총장(社頭) 후쿠자와 유키치(福澤諭吉, 代理 鎌田榮吉)와의 사이에 전문(全文) 15조로 된 계약이 교환되고, 여기에 소위 「朝鮮政府 委託留學生」 제도가 확립되었다. 이처럼 조선정부가 관비 유학생을 케이오의숙에 위탁하게 된 것은, 1881년의 신사유람단 이래, 개화파 인사와 후쿠자와 유키치가 깊은 인연 관계에 있었기 때문이다.

후쿠자와에게는 당초, 개화파를 지원하려는 자세가 있었으나, 그 당시에는 이미 일본의 국익을 우선할 것을 노골적으로 주장하고 있었다. 유학생에 관해서도, 1895년 7월 19일자 『時事新報』에 다음과 같은 견해를 피력하고 있다.

> 지금, 우리나라에 있는 조선의 유학생 수는 불과 100명 정도로 아직도 그 목적을 달성하지 못하고 있다. 적어도 1,000명 이상의 유학은 필요하다고 보는데, 그 비용에 관해서는 현재 조선의 재정상 문제도 있고 어쩔 수 없을 것 같으므로, 비용은 모두 일본 정부가 부담해도 좋다고 생각된다. 1명의 1년 학비를 많게 잡

아 200엔이라고 해도 1,000명이면 20만 엔에 지나지 않는다. 조선의 개혁은 일본인의 책임이라는 신념을 관철한다면 1년에 20만 엔의 돈은 과한 것이 아니고, 그뿐만이 아니라 조선의 개혁이 성공하여 문명의 신천지가 탄생하면, 무역상 이익은 지금 당장의 비용을 채우고도 남는다. 백년대계를 우선하고 눈 앞의 작은 손익을 따지지 않는 것이 세상을 다스리는 사람이 하는 일이다. 또 정치의 관점에서 보면 불행하게도 지금의 조선이 열강 여러 나라의 분쟁의 터가 되는 일도 있을 것이다. 그때는, 이전에 일본에 유학한 수백 수천의 인물이 있는지 없는지, 그 이해득실은 어느 정도가 될 것인가. 일본인은 조선에 들락거리면서 늘 주인이 되어, 그 대가는 금전으로 계산할 수 없이 클 것이다.

관비 유학생 제도는 그 후, 1897년 12월에 케이오의숙과의 위탁 계약이 해소되고, 1899년 9월, 留學地를 특정함이 없이 재개되었지만, 1903년 2월에는 유학생 소환 훈령이 내려지는 등 우여곡절을 겪었다. 한편, 사비에 의한 일본 유학도, 1900년대에 들어 점차 증가했다. 그 경위나 성과에 관해서는, 아베 히로시(阿部洋)의 일련의 논문(「구한말의 일본유학」 Ⅰ~Ⅲ 『韓』 제29~31호 1974년, 「福澤諭吉와 조선유학생」 福澤諭吉年鑑 (2) 1975년, 「20세기 초에 있어서의 조선인의 일본 유학」 국립교육연구소 紀要 제94집 1978년 등등)이나, 金泳謨의 『한말지배층 연구』(서울대학교 한국문화연구소 1972년) 등 일본 · 한국 쌍방에 선행 연구가 쌓여 있기 때문에, 본서에서는 상술을 피한다.

본 節의 끝으로, 교육행정기구의 개편과 각 학교 관계 법령의 제정에 관해서 보자. 1895년 2월 26일, 소위 「教育立國詔書」가 선포되었다. 그때는 정부 각 부서에 일본인 고문이 배치되고, 이노우에의 원격 조작에 의한 개혁이 진행되려 하고 있을 때, 「教育立國詔書」도 메이지 천황의 「教育勅語」를 참고로 했다고는 한다. 그러나 이 조서는, 그 후의 교육개혁의 정신적 지주가 되었다고 하는 의미에서 朝鮮教育史上 획기적인 문서였다. 「教育立國詔書」의 취지를 구현하기 위해, 동년 4월 19일 「學部官制」가 공포되어 그때까지의 學務衙門을 대신하여 學部가 발족됐다. 그 사무 분장은 다음과 같다.

○ 학무국 : 1. 소학교 및 학령 아동의 취학에 관한 사항
2. 사범학교에 관한 사항
3. 중학교에 관한 사항
4. 외국어학교 · 전문학교 및 기예(技藝)학교에 관한 사항
5. 외국 파견 유학생에 관한 사항

○ 편집국 : 교과용 도서의 편집 · 번역 및 검정에 관한 사항

즉, 學部 기구에 있어서는, 學務衙門에 있었던 유학(儒學)에 관한 사무국 및 대학교에 관한 사무가 탈락하고, 새롭게 유학생(留學生)에 관한 사항이 추가되었던 것이다.

이러한 學部의 사무분장이 정해진 뒤에, 각 학교에 관한 법령이 점차 제정되어 갔다. 그 주체에 관해서는, 「이노우에(井上) 전권공사가 부임하여 …… 일본에서 고문을 불러 새로운 교육 제도의 제정을 맡겼다」[34]라는 것이 종래의 일본 측의 일반적인 논조이다. 확실히, 일본인 고문의 영향력이 미친 것은 사실일 것이다. 그러나 삼국간섭 이후, 일본인 고문의 지도성에 큰 제약이 따른 것은 전술한 대로이다. 참고로 한국 측의 어떤 문헌에서는, 「정부기구의 개편에 의해 朴定陽이 學部 대신이 되자, 月南은 學部衙門 參議로서 학무국장 직을 겸임했다. 이때 그는 신교육령을 반포하여 사범학교 · 중학교 · 소학교 · 외국어학교를 설립했다」[35]라고, 학무국장 李商在(號 月南)의 역할이 높게 평가되고 있다.

「漢城師範學校官制」를 시작으로 하여 갑오~광무개혁기에 제정된 주요한 교육법령은 다음과 같다. (필자 자신의 것도 포함하여 많은 선행연구가 음 · 양력을 혼동하고 있기 때문에 태양력 사용 이전의 법령에 대하여는 참고로 쌍방의 공포일을 표시했다.)

다음 절에서는, 學務衙門 · 學部와 관공립제학교에 있어서의 일본의 영향을, 편의상 당해 법령의 공포 순에 따라 살펴 보고자 한다.

漢城師範學校官制	1895년 5월 10일(음 4월 16일)
外國語學校官制	1895년 6월 2일(음 5월 10일)
成均館官制	1895년 8월 21일(음 7월 2일)
小學校令	1895년 9월 7일(음 7월 19일)
漢城師範學校規則	1895년 9월 11일(음 7월 23일)
成均館經學科規則	1895년 9월 27일(음 8월 9일)
小學校規則大綱	1895년 9월 30일(음 8월 12일)
補助公立小學校規則	1896년 2월 20일
醫學校官制	1899년 3월 24일
中學校官制	1899년 4월 4일
商工學校官制	1899년 6월 24일
外國語學校規則	1900년 6월 27일
農商工學校官制	1904년 6월 8일

3. 學務衙門 · 學部 및 관공립 각 학교에 있어서의 일본색

(1) 學務衙門 · 學部

대한민국 문교부 국사편찬위원회가 펴낸『韓國史』에「學務衙門 제도는 …… 실은, 일찌기 서구의 교육제도를 수용하여 실효를 거둔 일본의 교육제도를 그대로 본따 만든 것이다」[36]라는 서술이 있다. 결국, 學務衙門이 일본의 모방인 것임은 한국정부의 공적인 견해인 것이다. 學務衙門이 그러했기 때문에 그 후신인 學部도 또한, 일본 문부성의 기구와 동떨어질 수 없는 것이었다.

學務衙門 · 學部를 통하여, 여기에 관여한 일본인으로 가장 유명한 사람은 타카미 카메(高見龜)와 아사카와 마츠지로(麻川松次郎)이다. 學部가 1896년2

월에 발행한 『新訂尋常小學』의 서문은, 「여기에 일본인 보좌원 타카미 카메·아사카와 마츠지로와 함께 소학 교과서를 편집했다」라고, 두 사람의 관여를 분명히 하고 있다. 당시의 學部가 발행한 교과서 중에서 이러한 서문이 있는 것은 『新訂尋常小學』뿐이지만, 타카미와 아사카와는, 다른 교과서의 편찬에도 조력했을 것으로 생각된다. 덧붙여서 사와다 사토시(澤田哲)의 연구에 의하면, 『新訂尋常小學』과, 마찬가지로 學部가 1895년에 펴낸 『國民小學讀本』은, 각각 97항목 중 34항목, 41항목 중 17항목이, 일본 문부성의 『尋常小學讀本』 『高等小學讀本』(모두 1887년 발행)을 그대로 번역한 것[37]이라고 한다.

타카미 카메는, 1894년 7월 8일자 『時事新報』에 아산(牙山)에 진주한 청군(淸軍)의 움직임을 보도하고 있어(7월 6일 京城發), 청일전쟁 전부터 조선에 있었던 것이 명백하다. 조선정부 고용 보좌원이 된 시기는 분명치 않지만, 『時事新報』의 특파원이었던 것에서, 그 인사에는 후쿠자와 유키치가 개입했던 것으로 추측된다.

1895년 9월 5일자 『教育時論』에는, 「노노무라와 타카미 두 보좌관의 강한 의지와 열성에 의해, 소학교를 잇따라 세우기 위한 법령의 준비도 끝났다」[38] 라는 내외잡찬(內外雜纂) 기사가 있다. 이것으로 타카미 카메가, 1895년 9월 이전에 學部에 들어가 있었던 것, 또 노노무라 킨고로와 함께 관립 소학교의 개설 준비에도 적극적으로 관여했던 것을 알 수 있다.

타카미는, 1896년 7월 1일자로 學部 학무국장 韓昌洙와 고용 계속 계약을 체결하는데, 그 계약서에는, 「사범학교 속성과 교육 휴가 때는, 교과서 번역도 도울 것」이라는 한 조항이 있다.[39] 따라서, 이때 타카미의 임무는 漢城師範學校 속성과에서의 교육이 主고, 學部에서의 교과서 번역이 從이었던 것이다.

조선에 있던 시절의 타카미에 관한 자료로는, 1897년 6월 17일자로 일본 변리 공사 카토오 마스오(加藤增雄)가 외무대신 李完用 앞으로 보낸 다음 공문이 마지막이다.

貴國 學部 전 보좌원 타카미 카메(高見龜)의 신고입니다만, 貴國 學部에서 일하고 있던 때인, 메이지 29년(1896) 2월 6일, 귀국 정부의 명령에 의해 국채 모집 및 유학생의 상황 시찰을 위해 일본의 도쿄에 파견되었다가 40여 일 체재한 뒤, 同年 3월 28일 귀임했습니다. 그러나 왕복 여비 311원(元) 50전(錢), …… 지금까지도 지급되지 않고 있고, 타카미 카메(高見龜)의 귀국도 가까워지고 있으니 바로 해결해 주시기 바랍니다.[40)]

이 자료는 타카미가, 1896년 2월부터 3월에 걸쳐 동경에 파견되어, 조선 국채 모집과 유학생 상황의 시찰의 임무를 맞는 등 전술한 교과서의 편찬 · 번역, 소학교의 개설준비나 사범학교 교육과 아울러, 실로 다방면에 걸친 활동을 했다는 것, 그리고 1897년 6월에는 이미 學部를 그만두고, 귀국하게 되어 있었다는 것을 나타내고 있다.

아사카와 마츠지로(麻川松次郎)도, 타카미 카메(高見龜)와 마찬가지로, 교과서 편찬뿐만 아니라 학교교육에도 직접 관여했다. 이것을 증명하는 것이, 1896년 3월 5일에 맺어진 아사카와의 고용 계속 계약으로, 그 제2조는, 「아사카와 마츠지로는 …… 대신협판국장(大臣協弁局長)의 명을 받아, 사범학교와 소학교에 관한 교육상 적당한 사무를 착실히 집행할 것」[41)]이라고 되어 있다. 이 계약의 기한은, 1896년 3월 20일부터 2년으로, 아사카와는 적어도 1898년 3월까지는 學部에 고용된 몸이었다고 생각된다. 또 아사카와와 타카미의 신분은 모두 주임관(奏任官) 대우로, 봉급도 같았다(일본 엔으로 아사카와는 1년에 800엔, 타카미는 6개월에 400엔). 學部 초빙 이전의 아사카와가, 1892년 5월 이래, 경성의 일본인 거류민 소학교의 교원(교장 대리)을 맡았다는 것을 보면, 교육자로서는 타카미보다 아사카와 쪽이 적임이었다고 생각되지만, 學部에서의 대우는 똑같았던 것이다.

이 밖에 李鉉淙은, 1894년~1903년의 『駐韓日本公使館記錄』에서 조선정

부 고빙(雇聘) 일본인을 모두 뽑아, 學部 보좌관으로 노노무라 킨고로(野々村金五郎)·카토오 카쿠마사(加藤格昌)·키무라 츠나타로(木村綱太郎)·사토오 준조(佐藤潤象)가 있었다는 것을 지적하고 있고, 「우리가 말하는 고문관은, 각 부서 각 분야에 일본인이 고빙자의 형태로 들어와 있어서, 삼국간섭에 의해 일본 세력이 후퇴하고 러시아 세력이 대대적으로 참여했을 것 같지만, 고빙자의 내정 간여라고 하는 면에서 보면 일본 측이 단연 수위를 차지하고 있고, 光武 연간의 개혁 사항이 갑오경장의 연장으로서 나타나, 한국정부로서는, 여러 가지 각도로 노력했지만, 역시 일본인 고빙자의 간섭과 영향을 무시할 수 없었던 것이다」[42]라고 말하고 있다.

또 한국정신문화연구원의 『淸日전쟁을 전후로 한 한국과 열강』에는, 제2차 金弘集 내각(1894년 12월~1895년 5월) 당시의 學部 고문으로 「永島 某」라는 이름이 거명되고 있다.[43] 永島 某는 아마도, 관립일어학교 교관이었던 나가시마 간지로(長島喦次郎)일 것이다.

더욱이 康允浩는, 키무라 토모하루(木村知治)가 지은 『新撰教育學』을 평하여, 「이 책은, 교육 소칙(詔勅)에 나타난 것과 똑같은 내용을 포함하고 있고, 교육 소칙에서 고종이 밝힌 덕양(德養), 체양(體養), 지양(智養)에 관한 자세한 설명이 이 책에 수록되어 있는 것이 주목된다. …… 저자도 또 한국에 있던 정부 고문이었던 것을 보면, 전술한 고종(高宗) 詔勅 안에 이 책의 저자의 의견이 크게 반영된 것이 아닐까 하고 생각할 수 있다」[44]라고 말하고 있다. 「저자도 또 한국에 있던 정부 고문이었던 것」과 함께, 키무라 토모하루(木村知治)의 「教育立國 詔書」에의 영향까지도 지적하고 있는 점이 주목되는 것이다. 다만 키무라 자신은, 「學務衙門은 아직 조용하고 문을 열지 않은 것 같다. 그러나 大臣과 協弁은 교육에 열심이고, 교육문제에 대해서 논의하기를 좋아한다. 특히 열심인 사람은, 인천 감리사(仁川監理使) 박세환(朴世煥)으로, 몇 번이나 교육방침, 설비법 등을 나에게 질문하거나 가끔 나의 숙소를 방문했다」[45]라고, 學務衙門과의 관련을 시사하고 있으나, 정식 고문(顧問)이었다고 언명하고 있지는 않다.

한편, 조선인 관료의 일본어 학습도, 일본색의 한 요소로서 들 수 있을 것이다. 「1895년 초에는, 이미 외무관료들이 일본어 학습을 시작하고, 그 밖의 정부 관료들도 앞을 다투어 일본어를 배우는 등 일본어 학습열이 각처에서 싹트기 시작했다」[46]라는 것이다. 「그 밖의 정부관료들」에 學務衙門 · 學部 관료가 포함되어 있던 것은 말할 것도 없다.

(2) 師範學校

學務衙門의 발족 후, 한성에 사범학교와 소학교가 개설되었는데, 그들의 교실 형태는 일본 학교를 본땄던 것 같다. 1894년 11월 15일 발행 『敎育時論』에, 「두 학교 모두 교실의 테이블, 걸상을 일본식으로 하여, 큰 흑판 하나가 붙어 있다」[47]라고 있다. 그러나, 결국 이 사범학교와 소학교는, 「유명무실하여, 단지 늙은 유학 선생님이 기계적으로 가르치고 있어, 마치 테라코야(일본식 서당 - 譯者 註)와 같았다」는 것은 상술한 대로이다.

1895년 5월 10일, 학교 법령의 첫 번째인 「漢城師範學校관제」가 공포되었다. 사범학교뿐만 아니라 소학교 · 중학교를 포함한 당시 학제의 특색을, 吳天錫은 다음과 같이 평하고 있다.

> 이때에 제정된 학교 관제에 대하여 주목할 점은, 이들이 대체로 일본의 학제를 모방하였다는 사실이다. 특히, 소학교 · 중학교 및 사범학교에 이것이 현저하다. 당시 일본은 이 세 종류의 학교를 심상(尋常)과 고등(高等) 두 단계로 나누고 있었는데, 우리나라에서도 소학교와 중학교를 이 두 단계로 나누었고, 그 수업 연한에 있어서도 대략 같다. 오직, 우리나라의 경우에 있어서는, 사범학교를 심상과 고등 두 단계 대신에 본과와 속성과로 나누었을 뿐이다. 이것은 교사가 시급히 요구되던 그 당시의 사정에 비추어 취하여진 조치였을 것이다.[48]

사범학교 교사에 관해 보면, 1896년 2월 당시 D.L.Gifford의 보고에, 「사범학교는 校洞에 위치하고, 한 사람의 일본인 교사의 주선으로 조직되었다. 두 사람의 조선인 교사가, 지금 그들의 학습을 지도하고 있다」[49]라고 쓰여 있다. 사범학교의 조직을 주선했다는 한 사람의 일본인 교사가 누군지는 특정할 수 없으나, 아마도 타카미 카메, 그렇지 않으면 아사카와 마츠지로였을 것이다. 또, 위의 D.L.Gifford의 보고에 의하면 1896년 2월 현재의 교사는 조선인 2명뿐이지만, 이를 전후하여 타카미와 아사카와가 사범학교 교육에도 간여한 것은 앞에서 본 대로이다.

「漢城師範學校規則」에 정하여진 교과목 안에는, 일본어는 포함되어 있지 않다. 그러나, 실제로는 속성과에서 일시적이나마 일본어가 가르쳐졌던 것 같다. 그 뒷받침을 하고 있는 것이, 다음의 1896년 11월 28일자 「獨立新聞」 잡보(雜報) 기사이다.

> 한성사범학교 속성과는, 일어 부교관을 시험으로 선발할 예정이다. 일어에 숙달된 자는, 양력 11월 30일 정오 학부에 와서 시험을 치르기 바란다라는 것이다.

이것으로, 시험으로 선발된 조선인 부교관에 의해 일본어가 가르쳐졌다는 것을 엿볼 수 있다. 바꾸어 말하면, 일본어를 가르친 사람은 타카미나 아사카와가 아니었다. 1906년에 펀친된 『統監府施政一斑』에 「금년 4월에 처음으로 한 사람의 일본인 교사를 초빙하여 일어 교육학 및 교수법 등을 가르치도록 했다」[50]라고 있듯이, 漢城師範學校에서 일본인 교사가 일본어 교육을 담당한 것은 통감부 개설 이후의 일이었던 것이다.

교사진에 관한 한, 1897년 이후의 漢城師範學校에서는 일본색보다도 미국색이 더 강했다. 그 미국색은, 대부분 H.B.Hulbert에 의한 것이다. H.B.Hulbert는, 1897년 5월 1일, 學部 · 外部와의 사이에 「漢城師範學校敎習」으로 5개년간의 고용 계약을 체결하고,[51] 1905년까지 재직했다. 그동안 본과 · 속성과 이외의 「제2부」 생도에게 영어를 가르쳤다. 1898년의 상황은 다음과 같다.

> 제1부는 하급학교의 교원 양성을 위한 것이고 제2부는 상류사회의 자제에게 영어를 가르치는 곳이다. 제1부의 …… 재학생 수는 1898년에는 30명이었고 교원 수는 한국인 두 사람이 있고 …… 제2부, 즉 영어부에는 1898년에 미국인 「헐버트」 씨가 교사로 재직하고 있고 학생 수는 35명이었다.[52)]

당시의 주조(駐朝) 미국공사 H.N.Allen은, 「조선정부에 보낸 외교 문서 안에서 배재학당을 "American School"이라고 호칭했을 뿐 아니라, Hulbert를 교사로 파견한 관립(官立) 사범학교조차도 마찬가지로 "American School"이라고 표현하여, 미국인 선교사가 일하는 학교를 자국 세력의 부식(扶植) 기관으로서 명확히 인식하고 있었다」[53)]라고 한다.

한편, 사범학교에서 사용된 교과서나 참고서는, 일본인의 손에 의한 것이 많았던 것 같다. 아리츠구 만조(有次滿象)의 시찰보고에 의하면, 學務衙門 시대의 사범학교의 지리와 역사는, 아마노 타메유키(天野爲之)가 지은 『万國地誌』와 『万國歷史』를 국한문 혼용으로 약술한 교과서를 사용하여 가르쳤다. 『万國歷史』에 관하여 아리츠구는, 「그렇지만 아마노(天野)가 쓴 역사서는 이른바 유럽의 역사로, 동양과 일본 등은 게재되어 있지 않았다. 만국사라는 명칭에 대해서, 또 조선학교의 교과서로는 부적당하다고 생각한다. 최근 경성 일본인 거류지 소학교장인, 하야카와 키요노리(早川淸範)가 일본의 고등소학교 정도 수준의 만국 지지 역사를 편찬해서 이것을 언문으로 번역했다. 나는 이 책이 조선학교의 수준에 알맞다고 생각해서 이 책을 채용하도록 學務衙門에 권고했다」[54)]라고 적고 있다.

조선 최초의 교육학서라고 일컬어지는 『新撰教育學』은, 키무라 토모하루(木村知治)에 의해 漢文 현토체(懸吐体, 한문에 한글 토씨를 붙인 것)로 쓰여졌다. 그 발행시기(개국 504년 7월 27일, 1895년 9월 15일)는 「漢城師範學校規則」 공포 직후이기에, 사범학교용으로 이용되었던 것으로 생각된다.

또 學部 자체도, 동경의 심상(尋常) · 고등사범학교의 교과서와 교사용 참고서를 가져다가 사범학교 및 소학교의 교과서를 만들려고 했다. 이 學部의 요청을 받아들여 外部大臣 金允植은, 1895년 5월 24일, 주일공사관에 「일본 사범학교 등의 교과서 및 교사참고서 購送訓令」을 내렸다.[55)]

일본에 의한 을사늑약 직전의 사범학교는, 「건물이 있어도 설비가 미미하여 24, 5명의 학생을 수용할 수 있는 교실이 하나 있을 뿐 …… 그 학과 과정은 주로 한학(漢學)뿐으로 다른 보통 학과는 거의 등한시하는 상태이다」[56)]라고 혹평될 정도이었기 때문에 과대평가는 금물이지만, 앞에서 본 것처럼, 그 제도 · 교사 · 일본어 교육 · 교과서 등의 면에 있어서, 단속적(斷續的)이긴 해도 일본적인 요소를 볼 수 있었던 것은 사실이다.

(3) 外國語 學校

1895년 6월 2일 공포된 「外國語學校官制」에 근거하여 설립된 관립 외국어 학교의 직접적인 모체는, 同文學(일명 通辯學校)과 日語學堂이다.

동문학은, 1883년에 영국인 전신기사 T.E.Hallifax에 의해 창립된 개인적 영어 학교였으나, 같은 해 「朝美修好通商條約」을 비준한 정부는, 새로 신학문을 가르칠 관립학교를 설립하기로 하고, 1886년, 미국으로부터 G.W.Gilmore, D.A.Bunker, H.B.Hulbert(앞에 나온) 등 세 교사를 초빙하여 育英公院을 발속시켰다. 그러나, 育英公院은, 결국 8년이 지나자 어느샌가 유야무야되어, 1894년 2월, T.E.Hallifax와 W.F.du Hutchison을 교사로 하는 관립 영어학교로 재편되었다.

日語學堂은, 1891년 6월, 일본에서 오카쿠라 요시사부로(岡倉由三郎)를 초빙하여 설립되었다. 오카쿠라(岡倉)는 2년 남짓 후에 돌아가고, 1893년 8월, 나가시마 간지로(長島喦次郎)가 후임 교관으로 취임했다.

외국어학교는, 이들 관립 영어학교와 일어학교(「日語學堂」은 정식 명칭이 아니고, 얼마되지 않아 「日語學校」로 부르게 되었다)에 「外國語學校官制」를 적용하고, 동시에 인천지교(支校)를 설치하는 형태로 시작됐다. 지교 설립의 근거는 「外國語學校官制」의 제3조(學部 大臣은 필요에 따라 외국어학교 支校를 지방에 둘

수 있다)로, 이것에 의하면 외국어의 종류는 한정되어 있지 않았으나, 인천지교는 당초부터 일어학교였다. 이것이, 외국어학교에서의 일본색의 대표적인 예였다.

인천지교는, 1895년 6월 17일에 정식 개교되어, 시종 사실상의 교장인 이와사키 코우타로(岩崎厚太郎, 형식상 교장은 인천 監理 혹은 府尹)의 1인 경영학교였다고 해도 과언은 아니다. 독립된 관립 인천일어학교가 된 것은 1906년 8월이다.

그런데, 외국어 학교의 발족에 맞추어 이노우에 공사는, 그 교사를 모두 일본인으로 하려고 계획했다. 그러나, 학무국장이었던 月南 李商在의 맹반대에 부딪쳐, 그 계획은 좌절되었다. 이상재의 전기에 의하면 그간의 경위는 다음과 같다.

> 이노우에 카오루 …… 는, 외국어학교 교사는 「日人」만을 고용하라고 강요하였다. 朴定陽이 이 문제를 協弁 高永喜와 학무국장과 의논할 때, 月南은 결연히 거절할 것을 주장하고 協弁에게 일본 공사관으로 동행할 것을 청하였으나, 協弁이 주저하자 月南은 혼자서 일본 공사관으로 가서 이노우에를 만나자 하였으나 출타 중이어서 못만나고, 이노우에의 강요를 거절하는 통고를 하고 왔다. 이노우에가 다시 와서 위협 · 공갈을 하며 주장하였으나, 月南은 事理를 따져 강경히 거절하여, 외국어 교사는 각국 사람을 고루 고용하게 되었다.」[57]

이리하여, 일본인 교사는 일어학교만에 그치게 되고, 영어학교 및 그 후에 설립된 法(佛), 俄(露), 漢, 德(獨) 등 각국 어학교에는, 각각 해당국의 교사가 채용되었다. 일어학교 본교는, 1893년 8월 이래 재임한 나가시마 간지로(長島嵒次郎)가, 1904년 4월까지 주임을 맡고, 그동안, 요시미 타다시(吉見正) · 오카 요이치(岡與一) · 마에다 요이치(前田與市) 등이 나가시마(長島)를 보좌했다. 나가시마는, 學部 고문을 겸했던 적도 있기 때문에, 이 의미에서 일어학교와 다른 외국어학교를 동렬로 놓고 논할 수는 없으나, 일어학교의 생도 수 자체는, 다른 학교에 비하여 오히려 소수였다. 외국어학교 입학자 수에 있어서 일어학교가 맨 위에 선 것은, 러일전쟁 이후이다.

(4) 小學校

전술한 것처럼, 學務衙門 시대의 1894년 10월에 개교된 소학교는, 사범학교와 같이 「교실의 테이블, 의자와 함께 일본식」이었으나, 결국은 유명무실하게 되었다.

1895년 9월 7일에 공포되고, 동 19일에 시행된 「小學校令」에 의한 소학교도, 심상(尋常) · 고등과의 구분이나 수업연한에 있어서 일본의 소학교와 유사한 것이었음은 전술한 대로이다. 양자가 비슷한 것은 그 목적과 규정을 비교하면 한층 명확해진다. 1890년에 제정된 일본의 「改正小學校令」과 조선의 「小學校令」의 제1조는, 각각 다음과 같다.

> 소학교는, 아동신체의 발달에 유의하여 도덕교육 및 국민교육의 기초와 그 생활상 필수적인 보통지식과 기능을 가르치는 것을 本旨로 한다.

> 소학교는, 아동 신체의 발달에 비추어 국민교육의 기초와 그 생활상 필요한 보통 지식 및 기능을 가르치는 것을 本旨로 한다.

또, 각 부군(府郡)은 그 관내의 학령 아동을 취학시킬 공립 소학교를 설치하는 것을 정한 「小學校令」 제17조는, 일본의 의무교육제도를 본딴 것이라고 말할 수 있다.

수도 한성 내의 관립 소학교도, 실은, 일본인 아유가이 후사노신(鮎貝房之進)이 경영하고 있던 을미의숙(乙未義塾)을 모체로 하여 발족했다. 을미의숙은, 외무아문 주사(主事) 현채(玄采)를 형식상의 설립자, 아유가이 후사노신을 실질적인 교장으로 1895년 3월에 개설된 학교로, 「학교의 비용은 총리대신 이하 高官들의 후원이었기 때문에, 거의 모두 한국정부의 보조금이었다.

다만, 明成皇后가 이것을 싫어했기 때문에 사립 명의로 했지만 실제로는 순수한 관립 소학교라고 말할 수 있는 것이었다.」[58] 그 가르치는 장소는 본교·분교를 합쳐 5, 6, 7, 9개교였다고 하는 여러 설이 있다. 따라서, 을미의숙을 환골탈태하여 복수의 관립 소학교로 한 것은, 근대적인 초등교육의 보급을 서두른 정부로서 손쉬운 방법이었다.[59]

「小學校令」 제29조는, 관립 소학교 및 공립 소학교의 교사로 외국인을 고용할 수 있도록 정하고 있다. 이 규정에 의한 실례가, 관립 계동(桂洞)소학교 교원이었던 마츠무라 타츠요시(松村辰喜)로서, 마츠무라는, 명성황후 살해 사건에 가담했던 것으로 유명하다. 이제까지 몇번이나 거론된 아사카와 마츠지로(麻川松次郎)도, 계약상, 「大臣協弁局長의 명을 받아, 사범학교와 소학교에 관한 교육상 적당한 사무를 착실히 집행하도록」 되어 있었다. 단, 아사카와(麻川)의 소학교 교육 현장에의 구체적인 관계는 명확하지 않다. 또, 다음에 말하는 것처럼, 일부 소학교에서는 일본어를 가르쳤다. 이런 것으로 보면, 이들 소학교에 일본인 교사가 있었을 개연성이 높다.

관립 소학교의 개교에 앞서 『官報』에, 개국 504년 7월 30일부터 8월 6일(1895년 9월 18일~24일)에 까지 네 번에 걸쳐 생도 모집 광고가 게재되었다. 거기에는, 「소학교를 한성 내에 관립하여, 보통 각 과와 외국어를 가르친다」라고 있다. 「小學校令」 제8, 9조에 의하면, 외국어는 추가할 수 있는 과목, 거꾸로 말하면 가르치지 않아도 좋은 과목으로 되어 있었으나, 學部는 처음부터 이를 교과에 추가할 방침을 취했던 것이다. 그리고, 당시 「외국어라는 것은 즉 일본어를 의미하는 것」[60]이었다. 실제 헐버트는, 1900년을 전후한 10년간의 교육을 총괄하는 가운데, 「서울에 10여 개의 초등학교가 설립되었는데, 생도는 평균 50명 정도이다. 이들 학교의 질은 보잘 것 없는 것이지만, 전연 없는 것보다는 얼마나 나은지 모른다. 여기서는 산술·지리·역사가 한문과 일어와 함께 교수되고 있다」[61]라고 말하고 있다. 소학교에 있어서의 주당 일본어 교수 시수가 공식적으로 정해져 있던 것은 고등과(즉, 1897년에 개설된 한성사범 부속 소학교 고등과)뿐이지만, 그 시간 수는 4·5·6학년에 각각

3 · 4 · 3시간이었다(각 학년 모두 매주 수업시수 합계는 30시간).

한편, 지방에 설립된 공립 소학교에 관해서도, 일본어 교육의 실례를 발견할 수 있다. 우선, 『全州市史』에는, 「1897년, 전주에 처음으로 전라북도 공립 소학교가 부남(府南) 3리(현 校洞)에 설치되었다. 1학급 50명, 조선어 · 한문 · 일어 및 실업과목이 필수였다」[62]라고 적혀 있다. 1902년 7월부터 9월에 걸쳐 조선학사(學事)를 시찰한 츠네야 세이후쿠(恒屋盛服)는, 「東萊에 있는 어떤 학교에는 일본인을 고용하여, 일본어를 가르치는데, 새로운 학과는 모두 일본인에게 맡겨져 있고, 한국인 교사는 단지 한문을 가르치든가 습자를 가르치든가 하는 정도에 머물러 있습니다. 이것이 바로 공립학교입니다」[63]라고 보고하고 있다. 또, 東亞同文會가 세운 평양일어학교가 1903년 10월 25일자로 東亞同文會 본부에 보낸 보고서에, 「城內에 한국 공립 소학교가 있어 학생 30여 명을 수용하고 신식 교육을 펴고 있는데, 이번에 수의과(隨意科)로서 희망생에게 일본어를 가르치게 되어 교사 金基宗의 요청에 의해 매일 1시간씩 이 학교 졸업생 金永健으로 하여금 수업을 담당시키는 …… 데 약속하고 오늘부터 실행하게 되었다」[64]라는 구절이 있다.

이처럼 「小學校令」 아래의 관공립 소학교에서 일본이 교육이 행해진 것은 사실이나, 양적으로는 대단한 것은 아니었다. 그것은 당시의 소학교가 전체적으로 다음과 같은 상황이었기 때문이다.

> 소학교 학과 과정은 小學校令에 의해 훌륭하게 정해져 있었으나, 실제 대부분은 겨우 중국 책을 읽는 데만 전력을 쏟고, 동시에 습자를 교습하는 데 머물러 …… 진짜 서당과 구분할 것이 없었다. 또 법령에는 의무교육 정신을 가미하여, 府郡은 그 관내의 학령 아동을 수용할 학교를 세우도록 규정하고 있어도, 본래 그럴만큼 국민의 경제력이 있을 리 없고, 당시의 학교 수를 보면, 京城에 관립 고등소학교 1교, 관립 심상(尋常)소학교 8교, 지방에 공립 심상소학교 57교가 있을 뿐이었다. …… 교원은 대개 한 학교에 한 명으로, 단급 조직이고, 학생 수는 많아야 50명, 적게는 십여 명에 지나지 않았다.[65]

(5) 醫學校

관립 한성의학교는 형식상, 「醫學校官制」가 공포 · 시행된 4일 후인 1899년 3월 28일, 池錫永의 교장 임명과 함께 개교하게 되어 있었다. 그러나, 실제 업무 개시는, 이 해 5월, 일본인 교사가 고용된 이후의 일이었다. 관립 의학교와 그 교사에 대해서는, 「학교 관리(管理)는 일본의 의사(醫師)에게 맡기고」[66], 「실제 교수를 담당한 자는 일본인 교관 한 명에 지나지 않고」[67]라는 기록이 있다. 결국, 한 사람의 일본인 의사가 사실상의 교장이고, 유일한 교관이었던 것이다. 구체적인 교관 人事는 다음과 같다.

1899년 5월 16일, 學部 · 外部와 고조우 바이케이(古城梅溪)의 사이에 「醫學校教師合同」이 조인되었다. 계약 기간은, 조인 날로부터 3년이었다.[68]

그러나 고조우(古城)는, 딱 1년 뒤인 1900년 5월, 아내의 오랜 병으로 귀국하여 요양코자 한다(「荊妻長病, 擬歸國療養」)[69]라는 이유로 사직원을 냈다. 이 때문에 외무대신 朴齊純으로부터 일본공사 하야시 곤스케(林權助)에게 후임 추천을 의뢰하여, 인선 결과 하야시(林) 공사는, 코타케 타케지(小竹武次)를 추천했다.

서울대학교 奎章閣에 남겨져 있는 코타케 타케지의 계약서는, 1900년 6월 조인된 계약 기간 2년의 「醫學校教師合同」과, 1904년 6월 1일 조인된 계약 기간 3년의 「醫學校教師續合同」 등 두 개이다.[70] 즉 코타케는, 계약을 반복하면서 고용관계를 계속하여, 그 재임 기간은 식민지 시대까지 이른 것이다. 또 코타케는 1902년 1월 이후, 의학교 부속병원의 의사도 겸했다.

의학교에 있어서의 일본어 교육에 관해서는, 『皇城新聞』 1901년 3월 29일자와 동년 4월 17일자에 다음과 같은 잡보(雜報) 기사가 보인다.

> 勳洞의 의학교에 있어 유지(有志) 수십 명이, 오늘부터 모여 일어 야학을 시작했다.

의학교 학도 崔奎綬 등이 연명으로 청원하여 말하니 …… 현재 본교가 과(課)하는 의학은, 모두 일본 서책에 의한 것으로 …… 산학(算學)의 시간을 일어로 대신하도록.

일본어는, 의학교의 정규 과목은 아니었으나, 당시의 교과서 사정 때문에 일본어 교육의 필요성이 높아, 학생들이 이것을 요구했던 것이다. 1899년 10월 16일에는, 「의학교 화학 교과서의 번역을 위해 일본인 아사카와 마츠지로(麻川松次郎)를 고빙」[71]했다고 하나, 의학교 교과서의 전부를 번역하는 데는, 인력도 예산도 부족했을 것이다.

겸하여, 의학교와 같이 실업계에 속하는 상공학교를 보면, 「商工學校官制」는 1899년 6월 24일에 공포되었으나, 결국 이 학교는 개교에 이르지 못하고, 1904년 6월 8일에 관제가 공포된 농상공학교로서 햇빛을 보았다. 농상공학교에는, 예과에 「外國語」 즉 일본어 과목이 있었으나 시기적으로 「韓日議定書」의 조인(1904년 2월 23일) 이후이기 때문에, 본 章의 범위에는 포함되지 않는다.

이 밖에, 1895년 4월 23일의 각의에서, 「현 내각이 즉시 실시해야 할 정책」의 하나로, 「法部에 법관 양성소를 두고, 미국인 그레이트하우스 및 일본인 쿠사카베 산쿠로(日下部三九郎) 등에 법률학 강의를 촉탁하는」[72] 것이 의결되어, 실행에 옮겨졌다. 법관 양성소의 교사 쿠사카베 산쿠로는, 學部 관할 외의 학교에서의 일본색의 한 예이다.

(6) 中學校

관립 중학교는, 1899년 4월 4일의 「中學校官制」, 1900년 9월 3일의 「中學校規則」의 공포를 거쳐, 동년 10월 3일 개교식을 올렸다.

개교에 앞서 교사로 취임한 사람은, 미국인 헐버트(Hulbert)였다. 그 재임 기간은, 1900년 9월 22일~1906년 10월 20일이다. 전술한 것처럼 헐버트는, 1897년 5월 이래 漢城師範學校에 근무했었기 때문에, 중학교 개교 이후에는 두 학교 교사를 겸임한 것이 된다.

헐버트에 이어서 중학교 교사가 된 것이 시데하라 타이라(幣原坦)이다. 일본인 교사의 인사는, 1900년 8월 22일에 朴齊純 외부대신이 하야시 곤스케(林權助) 공사에게 보낸 추천 의뢰가 발단이 되었다. 그 후, 일본 공사관 · 외무성 · 문부성 사이에 협의를 거친 결과, 당시 야마나시(山梨) 縣立 중학교장이었던 시데하라 타이라(幣原坦)가 천거되어, 시데하라는 이 해 11월 6일, 한국정부와 고용계약을 맺었다. 이 과정에 있어서 주목되는 것은, 하야시 공사가 다음과 같은 「희망」을 가지고 있었다는 것이다.

> 내 희망은, 보통학문을 충분히 익힌 자로서 교육상의 경험이 있는 것은 물론, 외국어(영어가 좋음)를 잘 하고 외국 사정을 잘 아는 것이, 여기 조선의 많은 외국인 교사들로부터, 신용을 얻는 데 중요하다. 또 조선인 측면에서 볼 때는 한학(漢學) 소양이 있으면 수업할 때, 다른 외국인들의 계획 등을 통역하는 데 편리할 뿐 아니라, 학생은 물론 부형 및 조선의 일반인 사이에서 존경을 받는 데 매우 좋으므로, 그런 점을 잘 생각해서 뽑았으면 좋겠다.
>
> 그리고, 이번에 적당한 교육자를 조선의 교육 사업에 참여시켰으면 한다. 조선의 교육에는, 앞으로 반드시 우리(일본)의 힘을 바라지 않으면 안 된다는 생각을 갖게 하기 위해서도, 인선은 신중에 신중을 기했으면 좋겠다. …… 초빙 교사는 그 중학교는 물론, 조선의 학제를 결정하는 데 참여시키는 경우가 생길지도 모르니까, 그 부분도 미리 포함해서, 될 수 있는대로 이상의 조건에 맞는 사람을 뽑았으면 좋겠다.[73)]

즉 하야시 공사는, 관립 중학교의 교사일 수 있는 자의 요건으로, 학식 · 경험은 말할 것도 없고 교육행정의 수완까지도 요구하고 있었던 것이다.

중학교 재임 중의 시데하라에 관해서는 다음과 같은 자료가 있다.

> 문학 박사 시데하라 타이라(幣原坦) 씨는 몇 년 전부터 한국에 거주해서 한국

의 학교에서 교편을 잡고 있었는데, 그는 역사학을 전공한 문학사이고 한국의 사적을 연구해 학위를 얻었다는 것은 잘 알려진 일이다. 재미있는 일로 시데하라 씨가 대학을 졸업한 학자라는 이야기가 퍼지자 뭐든지 알고 있다고 생각하여 사서오경(四書五經)은 물론, 시문(詩文)의 첨삭, 수학(數學), 이과(理科), 박물학(博物學)까지, 학(學)이라는 이름이 붙어 있는 것은 모조리 시데하라 씨에게 가지고 오는데, 교양 깊은 시데하라 씨이기 때문에 여유있게 그들의 요구에 응했다. 그리하여 한국인의 존경을 얻어 마침내 한국정부의 천거를 얻었다는 것이다.[74]

이처럼 시데하라는, 교사로서 여러 방면에서 활약하여, 그간의 업적과 인품이 평가된 결과 1905년 2월 16일, 學部 학정참여관에 임명되었다. 하야시 공사가 생각하고 있던 교육행정에의 관여가, 여기에서 실현된 것이다. 또 시데하라는, 중학교 교사의 신분도 1906년 1월까지 보유하고 있었다.

다음으로 중학교의 교육 내용을 보면, 「中學校規則」 제2관 제1조에 열거된 尋常科의 정규 과목 안에 「外國語」가 있었다. 외국어 교육의 양식은 다음과 같았다고 한다.

학교 당국은, 관립 소학교의 고등과 출신자를 서반(西班), 일반 지원자를 동반(東班)으로 칭하며 별도로 입학시켜 별도 교육을 실시했다. 무엇보다도 서반에 편성된 학생은, 관립 소학교에서 심상과 3년, 고등과 3년 등 6년간의 정규 교육을 받은 자들이었다는 이유만으로, 일본어가 외국어 과목으로 부과되고, 일반 지원자에게는 영어가 부과되었다.[75]

이것으로 보면, 중학교에서의 외국어는 일본어와 영어였으나, 거기에는 자체 내의 경중(輕重)의 차가 있었다. 어디까지나 과도적인 존재에 지나지 않았던 동반은, 1904년 9월에 폐쇄되어(형식상은 서반과의 합병), 거기서 가르쳐졌던 영어도, 자동적으로 폐지되었다.

맺음말

일찌기 일본에서는, 갑오개혁 개시 이후 통감부 개청까지의 교육을 「과도시대의 교육」이라고 평하는 것이 일반적이었다. 그 전형적인 예로서, 타카하시 하마키치(高橋濱吉)는 다음과 같이 적고 있다.

> 갑오대혁신에 의해 그때까지 수백 년간 계속되어 온 낡은 교육은 빛을 잃고, 신교육제도가 시작되었다. 설사 그것이 모양만을 흉내낸 것이라고 해도 오래된 옷을 벗고 새로운 것을 입으려고 하는 결심이 점점 보이기 시작한 것이었고, 조선교육사상(教育史上), 한 획을 긋는 빛이 비친 것만은 인정하지 않으면 안 된다.
>
> 그런데 이 신학제는 모두가 일본 법령을 불완전하게 모방한 것으로, 아직 운용하는 인재가 적고 국내 사정에도 적합하지 않으며 또 법문상의 결함도 많아서, 법령은 의미가 없는 것이 되어 실제 그 효과를 거둘 수 없었다. 즉 그 시기의 교육은 옛날의 교육기관과 그 내용을 한꺼번에 변화시켜 이후 일본인의 참여 아래 참된 신교육이 이식되기까지의 과도기적인 것이었다.[76]

무릇 갑오개혁이, 일본에 의한 내정 간섭이라고 하는 큰 틀 안에서 이루어진 것은 사실이다. 말할 것도 없이, 교육개혁도 그 예외는 아니다. 따라서, 일본의 조선교육에의 조직적인 간여는 갑오개혁부터 시작되었다고 할 수 있고, 특히 정부 각 부서나 관공립 여러 학교에의 일본인 고문(顧問) · 교사의 배치에서, 통감부 치하의 소위 「模範教育」의 원형을 발견할 수 있다. 그 의미에서 갑오개혁은, 「후일 한국 침략의 노골적인 발판이 되고, 결국 주권의 박탈과 국토 병탄(倂呑)이라고 하는 최악의 상황까지 이르는 원인이 되었다」[77]라는 견해도 가능하다.

그러나, 일본 측이 당시의 교육을 「過渡的」이었다고 말하는 것은, 조선에서 일본류의 근대교육을 추진할 의지도 힘도 충분하지 않았다는 것을 고백한 것과 같다. 솔직히 말하면, 「過渡時代의 教育」이라는 정의는, 「模範教育」의 성과를 강조하기 위해, 일부러 그 이전의 교육을 낮게 평가한 느낌을 부인할 수 없다. 갑오~광무개혁기의 교육은, 설사 눈에 띄는 성과는 없었다 하더라도, 기본적으로 조선 측의 주체적인 영위(營爲)로서 파악되어야 하고, 거기에 일본적인 요소가 산견(散見)되었다고 하나, 그것은 조선 측에 의한 자주적 채택의 결과라고 보아야 한다.

【註】(*는 한글 문헌)

(1) 李瑄根 著 · 金定漢 譯『韓民族의 閃光 — 韓末秘史』國書刊行會 1978년(原著 1967년) 213쪽

(2) *社會科學院歷史硏究所 編『朝鮮全史』13 平壤 科學 · 百科事典出版社 1980년 369, 387쪽

(3) *歷史學會 編『韓國史論文選集』近代編 Ⅵ 서울 一潮閣 1976년 112쪽

(4) *吳天錫『韓國新教育史』서울 現代教育叢書出版社 1964년 81쪽

(5) 스기무라 후카시(杉村濬)『明治 27, 8년 在韓苦心錄』1932년 12쪽

(6) 外務省 編『日本外交文書』제27권 제1책 日本國際聯合協會 1953년 619쪽

(7) 同上 612쪽

(8) 무츠 무네미츠(陸奧宗光)『蹇蹇錄』岩波書店 1941년 34쪽

(9) 스기무라 후카시(杉村濬) 前揭書 62~63쪽

(10) 타보하시 키요시(田保橋潔)「近代 朝鮮에 있어서의 政治的 改革」(제1회)『近代朝鮮史硏究』朝鮮史編修會硏究彙報 제1집 조선총독부 1944년 46쪽

(11) 同上 41쪽

(12) *『韓國近代人物 百人選』新東亞 1970년 1월호 附錄 서울 동아일보사 79쪽

(13) 토쿠나가 이사미(德永勳美)『韓國總覽』博文館 1907년 161쪽

(14) 호소이 하지메(細井肇)『現代 漢城의 風雲과 名士』日韓書房 1910년 157쪽

(15) 무츠 무네미츠(陸奧宗光) 前揭書 106쪽

(16)『日本外交文書』제27권 제1책 644쪽

(17) 同上 668쪽

(18) 타보하시 키요시(田保橋潔) 前揭論文 130쪽

(19) 스기무라 후카시(杉村濬) 前揭書 111쪽

(20) *『韓國近代人物 百人選』 91쪽

(21) *孫仁銖 『韓國開化敎育硏究』 서울 一志社 1980년 82쪽

(22) (16)과 같음

(23) 미시로 케이메이(三城景明) 편 『韓末을 말한다』 朝鮮硏究社 1930년 43쪽

(24) 京城府 編 · 發行 『京城府史』 제1권 1934년 619~620쪽

(25) 『日本外交文書』 제27권 제1책 570~572쪽, 578~580쪽

(26) 同上 589~590쪽

(27) 『敎育時論』 제335호 1894년 8월 5일 6~7쪽

(28) 同上 제344호 1894년 11월 5일 37쪽

(29) 同上 제364호 1895년 5월 25일 33쪽

(30) 同上 제357호 1895년 3월 15일 35쪽

(31) 井上侯傳記編纂會 編 『世外井上公傳』 제4권 原書房 1968년 510쪽

(32) 스기무라 후카시(杉村濬) 前揭書 158쪽

(33) 朴宗根 『日淸戰爭과 朝鮮』 靑木書店 1982년 143쪽

(34) 오오노 켄이치(大野謙一) 『朝鮮敎育問題管見』 조선교육회 1936년 7쪽

(35) *『韓國近代人物百人選』 49쪽

(36) *大韓民國文敎部國史編纂委員會 編 · 發行 『韓國史』 20권 1981년 207~208쪽

(37) 사와다 사토시(澤田哲) 「開化期의 교과서 편찬자로서의 玄采」 『韓』 통권109호 동경 · 한국연구원 1988년 2월 205쪽

(38) 『敎育時論』 제374호 1895년 9월 5일 30쪽

(39) *奎章閣文書 「日本人高見龜續約書」 문서번호 23083

(40) *고려대학교아세아문제연구소 편 『舊韓國外交文書』 제3권(日案3) 고려대학교 출판부 1967년 578~579쪽

(41) *奎章閣文書 「大日本顧聘人麻川松次郎合同」 문서번호 23081

(42) 李鉉淙 「舊韓末 外國人顧聘考(Ⅱ) 『韓』 제93호 동경 · 한국연구원 1980년 2월 31~33쪽

(43) *韓國精神文化硏究院 編 · 發行 『淸日戰爭을 前後한 韓國과 列强』 1984년 154쪽

(44) *康允浩『開化期의 教科用 圖書』 서울 교육출판사 1973년 225쪽

(45) (30)과 같음

(46) 尹健次『朝鮮近代教育의 思想과 運動』 동경대학출판회 1982년 234~235쪽

(47) 『教育時論』 제345호 1894년 11월 15일 36~37쪽

(48) *吳天錫 前揭書 89쪽

(49) D.L.Gifford 「Education in the Capital of Korea (1)」 "Korean Repository" July 1896 p.283

(50) 統監部 編 · 發行『統監府施政一班』 1907년 26~27쪽

(51) *奎章閣文書 「師範學校教習合同」 문서번호 23186

(52) 露國大藏省 編(日本農商務省 譯)『韓國誌』 農商務省山林局 1905년 347쪽

(53) 尹健次 前揭書 195쪽

(54) 『教育時論』 제364호 33~34쪽

(55) *『舊韓國外交文書』 제3권(日案3) 267쪽

(56) 韓國學部 編 · 發行『韓國教育의 旣往 및 現在』 1909년 3쪽

(57) (35)와 같음

(58) 마스다 미치요시(增田道義) 「朝鮮近代教育의 創始者에 關하여(2)」 『朝鮮』 제334호 조선총독부 1943년 3월 34~35쪽

(59) 이에 관해서는, 『韓』 통권 제109호에 收錄된 拙稿 「鮎貝房之助 · 與謝野鐵幹과 乙未義塾」을 참조바람. 단, 拙稿에는 「小學校令」의 공포일을 1895년 7월 19일, 시행일을 8월 1일(즉 음력대로)로 했기 때문에, 乙未義塾의 존속기간에 약간의 차가 있다는 것을 알려둔다.

(60) 小田省吾『朝鮮教育制度史』 1924년 57쪽

(61) H.B.Hulbert "The Passing of Korea" London:William Heinemann 1906 p.167

(62) *全州市史編纂委員會 編 · 發行『全州市史』 1964년 299쪽

(63) 『東亞同文會報告』 제38회 1903년 1월 14쪽

(64) 同上 제49회 1903년 12월 99쪽

(65) 오다 세이고(小田省吾) 前揭書 58쪽

(66) 露國大藏省編 前揭書 343쪽

(67) 오다 세이고(小田省吾) 前揭書 61~62쪽

(68) *奎章閣文書 「醫學校教師合同」 문서번호 23088호

(69) *『舊韓國外交文書』 제4권(日案4) 672쪽

(70) *奎章閣文書 「醫學校教師合同」「醫學校教師續合同」 문서번호 23093, 23109

(71) *『年表로 보는 現代史』 한국현대사 9 서울 新丘文化社 1974년 172쪽

(72) 타보하시 키요시(田保橋潔) 前揭論文 168쪽

(73) 日本外務省記錄 「韓國政府學部에 있어서 中學校 新設에 따른 該校 教師로 幣原坦 招聘의 件」 1900년 9월 5일(『日本外交文書』 未收)

(74) 『教育時論』 제713호 1905년 2월 5일 34쪽

(75) *京畿高等學校同窓會 編 · 發行 『京畿七十年史』 1970년 35쪽

(76) 타카하시 하마키치(高橋濱吉) 『朝鮮教育史考』 帝國地方行政學會朝鮮本部 1927년 99~100쪽

(77) *『韓國史』 20권 204쪽

제2장 한말교육의 구조

— 언어 교육을 중심으로

머리말

19세기 후반부터 1910년의 한일합병에 이르는 이른바 舊韓末이라고 불리는 시기는, 한국(본 章에서는 식민지 조선과 구별하는 의미에서 「韓國」이라 한다)에 있어서는 개화기임과 동시에 식민지 전야라고 하는 이중의 성격을 가지고 있다. 따라서 이 시기, 특히 근대교육이 본격적으로 시작됐다고 할 수 있는 갑오개혁(1894년~) 이후의 시기는, 한국 정부의 개화를 향한 노력, 일본 측의 식민지를 향한 준비 공작, 그리고 이들에 대한 국민의 대응 등 여러 가지 요소가 복잡하게 얽히면서 전개되었던 것이다.

그런데, 종래의 한말교육사 연구를 보면, 「開化(近代化)와 抵抗」이라고 하는 도식에 따라, 법제 · 제도면의 근대성과 일본의 침략적 측면, 혹은 이에 대한 아래로부터의 저항, 둘 중 어느 한쪽에 역점이 치우치는 경향이 없지도 않다. 그래서 본 장은, 이 양자를 포괄하면서 근대교육의 성립 · 전개 과정을 당시의 한국의 역사적 · 사회적 문맥 안에서 구조적으로 파악하려고 하는 것이다.

여기서 언어교육에 초점을 맞추는 것은, 이를 둘러싼 위정자 측의 의도와 국민의 교육 요구와의 整合 · 不整合 관계를 가장 단적으로 볼 수 있기 때문이다. 또, 일본의 식민지 교육이, 식민지 민족을 동화(同化)하기 위해 그들의 언어를 억압하고 일본어를 보급시키는 것을 주안으로 한 것은 주지의 사실이다. 따라서, 한말의 한국 사회에서 일본어 · 한국어 및 제 외국어가 어떠한 위치를 점하고, 그것들의 교육이 어떠한 의미를 가지고 있었는가를 밝히는 것은, 식민지 시기의 교육을 이해하는 데도 도움이 될 것이다.

1. 근대교육의 개시

(1) 한국정부의 교육개혁

1894년 7월, 개화파의 金弘集 내각은 갑오개혁에 착수했다. 군국기무처에서 의결된 개혁안은 여러 방면에 걸쳐, 종래 봉건적인 사회 · 경제에 일대 혁신을 초래할 내용을 포함하고 있었다. 그러나, 결국 이들 개혁안은 거의 실효를 거두지 못하고, 또 갑오개혁 자체가, 주한 일본 공사 오오토리 케이스케(大鳥圭介) · 이노우에 카오루(井上馨) 등 일본 세력의 영향 아래서 추진된 것은 사실이나, 그것이 내포하고 있던 근대사적인 의의는 과소평가해서는 안 될 것이다.

갑오개혁이 진행되는 가운데서 개화파에 의해 조종받은 고종은, 1895년 1월 「洪範14條」를 선포했다. 이 가운데 교육에 관한 것은 다음의 2개조였다.

> 제11조 나라 안의 총명한 자제를 널리 외국에 파견하여, 학술과 기예를 전습(傳習)시킨다.
>
> 제14조 사람을 등용함에 문벌(門閥)과 지벌(地閥)에 구애받지 않고, 선비를 구함에 조야에 널리 걸쳐, 그리하여 넓게 인재를 등용한다.

이어 고종은, 1895년 2월, 다음과 같은 「教育立國詔書」를 내렸다.

> …… 생각컨대 교육 없이 국가가 강하게 되는 것은 매우 어렵다. 세계의 정세

를 보면 부유하고 강한 독립국들은 모두 그 백성의 지식이 개명(開明)되어 있다. 지식의 개명은 잘된 교육으로 이루어진다. 즉 교육은 국가 보존의 근본인 것이다…….

짐(朕)은 정부에 명해서 학교를 널리 마련하고 인재를 양성해서 여러 백성의 학식으로 국가 중흥의 큰 일에 참가시키려고 생각한다. 여러 백성들은 충군 애국심으로 덕과 몸과 지혜를 기르지 않으면 안 된다. 왕실의 안전은 백성들의 교육에 달렸다. 국가의 부강(富强)도 모두 백성들의 교육에 달렸다.[1]……

여기서 볼 수 있는 것처럼, 당시의 한국에 있어서 교육개혁은, 국가 보전상 초미의 급선무였다. 즉, 열강의 진출을 앞에 두고 한국이 존립을 유지하기 위해서는, 과거(科擧)로 상징되는 구 교육제도를 폐지하고, 널리 인재를 양성하기 위한 국민교육 체제를 펴는 것이 필요했던 것이다. 이러한 국왕 및 개화파 정부의 교육에 대한 적극적인 자세는, 다음과 같은 학교 체계의 정비로 나타났다.

한성사범학교 관제(1895년 5월) · 외국어학교 관제(1895년 6월) · 성균관 관제(1895년 8월) · 소학교령(1895년 9월) · 한성사범학교 규칙(1895년 9월) · 성균관 경학과(經學科) 규칙(1895년 9월) · 소학교 규칙대강(大綱, 1895년 9월) · 보조공립소학교 규칙(1896년 2월) · 의학교 관제(1899년 3월) · 중학교 관제(1899년 4월) · 상공학교 관제(1899년 6월) · 외국어학교 규칙(1900년 6월) · 농상공학교 관제(1904년 6월)

그러나, 이들 법령에 의해 설립된 학교는, 전반적으로 부진을 면치 못했다. 그것은, 후술하는 것처럼, 정부의 의도와 국민의 교육 요구 사이에 큰 격차가 있었기 때문이다.

다만, 언어교육에 관해서 여기서 주목해야 할 것은, 소학교(5~6년제) 및 중학교(7년제)에서 일본어 교육의 길이 열렸다는 것이다. 일본어는, 어디까지나 외국어의 하나이고, 교과목상 수의(隨意)과목이었으나, 법규상 이를 가르치는 것은 가능했다. 그리고 여기서 말하는 외국어란 것은, 구체적으로는 일본어를 의미했던 것이다. 당시 일본어가, 한국정부에 의해 「생활상 필요한 보통 지식」(小學校令 제1조) 혹은 「利用厚生의 길」(중학교 관제 제1조)로 인식되어 있었다는 것을 엿볼 수 있다. 참고로 소학교에 있어서의 매주 수업시수를 보면, 국어(한국어, 필수과목)는, 심상과(尋常科) 전체 수업시수의 47.6%, 고등과 전체 수업시수의 26.7%를 차지하고, 외국어(일본어, 수의과목)는, 고등과 전체 수업시수의 11.0%로 되어 있었다.

정부의 신교육에 대한 자세에 관해서 또 하나 살펴 볼 것은, 한글[2]이 공용문자로 승격한 것이다. 한글은, 언문(諺文)으로 불려, 일본의 가나(仮名)가 옛날에 그랬던 것처럼 여성문자로 비하되었으나, 그 시기에 이르러 한자와 동등한 지위를 얻게 된 것이다. 전술한 「洪範14條」가, 국민 각 층에 넓게 침투시키기 위해 순 國文(한글) · 순 한문 · 국한 혼합문 등의 3종의 문체로 작성된 것은 획기적인 일이었다. 이를 계기로 하여, 이후 공문서는 국한 혼합문으로 작성하게 되어, 學部 편찬의 교과서에도 이것이 적용되었다. 또 체계적인 한국어 연구도 장려되어, 1907년에는 學部 산하에 國文 연구소가 설치되었던 것이다.

(2) 신교육에 대한 국민의 대응

정부에 의해 개시된 이른바 신교육에 대한 일반사회의 반응을, 李萬珪는 다음과 같이 정리하고 있다.

1. 거의 전체적으로 이해가 없었다.
2. 이해가 있다는 부분도, 교육을 위한 이해는 아니었다.
3. 학교는 옛 과거를 대신한 새 과거 준비로, 졸업은 곧 과거급제로 알았다. 그리하여 중도에도 벼슬을 할 수 있으면 퇴학하는 것이 예사였다.
4. 실업교육은 더욱 이해가 없다느니보다 아주 천하게 여겼으며 입학하는 학

생은 또한 벼슬길을 더 살폈던 것이다.

5. 벼슬길이 빠른, 즉 외국 세력을 배경으로 관리가 되기 쉬운 외국어학교가 제일 시세가 좋았고, 다음에는 교사직이 약속되어 있던 사범학교와 벼슬길에 오르기 쉬운 법과학교가 시세가 좋았다.
6. 여자교육에는 거의 절대 반대였고, 기독교인들이 일찌기 이해를 하여 여자교육을 먼저 실행하였다.
7. 머리 깎는 것을 반대하여, 이 문제로 대성통곡하고 퇴학한 자도 있었다. 군인도 상투 위에 모자를 쓴 일이 있던 때였으며, 머리 깎는 것은 대개 이 시기가 지난 뒤 광무 10년(1906년) 경에 실행되었던 것이다.
8. 부형이 완고하여 허락하지 않기 때문에, 아이들이 도망하여 입학하는 일이 많았다.
9. 교육으로 신지식을 배운다든지, 나라를 부흥시킨다든지 하는 참된 생각을 가진 이는 개화당들뿐이었다.
10. 학교에서도, 한문의 정도가 높아야 좋은 학교라고 인식하였다.[3)]

즉, 국민 사이에는 오랜 세월에 걸쳐 키워져온 전통적인 교육관이 뿌리내려 있고, 이것이, 관공립학교를 일반적으로 부진하게 했던 것이다. 위의 인용문에 있는 국민의 「無理解」란, 전통적인 교육관에 유래하는 바 「신교육의 효용에 대한 인식의 부족」이라고 바꾸어 말할 수가 있을 것이다. 그러나, 외국어학교 · 사범학교 등이 비교적 번성했다고 하는 것은, 그들 나름의 교육 요구를 반영한 것이라고 말할 수 있다. 결국 거기에는, 옛날의 과거(科擧)에 대신하는 것으로서 입신출세에 보탬이 되는 신교육의 효용을 알아차린 그들 나름의 현실 인식이 있었던 것이다. 다만, 당시 관공립학교에서 배운 자가 극소수였다는 것은 부정할 수 없다. 참고로 외국어 학교의 입학 상황을 보면 「표 1」과 같다. 각 나라 어학부의 입학자 수의 증감은, 한국에 있어서의 열강 세력의 지표임과 동시에, 한국민이 그것에 민감하게 반응했다는 것을 증명하는 것으로 볼 수 있다.

「표 1」 외국어 학교 입학 상황(1897~1910년)

부 / 년	日語部		英語部		漢語部		法語部		德語部		계	
	입학 지원자	입학자	입학 지원자	입학자	입학 지원자	입학자	입학 지원자	입학자	입학 지원자	입학자	입학 지원자	입학자
광무원년				50		120		42				212
광무2년				30		150		62		50		292
광무3년		10		20		141		73				244
광무4년		8		47		82		81				286
광무5년		20		58		70		98		40		286
광무6년		16		53		52		100		20		241
광무7년		14		62		34		90		20		220
광무8년		72		69		56		52		20		269
광무9년		49		62		63		45		20		239
광무10년		46		67		47		30		20		210
광무11년	350	201	100	97		27	25	25	30	30	505	380
융희2년	700	250	100	94	12	12	3	3	18	18	833	377
융희3년	950	174	145	96	17	17	9	9	16	10	1,137	306
융희4년	1,290	136	208	106	45	36	38	21	27	17	1,608	318

(출처) 韓國 學部 『韓國教育의 現狀』 1910년 40쪽

(註) 이 밖에 1896년부터 러일전쟁 중까지 俄語部가 있었다.

상술한 것처럼, 19세기 말기, 국민 일부의 교육 욕구를 충족시키기 위해 관공립학교가 설치 되었는데, 이와 거의 병행하여 기독교계 및 민족계의 사립학교가 대두되었다.

프로테스탄트를 주체로 하는 기독교는, 특히 1882년의 한미협약 이후 급속히 보급되었다. 그 주된 원인은, 포교 전략이 적절했기 때문이었다. 즉, 그

들은 포교의 수단으로 많은 학교와 병원을 설립했던 것이다. 이들 학교는, 근대적인 과학 지식을 가르치는 등 교육내용이 충실했고, 또한 재정이 비교적 튼튼했기 때문에, 관공립학교의 부실함과는 대조적으로 견실한 진전을 보였다. 물론, 이들 학교 전부가 설립 당초부터 순조롭게 성장한 것은 아니지만, 사회적인 인식의 변화와 함께 점차 한국 근대교육의 리더로서의 지위를 확고히 했다고 할 수 있다. 당시의 기독교계 사립학교에서의 교육의 특징은 다음과 같이 요약할 수 있을 것이다.

① 기독교계 사립학교는, 성직자 및 지방 교회 산하 초등학교의 교원을 양성하는 것을 첫째 설립 목적으로 하고, 따라서 그 수준도 대부분 중등학교 이상이 되어 있었다.

② 그러나, 거기서 배우는 학생의 대부분은 자신의 입신출세를 최대의 목적으로 하여, 설립자의 의도와는 큰 차가 있었다.

③ 입신출세의 수단으로서 외국어, 그 중에서도 영어교육이 중시되었다. 이것은, 관공립의 소 · 중학교에 있어서의 외국어가 사실상 일본어를 의미했던 것과는 크게 다른 점이다.

④ 종래의 전통적인 교육에는 없었던 과외활동이 도입되어, 학생의 사회적 · 정치적 훈련에 기여했다.

⑤ 培材學堂 학생을 주체로 한 協成會의 『協成會報』나 기타 기독교 관계 도서의 출판을 통하여 한글의 정리 · 보급에 공헌했다.

한편, 봉건적인 양이론(攘夷論)에 반대하여 자주적인 개국~개화를 주장한 혁신 사상이 개화운동으로 나타나는 가운데, 민간인이 만든 많은 사립학교가 설립되었다. 그들 학교에 있어서의 최대의 특색은, 그 교육이 매우 실리적이었다는 점이다. 그 가운데서도 興化學校(1895년 설립) · 乙未義塾(1895년 설립. 나중에 樂英義塾) · 中橋義塾(1896년 설립) · 洛淵義塾(1901년 설립) 등은, 語學校의 색채가 강하다. 이 점은, 전술한 관공립학교 · 기독교계 사립학교에도 공통되는 것으로, 민간인 사립학교에 있어서도 외국어의 유용성이 강하게 인식되어 있었음을 말해 주고 있다. 다만, 외국어 중에서도 특히 일본어가 중시되었다는 것이, 기독교계 사립학교와 대비했을 때의 민간인 사립학교의 특징이다. 이것은, 당시의 한국의 개화를 위해서 일본어의 습득이 유익했다는 것을 의미한다. 바꿔 말하면, 이 시기의 한국에 있어서 일본어는, 서양문물을 흡수하기 위한 수단으로서의 가치를 갖고 있고, 몇 개의 민간인 사립학교에서는 일본어를 주체적으로 학습하려고 했던 것이다.[4]

이처럼 지금까지 보아 온 시기의 민간인 사립학교는, 을사늑약(1905년 11월) 이후의 민간인 사립학교가, 반일의식을 기저로 한 애국심에 불타 교육에 의한 민족의 각성과 실력배양을 목표로 한 애국 계몽운동의 중핵이 되어 간 것과는 매우 성격을 달리한다고 말할 수 있다.

(3) 일본 측의 움직임

한국의 근대화를 추진하려고 했던 개화파에게 있어서 일본은, 개국 이래 일관되게 가장 가까운 모델이었다. 그들의 자세는, 「근대화에 역점을 둔 나머지, 일본을 포함한 선진국으로부터의 침략에 저항하는 사상적 틀 자체가 결여되어 있었다」[5]라고 말할 정도였다. 한편, 일본 측의 한국 교육에 대한 견해는, 「조선의 종래의 교육은 단지 공자와 맹자의 가르침을 받들어 충효의 길을 강의할 뿐, 다른 교육을 모른다. 다만 최근에 일본어, 중국어, 영어의 3개국어 학교를 차례로 창설했지만 실효는 아직 나타나지 않고 있다. 지금은 공자와 맹자의 가르침도 완전히 헛된 이름뿐이고 충효의 길도 과거의 이야기가 되었다. 그러므로, 이것을 한마디로 요약해서, 조선에는 교육이 없다고 하는 것도, 혹평은 아니라고 굳게 믿는다」[6]라고 하는, 소위 「정체사관(停滯史觀)」으로 이어지고 있었다. 일본의 한국 교육계 진출은, 이 두 점을 풀(pull) 요인 · 푸시(push) 요인으로 했던 것이다.

한국교육에서 일본 세력의 반영을 가장 현저하게 보인 것은, 전술한 것처럼 관공립의 소학교(고등과) 및 중학교 교과목에 일본어가 포함된 것이다. 그 구체적인 경위는 명확하지 않지만, 여기서는, 1891년부터 1893년까지 한국 정부 초빙 일본어 교사였던 오카쿠라 요시사부로(岡倉由三郎)가, 小學校令

(1895년)이나 中學校官制(1899년)에 앞선 1894년 8월, 「朝鮮國民敎育新案」에서 중학교 교과목에 일본어를 넣을 것을 제의하고 있는[7] 것만 지적해 둔다.

또한, 한국 學部의 교과서 편찬 사업에는 당초부터 일본인이 보좌원으로서 채용되어, 이 때문에 「교재내용에 한국인의 정서가 충분히 반영되지 않을 뿐 아니라, 넌지시 친일적인 요인이 조성되었다」[8]는 것도 주목해야 할 사실이다. 더욱이, 1904년 8월의 한일협약 이후, 한국의 교육행정에는 시데하라 타이라(幣原坦)가 참여하게 되었다.

한편, 관공립학교 · 기독교계 사립학교 · 민간인 사립학교와 함께 한국 근대교육 초창기의 학교 체계의 일환이 된 것으로 「日語學校」가 있었다. 이것은, 한국에서 일본인이 일본어로 교육을 한 학교로, 반드시 일본어만을 가르쳤던 것은 아니나, 모두 일본어를 매개로 했기 때문에 이처럼 불리는 것이다. 와타나베 마나부(渡部學)의 조사에 의하면, 1895~1898년에 6개교, 1899~1905년에 23개교, 1906~1910년에 5개교, 모두 34개교가 설립되었다고 하나[9], 필자 자신의 정의에 따르면 「日語學校」의 수는 34개교보다 훨씬 많아, 약 230개교에 달한다. 이를 설립 주체별로 보면 「표 2」와 같다. (자세한 것은 拙著 『舊韓末 「日語學校」의 硏究』 큐슈대학출판회 1997년을 참조 바람)

「표 2」 설립 주체별 「日語學校」 수

大日本 海外 敎育會	2개교
東亞同文會	3개교
東本願寺	5개교
西本願寺	3개교
淨土宗	6개교
日蓮宗	1개교
日本人有志	14개교
日韓有志	17개교

韓國政府	6개교
一進會	100여 개교
韓國人有志	60개교
不明	14개교

「표 2」에 의하면, 설립 주체별로는 34개교가 일본의 민간인 · 단체의 설립으로 되어 있으나, 「日語學校」의 운영에는, 한국 學部나 일본 외무성도 재정지원을 행했던 것이다.[10] 이처럼 「日語學校」는 한반도 전역에 걸쳐, 일본인 단체 · 일본인 유지 · 한일 유지 · 한국정부 · 한국인 단체 · 한국인 유지 등에 의해 설립되어, 한국정부 및 일본정부가 이를 재정적으로 지원하는 형태로 전개되었다. 거기에서의 교육의 요점을 정리하면 다음과 같다.[11]

① 한국인 서민 자제를 주로 그 대상으로 한 것
② 그 교육내용은, 일어를 매개로 하여, 근대적 사회생활을 위한 근대적 지식, 즉 이른바 「普通學」을 가르친 것. 단, 말기에는, 일어 자체의 도구적(道具的) 교수에 치우쳐 갔다
③ 일어 보급에 공헌한 것
④ 파급효과라고나 할까, 일어학교가 일어학교를 만드는 현상을 볼 수 있어, 그 의미로는 사범교육적 효과를 갖고 있던 것
⑤ 합병 후 근대학교의 전신(前身) 역할을 한 것

덧붙여 말하면 한국인 학자 사이에는, 예를 들면 「개성학교의 창립이야말로 부산에서의 근대식교육 즉 신교육의 효시가 되는 것이다」[12]라는 것처럼 긍정적인 평가가 있는 한편, 「일어보급의 척후(斥候)」[13]였다고 통렬히 비판하는 견해도 있다.

2. 식민지정치와 한국교육

(1) 「模範教育」의 전개

1905년 11월의 을사늑약에 의해 한국은 일본의 식민지가 되어, 사실상 일본 세력의 영향 아래 놓인 學部에 의해 「模範教育」이 추진되게 되었다. 學部는, 이것이 「模範」 教育인 까닭을 다음과 같이 말하고 있다. 즉, 「아직도 볼만한 성과가 적은」 신교육이나 사립학교가, 「한국의 부강(富强) 개발에 관계된 신교육을 한다고 해도 헛되이 많은 학과를 나열하는 데 머물러 실제로 효과를 거두지 못하는 것뿐이고, 심지어는 교육의 본지와 상반되는 교양을 가르치고도 전혀 반성하지 않는 상태」임에 비추어 「模範」적 교육을 실시한다라는 것이었다.」[14)]

이러한 주장을 바탕으로 설립 · 운영된 학교는 「표 3」과 같다.

「표 3」 관공립학교 수

구 분	1906	1907	1908	1909	1910
成均館	1	1	1	1	1
法學校	1	1	1	1	1
師範學校	1	1	1	1	1
高等學校	1	1	1	1	1
外國語學校	7	7	3	1	1
高等女學校	–	–	–	1	1
實業學校	–	–	–	4	15
實業補習學校	–	–	–	–	4
普通學校	22	50	59	91	101
계	33	61	67	102	127

이들 학교에서의 교육은, 「模範教育」의 미명 아래 점차 親日的인 색채를 진하게 하고 있었다. 그것은 언어교육의 모습에 단적으로 나타나고 있다. 즉, 그 이전의 학제에 있어서 소학교 고등과 및 중학교의 수의(隨意)과목으로서, 그것도 「外國語」라는 명칭 아래 마련되어 있던 일본어는, 이 시기에 이르러서는 초등학교 1학년부터 부과되는 필수과목으로서의 「日語」가 되고, 그 비중도, 보통학교에서 「國語(韓國語)」와 같고, 고등학교에서는 오히려 우위에 서게 된 것이다. 뿐만 아니라 일본어는, 사범학교 · 실업학교 등 다른 모든 관공립 중등교육기관에서도 중요한 교과목이 되어, 성균관이나 실업보습학교 등 신교육 체제의 말하자면 방계(傍系) 학교에서도 부과되고, 더욱이 외국어학교의 일어부 이외에서도 隨意科目으로서 개설되었던 것이다. 이처럼 한일합병 이전의 모든 관공립학교 및 일부의 사립학교(中東학교 · 淑明여학교 · 西友사범학교 · 普成전문학교 등)에서 일본어가 가르쳐졌다는 것은, 합병 후, 일본어가 국어가 되고, 일본어에 의해 동화(同化) 교육이 추진될 기초가 되었다고 할 수 있다.

그러면, 이러한 「模範教育」에 한국인은 어떻게 대응했을까. 결론부터 말하면, 그들은 심한 거부반응을 나타냈던 것이다. 그 최대의 이유는, 보통학교 제1학년부터 필수과목으로 일본어가 가르쳐졌기 때문이었다. 을사늑약의 체결과 함께 한국에서 일본어의 의미는 일변했다. 이 때문에 「일본어 학교에 있어서도, 생도는, 국가의 존망에 즈음하여 편안하게 수업을 받을 수가 없다고 하여, 일제히 울면서 교문을 나가는 일도 있었」[15]으나, 초등학교에 있어서의 일본어 교육은 더욱 심각한 문제였다. 그들은, 어린 보통학교 아동에 대한 일본어 교육을 한국인의 국민성을 말살하는 것이라고 인식했던 것이다. 거기에는 분명히, 국권의 위기를 눈앞에 둔 민족의식의 각성이 보인다.[16]

이러한 비판에 대한 學部 당국의 변명은 다음과 같다. 즉 「일본인의 왕래가 더욱 더 빈번해짐에 따라, 일본인과의 교섭이 자꾸 자꾸 증가하게 되는」 정세에 비추어 「일본어를 알고 있는지 없는지에 자기의 행복과 불행이 걸려 있는 것은 말할 필요도 없는 일」이기 때문에 「처세에 적응」하기 위해 마땅히 일본어를 배워야 하고, 또 「일본처럼 고등소학교에서 영어를 과하고 구미(歐美)에서도 소학교부터 외국어를 과할 뿐만 아니라, 재외 일본인은 그 나라의 소학교에 아동을 맡김에도 불구하고 아직 국민성을 잃었다는 실례를 듣지」 못했기 때문에, 어릴 때부터 일본어를 배우게 하는 것은 「당연히 필요하고 유효한 것이다」라는 것이다. 바꿔 말하면, 일본어를 모르는 것은 「일본인의 불이익이 아니라 한인(韓人)의 불이익임」을 주장하고, 이것을 일본어 교육의 근거로 하고 있는 것이다.[17] 당시에는 아직 주권이 어디까지나 한국에 있는 것을 전제로 한, 일본 세력의 교묘한 정당화였다고 할 수 있을 것이다.

그런데, 「模範教育」에 대해서는, 그 성격상 대충 나누어 두 가지의 비판이 있었다. 하나는, 앞 절에서 본 것 같이, 구교육의 집착으로부터 온 신교육에 대한 「몰이해」에 바탕을 둔 것이다. 교과목에 관하여 「오히려 언문(諺文)의 교수에 대해서 불평하고 한학의 시수가 적은 것을 악평했다」는 것이라든지, 수업시간에 관하여 「보통학교에 있어서는 매일 일정한 수업시간을 정해서 하루에 서당보다 짧은 5시간의 수업을 하기 때문에 학생의 학력 향상을 의심하고 게다가 학생이 낮에 집에 돌아오는 것을 싫어했다」[18]는 것 등이 여기에 속한다. 또 하나는, 민족의식에 바탕을 둔 것이다. 즉, 일본인이 주도권을 쥔 관공립학교에서 일본어를 배우는 것을 좋게 생각하지 않았던 것이다. 비중으로 말하면, 이것이 전자(前者)보다 훨씬 컸던 것은 말할 것도 없다. 그리하여, 이러한 제 요인이 얽혀 「模範教育」은 전반적으로 부진을 면치 못했다. 초기의 보통교육은, 「官憲의 엄한 권유」에 의해 겨우 중류 이하의 자제를 재학시킴에 지나지 않아, 「貧民學校」라고까지 불려졌던 것이다.[19]

「模範教育」을 재정적인 측면에서 살펴 보기 위해서 국고 총세출과 學部 세출을 비교하면 「표 4」와 같다.

「표 4」에 의하면, 學部 세출이 국고 총세출에 점하는 비율은, 경상비로 2.0~2.4%, 임시비로 0.6~2.0%에 지나지 않는다. 「模範教育」을 격려하는 소리에 비해서는 재정적 지원은 미미한 것이었다고 하지 않을 수 없다. 거꾸

「표 4」 學部 세출 및 국고 총세출 비교표(1906~1909년)

구분	경상비			임시비		
	學部 세출	국고 총세출	%	學部 세출	국고 총세출	%
1906	154,943円	6,324,338	2.4	86,704円	7,967,388	1.0
1907	208,637	10,193,276	2.0	352,023	17,375,951	2.0
1908	307,224	14,714,934	2.0	154,115	23,352,857	0.6
1909	384,320	15,982,434	2.4	218,874	22,268,655	0.9

로 말하면, 이렇게 소액의 교육재정을 가지고 운영할 수 있을 정도로 관공립 학교의 교육규모가 작았다고 볼 수 있다. 사실, 그 시기의 한국인의 교육에너지는, 다음 절에서 말하는 것처럼 그 대부분이 사립학교에 쏟아졌던 것이다.

(2) 애국 계몽운동

한국의 식민지화와 함께, 교육과 산업의 진흥을 통하여 민족의 실력을 양성하고 이에 의해 국권을 회복하려고 하는 일대 국민운동이 일어났다. 李萬珪는, 당시의 교육계의 상황을 다음과 같이 적고 있다.

> …… 반도에 넘친 기운은 교육열이었다. 당시에 李東輝 같은 애국자가 함경도 등의 지방을 한번 돌면, 학교가 100여 개씩 생겨났다. 그러한 지사(志士)의 애원(哀願) · 격려 · 통갈(痛喝)에는, 인색한 부자들도 어쩔 수 없이 돈을 내놓게 되었다. 내놓지 않으면, 그야말로 수전노(守錢奴), 나아가서는 비국민(非國民)으로 몰려, 처세를 할 수 없을 지경에 이르게 되는 일이 많았고, 조금이라도 새 지식을 가진 이는, 돈벌이나 벼슬질을 하지 않고 시골에 가서 조그마한 학교라도 만들어, 청년 하나라도 가르치는 것이 국가에 대한 의무로 여기는 기풍이 서 있었다. 그리하여 현재 우리 교육계의 원로 崔奎東과 지도급의 거두 呂運亨 같은 이들도, 당시 평양 혹은 강릉 등 먼 곳에 가서 교편을 잡고 학교를 만들었다. 이 밖에도 그 당시 나이 6, 70세 내외의 벗들 가운데, 시골에서 교육사업을 하고 있던 이를

더러 찾아낼 수가 있다. 당시 그들은, 오로지 황무지를 개간하는 개척자 정신과 적진을 향한 군인의 기개를 가지고 나아갔던 것이다. 이처럼 돈을 가진 사람들의 염치감(廉恥感)과 지식을 가진 사람들의 의무심과 지사(志士)들의 희생열에 의해, 도시부터 시골까지 학교가 우후죽순처럼 생겨났던 것이다.[20]……

이리하여 전국 각지에 설립된 사립학교 수는 3천이라고도 하고 5천이라고도 하여, 사립학교령 공포로부터 겨우 1년 9개월 뒤인 1910년 5월 현재 學部大臣의 인가를 받은 것만도 2,250개에 달하였다(「표 5」 참조).

「표 5」 인가 사립학교 수(1910년 5월 현재)

구 분	보통학교	고등학교	실업학교	각종학교	종교학교	계
漢城府	1	1	2	66	24	94
京畿道	–	–	–	136	64	200
忠淸南道	2	–	–	73	16	91
忠淸北道	–	–	–	41	7	48
慶尙南道	3	–	1	82	18	104
慶尙北道	4	–	–	72	74	150
全羅南道	1	–	–	31	4	36
全羅北道	4	–		42	31	77
江原道	–	–	–	37	6	43
黃海道	–	–	–	104	182	286
平安南道	–	–	–	189	254	443
平安北道	–	–	1	279	121	401
咸鏡南道	1	1	–	194	21	218
咸鏡北道	–	–	3	56	–	59
계	16	2	7	1,402	823	2,250

(출처) 한국 학부 『한국교육의 현상』 49~50쪽

이제 「표 5」를 바탕으로 인가 사립학교의 분포 및 종류를 보면, 다음 두 가지 점이 현저하다. 그리고, 아마도 이들 특징은, 인가 · 불인가를 불문하고 애국 계몽운동 중에 설립된 사립학교 전체에 대하여 말할 수 있을 것이다.

첫째는, 사립학교의 분포가 황해도, 평안도, 함경도 등 서북부 지방에 편중되어 있다는 것이다. 오오노 켄이치(大野謙一)는 이를 평하여, 「그 중에서도 조선의 서북 지방은, 불건전한 사립학교의 소굴인 것 같았다」[21]라고 말하고 있다.

두 번째는, 학교 종류로 말하면 각종학교와 종교학교가 거의 대부분으로, 그 밖에는 매우 적다는 것이다. 이것으로 애국 계몽운동을 추진했던 사람들은, 당국의 감시가 심한 보통학교 · 고등학교 · 실업학교라는 형태를 피해, 「模範教育」 체제의 주변에 위치한 각종학교나 종교학교의 설립으로 나아갔던 것을 엿볼 수 있다.

당시의 사립학교에서는, 토론회 · 변론대회 · 운동회 등이 성행하였다. 그러나, 사립학교는, 정치적인 훈련과 체력의 연마만을 일삼고 있었던 것은 아니다. 그런 활동을 통하여 배일(排日) 독립을 위한 실력을 배양하는 한편으로, 민족의 문자인 한글교육도 왕성하게 행했던 것이다. 『大韓每日申報』에 의하면, 「國文을 전과(專科)로 하여 일반 아동을 교육하는 학교도 있고, 혹은 주야학(晝夜學)으로 나누어 야학에서는 국문(國文) 하나만을 강습하는 학교도 있고, 혹은 각과 안에 國文一科를 특설한 학교도 있는 등, 이에 관하여 각지로부터 보내오는 서신이나 전문이 많아, 本報가 하나 하나 처리할 수가 없을 정도」였다고 한다.[22] 즉, 이 시기의 國文(한글) 운동은, 애국 계몽운동의 일환이고, 그때까지의 반봉건 · 개화사상에 더하여, 일본어의 강요에 의한 민족 동화정책에 반대하는 운동으로서의 성격을 가지고 있었던 것을 알 수 있다.

그러면, 이상 보아온 애국 계몽운동을 총체로서 어떻게 평가해야 할까. 애국 계몽운동은, 1910년 8월의 한일합병으로, 민족의 자주독립이라고 하는 궁극적 목적을 달성할 수는 없었다. 이것은, 재정적 기반이 약했다는 것, 「교육 · 홍학(興學) · 실력양성을 부르짖는 것이, 그대로 실력양성이 될 것으로 생각된 일면이 있고, 또 애국이나 자주가, 모두 실력양성이라고 하는 말로 표현될 것으로 생각한 당시 지식인의 편견」[23]이 있었다는 것 등 운동 자체가 내포하고 있던 결함도 결함이지만, 근본적으로는 한국의 식민지화로부터 합병을 향한 시대적 추세가, 국권회복운동의 힘을 넘었기 때문이다. 그러나, 이 운동은, 반침략적 애국사상을 광범한 대중 안에 침투시켜, 일본의 지배에 대항하기 위해 민족의 실력을 양성한다고 하는 일정한 역사적 사명을 수행했다고 할 수 있다.

(3) 민간교육운동의 규제

애국 계몽운동의 발흥에 대하여, 學部는 사립학교령(1908년 8월) · 교과용도서검정규정(1908년 9월) 등에 의해 그 억압에 나섰다. 종래, 사립학교에 관한 법령은 전혀 없었고, 사립학교는 거의 방치 상태에 놓여 있었다. 그러던 것이, 1908년 8월에 이르러 처음으로 법적 규제를 가하게 되었는데, 學部는 그 이유를 다음과 같이 말하고 있다. (이때가 되면 學部의 이름으로 나온 책자의 대부분은 일본어로 쓰여 있고, 그 사실 하나만으로도, 당시의 한국 學部가 일본 측에 의해 완전히 실권을 빼앗기고 있었음을 엿볼 수 있다.)

…… 생각해 보면 지금, 교육에 관계하는 사람은 그저 공연히 격렬한 비분과 정치론을 가지고, 편협 · 고루한 애국심을 일으켜, 나팔 불고 북치는 군대식 훈련을 교양의 본의라고 생각하고 있다. 짧은 생각과 무모한 행동을 義烈한 행위라고 하는 것처럼 잘못된 생각을 갖게 하는 것은, 단지 문화발전에 해가 될 뿐만 아니라 나아가서는 천박하고 경솔한 사상을 만연시켜, 국내 질서를 혼란시키고 오히려 나라의 발전기반을 위태롭게 하는 것으로, 생각하는 것만으로도 나쁜 것이라고 말할 수 있다. 요컨대 그들은 교육으로 지금의 불운한 상황을 만회하려고 하는데 그 수단과 방법이 잘못되었다. 즉, 어떤 학교를 만들어 어떤 교육을 해야 문명의 발전에 기여할까를 모르고 교육의 본령인 지(智)와 덕(德)을 기르는 것을

도외시하여, 단지 나이 어린 청년자제를 선동하여 완고(頑固)하고 편협(偏狹)한 무리를 만들려 하고 있다. 그들의 편견에 의해 자신이나 자기 가족이 길을 잘못 가는 것은 괜찮다고 해도, 남의 아이들을 나쁜 길로 끌어 들이고 나라를 위험하게 만든다면, 정부로서는 이를 그저 조용히 보고 있을 수만은 없다.[24)]

당시의 사립학교에는, 확실히 사립학교령의 제정을 자초하는 면이 없지 않았다. 시설 · 설비가 불충분했던 것, 사기를 고무하고 체력을 단련하는데 급한 나머지 지육(知育)을 소홀히 한 경향이 있었던 것 등이 그것이다. 사립학교령에 의해, 말하자면 애국 계몽운동이 내포하고 있던 약점이 이용당하게 되었던 것이다. 그러나 사실은, 국권회복을 노리는 애국 계몽운동이 높아감에 따라 일본 측이 위기의식에 쫓긴 것이 사립학교령 공포의 진짜 원인이었던 것은 말할 것도 없다.

그러나, 사립학교령에 의한 규제는, 그다지 심한 것은 아니었다. 전게(前揭) 「표 3」에 나타난 것처럼 관공립학교 체계가 충분히 발달해 있지 않았던 당시에는, 내용적으로 불완전한 사립학교라 하더라도 어느 정도 이것을 허용할 수밖에 없었고, 또 철저한 단속이 정부 당국에 대한 반발을 낳는 것도 우려했던 것이다. 특히 종교학교에 대한 태도는 매우 관용적(寬容的)이었다. 그것은, 종교학교의 대부분이, 직간접으로 외국인 선교사의 손에 의해 설립되어, 치외법권적인 특권을 가지고 있었기 때문이다. 이처럼 사립학교의 인가 그 자체를 둘러싼 규제는 그다지 엄격하지는 않았다고 말할 수 있으나, 사립학교령 제6조에 기초하여 사용 교과서가 제한되고, 한편, 「處世上의 必要」에서 오는 부형의 압력도 있고, 일부 사립학교는 점차로 「模範教育」의 틀 안으로 들어갔던 것 같다. 다음 인용은 『韓國教育의 現狀』의 기술인데, 이 책자는 學部 당국의 간행물이고, 또 일본인에 의해 일본어로 쓰여진 것이기 때문에 다소의 편견은 있다고 해도, 일본어 교육이 사립학교에도 어느 정도 침투해 갔던 것을 추측할 수 있다.

…… 이 경향은 유독 보통학교만이 아니고 일반 사립학교에서도 일어를 가르치지 않으면 입학생을 얻기가 곤란하게 되었다. 평안남북 양도(兩道)처럼 기독교 세력이 왕성하고 배일사상이 강하다는 지방에서도, 일반 사립학교와 기독교 학교를 막론하고 지금도 일어를 가르쳐서 학생 및 부형의 희망에 부응하고 있다. 실제 평안북도 영변(寧邊)의 어떤 사립학교에서는, 가르치고 있던 일어를 폐지한 결과 학생들이 동맹 퇴학하여 완고한 학교 관계자도 다시 일어를 가르쳐 사태를 수습했던 적이 있다[25)]……

물론, 學部大臣의 인가를 받지 않은 학교도 다수 있고, 그들 비인가 사립학교야말로, 애국 계몽운동의 취지에 맞춘 교육을 행할 수 있었을지 모르나, 그 경우, 인가를 받지 않았기 때문에 학생의 취직이나 진학에 적지 않은 곤란이 있었다. 사립학교는 인가를 받았건 안 받았건 저마다 제약을 면치 못했던 것이다. 이런 의미에서 사립학교령은, 이 이후의 사립학교에 큰 장애가 되었다고 할 수 있다.

사립학교령 제2조가, 인가제를 통하여 사립학교의, 말하자면 외적 사항을 정비하려고 하는 것이었던 데 비하여, 동 제6조는, 교과서를 學部의 편찬 혹은 學部大臣의 검정 또는 인가를 거친 것으로 한정함으로써 직접적으로 교육 내용의 통제를 노린 것이었다. 그리고 실은 후자가 사립학교령의 主眼이었던 것이다.

여기서 그때까지의 교과서 행정을 보면, 정부에 의해 간행된 것은 보통학교용 교과서의 일부에 지나지 않았다. 따라서, 중등학교용 교과서는 모두 민간인이 작성한 것을 사용할 수밖에 없었고, 초등학교에서도 學部 편찬 이외의 교과서가 널리 사용되었던 것이다. 그러나, 이들 민간인의 손에 의한 교과서는, 당연한 일이지만 당시의 애국 계몽운동의 풍조를 반영하여, 일본 측 및 그 영향 아래 있는 學部 당국의 눈으로 보면「현재의 國是를 비난하고 정치를 논평하는 것 같은 글을 기재하여 정치와 교육을 혼동해서 신문잡지의 논설과 같은 도발적이고 불온한 말을 나열하는 것」[26)]이 많았던 것이다. 이 때문에 學

部는, 1908년 9월 교과용 도서 검정규정을 공포하고, 교과서 통제에 착수했다. 동 규정은, 사립학교령 제6조와 짝을 이루는 것이었다.

이에 기초하여 저역자(著譯者)로부터는 검정(檢定), 해당 학교로부터는 사용 인가 신청이 있었던 교과서에 대하여 엄밀한 심사가 행해지게 되었는데, 동 규정의 공포로부터 1910년 5월 말까지의 출원 · 인가 상황은 「표 6」 및 「표 7」에 나타난 대로이다.

「표 6」 교과서 검정 출원 · 인가 상황(1910년 5월 말 현재)

구분	수신	국어	한문	역사	지리	理化	수학
검정출원부수	12	16	13	16	20	8	6
— 인가	3	4	3	6	7	7	4
— 불인가	5	2	2	3	5	–	1
— 조사중	4	10	8	7	8	1	1

구분	박물생리	체조	농공상	교육	일어기타	법제경제	사서	계
검정출원부수	14	1	2	1	5	2	1	117
— 인가	12	1	1	1	3	2	1	55
— 불인가	–	–	–	–	–	–	–	18
— 조사중	2	–	–	–	2	–	–	44

(출처) 韓國 學部『韓國教育의 現狀』

이들 표에 의하면, 검정 출원 부수가 117, 사용 인가 출원 부수가 448로, 이렇게 많은 교과용 도서의 검정 · 사용 인가 신청이 제출되었다는 것이, 당시의 민간 교육운동의 고양(高揚)을 나타내는 것으로 우선 주목된다. 애국 계몽운동은, 이미 한국인 자신이 저술 혹은 번역한 교과서를 사용하면서 민족

「표 7」 교과서 사용인가 출원 · 인가 상황(1910년 5월말 현재)

구분	수신	불서	기독교서	국어	한문	일어	영어기타	역사	지리	理化	수학	박물생리
인가부수	4	4	15	9	22	18	48	7	24	42	60	32
불인가부수	8	-	-	13	10	10	1	12	8	-	-	-
합계	12	4	15	22	32	28	49	19	32	42	60	32

구분	체조	창가	농상공	법제경제	교육	부기	도화	습학	수공	가정	계
인가부수	4	2	42	17	6	7	11	3	1	2	380
불인가부수	-	1	1	1	3	-	-	-	-	-	68
합계	4	3	43	18	9	7	11	3	1	2	448

(비고) 각 학교 청원(請願) 도서 중 동일 도서는 1부로 계상
(출처) 同上 60 쪽

의 사세들을 교육할 수 있는 자율적인 교육체계를 갖추고 있었다고 말할 수 있을 것이다.

다음에 교과목별 인가 상황을 보면, 자연과학 · 실업계의 서적이 대부분 인가된 데 비하여, 인문과학이나 언어 관계의 것은 인가율이 매우 낮은 것을 알 수 있다. 즉, 검정 · 사용 인가를 통한 인가율은, 낮은 쪽부터 수신(修身) 29.2%, 국어 34.2%, 역사 37.1%, 한문 55.6%, 지리(地誌 · 地文) 59.6%, 일어 63.6% 등의 순으로 되어 있다. 따라서, 이러한 검정 · 사용 인가방침에 대하여 「學部는 애국심을 억압하고 한국의 국민성을 없애려고 한다」[27]고 비판하는 목소리가 높았던 것은 당연했다.

그런데, 전술한 것처럼 한국에는 종래, 한문을 배우는 것이 학문하는 것이라는 관념이 있어, 이것이 신교육 기피 이유의 하나였다. 이러한 전통적인 교육관에 입각하여 한문 읽기를 주로하는 서당은, 「模範教育」 체제가 점점 정

비되고 있던 시기에도 전국 방방곡곡에 존재하여, 그 수는 만(萬)을 넘었다. 그 절대량으로 말하면, 한국인에게는 여전히 서당이 최대의 교육기관이었다. 그래서 學部는, 1908년 8월에 이르러 훈령 「書堂 管理에 關한 件」을 발하고, 서당 관리에 손을 댔다. 그렇지만 이 훈령은, 내용적으로는 매우 느슨한 것이었다. 그것은, 서당이 한국인의 생활에 확실히 뿌리를 내리고 있던 교육기관이므로, 함부로 이를 개폐(改廢)하는 것 보다는 점차 개량하여 보통학교를 대신하도록 하는 것이 좋은 방책이라고 하는 생각이 당국에 있었기 때문이다. 그러나, 이 훈령에 의해, 한문교육의 고집이라는 형태로 곧잘 「模範敎育」의 원심력으로 작용해 왔던 서당을 「模範敎育」체제의 일환으로서 끌어들이려고 했던 것, 특히 일본어 교육을 추가하도록 압력을 가했던 것은 주목할 만한 사실이다.

이상 살펴 본 것처럼 식민정치시대의 교육은, 「模範敎育」을 위한 관공립학교가 있고, 이에 대항하는 것으로 애국 계몽운동을 떠맡은 사립학교가 있고, 그리고 이들 주변에 옛부터의 한문교육을 주로하는 수많은 서당이 있다는 도식으로 표시할 수 있다. 이들 상호간의 역동관계를 간단히 말하면, 사립학교와 서당은, 관공립학교의 교육을 거부하고, 이로부터 물러가려는 경향이 있었다. 이 원심력의 근원은, 일본어교육을 중심으로 한 친일적 교육을 기피하는 민족의식이고, 구교육을 고집하는 전통적 교육관이었다. 따라서, 사립학교 및 서당을 관공립학교를 핵으로 하는 「模範敎育」의 틀에 집어넣어, 핵을 향하여 끌어들이는 것이 통감부 및 學部의 의도였다. 그리고 그를 위한 수단이, 學會令 · 사립학교령 · 교과용 도서검정규정 · 서당관리에 관한 學部訓令(이상 1908년), 그 밖에 新聞紙法(1907년) · 출판법(1909년) 등이었다. 이리하여 민간 교육운동은, 적어도 법제상으로는 당국이 장악하는 바가 되었다.

맺음말

을사늑약은, 한국 정치사상 일대 전기(轉機)였을 뿐 아니라, 언어교육상으로도 그러했다. 즉, 그때까지 소학교 · 중학교에서 수의(隨意)과목인 「外國語」였던 일본어는, 1906년 이후 필수(必須)과목인 「日語」로, 「國語」인 한국어와 질량(質量) 모두 동등 혹은 그 이상의 지위를 점하게 되었던 것이다. 게다가 일본어는, 보통학교로부터 성균관에 이르기까지 모든 관공립학교에서 가르쳐졌다. 한편 한국의 식민지화라고 하는 사태를 앞에 두고 민족의 실력배양을 기초로 하여 국권의 회복을 지향하는 애국 계몽운동이 전국적인 규모로 전개되었다.

여기에서, 일본어 및 한국어의 사회적 의미도 일변했다. 결국, 그때까지 근대화, 혹은 입신출세를 위한 수단으로서 그 나름대로의 의의를 가지고 있던 일본어는, 한국인에게 침략자의 언어가 되어, 이를 배척하고 스스로의 문자 · 언어 교육을 활발히 하는 것이 반침략 · 애국의 한 방도(方途)가 되었던 것이다.

그러나, 애국 계몽운동 중에 우후죽순처럼 설립된 사립학교도, 사립학교령에 의해 설립이 인가제로 되고, 교과용 도서검정규정과 함께 교육내용을 통제받게 되었다. 또 전국 방방곡곡의 서당에 대해서도, 훈령 「書堂 管理에 關한 件」의 공포와 함께 일본어 교육이 장려(獎勵)되었다. 이렇게 해서 식민정치하의 교육체제는, 다가올 식민지시대의 同化敎育을 향한 준비를 대강 이루고 있었다고 할 수 있다.

그러나, 1910년 이전에 일본이 친일적 교육을 강력히 추진하는 데는 큰 제약이 있었다. 그것은, 형식적이라 하더라도 주권이 아직 한국에 있었기 때문이다. 이 때문에 일본어를 장려하는 데 있어서도 「處世上의 必要」를 대의명분으로 하지 않으면 안 되었고, 실제 그 보급률도 하잘 게 없어, 한국인 중에 일본어를 이해하는 자의 비율은 1%도 되지 않았다.[28]

이러한 상황에서, 일본인 측도 한국어를 배울 필요가 있다는 것이 강조되었던 것이다.[29]

또 양적으로 보아도, 사립학교나 서당을 급격히 폐지하는 데는 관공립학교

체계는 너무 빈약하고, 그것들을 점차 개편하여 관공립학교를 대신할 수밖에 없다라고 하는 사정이 있었다. 따라서, 법제상의「模範教育」체제의 정비에도 불구하고, 민족을 위한 교육기관인 사립학교 및 서당의 역량은, 아직 관공립학교의 그것을 훨씬 상회하는 것이 있었다. 이러한 관점이 없이는, 이 시기의 교육구조의 본질을 간과하게 될 것이다. 이들 비(非)「模範」교육체제 속에 한국인의 민족적 교육 에너지가 축적되어 있었기 때문에, 일본은, 합병 후의 武斷政治를 필요로 한 것이다.

【註】(*는 한글 문헌)

(1) 高橋濱吉『朝鮮教育史考』帝國地方行政學會朝鮮本部 1927년 101~102쪽

(2) 언문을 한글이라고 칭하게 된 것은 1913년경부터라고 하지만(友邦시리즈 제3호『日本統治下의 朝鮮에서의 朝鮮語教育』友邦協會 1966년 4쪽), 본서에서는 편의상 모두「한글」로 한다.

(3) *李萬珪『朝鮮教育史』下 서울 乙酉文化社 1949년 73쪽

(4) *『高麗大學校七十年誌』(고려대학교출판부 1975년)는, 그동안의 사정을 다음과 같이 말하고 있다.

(보성학교의) 法律學 專門科와 理財學專門科의 제1학년 교과목 중 일어가 삽입되어 있는 것은, 上揭 모집광고 말미에「右 各種 專門科 외에 外國語學一科를 特設附屬함」이라고 添書한 외국어학에 해당되는 것으로 믿어진다. 그것은, 당시의 학칙에도 발견되지 않는 과목이므로 문자 그대로 특설 부속시킨 것으로서, 대부분 일본 유학생으로 교수진이 구성된 것, 학제도 일본 것을 모방한 것, 교과서도 주로 일본인 저서를 번역 편집한 것 등 당시의 사정으로 미루어 볼 때 학생의 일본어 지식이 요망되었기 때문일 것이다.

(5) 金榮作『韓末 내셔널리즘의 研究』東京大學出版會 1975년 265쪽

(6)『東邦協會會報』제2호 부록 1894년 2쪽

(7) 同上 7쪽

그 이유는,「첫째 일본어와 조선어는 어맥(語脈)이 같으므로 서로 배우기 쉽다고 하는 것, 둘째 지금으로서 조선에 수입할 적당한 지식은 일본어 안에 포함되어 있

는 것이 극히 많기 때문에」라는 것이었다.

(8) *金滿坤「近代 國語教育成立期의 教科書考 — 學部 編纂書를 中心으로」(『全州教育大學 論文集』 제13집 1977년 73쪽)

(9) 梅根悟 監修 · 世界教育史研究會 編 世界教育史大系 5『朝鮮教育史』 講談社 1975년 250쪽

(10) 幣原坦『朝鮮教育論』 六盟館 1919년 62쪽

(11) 梅根悟 監修 · 世界教育史研究會 編 前揭書 251쪽

(12) *金義煥『釜山近代教育史』 釜山 太和出版社 1967년 20쪽

(13) *金滿坤『日帝의 韓國 言語政策論考』 友石大學校大學院 1969년 22쪽

(14) 韓國學部『韓國教育의 現狀』 1910년 5~6쪽

(15) 幣原坦 前揭書 40쪽

(16) 예를 들면 *『大韓每日申報』는, 「韓國教育界의 悲觀」이란 제목의 논설에서 다음과 같이 적고 있다(1908년 2월 15일자).

지금 많은 외국인들이 갑자기 그 기관들을 모아 日本語 · 日本文章 · 일본의 精神 · 일본의 思考 그 밖에 각종 일본의 교육정신으로, 연약한 어린 두뇌를 혼란케 하여 조종해 나가면, 만약 이 나라에 영웅이 태어나도 이것은 일본의 영웅이지 한국의 영웅이 아니고, 지사(志士)가 태어나도 이것은 일본의 지사이지 한국의 지사는 아니며, 정치가 · 학문가가 태어나도 이것은 일본의 정치가 · 학문가이지 한국의 정치가 · 학문가가 아니다. 한국인은 그 자제(子弟)를 앉은 채 잃게 될 것이다.

(17) 韓國學部『韓國教育의 旣往及現在』 1909년 28~31쪽

(18) 韓國學部『韓國教育의 現狀』 20~22쪽

(19) 高橋濱吉 前揭書 209쪽

(20) *李萬珪 前揭書 152~153쪽

(21) 大野謙一『朝鮮教育問題管見』 朝鮮教育會 1936년 10쪽

(22) *『大韓每日申報』 1908년 1월 26일자 論說「國文學校의 日增」

(23) 李鉉淙「畿湖興學會에 관하여」(東京 · 韓國研究院『韓』 제4권 제9호 1975년 9월 39쪽)

(24) 韓國學部『韓國教育과 警察行政』 1909년 4~5쪽

(25) 韓國學部『韓國教育의 現狀』 26~27쪽

(26) 韓國學部『韓國敎育과 警察行政』14쪽

(27) 韓國學部『韓國 敎育의 現狀』59쪽

(28) 朝鮮總督府의 「施政二十五年史」(1935년)에 의하면, 1913년에 이르러서도 0.61%였다(907쪽).

(29) 1907년 4월, 이토오 統監은, 일본인 교원에 대하여 한국어 학습에 노력하도록 훈시했다. 또 소네(曾禰) 副統監도, 1908년 7월, 같은 취지의 훈시를 행하고 있다(高橋濱吉 前揭書 125~127, 139~145쪽).

Ⅱ 政治家 關係

제3장 이노우에 카쿠고로(井上角五郎)와 『漢城旬報』『漢城周報』

— 한글 사용 문제를 중심으로

머리말

헤이본샤(平凡社)의 『日本人名大事典』은, 이노우에 카쿠고로(井上角五郎, 1860~1938)를 실업가 · 정치가로 규정하고 있다.[1] 실업가로서는, 북해도 탄광철도 전무, 북해도 인조비료 사장, 일본제강소 회장, 京都 전기철도 회장, 日東제강 회장, 일본페인트 회장 등을 역임한 것을 들고, 정치가로는, 1890년의 제1회 중의원 선거 이래, 중의원 의원으로 13회 당선된 것을 든다. 한편, 후루쇼 유타카(古庄豊) 編 『井上角五郎君略傳』은, 이노우에는 첫째로 정치가, 둘째로 실업가, 셋째로 언론인으로서 평할 수 있다고 한다.[2]

이처럼, 정치가 혹은 실업가로서의 측면에 주목해 온 것이, 이노우에 카쿠고로에 대한 일반적인 평가이다. 그러나, 그가 최초로 세상에 알려지게 된 것은 언론인으로서 이고, 그 성가(聲價)가, 후에 정 · 재계에서 활약하는 기초가 되었다고 볼 수 있다. 이노우에는, 조선정부가 그 수도 漢城에서 1883년에 『漢城旬報』, 1886년에 『漢城周報』를 발행하는데 중심적 역할을 했다. 『漢城旬報』는, 일정한 체계와 계속성을 가진 조선 첫 번째 근대신문(성격적으로는 관보)이고, 형식상 그의 속간인 『漢城周報』는, 한문 일변도였던 종래의 공식 문서의 문체를 지양하고, 처음으로 한자 · 한글 혼합문을 사용했다. 이 의미에서 양지(兩紙)는, 조선 新聞史上 및 조선어 표기법 변천사상, 획기적인 간행물이었는데, 이것에 일본인 이노우에 카쿠고로가 크게 관여했다는 것은, 근대 한일 문화교류사의 관점으로도 흥미 깊다. 본 章은, 兩紙의 발행에 대한 이노우에 카쿠고로의 간여에 초점을 맞춰 나가면서, 한자 · 한글 혼합문의 채용을 둘러싼 이노우에와 그의 스승 후쿠자와 유키치(福澤諭吉, 1834~1901), 나아가서는 金玉均(1851~1894) · 朴泳孝(1861~1939) · 兪吉濬(1856~1914) 등 조선 개화파의 의도를 밝히려고 하는 것이다.

1. 이노우에의 도항(渡航) 경위

1882년 7월, 조선 병사들이 조선 주재 일본 공사관을 습격하여 일본 관민을 살상한 소위 임오군란이 발발, 그 사후 처리를 위해 같은 해 9월, 朴泳孝를 정사(正使)로 하는 수신사가 일본에 왔다. 朴泳孝 일행은, 일본의 문물을 시찰하면서 조선 근대화의 방책을 모색하고, 후쿠자와 유키치(福澤諭吉)에게 이를 추진하기 위한 요원 알선을 의뢰했다. 이때 후쿠자와와의 중개 역할을 한 것은, 수신사의 고문으로 동행했던 金玉均이었다. 그는, 이미 전 해에 일본에 온 적이 있고, 조야(朝野) 유지(有志)와 교류하는 중 후쿠자와 유키치(福澤諭吉)와도 친교를 맺고 있었기 때문이다.

그런데 후쿠자와는, 1881년에 발표한『時事小言』이래, 조선의 문화적 유도(誘導)의 필요성을 주장하고 있었는데, 1882년 3월에는 스스로『時事新報』를 창간함과 함께, 同紙의 동년 9월 8일자 논설「朝鮮의 償金五十萬円」에서 조선 개화의 구체적 수단의 하나로 신문을 발행해야 한다는 것을 주장하고 있다. 즉,「지금 조선으로 하여금 우리나라와 같은 방향을 향해서 서로 새로운 문명을 향해 나아가게 하기 위해서는 무엇보다도 전국의 인심을 일변시키지 않으면 안 된다. 즉 새로운 문물을 수입하는 것이 좋은 것이다. 항구를 수축하는 것도 좋고, 등대를 건설하는 것도 좋고, 전신(電信) 선을 통해 우편법을 마련하고 철도를 깔고 기선(汽船)을 운전하고 새로운 학술의 학교를 세우고 신문을 발행하는 등 할 일은 너무나 많이 있다」라고 적혀 있는 것이 그것이다. 수신사의 의뢰에 대한 인선(人選)에 대해 후쿠자와가 신문 발행을 우선 염두에 둔 것은, 이 연장선상에 위치하는 것이었다. 이것이, 金玉均 · 朴泳孝 등과의 생각과 일치하고 있었던 것은 말할 것도 없다.

이리하여 1882년 12월 朴泳孝 등의 귀국과 동시에, 신문 편집 스태프로 우시바 타쿠조(牛場卓藏)와 타카하시 마사노부(高橋正信), 인쇄 기술자로 미와 코우조(三輪廣藏)와 사나다 켄조(眞田謙藏)가 파견되었다. 또, 무예가 마츠오 미요타로(松尾三代太郎) · 하라다 하지메(原田一), 목공 혼다 키요타로(本多淸太郎), 馬夫 사에키(佐伯) 某도 초빙되고, 이들 일행에 이노우에 카쿠고로도 동행하게 되었다. 우시바 · 타카하시 · 이노우에 등 3명은 慶應義塾 출신이고, 특히 우시바에 관해서 후쿠자와는, 「우시바 타쿠조(牛場卓造 - 原典대로) 군은 학생 시절 케이오의숙(慶應義塾)에서 서양의 학문을 배우고 케이오의숙을 졸업한 후 정부의 안팎에서 활약하여, 그 마음은 오로지 서양의 근대적인 문명을 채용해서 이를 실제로 시행하려고 하는 데에만 있다」[3]고 말하고 있다. 타카하시를 추천한 이유도 같았을 것이다. 결국 후쿠자와는, 케이오의숙 출신 인재와 그들이 배운 양학(洋學)에 의해 조선에서의 신문사업을 수행하려고 했던 것이다. 한편, 마츠오와 하라다는, 朴泳孝의 요구에 의해 군사교련 요원으로서 인선되었다. 다만, 이노우에의 경우는, 그들과 사정을 달리 했다. 이노우에의 도항(渡航) 결정까지의 경위는 다음과 같다.

이노우에와 후쿠자와의 인연은, 1879년 2월, 이노우에의 慶應義塾 입학에서 시작된다. 이노우에는, 그 3년 뒤인 1882년 7월 케이오의숙을 졸업하는데, 그동안 후쿠자와 아들의 가정교사이고, 고토 쇼지로(後藤象次郞)의 비서이기도 했다. 이노우에 자신이, 「나는 원래 후쿠자와 선생님의 식객(食客) · 가정교사로 집안에서 기거하고, 선생님께서 케이오의숙에 통학하게 하셨습니다. 나는 또한 고토(後藤) 백작의 비서이기도 했습니다. 이 고토(後藤) 백작이란 화족령(華族令) 공포 이후의 호칭으로 고토 쇼지로(後藤象二郞) 선생님입니다」[4]라고 말하고 있다. 그런데, 이노우에의 케이오의숙 졸업과 정확히 때를 같이하여 임오군란이 발발했던 것이다. 이 사건을 계기로 이노우에는 「조선에 뜻을 두었다」. 그것은 다음 이유 때문이다.

> 나(이노우에)는 일본정부가 전권(全權) 공사를 파견한 결과 당연히 우리나라의 체면을 유지하기에 충분한 성과를 얻을 수 있다고 믿고 있는데, 하지만 중국이 「조선은 중화(中華) 소속의 一邦(屬國)이다」라고 공언하며 조금도 거리낌 없어도, 일본정부는 전혀 문제삼지 않고 지금에 이르렀다. 이리하여 메이지 9년에 처음으로 조선을 개국시켰던 공적을 그때에 버린 것은, 참으로 분한 일이 아닐 수 없다. 이것은 일본 국민 모두에게 너무나 유감스러운 일로, 내가 조선에 뜻을 세운 것도 이 때문이다.[5)]

나중에(1888년 3월) 후쿠자와는 이노우에의 정치 지향을 가리켜, 「인간에게는 편집병(偏執病)이라고 하는 병이 있어, 다른 모든 것은 평범하면서도, 어떤 한가지 일에만 발광(發狂)의 증상을 나타내는 사람이 있다. 이노우에도 그러한 사람으로, 정치라면 완전히 분별을 잃게 될 것 같다」[6)]라고 말하고 있는데, 그 싹은, 이미 1882년 7월의 시점에서부터 보였던 것이다. 어쨌든, 이노우에에게는 조선 도항(渡航)의 뜻이 충분히 있었기 때문에, 후쿠자와의 권유는 안성맞춤이었다. 이에 관하여 이노우에는 다음과 같이 회상하고 있다.

> 모든 준비가 끝나고 우시바(牛場) · 마츠오(松尾) 두 사람의 출발이 가까워졌을 때 선생님이 나에게 「백작이 계셨더라면 상담해서 너도 가게 하는 건데」라고 말씀하셨습니다. 나는 원래부터 가고 싶었기 때문에 곧장 다카나와(高輪)에 백작 부인을 방문하여 그 이야기를 했습니다. 백작 부인은 선생님과 면회하시고, 나는 선생님과 백작 양쪽으로부터 여비 등을 지급받고 조선견학이라고 이름을 붙여 우시바 · 마츠오 두 사람과 함께 출발하게 되었습니다.[7)]

이 인용의 말미에 있는 것처럼 이노우에는, 수신사(修信使)에 의해 고용된 우시바 · 마츠오 등과 달리, 후쿠자와와 고토 백작으로부터 자금 지원을 받아 스스로의 의지로 도항한 것이고, 그 명목은, 어디까지나 「朝鮮見學」이었다. 그 취지는, 이노우에가 떠날 때 후쿠자와가 내린 훈시 중, 「어쨌든, 일본 이외의 나라로 하여금 결코 조선에 손을 대게 할 수는 없다. 일본이 혼자 조선을 맡는 것이 일본의 권리이고 또 의무이다. ……(중략)…… 이러한 일들을 잘 기억해서 조선에 가면 우선 조선의 풍토, 인정, 경제, 정치 등 무엇이든지 모두 조사 연구하여 훗날 쓸모 있는 인간이 되기를 바란다」[8]라는 글로 보면 확실하다.

그런데, 여기서 특히 주목해 둘 것은, 조선에서 머지않아 발행될 신문(『漢城旬報』)의 문체에 대해서이다. 결론부터 이야기하면, 朴泳孝 등 조선 측의 의견에 의해 한문으로 하게 되어, 우시바 · 타카하시 등은 한자 활자만을 가지고 출발했었으나, 후쿠자와로서는, 처음부터 한자 · 한글 혼합문자로 하는 것을 희망하고, 이미 한글 활자도 발주(發注)하고 있었다. 이에 관한 이노우에의 술회는 다음과 같다.

> 선생님은 그 밖에 언문 활자를 츠키지(築地)활판소에 주문하셨습니다. 이 활자에 대해서도, 생각하면 바로 실행하지 않으면 안 되는 선생님의 성격이 잘 나타나 있습니다.
>
> 후쿠자와 선생님은, 중국에는 우리나라처럼 한자와 가나(仮名)를 섞어 쓴 문장과 같은 보통문체가 없기 때문에, 하층 사회를 교육할 수가 없어, 문명사회로 이끄는 것이 쉽지 않다고 일찌기 말씀하셨습니다. 그러나 조선에는 한글이 있고, 이것이 마치 일본의 「이로하」와 같이 사용되는 것을 아셔서, 선생님은 이것만 있으면 조선도 개화의 동료가 될 수 있다며 기뻐하셨습니다.
>
> 그래서 선생님은 다른 사람에게 상의도 하지 않고 한글활자를 주문하셨습니다. 일행들은 나중에 이를 알고, 새롭게 신문을 만드는 것조차 조선에서는 반대가 많다고 걱정하고 있는데, 한글을 사용하면 상류사회가 전혀 읽지 않게 될지도

모른다, 당분간은 보류해 주었으면 좋겠다고 부탁했으므로, 선생님은 「좋다, 한글활자 주조 비용은 내가 지불하고 이것을 쓸 때가 오기를 기다리자」라고 대답하셨습니다. 이 한글활자가 몇 년 뒤 내가 매수한 것인데, 조선에서 최초로 사용한 한글활자가 된 것입니다.[9)]

이처럼 후쿠자와의 의도는, 「일본의 가나(仮名) 섞인 글 같은」 한자 · 한글 혼합문에 의해 「조선도 개화의 동료가 될 수 있다」라는 데 있었으나, 깊게 파들어가면, 일본에의 동화(同化)의 의도를 엿볼 수가 있다. 그리하여, 이 후쿠자와의 의도는, 우시바 · 타카하시가 아니라, 당초의 시나리오에는 없었던 이노우에에 의해, 『漢城旬報』 다음의 『漢城周報』에서 실행에 옮겨지게 되는 것이다.

2. 순 한문 『漢城旬報』의 발행

1883년 1월에 귀국한 朴泳孝는, 곧바로 한성부 판윤(지사)에 취임하고, 국왕 고종으로부터 한성부 주도하에 신문을 발행하는 허락을 얻었다. 이때 신문 발행 계획의 실무를 맡았던 것이, 근대에 있어서 밀항자를 제외한 정식(正式) 조선인 유학생 제1호로 1881년 6월 이래 케이오의숙(慶應義塾)에 유학했던 兪吉濬이었다. 兪吉濬은, 朴泳孝의 명을 받고 귀국하여, 統理交涉通商事務衙門 掌交主事의 직에 있으면서 「新聞創刊辭」와 신문에 관한 「解說文」을 쓰고, 또 「漢城府新聞局章程」도 아마 그의 손에 의해 된 것으로 보이는데, 이 「新聞創刊辭」가 한자 · 한글 혼합문이었다. 게다가, 그 초고(草稿)에는 朴泳孝의 자필 교정이 들어 있고, 朴泳孝와 兪吉濬이, 이것을 창간 사설로 게재하기로 합의를 보았다고 추측할 수 있다.[10)] 즉 그들은, 창간사가 완성된 시점에서 신문의 문체를 한자 · 한글 혼합문으로 할 생각이었던 것이다.

兪吉濬에게 한자 · 한글 혼합문의 이점(利點)을 깨우친 사람은 후쿠자와 유키치였다. 후쿠자와는 「이전부터 조선인의 교육상, 그 문장을 쉽게 하기 위해 조선의 언문을 한자와 혼합하여 사용하는 일에 착안하셔서, 유길준이 미타(三田)의 집에 머물고 있을 때 유길준에게 명하여, 『文字 가르치기』를 한자와 언문이 섞인 문장으로 번역시켜, 문장은 이것이 아니면 안 된다라고 말씀하셨다」[11]고 한다. 兪吉濬으로서도, 한글=「우리글」이라는 관념이 있고, 이것을 적극적으로 받아들였다. 이것은, 그가 나중에 『西遊見聞』을 저술(1885~1889년 집필, 1895년 출판)함에 있어, 그 문체를 한자 · 한글 혼합문으로 한 이유를, ① 문의(文意)를 주지시키기 쉽다 ② 쓰기가 매우 쉽다 ③ 제반 정세를 보아 순 한글만 쓰는 것은 시기상조이다[12]라고 말했던 것을 보아도 알 수 있다.

그러나, 朴泳孝 · 兪吉濬의 한자 · 한글 혼합문에 의한 신문 발행 의도는 허무하게 무너진다. 1883년 4월 10일, 朴泳孝가 돌연 한성부 판윤에서 해임되어 광주(廣州) 유수로 좌천되고, 이에 수반하여 兪吉濬도 4월 16일, 병을 이유로 사임하고 말았기 때문이다. 朴泳孝 좌천의 원인은, 그의 개화정책에 대한 보수파의 반발이었다. 신문에 관해서만 말하면, 「(창간) 취지문은, 신문의 보도성, 지도성, 그리고 저항성을 강조하고 있다. 특히 정치 개량(改良)을 강조한 것은, 당시 청국(淸國)을 종주국으로 한 권력 구조에의 저항과 도전을 의미하는 반체제의 서곡이었다. ……(중략)…… 혹시 朴泳孝가, 창간 취지에서 보도성과 지도성만을 강조하고, 정치구조나 정치적 압력에의 저항성만은 명확히 하지 않는 노련한 수완을 보였더라면, 이 최초의 신문이 유산(流産)되지는 않았을 것이다」[13]라는 견해가 있다.

이리하여 신문발행 계획 자체가 일단 좌절되고, 일본에서 온 스탭 중 우시바 타쿠조 · 타카하시 마사노무 등은, 어쩔 수 없이 귀국하게 되었다. 그러나, 그들 보다도 젊고 혈기 왕성했던 이노우에 카쿠고로는 서울에 머물렀다. 그 동안의 경위를 이노우에는, 「우시바, 마츠오 두 사람도 허무하게 시간을 보낼 뿐, 결국 의미 없는 나날을 견딜 수 없게 되어, 이제 귀국하는 것이 좋겠다며, 이런 상태로는 조선의 독립은 도저히 무리일 것이다 라고 말했다. 그러나 나는 혼자서 두 사람에게 반대하여 독립이 무리일 것 같은 조선이기 때문에, 내가 이를 도울 필요가 있다. 게다가 이것을 도와 성공해야 비로소 내 면목이 선다. 어렵다고 물러나는 것은 사나이가 할 일은 아니다라고 말하고 두사람과 헤어져, 나는 혼자 서울 저동(苧洞)의 한 집(나중에 博文局이라고 칭함)에 머물렀다」[14]라고도 말하고 있으나, 「조선에서의 신문발행이 세상의 주의를 끌고, (후쿠자와) 선생님이 이것을 時事新報의 사설로 발표하셨는데, 만에 하나라도 케이오의숙(慶應義塾) 이외의 사람의 손에 의해 신문이 나왔다면 나로서는 살아있을 수 없다는 기분이었습니다」[15]라는 것이 아마도 본 마음이었을 것이다. 이노우에와 같은 생각이었던 인쇄공 미와 코우조(三輪廣藏) · 사나다 켄조(眞田謙藏) 등 두 사람도 함께 잔류하게 되었다.

이노우에는, 우시바 · 타카하시 등을 보낸 이튿날부터 신문 발행을 위한 운동을 개시했다. 이노우에로서 매우 다행스러웠던 것은, 修信副使(朴泳孝의 副官)로 일본에 갔던 金晩植(1834년~1900년)의 소개로, 그의 사촌 동생 金允植(1835~1922)을 알게 된 것이다. 무릇 이노우에가 慶應義塾에의 입학을 허가받은 것은, 후쿠자와에 의한 한문 시험에 합격했기 때문이었는데, 「그가 후쿠야마(福山) 시대에 키운 한학 소양은, 뒤에 조선에서 金允植 등과 교류를 깊게 하는 데도 크게 도움이 되었다」[16]고 한다. 金允植은, 당시 권력을 장악하고 있던 閔氏 일족과의 연결에 의해 정권의 중추에 있었고, 그럼에도 불구하고 보수파 중에서는 비교적 개화파에 가까운 사상을 가지고 있었다. 이 두 가지가 모두 이노우에에게는 유리하게 작용했던 것이다. 이에 관하여, 이노우에는 다음과 같이 말하고 있다.

> 金允植은 閔氏 일족과 가깝고, 중국 정부의 신용도 매우 두터웠기 때문에, 원래 마음이 중국에 쏠려 있었지만, 그래도 사촌 형 金晩植과 함께 은근히 조선의 자주(自主)를 원했으므로, 나와 마음을 같이 하였다. 나는 金 氏의 알선에 의하여 드디어 외아문(外衙門)에 초빙받게 되었다.[17]

외아문(外衙門)이란 통리교섭통상사무아문(統理交涉通商事務衙門)의 통칭이고, 金允植은 그 협판(차관)이었다. 이노우에가 이 아문(衙門)의 고문에 초빙된 것은, 1883년 6월의 일이다. 이후 이노우에는, 신문발행 사업의 구체화를 진행하여, 金允植의 요구에 응해 다음과 같은 점을 골자로 하는 계획안을 제출했다.

① 신문은 순보(旬報)로 하고, 매달 10일에 한 번 발행할 것.
② 관보(官報)를 제1로 하고, 내외 시사(時事)를 아울러 게재할 것.
③ 인지(人智)를 개발하고, 식산(殖産)을 장려하며, 그 밖에 풍교(風敎)상 필요한 논설을 게재할 것.
④ 당분간은 한문만을 사용할 것.

신문의 문체를 우선 한문만으로 한 것은, 첫째로, 한자를 「진서(眞書)」, 한글을 「언문(諺文)」이라고 하는 보수세력의 모화(慕華) 사상에 대한 타협이다. 이 신문이, 관보임과 동시에 계몽지의 성격도 겸하려고 했다는 것을 생각하면, 한글 쪽이 보급도는 당연히 높았을 것이지만, 당시의 정세는 그것을 허용하지 않았던 것이다. 두 번째 이유로 생각할 수 있는 것은, 한자 · 한글 혼합문 집필자의 부재이다. 앞에서 본 것처럼, 朴泳孝와 兪吉濬의 계획이 순조롭게 진척되었다면, 조선 최초의 근대신문은 한자 · 한글 혼합문이 되었을 것이다. 그러나, 兪吉濬은, 이해 4월 統理交涉通商事務衙門掌交主事를 사임, 7월에는 報聘使 閔泳翊의 수행원으로서 도미(渡美)하여, 그냥 유학생(조선인 미국 유학생 제1호)으로서 머물렀다. 후술하는 것처럼, 이노우에 자신이, 이즈음 이미 조선어 학습을 개시했으나, 아직 더듬거릴 정도에 지나지 않고, 기사를 집필 · 편집하는 데는 한문밖에 없었던 것이다. 이 밖에, 한글활자 준비가 되지 않았기 때문이었다고 하는 견해도 있으나[18], 이것은 잘못된 것이다. 한글활자는, 이노우에의 출발에 앞서 후쿠자와 유키치의 손에 의해 준비되어 있었고, 언제라도 수입이 가능했었기 때문이다.

1883년 8월, 統理交涉通商事務衙門 산하에 박문국(博文局)이 설치되고, 신문 편집 진용이 정비되었다. 이노우에는 그 실무 책임자가 되어, 일본어 · 영어 · 중국어(한문)의 풍부한 어학력을 살려 「번역」 책임을 맡았으나, 여기서 말하는 「飜譯」은, 「編輯」과 거의 같은 것이었다. 이리하여 동년 11월, 『漢城旬報』 창간호가 발행되었다. 날짜는 음력 10월 1일, 즉 양력 10월 31일이다. 이를 가지고 서울의 일본 거류민단은, 「이노우에 카쿠고로는 朴, 金 양씨와 함께 11월부터 漢城旬報를 발행하고, 또 시사신보와 아사히(朝日)신문의 통신원을 맡으면서 경성 언론계의 원조가 되었다」[19]라고 평하고 있다.

이노우에는, 『漢城旬報』가 나올 때마다 이를 후쿠자와에게 송부했다. 이에 대한 후쿠자와의 평가는 다음과 같다.

> 그쪽 신문은 제2호까지 받았다. 모두 상당히 좋다. 열심히 공부하고 있는 것 같다. 재료로서 해외신문을 구입하는 것도 서두르는 편이 좋다. 또 영문을 번역할 사람도 필요할 것이다. 가까운 시일 내에 지면에 그림을 넣으면 한국인의 눈에는 새롭게 비칠 것이다. 그 밖에도 조선의 언문을 사용하여 주변의 과학이나 의학의 이치를 알리거나 약간의 농담 등을 넣는 것도 재미있을 것이다. 어쨌든 언문을 빠른 시일 내에 사용토록 하라. 한문만으로는 읽는 사람의 층이 한정되어 성과가 좀처럼 오르지 않는다. 한글 문장으로 조선의 舊 主義를 확 바꾸는 것이다. 일본에서도 묵은 이론을 배제할 수가 있었던 것은 오직 일반인이 알기 쉬운 문체로 쓴 문장의 힘이라고 말할 수 있다. 이를 결코 가볍게 생각해서는 안 된다.[20]

즉, 지면의 충실도 그러하지만, 한문만으로는 근대문명의 보급도 조선의 舊 主義의 변혁도 진척되지 않으므로, 어쨌든 한글을 빨리 사용하라는 것이었다. 그래서 이노우에는, 당시 유학자 및 조선어학자로서 유명했던 강위(姜瑋, 1820~1884)를 개인교수로 고용하여 한자 · 한글 혼합문을 본격적으로 연구하고, 마침내 실용화의 일보전까지 이르렀던 것이다. 그러나, 金允植과 博文局員의 반대에 부딪쳐, 『漢城旬報』를 한자 · 한글 혼합문으로 하는 일은 결국 실현에 이르지 못했다. 그간의 경과를 이노우에는 다음과 같이 말하고 있다.

> 나는 일찌기 조선의 어학 및 언문을 연구하는 것이, 언문을 사용하기 위해서도 필요하다고 생각했으므로 도착 이래 오로지 그 연구에 힘썼는데, 특히 姜瑋라고 하는 사람을 나의 가정교사로 고용했습니다. 姜瑋는 유학(儒學)에도 고전에도 실로 유명한 인물이었습니다. 나는 쭉 언문 사용에 대해서 함께 연구하고 상담했는데 (후쿠자와) 선생님의 희망대로 한자와 언문의 혼합문체를 창작하는 것은 결코 불가능한 일은 아니라는 것이 명확해졌습니다.
>
> 姜瑋가 당시 나에게 말했습니다만 「옛날 궁중에서 왕비가 漢文에 정음(正音) 즉 언문을 섞어 문서를 만들었던 적이 있습니다. 그 외에는 실제로 이 한자와 언문 혼합의 문체가 만들어진 것을 듣지 못했습니다만 만약 실행되면 매우 편리할 것이라고 생각합니다」라며 상세하게 조사해 주었습니다.
>
> 나는 언문 연구가 이 정도까지 진행되었으므로 이것을 金允植 씨에게 말하고 그리고 박문국원에게도 말했습니다. 한자와 언문의 혼합문체가 편리하다는 데 대해서는 모두 다 이견은 없었습니다만, 수백 년간 전래된 사상으로는 언문을 크게 비하하므로 실행해 봐도 도저히 보급할 수 없을 것입니다. 특히 이것을 신문 지상에 사용하는 것은 신중히 생각하지 않으면 안 된다라는 의견이 다수를 차지했습니다.[21]

이처럼 이노우에는, 한자 · 한글 혼합문 채용에 의욕을 불태우면서도, 어쩔 수 없이 한문만으로 『漢城旬報』의 편집에 종사하고 있었으나, 이윽고 그의 신상에 하나의 사건이 일어났다. 『漢城旬報』의 필화(筆禍) 사건이 그것이다. 이노우에가 청국 병사의 횡포를 간(諫)하기 위해 제10호(1884년 1월 30일자)에 집필한 기사 「화병범죄(華兵犯罪)」가 청국 세력을 책망하는 바가 되어 결국 그는 사임하고 귀국하게 되었다. 「서양문명 전파의 도구라든지 일본을 칭찬하는 것이라든지 했던」[22] 『漢城旬報』에 대한 비판은 개의치 않았던 이노우에도, 淸 세력의 집요한 인신공격 앞에서는 물러서지 않을 수 없었던 것이다. 또, 조선정부로부터 지급받은 월급이 매우 적어, 생계 보호를 일본 공사관에 의뢰했으나 이것이 받아들여지지 않았던 것도 계기가 되었다. 이노우에는, 1884년 5월, 博文局 부총재 金晩植의 배웅을 받고 서울을 떠났다.

그런데, 仁川에서, 전년 7월에 미국에 파견되어 있던 閔泳翊 일행을 만나, 민영익과 김만식으로부터 다시 올 것을 요청받았다. 이것은, 조선정부 유력자가, 그때까지의 이노우에의 활동을 높게 평가하고 있었다는 것을 의미한다. 이것이 이노우에의 再渡航의 복선(伏線)이다. 이노우에 자신도, 복귀에 의욕이 넘쳐 있었다. 귀국 후 어느 날, 후쿠자와가 「그런데 언문 사용은 어떤가. 될 수 있다고 보는가」라는 질문에 대하여, 「언문이 섞인 문장을 만드는 것은 결코 곤란하다고는 생각하지 않습니다만, 조선의 상류사회의 중국 숭배 사상을 타파하지 않는 한, 이를 사회에 보급할 수 없습니다. 저는 이것을 타파하는 것이 저의 사명이라고 생각하고 있습니다. 만약 다시 한 번 조선에 건너갈 수 있다면 그때는 우선 이 사상부터 타파하려고 생각하고 있습니다」[23] 라고 대답했다. 한편 일본 외무성에도, 일본 세력의 부식을 위해 이노우에 카쿠고로를 다시 도항시키자는 의견이 있었다. 外務卿 이노우에 카오루(井上馨)가 카쿠고로(角五郎)에게 지시한 바에 의하면, 「우선 할 일은 漢城旬報를 다른 나라 사람(淸國人 – 著者 註)의 손에 넘기지 말 것」[24]이었다.

일본 귀국 3개월 뒤인 1884년 8월, 이노우에는, 외무성의 보조금을 가지고 다시 한성에 돌아와, 統理交涉通商事務衙門 고문과 博文局 주임의 지위에 복귀했다. 『漢城旬報』는 제16호까지 발간 된 뒤, 이노우에의 부재중 중단된 채였기 때문에, 그는, 지연(遲延) 회복을 위해 17호 이후를 잇따라 발행했다.

그러나, 『漢城旬報』 발행이 점차 본래 페이스가 되기 시작했을 때, 이노우에는 또 한 번 어쩔 수 없이 좌절당하게 된다. 동년 12월 4일, 金玉均 · 朴泳孝 등이 쿠데타(甲申政變)를 일으켜, 이것이 글자 그대로 삼일천하로 끝났기 때문이다. 정변 진압의 과정에서 6일밤, 박문국에도 불이나, 신문 원고도 인쇄기기도 잿더미가 되었다. 일본으로부터의 무기 조달을 통해 쿠데타 계획의

한 역을 맡았던 이노우에는 신변의 위험마저 있어, 8일, 타케조에 신이치로(竹添進一郎) 공사 등과 함께 仁川으로 피난, 11일 실의 속에 조선을 떠났다.

그런데, 『漢城旬報』 제10호로 인한 필화 사건을 거쳐 재입국한 이노우에는, 姜瑋의 조력을 얻어 한자 · 한글 혼합문으로 편지도 쓰고 일본 신문을 번역하기도 했었다. 이것은, 다음의 인용에 있는 것처럼 이노우에 자신이 말하고 있는 바이다.

> 姜瑋는 언문(諺文) 사용에 관해 나의 부재중에도 더욱 조사를 하여 한자와 언문의 혼합문체를 몇 종류인가 써서 나에게 보였습니다. 나는 이것을 金允植에게도 박문국원에게도 보여주었는데, 누구나 이것으로 실행하는 데 지장이 없다고 했으므로, 그 후 내 편지는 이것을 많이 사용하게 되었습니다. ……(중략)…… 그리고 만약 국왕 전하가 몸소 언문을 채용하시면 반드시 이것을 실행하는데 도움이 될 것이라고 생각했습니다. 달리 말하면 상류사회의 사상 타파는 국왕 전하의 힘이 아니면 안 된다고 생각했던 것입니다. 다행히도 궁중에 출입하는 내관(內官) 두 명에게 신문의 중요 기사를 오려 「이로하」 또는 「가타카나」에 언문을 첨부해 이것을 보여주었는데 의미를 잘 알겠다며 궁중으로 가지고 갔습니다. 나중에 들은 바에 의하면 궁중에서는 매우 즐겨 읽으셨다고 말하고 있었습니다.[25]

즉 이노우에의 실력을 보고, 궁중이나 박문국 내부의 반응을 보아도, 한글 채용의 밑바탕은 이미 되어 있었던 것이다. 그러나, 갑신정변의 실패로 인해 신문발행 자체가 중단되고, 『漢城旬報』의 한자 · 한글 혼합문은 끝내 햇빛을 보지 못했다. 『漢城旬報』는, 근대적 신문의 편집 · 인쇄의 노하우나 이를 위한 인재 육성, 또 해외 정보의 소개에 의한 계몽에 일정한 역할을 하고, 통권 39호로서 끝나고 만 것이다.

3. 『漢城周報』의 한글 사용

갑신정변의 실패로 인해 이노우에 카쿠고로는, 타케조에(竹添) 公使와 金玉均·朴泳孝·徐載弼 등 개화파 잔당과 함께 일본으로 도망쳤으나, 숨돌릴 틈도 없이 조선으로 되돌아 갔다. 정변 발생부터 불과 18일 후인 12월 22일, 특파(特派) 전권대사(全權大使) 이노우에 카오루(井上馨)의 수행원으로 동경을 출발했던 것이다. 그 배경은, 『漢城旬報』 필화사건 뒤 재 도항할 때와 거의 같았다. 결국, 외무성은 카쿠고로(角五郎)에게 더 한 번 일할 것을 요구했고, 카쿠고로로서도 원하는 바였다. 또, 조선 탈출 시의 카쿠고로는 알 리가 없었지만, 金允植 등은 그를 걱정해 주고 있었다. 1885년 1월 3일, 그는 漢城에 도착했다.

하지만, 그때는, 정변의 사후 처리를 둘러싼 이노우에 카오루와 조선정부와의 교섭 중개역에 정력의 태반을 쏟아, 카쿠고로 자신에 의한 신문 재발행 계획은 진행되지 않았다. 단지 金允植에게 다음과 같은 취지의 고종에게 보내는 요망서를 제출하는 것뿐이었다.

> 교화의 길은 우선 학교를 여는 것입니다. 새로운 신문을 만드는 것입니다. 도덕은 우리의 장점이지만 이를 더욱 발전시켜야 할 것입니다. 식산(殖產)은 우리가 뒤떨어진 것이므로 빨리 뛰어나게 해야 할 것입니다. 여기에는 우선 교화(敎化)가 필요합니다. 교화의 길은 정말로 급한 일입니다. 그렇지만 한문은 이해하기 힘들고 어려워서 배우기 힘듭니다. 다행히 언문이 있습니다. 일본의 「이로하」나 서양의 「ABC」와 같이 매우 편리합니다. 이것을 사용해서 새로운 신문을 만들면 백성은 내외의 사정을 잘 알게 되어 스스로 노력하려고 할 것이고 이것을 사용해서 아동을 교육하면 나라 안에 글자를 읽을 수 없는 사람은 없어질 것입니다. 지금 나라의 영원한 주춧돌을 만들고 세종대왕의 정음(正音) 제정의 뜻을 따르기를 바랍니다.[26]

그러나, 이 요망서에 있는 것처럼, 복간될 「신보(新報)」에 한글을 쓸 의지는 확고했던 것이다. 동년 4월, 텐진(天津)조약의 내용을 알기 위해 일시 귀국했을 때도, 이노우에는 후쿠자와와 다음과 같은 대화를 나누고 있다.

(前略) 선생님은 잠시 말씀하신 후에, 「너는 이제 조선의 일과는 과감히 관계를 끊든지 그렇지 않으면 다시 한 번 열심히 노력하든지, 아직 장래가 있는 너의 전도(前途)를 생각하면 다른 일을 선택하는 편이 좋을지도 모른다」라고 친절하게 말씀하시므로, 나는 이에 대답하기를, 「우리나라가 중국과 담판지어 그들에게 한 걸음 양보한 이상, 중국인 측의 태도는 한층 더 커지고 특히 저의 지위는 오래 유지되지 않을지도 모르지만, 저는 일본인 이노우에 카쿠고로의 면목을 잃지 않는 한, 선생님께서 이전에 저에게 맡기신 것, 즉 언문 사용을 실현해보고 싶습니다. 만약 사정이 허락된다면 조선 내지(內地)도 시찰하여 선생님께서 이전에 조사하라고 말씀하셨던 조선백성의 생활에 관한 일, 지방행정에 관한 일, 이런 것들을 분명히 해보고 싶습니다」라고 말했습니다.[27]

참고로 이때의 후쿠자와는, 『時事新報』 1885년 3월 16일자에 「脫亞論」을 발표한 직후로, 조선에의 관심이 점차 엷어지고 있었다. 이에 반하여 이노우에는, 스승의 초지(初志)를 끝까지 관철하려고, 더욱 의욕을 불태우고 있었던 것이다.

일시 귀국에 앞서 이노우에가 작성한 요망서는 金允植에게 맡겨지고, 金은 여기에 姜瑋가 고안해 낸 한자 · 한글 혼합문 부본을 붙여서 高宗에게 제출했다. 그 결과, 1885년 5월 12일, 高宗은 신문 복간의 윤허(允許)를 내렸다. 『漢城旬報』의 복간은, 직접적으로는 金允植의 알선에 의한 것이었다. 이때의 경위로 보아, 복간지가 한자 · 한글 혼합문을 전제로 했던 것은 물론이다.

신문 복간 윤허 직후인 5월 말, 동경을 출발하여 조선에 돌아온 이노우에는, 7월에 다시 귀국하게 된다. 이때 그는, 統理交涉通商事務衙門의 고문을 사임했으나, 高宗의 요청에 의해 博文局 주임은 유임하고 있었기 때문에, 형식상으로는 博文局 總裁 金允植의 명을 받은 출장으로, 용무는 한글활자 및 인쇄기 구입이었다. 이것들은 당초 조선에서 조달하려고 했었으나 결국은 불가능했던 것이다. 東京에 도착한 이노우에는, 바로 필요한 기계 · 기구류를 발주하는 한편, 후쿠자와가 築地活版所에 만들게 하여 보관하고 있던 한글활자를 사들이고, 그래도 부족한 활자를 새로 주조시켰다. 그 사이 고향 후쿠야마(福山)에 돌아가 결혼을 하고, 모든 준비를 마치고 한성에 돌아온 것이 그 해 11월이었다.

이리하여 다음 해인 1886년 1월 25일(음력 조선 개국 494년 12월 21일), 『漢城周報』 창간호가 발행되었다. 『漢城周報』는, 정부 기관인 博文局이 편집 · 발행하고, 관보와 계몽지를 겸했다는 의미에서 형식상 『漢城旬報』의 속간이었다. 그러나, 兩紙는 전혀 별개의 신문이라는 것이 오늘날의 일반적인 견해이다. 그 이유는 우선, 제호가 다르고, 발행번호에 있어서 연속성이 없다는 점에 있다. 「제호의 연속성이나 발행번호의 연속성은, 동일한 신문임을 규정짓는 데 중요시되는 본질적인 요소가 되기」[28] 때문이다. 『漢城周報』는, 『漢城旬報』의 순간(旬刊)보다 발행 빈도가 높은 주간(週刊)이고(즉 「周報」는 「週報」를 의미했다), 그 창간호는, 『漢城旬報』로부터 이어진 번호가 아니고 새로 제1호로 나왔던 것이다.

『漢城旬報』와 『漢城周報』를 구별하는 제2의 포인트는 그 문체이다. 『漢城旬報』는 전술한 것처럼 순 한문이었으나, 『漢城周報』는, 사상 최초로 정부 공인(公認) 아래 한자 · 한글 혼합문을 썼다. 기사의 성질에 따라 한문 혹은 한글 전용문도 썼으나, 한자 · 한글 혼합문이 최대의 비중을 차지했던 것이다. 이것은 종래 양반계급에 국한되어 있던 신문 독자층을 서민계급까지 확대한 획기적인 일이었다.

그러면, 한자 · 한글 혼합문 창시의 공적은 누구에게 돌아가야 하는 것인가. 이에 관한 견해는, 크게 4가지로 나뉘어 진다. 첫째는 姜瑋를 공로자로 하는 것으로 대부분의 한국인 연구자들이 이 입장을 취하고 있다. 예를 들면, 姜在彦은, 「『周報』에 쓴 새로운 문체로서의 國漢 혼합문체는, …… 姜瑋의 고심작이다」[29]라고 하고 있고, 朴鍾和와 李應鎬는, 각각 다음과 같이 말하고 있다.

> 이름을 『漢城周報』라 하고, 순 한문체였던 것을 국한문체로 해서, 1주일에 한 번씩 발행하게 된 것, 이것이야말로 우리 國文이 신문에 쓰이기 시작한 기념할만한 일이요, 이만큼 시대는 변하여 민도가 전진했다는 것을 증명할 수 있는 일이다. 세종대왕이 한글을 창조한 후에, 사회의 목탁이 되는 신문에서, 비록 한자가 섞여 있었다 하나 공공연하게 國文을 쓴 것은, 이 『漢城周報』로 효시(嚆矢)를 삼게 되었다. 역시 이 숨은 공로는, 秋琴 姜瑋(1820~1884)에 돌아가야 할 것이다.[30]

> 姜瑋. ……(중략)…… 『漢城旬報』와 『漢城周報』 발행에 간여하면서, 한글만 쓰기 또는 국한문 섞어쓰기를 역설 · 실천했다. 환관(宦官)들을 통하여 內人(宮女)들이 지녔던 여러 가지 한글로 된 책을 참고하여, 국한문 섞어쓰기의 새 문체를 만들었는데, 이로써 『漢城周報』는, 궁인의 호감을 샀다고 전해진다.[31]

두 번째 견해는, 姜瑋를 위시한 조선 측의 공로와 일본 즉 후쿠자와 유키치 · 이노우에 카쿠고로의 열의를 아울러 평가하는 것이다. 한국 언론사 연구의 제1인자 崔埈의, 「이처럼 『漢城周報』에 한글을 섞어쓰기 시작하기까지에는, 姜瑋와 박문국원, 그리고 궁중의 내관들의 숨은 공을 잊을 수가 없을 것이다. 특히 외국인인 후쿠자와 유키치와 이노우에 카쿠고로의 열의를 높이 평가해야 될 것이다」[32]라는 기술이 이에 해당한다.

이에 대하여 일본인에 의한 평가는, 당연하다면 당연한 일이지만, 후쿠자와와 이노우에에게 무게를 둔다. 사쿠라이 요시유키(櫻井義之)는, 「종래 공용문 등은 물론, 한국의 상위층에서는 한문을 고집하는 풍조가 지배적이었던 시대였기 때문에, 언문의 사용에는 반대의 소리가 강했던 것이다. 이런 곤란을 극복하고 후쿠자와는 과감히 이를 실행하고, 예상 이상의 성과를 거둔 것이다」[33]라고 오로지 후쿠자와를 높게 사고 있고, 이노우에 카쿠고로 자신도 또, 「나는, …… 선생님의 명을 받들어 견마지로를 다했다」고 겸손해 하면서, 「선생님께서 조선 백성의 생활과 교육 등에 대하여 관심을 두시어, 특히 조선의 언문으로, 우리 가나(仮名) 섞인 글 같은 문체를 만들어, 이를 널리 조선인에게 사용하게 하여, 양국을 동일 문체의 나라로 만들고, 이에 의해 문명지식을 불어 넣어, 종래의 사상을 일변 시키려고 하셨다」[34]라고 후쿠자와를 칭송하고 있다. 이것이 제3의 견해이다.

네 번째는, 이노우에 카쿠고로 개인에 대한 칭찬이다. 무릇 전기(傳記)라고 하는 것은 아전인수가 되기 쉽기 때문에 『井上角五郎君略傳』의 관계부분(37~38쪽)은 생략하기로 하고, 여기서는 야마구치 타헤에(山口太兵衛)의 평가를 소개한다.

> 처음에 한국 정부의 고문에 초빙된 것은 이노우에 카쿠고로(井上角五郎) 君(그 직함 명은 모른다)이다. 그는 재임중에 漢城週報(원본대로)라고 하는 주간잡지를 발행해 산업의 발달과 장려에 전념했다. 보통의 한문 외에 언문과 한자를 혼합해 일종의 통속 문장을 만든 것은 완전히 그의 창의 연구에 의한 것으로, 그 후 정부의 공문에도 이렇게 쓰는 법을 채용하기에 이르렀다. 절대 잊어서는 안되는 일대 공적이다.[35]

이처럼, 한자 · 한글 혼합문 창시의 공적을 둘러싼 여러 가지 견해가 있으나, 필자 자신으로서는 崔埈의 견해에 가깝다. 이 문체의 창안이라고 하는 점에 한해서 말하면, 제1의 공로자는 姜瑋이다. 전술한 것처럼, 그는 이노우에 카쿠고로의 스승이었다. 그러나, 姜瑋는, 1884년의 갑신정변 이전에 죽고, 『漢城周報』의 창간에는 관계하지 않았다. (이 점에 관하여, 위의 李應鎬의 서술에는 사실 오인이 있다.) 한편, 후쿠자와 유키치는, 한자 · 한글 혼합문의 필요성을 일찍부터 인정하고, 이를 실현하기 위해 이노우에를 고무한 것은 사실이나, 그가 직접 손을 댄 것은 아니다. 후쿠자와에게는, 조선어를 쓰고 읽는 능력은 없었던 것이다. 이상을 종합하면, 한자 · 한글 혼합문의 창안과 『漢城

周報』에 있어서의 그 실시와의 쌍방에 깊이 관여했다라는 의미에서, 이노우에 카쿠고로의 공적이 가장 컸다고 말할 수 있을 것이다.

그렇다고는 하나, 이노우에는, 『漢城周報』의 계속 발행, 바꾸어 말하면 한자 · 한글 혼합문 보급에는 그리 공헌하지 않았다. 『漢城周報』 창간 직후인 1886년 2월 하순부터 5월까지 모친의 장례 때문에 일시 귀국하고, 이어서 동년 10월부터 연말에 걸쳐 경기 · 충청 · 전라 · 경상 4도를 순회하고 귀국, 다음 해 1887년 2월에는, 「일체의 사정을 (후쿠자와) 선생 및 고토(後藤) 백작에게 보고하고, 동시에 밀서를 국왕 전하에게 올리고, 여기서 조선과의 관계를 끊었던」[36] 것이다. 즉 이노우에가 『漢城周報』의 편집에 종사한 것은 겨우 5~6개월에 지나지 않는다.

그 후 『漢城周報』는, 1888년 7월 7일, 적자 재정 때문에 박문국이 폐쇄됨과 동시에 폐간되게 되었다. 창간 2년 6개월 뒤의 일이다.

또, 이노우에는 1887년 2월에 「조선과의 관계를 끊었다」라고 말하고 있으나, 그것은 어디까지나 박문국과의 관계, 결국 신문발행에 국한된 것이다. 1900년 1월에는 京釜鐵道株式會社 창립 위원이 되고, 1902년 7월 朝鮮協會 결성 때는 임원의 일원으로 참여하고, 또 1919년 6월에는 스스로 朝鮮農事改良株式會社를 발기하는 등 조선과의 인연은 그 후에도 다른 형태로 계속되고 있다.

맺음말

조선에서 신문을 발행하는 것, 그 문체를 한자 · 한글 혼합문으로 하는 것은, 원래 후쿠자와 유키치의 발상이었다. 후쿠자와는 당초, 우시바 타쿠조와 타카하시 마사노무로 하여금 신문사업에 종사시키려고 했다. 그러나, 조선 최초의 근대 신문 『漢城旬報』의 발행에 종사한 것은, 우시바 · 타카하시가 아니고 이노우에 카쿠고로였다. 또 이노우에에 의해 신문의 문체로 한자 · 한글 혼합문이 처음으로 실현된 것은 『漢城周報』에서 였고, 그 시기는 후쿠자와가 「脫亞論」을 발표한 뒤였다. 이들 두 가지 의미에서 이노우에는, 앞에서 본 것처럼 후쿠자와 「선생의 명을 받들어 견마지로를 다했다」라고 말하면서, 실은 후쿠자와가 그린 시나리오를 넘어서 있었던 것이다.

한자 · 한글 혼합문 채용의 대의명분은, 한문 지상주의를 타파함으로써 淸나라에 대한 사대(事大) 사상을 단절함과 함께, 평이한 문장을 통하여 조선의 근대화를 촉진시키기 위한 지식을 보급하는 것이었다. 이 점은, 후쿠자와 · 이노우에 등 일본 측도, 朴泳孝 · 兪吉濬 · 金允植 등 조선 측도 공통이었다. 그렇기 때문에, 주로 金允植과 이오우에의 진력에 의해 『漢城周報』의 정부 간행물로서의 발행이 가능했던 것이다.

『漢城周報』 자체는, 1888년 7월, 속간 2년 반만에 폐간되었으나, 1894년 7월에 개시된 갑오개혁의 과정에서 한글은, 새삼스럽게 「國文」의 지위에 격상되고, 한자 · 한글 혼합문(通稱 國漢混合文)이 정부 공인 문체인 것이 재확인 되었다. 그 직접적인 계기가 된것은, 1895년 1월, 「5개조의 서문(誓文)」의 조선판인 「洪範14條」가, 순 국문 · 순 한문 · 국한 혼합문의 3종의 문체로 발포된 일이 있고, 이후 공문서의 대부분이 한자 · 한글 혼합문으로 작성되게 되었다. 「洪範14條」는, 당시 각료로 外務 · 刑曹 · 吏曹의 參議를 역임한 兪吉濬이 기초한 것으로 보이고, 공문서에의 한자 · 한글 혼합문 채용도, 유길준의 아이디어가 아닌가 하고 전해지고 있다.[37] 그의 저서 『西遊見聞』이, 조선 최초의 한자 · 한글 혼합문에 의한 책으로 1895년에 간행된 것도, 결코 우연은 아니다. 이리하여 한자 · 한글 혼합문은, 조선 사회에 있어서 점차로 일반화되어 갔던 것이다. 한문 편중으로부터의 탈피는, 말하자면 그들의 「自我의 再確立」[38]의 증거였다.

한편, 후쿠자와 · 이노우에의 의도는, 淸나라에 대한 사대사상의 타파나 조선 근대화의 촉진에만 머물지 않았다. 일본의 한자 · 가나(仮名) 섞인 글과 동일한 문체인 한자 · 한글 혼합문에 의해, 궁극적으로는 일본과 조선의 融和

(同化)를 노렸다고 보아야 한다. 1934년 1월의 시점에서 이노우에는, 「요컨대, 조선에서 한언(漢諺) 혼합의 새로운 문체가, 중국 숭배의 사상을 어떻게 변화시켰는가, 오늘에 이르러서는 일본과 조선 융화의 매개로서 얼마나 역할을 했는가는 저절로 알 수 있는 것이고, 저는 이노우에 카쿠고로라고 하는 이름이 (후쿠자와) 선생의 달견(達見)과 함께 전해지고 있는 것을 저의 영광으로 하고 있습니다」[39]라고 말하고 있다. 바꿔 말하면, 후쿠자와 · 이노우에와 조선 개화파는, 한자 · 한글 혼합문을 둘러싸고 많은 부분에서 利害를 같이 하면서도, 결국은 동상이몽의 관계였다고 말할 수 있다.

최근의 한국에서는, 이러한 후쿠자와 · 이노우에의 침략성에 대한 인식이 점차로 높아져 가고 있는 것 같다. 본 章의 주요 참고 문헌인 이노우에 카쿠고로가 지은 『福澤先生의 朝鮮經營과 現代 朝鮮의 文化에 대하여』가, 『舊韓末 日帝侵略 史料 叢書』(한국학문헌연구소 편 서울 · 아세아문화사 1984년)에 수록되어 있는 것이, 그것을 단적으로 말해주고 있다고 생각된다.

【註】 (*는 한글 문헌)

(1) 시모나카 쿠니히코(下中邦彦) 編 『日本人名大事典』 現代 平凡社 1977년 83쪽

(2) 후루쇼 유타카(古庄豊) 編 『井上角五郎君略傳』 井上角五郎君 功勞表彰會 1919년 1~2쪽

(3) 『時事新報』 1883년 1월 12일 「牛場卓造 君 朝鮮에 가다」

(4) 井上角五郎 『福澤先生의 朝鮮經營과 現代朝鮮의 文化에 대하여』 1934년 (*韓國學文獻研究所 編 『舊韓末 日帝侵略史料叢書』 Ⅶ 서울 · 亞細亞文化社 1984년 289~290쪽)

(5) 井上角五郎 『漢城迺殘夢』 1894년(同上 223~224쪽)

(6) 이시코 칸메이(石河幹明) 『福澤諭吉傳』 제3권 岩波書店 1932년 371쪽

(7) 井上角五郎 『福澤先生의 朝鮮經營과 現代朝鮮의 文化에 대하여』 (*韓國學 文獻研究所 編 前揭書 293~294쪽)

(8) 同上 295~297쪽

(9) 同上 292~293쪽

(10) *李光麟 『韓國開化史硏究』 서울 · 一潮閣 1969년 51, 54쪽

(11) 石河幹明 前揭書 298쪽

(12) *兪吉濬 『西遊見聞』 交詢社 1895년 序文 5~6쪽

(13) *韓國文化公報部 編刊 『韓國의 言論』 제1집 1968년 38~39쪽

(14) 井上角五郎 『漢城迺殘夢』 (*韓國學文獻硏究所 編 前揭書 228쪽)

(15) 井上角五郎 『福澤先生의 朝鮮經營과 現代朝鮮의 文化에 대하여』 (同上 298쪽)

(16) 하라다 타마키(原田環) 「井上角五郎와 『漢城旬報』」 季刊 『三千里』 40호 三千里社 1984년 겨울 67쪽

(17) (14)와 같음

(18) *李應縞 『開化期의 한글 運動史』 서울 · 성청사 1975년 214쪽

(19) 京城居留民團役所 編刊 『京城發達史』 1912년 19쪽

(20) (11)과 같음

(21) 井上角五郎 『福澤先生의 朝鮮經營과 現代朝鮮의 文化에 대하여』 (*韓國學 文獻硏究所 編 前揭書 303~304쪽)

(22) 井上角五郎 『漢城迺殘夢』 (同上 229~230쪽)

(23) 井上角五郎 『福澤先生의 朝鮮經營과 現代朝鮮의 文化에 대하여』 (*同上 310쪽)

(24) 同上 311쪽

(25) 同上 312~313쪽

(26) 同上 323~324쪽

(27) 同上 318~319쪽

(28) *李海暢 『韓國新聞史硏究』서울 · 成文閣 1971년 23쪽

(29) 姜在彦 『朝鮮의 攘夷와 開化』 平凡社 1977년 263쪽

(30) *朴鍾和 「20世紀 韓國의 證言(月灘 朴鍾和 回顧錄) 42」 『韓國日報』 1970년 10월 18일자

(31) *李應縞 前揭書 216쪽

(32) *崔埈 『韓國新聞史』 서울 · 一潮閣 1960년 28쪽

(33) 사쿠라이 요시유키(櫻井義之) 『明治와 朝鮮』 櫻井義之先生 還曆記念會 1964년 150~151쪽

(34) 井上角五郎 『福澤先生의 朝鮮經營과 現代朝鮮의 文化에 대하여』 (*韓國學 文獻

研究所 編 前揭書 288~289쪽)

(35) 야마구치 타헤에(山口太兵衛) (談)「居留公認直後의 일들」『居留民之昔物語』朝鮮二昔會 1927년 21쪽

(36) 井上角五郎『福澤先生의 朝鮮經營과 現代朝鮮의 文化에 대하여』(*韓國學 文獻研究所 編 前揭書 333쪽)

(37) 金泳縞「兪吉濬의 開化思想」『韓』제6권 제5호 東京·韓國研究院 1977년 5월 74~75쪽

(38) *서울特別市史編纂委員會 編『서울 600年史』제3권 서울특별시1979년 790쪽

(39) 井上角五郎『福澤先生의 朝鮮經營과 現代朝鮮의 文化에 관하여』(*韓國學 文獻研究所 編 前揭書 340쪽)

제4장 통감 이토오 히로부미(伊藤博文)와 한국교육

머리말

제2차 한일협약 즉 을사늑약의 체결(1905년 11월 17일)부터 한일합병(1910년 8월 22일)에 이르는 시기는, 한국의 식민지 전야였다. 그리고, 이 시기의 대부분을 점하는 3년 6개월 간(1905년 12월~1909년 6월)에 걸쳐 統監의 지위에 있었던 사람이 이토오 히로부미(伊藤博文)이다. 따라서, 식민지화를 향한 정책의 대부분은 이토오 통감 아래서 입안·집행되었다고 할 수 있고, 사실, 식민통치가 비판받는 경우, 그 비난은 최고 권력자인 이토오 통감에게 가해지는 것이 많다. 그러나, 이토오 자신이 개개의 정책에 실제 어느 정도 간여했는가는 반드시 명확하다고는 할 수 없다. 오히려, 대부분의 구체적인 정책 입안은, 고문(顧問)·참여관(參與官) 그 밖의 고급 관료가 행하고, 통감은 그 채택 여부를 결정했다고 보는 것이 타당할 것이다. 예를 들면, 1904년 10월부터 1907년 9월까지 한국 재무고문을 맡았던 메가타 타네타로(目賀田種太郎)의 전기(傳記)는, 한국에 있어서의 메가타(目賀田)의 역할을 다음과 같이 평하고 있다.

> 원래, 통감부의 일은, 한국에서의 시설 사업을 스스로 경영한다고 하기 보다는, 오히려 감독의 지위에 있었기 때문에, 실제 제일선에서 일을 한 것은 財政 顧問部였다. 그래서 메가타 선생님의 업무 양이 많아서, 재정고문이라고 해도 재정

뿐만이 아니라, 외교에서도, 그 외의 여러 가지 사업에서도, 계획 입안하고[1]……

또 교육행정에 관해서는, 통감부 서기관에서 한국 學部 차관이 된 타와라 마고이치(俵孫一)의 업적에 관해서 다음과 같은 기술이 있다.

메이지 39년에 통감부가 설치되었다. 이토오 통감이 그 책임을 맡자, 곧바로 그 지도 아래 통감부 서기관 타와라 마고이치(俵孫一)가 명을 받고 學部에 들어가, 교육개혁에 종사하여, 법령의 개폐, 학교의 신설 등 착착 일을 진행하여 內地人(일본인) 교원의 배치, 교과서 편찬에 이르기까지, 제도나 내용이 낡은 것을 모두 새롭게 했다. 학정참여관 시데하라 타이라(幣原坦)는 통감부 설치 후, 얼마 안 되어 사직하고 그 후임으로 미츠치 츠우조(三土忠造)가 내임했다. 그러나 미츠치는 주로 교과서 편찬에 종사하고, 學政 사무는 대부분 통감부 서기관, 타와라 마고이치가 맡아 학제 전부를 개혁하여, 메이지 39년 9월부터 이를 실시했다. 메이지 40년 韓日新協約이 체결된 결과, 타와라 마고이치는 學部 차관에 임명되고, 學部大臣을 보좌하여 교육행정을 맡아, 한일합병에 이르렀다.[2]

그러나, 이토오 자신의 발상에 의한 것으로 확인되는 교육관계 의사결정도 없지는 않다. 본 章은 그러한 이토오의 직접적 言動에 관한 자료를 섭렵하고, 한국 교육에 대한 그의 관여를 부각시키려고 하는 것이다. 자료의 제약 때문에 산발적인 언동을 점철하는 단계에 머무를 수밖에 없으나, 말하자면 점과 선을 더듬는 가운데, 그가 어떤 교육을 목표로 했는가, 그 근저(根底)에 있던 한국 교육관은 어떠한 것이었는지가 어느 정도 밝혀지지 않을까 생각한다.

1. 고문 · 참여관 · 교원 등의 인사

(1) 메가타 타네타로(目賀田種太郎)

1904년 8월, 제1차 한일협약이 체결되고, 제1조에서 「한국정부는 일본정부가 추천하는 일본인 1명을 재무 고문으로 한국정부에 초빙하여 재무에 관한 사항은 모두 그 의견을 물어 시행해야 한다」는 것이 정해졌다. 이를 바탕으로 대장성(大藏省)에서 한국에 파견되어, 동년 10월 15일자로 재무 고문이 된 것이 메가타 타네타로이다.

그런데, 이 인선(人選)의 경위는 메가타의 전기에서도 상세하진 않으나, 「元帥寺內伯爵傳」은 다음과 같이 이토오 히로부미가 메가타를 추천했다고 말하고 있다.

> 이토오 히로부미 후작(侯爵)이 한국을 통치할 때 가장 노력한 것은 재정의 정리였다. 모든 정무(政務)도 재원이 없으면 실행할 수 없기 때문에, 우선은 문란하던 재정을 정리하는 것부터 시작했다. 메이지 37년(1904년 – 著者 註) 8월 한일의정서에 근거하여, 大藏省 主稅局長 메가타 타네타로를 재정고문에 추천했다. 메가타 고문은 메이지 37년 10월 14일 경성에 도착하여, 다음 날 고용계약을 체결하고, 재정상의 일에 관해서 의견을 국왕에게 아뢰는 특권이 주어졌다.[3]

그러나, 이 說은 쉽사리 믿기는 어렵다. 뒤에 보는 것처럼, 이토오와 메가타는 「종래 그다지 친한 사이도 아니었기」 때문이다(註 9 참조). 다만, 다음과 같은 상황 증거로 보아, 이토오의 간접적인 추천이 있었던 가능성은 부정할 수 없다.

첫째로 「최초로 고문을 파견한다고 하는 이야기가 나오자, 이토오 후작이 가야 한다는 사람이 있고 아오키(青木) 자작이 가야 한다는 사람도 있어, 마치 일본인 고문이 장래 한국의 외무대신이 될 것이라고 하는 예상도 있었다」[4]라는 세평으로 보아, 이토오 자신이 한국에의 고문 파견에 관심을 가지고 있었던 것으로 추측된다.

둘째로, 1904년 8월 당시의 大藏大臣은 소네 아라스케(曾禰荒助)였다. 말할 것도 없이 소네는, 이토오의 동향 후배이고, 후에 한국 부통감 · 제2대 통감을 역임한 인물이다.

셋째로, 이토오와 메가타의 사이에는, 마츠카타 마사요시(松方正義)를 매개로 하여 간접적인 연결이 있었다. 즉, 「메이지 정부 안에서 유일하게, 재정에 능력이 있던 오오쿠마(大隈)가 메이지 14년의 정변 때문에 추방되자, 정부는 그를 대신할 사람을 구하기 힘들었다. 이때, 히타(日田)縣 知事인 마츠카타 마사요시라고 하는 사람의 존재를 발굴, 그 기량을 인정하여 일약, 大藏大臣에 발탁한 것은 이토오이며」[5], 「메가타 君은, 마츠카타 大藏大臣에게 알려져 대장성 관리가 되었다」[6]란 것이다.

어떻든, 「메가타 씨는 메이지 정부의 이상적인 관리로, 그 결벽함도 그렇고, 근면함도 그렇고, 또 사무상의 재능이 풍부한 것도 그렇고, 적어도 다섯 손가락 안에는 들어가는 사람이라고 생각된다」[7]라고 주목받고 있었으므로, 이토오 · 소네 · 마츠카타 그 밖의 어느 선으로부터 추천받았든 간에, 그 인선은 일본 측으로서는 타당한 것이었다.

그러나, 메가타의 재무 고문 선임은, 한국교육에 있어 다행스러운 것이었다고는 말할 수 없다. 그것은 메가타가 大藏 관료로서는 유능했어도, 교육에 대한 이해가 있었다고는 생각할 수 없기 때문이다. 1904년 당시 관립 한성중학교 교사였던 시데하라 타이라가, 「메가타 씨는 이미 9월 29일에 서울에 도착하여 잠시 한국의 정세를 관찰한 뒤, 생각한 바가 있었는지, 10월 17일 내 집에 와서, 교육에 관한 시설은 될 수 있는 대로 국비를 사용하지 않도록 해야 한다고 했다」[8]라고 전하고 있다.

그리고, 교육재정을 포함한 한국의 재무행정에 대한 메가타의 자세는, 이토오와 거의 일치하고 있었다. 그에 관하여 『男爵目賀田種太郎』가 기술하는 바는 다음과 같다.

신임 統監 이토오 公과 메가타 선생과는 종래 그다지 친한 사이도 아니었지만, 公의 부임 이래, 중요한 시설사업은 모두가 재정과 밀접한 관련을 갖기 때문에, 公은 항상 선생의 의견을 듣고, 선생도 또한 공의 의도를 잘 받아, 제반 계획을 추진시켰다. 따라서 公의 신뢰가 두터웠고 적어도 선생이 제안한 것은 모두 승인되어, 마치 백년지기와 같은 융화된 모습이었기 때문에, 선생은 공의 친절함과 후한 대접에 마음속 가득히 즐거움을 금할 수 없었다. 결국은 선생이 재정고문으로서 자유로이 수완을 발휘하여 유감없이 그 경륜을 실행할 수 있었던 것은, 공의 신뢰에 기인하는 바가 크다는 통감부 서기관 스즈키 아츠시(鈴木穆) 씨의 추억담이다.[9)]

이처럼 통감부 개청 이래, 통감 이토오와 한국 財政顧問 겸 統監府 財政監査 長官으로서의 메가타의, 말하자면 밀월 시대가 계속되었으나, 메가타는 1907년 9월 직을 그만두고 귀국하게 되었다. 그 계기가 된 것이, 동년 7월에 체결된 제3차 한일협약이다. 이 협약은,「한국 고등관리의 임면은 통감의 동의를 얻어 이를 행할 것」「한국정부는 통감이 추천하는 일본인을 한국관리로 임명할 것」등을 규정하고, 한국정부의 차관 이하의 주요 포스트를 일본인이 점함으로써 일본의 한국지배를 더욱더 강고히 했던 것이었는데,「츠루하라(鶴原) 씨 등이 차관의 지위를 받아들인데 반해서 메가타 씨 혼자서만 이를 받아들이기를 원치 않아, 한국 大臣 아래서 次官이 되는 것을 수긍하지 않고」[10)] 사직 · 귀국했던 것이다. 3차에 걸친 한일협약 가운데 처음으로 이토오 자신이 체결했던〔덧붙여 말하면 제1 · 제2차 협약의 일본 측 대표는 주한 공사 하야시 곤스케(林權助)였다〕, 게다가 한국 관료의 인사를 완전히 좌지우지하려고 했던, 제3차 협약이 결과적으로 메가타의 사임을 불러온 것은, 얄궂다면 참 얄궂은 일이다.

(2) 시데하라 타이라(幣原坦)

1905년 2월 16일, 한국정부와 시데하라 타이라(幣原坦) 사이에 교환된 계약서의 요점은 다음과 같다.

제1조 시데하라 타이라는 대한제국 學政參與官으로서 學部 소관 사무에 관하

여 성실하게 審議 起案하는 책임을 질 것

제2조 대한제국 學部大臣은 교육에 관한 일체의 사항을 시데하라 타이라와 상담하고 그 동의를 얻은 후 시행할 것

⋮

제6조 본 계약은 장래 어느 쪽인가 한 쪽에서 해제할 필요가 생겼을 때에는 상호 협의하여 대일본제국 대표자의 동의를 얻은 후 해제 할 수 있다.

이 계약에 의해 한국 학정참여관(참여관은 고문과 같은 뜻)이 된 시데하라는, 실질적으로 學部大臣 이상의 권한을 부여받았다. 학부대신이라고 해도「교육에 관한 일체의 사항을 시데하라 타이라와 상담하고 그 동의를 얻은 후」가 아니면 시행할 수 없었기 때문이다. (상술한 것처럼 메가타 타네타로가「한국 대신 아래서 차관이 되는 것을 수긍」하지 않았던 이유도 여기에 있다.) 이리하여 시데하라는 한국교육 전반의 개혁에 나서, 식민지 교육을 향한 기본 노선을 폈다. 그가 동년 4월「韓國教育改良案」에서 내세운 5개의 방침〔① 일본 제국 정부의 對韓 정책에 따라, 장래 한국이 (일본)제국의 보호국으로서 모든 시설을 개량하기 위해서 적당한 교육을 하는 것을 主眼으로 한다. ② 한국민이 선량하고 평화로운 성품을 갖도록 한다. ③ 일본어를 보급한다. ④ 종래의 한국의 형식적인 국교인 유교를 파괴하지 않고, 그 위에 새로운 지식을 넓힌다. ⑤ 학교제도는 복잡하지 않게 하고, 과정은 비근(卑近)한 것으로 한다〕이나 여러 가지 시책은, 그 후 일본의 對韓 교육정책의 기초가 되었던 것이다.

그러나, 시데하라는 학정참여관 취임 1년 4개월 후인 1906년 6월, 이토오 히로부미에 의해 파면되었다. 그 법적 근거는,「통감부관제 제6조」(통감은 제국 관리 그 밖의 자로서 한국정부에 고용된 자를 감독한다)였다. 또 한국정부와 시데하라와의 계약이「대일본제국 대표자의 동의를 얻은 후 해제할 수 있」었던 것은 앞에서 본 대로이다.

그 절차상의 문제는 별도로 하고, 시데하라의 사임 이유가 일본에는 충분히 전달되지 않았기 때문에, 교육계 일부에는 이 인사에 의문을 나타내는 사

람이 있었다. 1906년 6월 15일자 『教育時論』의 기사는 다음과 같다.

> 시데하라 참여관이 사임하고, 미츠치(三土) 고등사범학교 교수로 바뀐다. 돌연한 한국 고문의 경질, 우리는 왜 그렇게 되었는지 모른다. 시데하라 씨가 매우 열심히 일하는 사람이라고 하는 것을 생각할 때, 더욱더 모르겠다. 신문이 전하는 것이 사실인지 어떤지 모르지만, 시데하라 씨의 계획이, 통감부의 예상 이상으로 비용이 필요하기 때문에 실행이 어려워졌다고 하면, 어느 정도 그 사정을 추측하는 것은 어렵지 않지만, 시데하라 씨가 사직해야 할 정도의 중대사건이었다면, 시데하라 씨와 통감부 양자의 생각의 차이가 매우 크다고 생각할 수밖에 없다. 우리는 이토오 통감의 말을 중요하게 보고, 한국의 교육에 대해 큰 기대를 가지고 있는데, 이번 사건이 한국교육의 장래를 위해서, 무엇인가 슬퍼해야 할 원인이 되지 않을까 우려된다.[11)]

그러나, 실은 이 기사에 앞선 동년 4월 13일의 제4회 「한국 시정개선에 관한 협의회」와 4월 19일의 제5회 동 협의회에서, 이토오 자신이 다음과 같이 단언하고 있나.

> 교육의 확장에는, 근본적인 계획이 필요하다. 근본적 계획이라고 하면, 도시인구나 취학 아동 수를 조사하여, 학교 설치장소 및 校舍를 만드는 부지를 선정하고, 위생의 좋고 나쁨을 생각해서 건축의 설계를 하여, 그 청부 감독 등에 관하여 상세한 계획을 세우는 것이다. 이러한 계획을 세우기에는, 시데하라는 부적당하다고 생각한다.[12)]

> 종래, 學部에는 시데하라 참여관이라고 하는 사람을 고용하고 있었는데, 이 사람은 학자이긴 하지만, 행정경험이 부족하다. 뿐만 아니라 달리 사정도 있으므로, 문부성에 조회하여 가까운 시일내에 일본으로 돌려 보낸다. 시데하라가 담당하고 있던 교과서 편찬은 아직 큰 진척을 볼 수 없기 때문에, 빨리 완성시켜야 된다. 이를 위해 편찬자가 필요하기 때문에, 새로 적임자를 고용할 수밖에 없다.[13)]

즉, 이토오가 시데하라를 파면시킨 이유라면, 하나는, 교육 확장의 근본적인 「계획을 세우는데는 시데하라는 부적당하다고 인정」한 것, 또 하나는, 「시데하라가 담당하고 있던 교과서 편찬은 아직 큰 진척을 볼 수 없」었다는 것이다. 더 말하면, 위에 인용한 「달리 사정도 있으므로」라는 부분에, 앞의 『教育時論』 기사에 있는 「시데하라 씨의 계획이, 통감부의 예상 이상의 비용을 필요로」 했던 것이 포함될지도 모른다.

이상과 같은 여러 이유 중에서 어느 것이 가장 큰 비중을 차지했는지는 단정할 수 없으나, 이토오는 그 후, 교과서 편찬에 관하여 다음과 같은 발언을 반복하고 있는 것을 지적해 두고 싶다.

> 시데하라 참여관의 한국에 있어서의 성적을 보면, 완성시킨 교과서는 매우 적다. 그는 교관으로는 적임이겠지만, 저술가로는 부적임이라고 생각하므로, 경질했다.[14)]

> 작년까지 學部에서 고용하고 있던 교과서 편찬자는 그 일이 매우 더디어, 수년 걸려서 겨우 1권을 기초했을 뿐이었다. 게다가 본인은 그것조차도 읽은 적이 없는 상태이므로, 나는 그를 부적임이라고 인정해, 곧바로 해고하고 새로 편찬자를 學部에 고용하게 하여 지금 편찬에 종사하고 있다.[15)]

한마디로 말하면, 통감 이토오의 교육행정에 있어서 「學者」는 필요 없고, 실무자가 필요했다. 그리하여, 학정참여관의 실질적인 직무권한은 통감부 서기관 타와라 마고이치(俵孫一)에게, 학정참여관의 직명과 교과서 편찬사업은 미츠치 츠우조(三土忠造)에게 인계되게 되었다. 이 인사는, 시데하라 파면의 두 가지의 이유를 해결하고, 타와라와 미츠치의 역할 분담에 의해 더욱더 교육행정의 효율화를 노렸다고 볼 수 있다.

(3) 타와라 마고이치(俵孫一)

1906년 4월 13일의 제4회 「한국 시정 개선에 관한 협의회」에서 이토오 통감이, 교육확장의 근본적인 「계획을 세우는 데는 시데하라는 부적당하다고 인정」한 것은 전술한 대로이지만, 이 협의회의 의사록은, 나아가 다음과 같이 계속되고 있다.

이토오 통감 : …… 일본의 부현(府縣)에는 이러한 계획을 세우는 데 익숙한 사람이 적지 않기 때문에, 한 사람 고용하는 것이 좋겠다. 다만 봉급은 많이 지불할 필요는 없다고 생각한다.

李學相(이완용 學部大臣 - 譯者 註) : 모두 시데하라 참여관과 상담하고 있지만, 당신의 말대로 교육확장의 기초를 정할 사람을 불러 고용하기로 하겠다.

이토오 통감 : 그렇지만, 특별히 부르지 않아도, 통감부의 타와라 서기관에게 겸임시키는 것도 좋을 것이다. 그는 지방관이었던 경험도 있고, 대충은 알고 있을 것이다. 게다가 그렇게 하면 다소나마 경비를 줄일 수도 있을 것이다.[16]

이로써 이토오가 한국정부로 하여금 통감부 서기관 타와라 마고이치에게 교육 확장 사무를 위촉시킨 것은, 타와라는 「지방관이었던 경험도 있어 대충은 알고 있을 것」이라는 것, 거기에다 새로운 사람을 고용하는 것보다는 「다소나마 경비를 줄일 수 있기」 때문이었다는 것을 알 수 있다. 타와라의 「지방관이었던 경험」이란 것은, 오키나와현(沖繩縣) 및 카고시마현(鹿兒島縣)에서의 경험을 가리킨다. 오키나와현 參事官 시절의 업적은 다음과 같다.

명치 28년 東京大를 나와 오키나와현에 參事官으로 취임했다. 당시의 오키나와는 어려운 문제가 속출하여 힘들었다. 사츠마번(薩摩藩)과 중국으로부터 맥을 잇고 있는 오키나와는 늘 민심이 동요하여 施政에 많은 어려움이 있었다. 토지 등은 농민의 토지, 관청의 토지가 있어 공유한 형태였는데, 그는 여기에 부임하여 나라하라(奈良原) 知事를 도와, 토지처분법을 만들고 세제를 정리하여 여러

가지 악습의 폐지에 전념하였다.[17)]

그 뒤 타와라는, 카고시마縣으로 전임(轉任)했다. 「카고시마縣 縣官 補任表」에 의하면, 1902년 3월 26일자로 내무부장에 취임, 1905년 4월, 직명 변경에 의해 제1부장이 되고, 다음 해 1906년 1월 10일자로 후임자에 자리를 물려 주었다.[18)] 따라서, 타와라가 한국에 간 것은, 통감부 개청과 거의 동시였던 것이다. 한국에 가기 이전, 지방관으로서의 타와라는, 일관되게 일반행정 분야를 걸었으며, 교육행정의 직접 경험은 없다. 그러한 타와라를 한국 學部에 위촉하고, 나중에 學部 차관에 앉힌 데에 이토오의 인사관리의 한 특질이 있다.

그런데, 타와라가 한국에 간 계기에 대해서는 추측에 지나지 않지만, 가장 개연성이 높은 것은, 나라하라 시게루(奈良原繁) → 이토오 히로부미(伊藤博文)의 관계이다. 나라하라는 1892년 7월부터 1908년 4월까지 약 16년이나 오키나와현 지사를 맡아, 「류큐왕(琉球王)」이라고 불릴 정도의 권력자였을 뿐 아니라, 원래 사츠마번(薩摩藩)의 무사였기 때문에, 그 권세는 카고시마의 정계에까지 미쳤다. 이토오와는 일찍부터 친교가 있어, 『伊藤博文關係文書』에는 많은 서한이 수록되어 있다.[19)] 이 나라하라를 통하여 타와라가 이토오의 후대를 받았다, 혹은, 오키나와 · 카고시마의 유능한 지방관으로서의 타와라를 잘 알고 있던 나라하라가, 타와라가 통감부에 들어가는 길을 열었을 가능성은 매우 많다.

또, 나라하라 오키나와현 지사는, 「마츠카타 마사요시(松方正義) 侯爵의 간청에 의해 취임하게 되었다」, 「나라하라 씨는 이 마츠카타 首相의 선배 격이었기 때문에, 당시의 지방관 중에서 가장 중요한 인물이었을 것이다」[20)]라는 것이다. 이런 것은, 타와라를 둘러싼 나라하라 · 마츠카타 · 이토오의 연결을 연상시킨다.

한편, 타와라가 오키나와현 참사관 시절에 힘썼던 토지정리 · 토지세 개정은, 당시 大藏省主稅局長 兼 沖繩縣 諸制度改正方案 取調委員 메가타 타네타로(目賀田種太郞)에 의해 입안되어, 내국세과장 와카츠키 레이지로(若槻禮次郞)에 의해 법안화된 것이었다(1899년 3월「沖繩縣 토지정리법으로 공포」). 그때 이후, 타와라와 메가타는 서로 모르는 사이는 아니었다고 생각된다. 메가타의 부하 와카츠키 레이지로는, 타와라의 同鄕(島根縣) 친구이고, 메가타와 타와라의 배후에는, 돌고 돌아 마츠카타 마사요시라고 하는 공통분모가 존재한다. 이런 점에서 양자의 인맥은 의외로 가까웠을지도 모른다.

1907년 8월 9일, 타와라 마고이치는 學部 次官이 되었다. 말할 것도 없이 제3차 한일협약에 근거한 인사이다. 이 제3차 한일협약에 의한 일본인 관리의 채용을, 어느 한국인 학자는 다음과 같이 평하고 있다.

> 이토오 히로부미의 일본인 관리 채용은 …… 신속히 진행되어, 대한제국의 모든 행정관청을 일본인 관리들이 점거하게 되었다. 이것은, 최고 최대 제1급의 강탈이고, 또 일본인이 조선인민을 수탈하고 착취하는 책원(策源)을 완비한 체제이다.[21)]

이 협약의 체결에 즈음하여 이토오 통감과 일본정부의 자세를 비교하면 「이토오 공 자신의 의견은 우리 정부의 의견보다도 강경했다」[22)]라고 하는데, 위의 비판으로 엿볼 수 있듯이, 한국인의 大臣 자리를 남기고 次官 이하를 일본인이 점한다고 하는 체제에 의해서도, 이토오의 의도는 충분히 관철될 수 있었다고 볼 수 있다. 이토오의 명을 받아 이미 1906년 4월 이래 學部 촉탁이 되어 있던 타와라는, 차관이 된 후, 學部에서 사실상의 최고 권력자로서의 파워를 휘둘렀던 것이다.

(4) 미츠치 츠우조(三土忠造)

시데하라 타이라의 파면 방침을 굳힌 이토오 통감은, 그 후임 인선(人選)을 문부대신 마키노 노부아키(牧野紳顯)에게 요청했다. 1906년 4월 하순, 이토오가 일시 귀국했을 때의 일이다. 마키노(牧野) 문부상은, 東京 고등사범학교장 카노우 지고로(嘉納治五郎)에게 인선을 일임했다. 카노우(嘉納)는, 「곧바로 미츠치 씨를 추천했다」[23]고 한다. 카노우는, 부하(당시 東京 고등사범부속중학 교사)이고 제자이기도 한 미츠치 츠우조가 『中等國文典』(通稱 「三土文典」, 1898년 富山房 刊)을 위시한 교과서를 편찬한 실적을 잘 알고 있었던 것이다.

카노우의 추천을 받은 마키노 文部相은, 문부성 視學官 코모리 케이스케(小森慶助)로 하여금 미츠치와의 교섭에 나서도록 했다. 그 후 미츠치가 한국에 건너갈 때까지의 경위는 다음과 같다.

> 코모리(小森)는 미츠치에 대하여 마키노 문부대신의 전언으로, 「이토오 통감은 學部 참여관의 임무에는 큰 기대를 걸고 있기 때문에 꼭 수락하는 것이 좋을 것이다」라는 것이었다. 그로부터 얼마 안 되어 미츠치는 이토오에게 초대되어 카나가와(神奈川)현 오오이소(大磯)에 있는 별장에 가자, 이토오로부터 한국정부 學部의 고문으로 참여관에 취임하도록 직접 교섭이 있었다. 미츠치는 한국의 사정을 전혀 모르고, 4년간이나 일본을 비웠다가 돌아온 직후이기 때문에 솔직하게 「저는 지금까지 한국의 韓 字도 생각해 본 적이 없습니다」라고 하자, 이토오도 「나도 統監의 統 字도 생각해 본 적이 없었다」라며 웃었다. 미츠치는 이토오와 최초로 주고 받은 이 말에서, 서로 상통하는 것이 있다고 생각했다. 이토오는 한국의 교육쇄신에 관한 포부와 學部 고문의 임무에 관해서 설명하고, 「자신이 있으면 해보지 않겠는가」 하고 권했다. 미츠치는 이토오가 쵸슈번(長州藩, 현재의 야마구치현의 옛 국명 – 譯者 註)에서 「輕輩」(신분이 낮은 자 – 譯者 註)라고 업신여김을 당한 계급 출신이지만 헌법 기초의 역사적인 대임무를 맡았던 사람이고, 메이지 천황의 신임은 선배 야마가타 아리모토(山縣有朋, 1838~1922)를 훨씬 능가하는 인재임에도, 꾸밈없고, 잰체하지 않는 태도에 매우 감동하여 교섭을 수락했다.[24]

1906년 6월 6일자로 東京高師 교수가 된 미츠치는, 이 직함을 가지고 한국에 건너 갔다. 이것이 이토오의 서울 귀임과 동시였던 것은, 미츠치 자신,

「나는 이토오 公과 동반해 조선에 갔다」[25]라고 말한 것으로 증명된다. 한국 學部 고용인이 된 것은 6월 10일이었으나, 정식 學政參與官 임명은, 약 한달 늦은 것 같다. 그것은 7월 3일의 제7회 「한국 시정개선에 관한 협의회」의 의사록에 다음과 같은 한 구절이 있기 때문이다.

> 도쿄 고등사범학교 교수인 미츠치 츠우조의 고용에 관해서, 통감은 學部 대신에게, 미츠치는 시데하라와 같이, 그 명칭은 學部 참여관이라고 해야 마땅하지만, 별도로 계약을 만들 필요는 없고, 사령(辭令)만으로 임명해도 괜찮다고 말하고, 당분간은 주로 교과서 편찬에 종사시키겠다고 미츠치에게 직접 말했다고 했다.[26]

관명(官名)은 어쨌든, 미츠치는 한국에 건너간 직후부터 이토오의 지시에 따라 교과서 편찬에 착수하여, 동년 9월부터의 소위 「模範教育」에 대비했다. 그 기본 자세도 또한, 「교과서는 그 종류를 지나치게 많이 할 필요는 없다. 일반적인 것을 많이 인쇄하여 배포하면 된다」[27]라는 이토오 통감의 방침에 따른 것이었다. 예를 들면 보통학교용 지리 · 역사 교과서는, 한국 측의 비판에도 불구하고 끝끝내 작성되지 않았는데, 그것은, 이토오의 뜻을 받들어 미츠치가 일부러 편찬하지 않았기 때문이다.

미츠치의 신분은 그 후, 1907년 12월 13일 學部 관제 개정에 의해 學政參與官 자리가 폐지됨에 따라 學部 編輯官이 되고, 이어서 1908년 1월 31일자로 學部 書記官이 되었다. 그동안 미츠치는, 「나는 법령에서부터 교과서까지 거의 혼자서 만들었다」[28]라고 말하고 있다. 법령도 「거의 혼자서 만들었다」는 것은 미츠치 특유의 과장이지만, 미츠치가 「타와라의 브레인」[29]으로 교육 정책의 입안 · 시행에도 관여했던 것은 사실이다. 타와라 마고이치는 어디까지나 내무관료 출신이고, 교육행정에 관해서는 교육가 미츠치의 조력을 필요로 했다고 볼 수 있다. 미츠치의 등용을 둘러싼 이토오의 발언을 보는 한, 당초부터 이토오에게 거기까지의 깊은 생각이 있었다고는 생각할 수 없지만, 결과적으로 미츠치는, 단순한 교과서 편찬자에 그치지 않고, 타와라의 브레인도 되었던 것이다.

1908년 4월, 미츠치는 學部 書記官을 사임하게 되었다. 그 경위는 다음과 같다.

> 대략 예정된 임무도 일단락 되었으니, 메이지 41년의 중의원 선거에 출마를 결심하고, 하루는 이토오 통감을 방문하여 입후보할 결심을 말하고 사직을 희망했다. 공은 「좋겠지」라고 찬성해 주었으나, 「사직하는 것은 선거 후가 좋지 않겠는가」라고 말하고, 낙선의 경우를 생각해 재직한 채로 입후보하도록 권했다. 미츠치 씨는 「입후보하는 이상, 반드시 당선되겠습니다. 당선되고서 퇴직하는 것은, 당선되지 않으면 눌러 앉을 심산인 것처럼 생각되기 때문에」라며 곧바로 퇴직했다.[30)]

무릇 미츠치는, 한국에 오기 전부터 정치가를 지망했었다. 그것을 알았는지 몰랐는지 이토오는, 미츠치를 한국 學政 參與官에 등용하고, 정계 진출을 위한 사직 · 귀국에도 강하게 반대하지 않았던 것이다. 겨우 2년이었지만 원로 이토오 히로부미에게 후한 대우를 받았다는 것은, 정치가 미츠치 츠우조 탄생의 중요한 계기가 되었다.

(5) 일본인 교원

한국의 초등학교에 일본인 교원을 투입하는 시스템을 탄생시킨 사람은, 초대 學政參與官 시데하라 타이라(幣原坦)였다. 시데하라는, 1905년 9월부터 관립 고등소학교(漢城師範附屬小學校)에 일본인 교원을 초빙하여 일본어와 그 외의 교편을 잡도록 계획하고, 한국 측의 반대를 물리치고 10월에는 이를 실현시켰다. 이 시스템은, 통감부 치하의 「模範教育」期에 들어 더욱 확충되고, 「원래 경험과 소양이 양쪽 모두 부족한 한국인은 도저히 신교육을 운용할 수 있는 능력이 없기 때문에, 중등 정도의 학교에서는 한 학교당 수 명, 보통학교에서는 대개 한 명씩의 일본인 교사를 배치」[31]하게 되었다. 『元帥寺內伯爵傳』은 이에 관하여, 「이토오 侯爵이 한국 統監으로서 서울에 부임하자마자 …… 경찰, 위생, 교통, 교육기관을 확장시켜 …… 일본인 교수 18명, 訓導(助手와 같은 것 – 譯者 註) 67명을 배치 시켰다」[32]라고 적고 있다. 이것을 그대로 읽으면 각 학교에 일본인 교원을 배치한 것도 이토오의 배려에서 나온 것이 된다. 지금은 이 이상 확정적인 史料는 발견할 수 없으나, 일본에서 초빙된 교원의 보통학교 취임에 즈음해서는, 그때마다 이토오 통감이, 사실상 학교의 우두머리인 사람에게 주의사항을 훈시하는 것이 관례였다는 것으로 보아, 이토오가 이 인사정책에 적극적이었다는 것은 사실이고, 『元帥寺內伯爵傳』이 말하는 것도, 반드시 과장이라고는 생각되지 않는다.

물론, 교원의 인선 · 배치 등 실무를 맡았던 사람은, 타와라 마고이치이거나 미츠치 츠우조였다. 그 증거로 여기서는, 타와라 마고이치가, 「각 학교 교사는 한국인을 많이 임용했다. 일본인 교사는 각 학교에 한 명씩을 배치해 일본어나 理科, 算術 등을 가르치게 했다. 실은, 가능한 한 일본인 교사를 임용하고 싶지만, 고액의 급료를 필요로 하기 때문에, 어쩔 수 없이 한국인을 임용하기로 했다」[33]라고, 그 고심을 털어 놓은 것, 또 미츠치 츠우조의 몇 번인가의 일시 귀국 가운데 1908년 초의 귀국은 확실히 「교원 초빙과 교과서 인쇄의 중요한 임무」[34]를 띠고 있었던 것을 지적해 둔다.

보통학교 일본인 교원의 직명은, 1908년 1월의 「普通學校令」 개정에 의해 정식으로 「敎監」이 되고, 이와 더불어 중등학교에는 「學監」직이 설치되었다. 이것으로 일본인 교원의 직무 권한을 새삼스럽게 권위화했던 것이다.

그런데, 이토오 통감은, 일본인 교원에게 무엇을 기대했던 것일까. 1907년 4월, 신임 보통학교 일본인 교원들에게 이토오는 다음과 같이 훈시하고 있다.

> 교육의 실적을 올리는 데는, 학부형의 신임을 얻는 것이 제일 중요하다. 諸君은 철두철미하게, 성실함과 친절함으로 아동을 가르치는 것이 좋다. 결코 표리

(表裏)가 있어서는 안 된다. 한국에도 옛부터 교육이라고 하는 것이 아예 없었던 것은 아니다. 일찌기 중국의 문화를 수입해 仁義禮智 忠信孝悌는 깊은 뿌리를 가지고 있다. 특히 예의에 관해서는 매우 중시하고 있다. 그러므로 諸君이 지금, 이른바 보통교육을 보급하는 데에도, 예로부터의 이 풍습을 중요시하여, 뒤떨어지지 않게 주의해야 한다.

교육의 효과는 하루아침에 얻을 수 있는 것은 아니다. 교육을 담당하는 사람은 그 효과가 영원한 것이 되도록 해야 한다. 특히 한국과 같은 나라는 아직 보통교육이 어떤 것인지 모르는 사람이 많기 때문에, 마치 보모가 유치원 아이들을 다루는 것처럼 끈기있고 정중하게 아동을 교육해야 한다.

여러 가지 면에서 관찰하면, 한국인은 문명으로 나아가는 요소가 없는 것이 아니다. 諸君이 충분한 열성을 갖고 가르친다면, 원만한 효과를 얻을 수 있다고 생각한다.

덧붙여 특별히 주의해 주었으면 하는 것이 있다. 그것은 교사는 정치나 종교에 관해서는 평을 하지 말아야 한다는 것이다. 비록 사회풍조가 어떤 모습이든지, 그저 교육에만 힘을 쏟으면 된다. 정치나 종교는, 따로 전문으로 하는 사람이 있다. 교육가는 자신의 일인 교육만 열심히 행하고 다른 것을 고려할 필요가 없다. …… 또 諸君이 아동을 교육할 때 가장 필요한 것은 언어이다. 아무리 친절하게 지도하려고 해도, 언어가 통하지 않아 목적을 달성하지 못하는 경우가 적지 않다고 생각한다. 諸君은 여가 시간에 한국어를 배우는 것을 잊지 말기를 바란다. 이것은 내가 각별히 희망하는 바이다.[35)]

이 훈시는, 현존하는 사료 중에서 이토오의 한국 교육관을 가장 포괄적으로 나타낸 것으로, 그 포인트는 첫째로 유교 윤리의 중시이다. 이토오는 일찌기 1899년 2월 한국의 「아이들을 교육할 때는, 경솔한 공상에 빠지지 않게 하고, 순진하고 선량하게 지금의 조정에 충실한 신민이 되도록 해야 하는 것」[36)]을 言明했고, 1906년 9월에도, 「한국 교육에서 忠信孝悌를 잊는 것은 절대 용서되지 않는 일이다. 忠信孝悌를 배척하지 않고, 이것을 현재의 문명주의와 조화시켜, 항상 사고 방식이 잘못되지 않도록 하는 것이 가장 중요하다」[37)]

라고 말해, 유교 윤리를 중핵(中核)으로 하는 舊來의 풍속 습관을 존중하는 것은, 그의 신념이었다고 할 것이다.

둘째는 「가부장적(paternalism) 조선관」[38]이라고 해야 마땅할 우월적 자세이다. 「마치 보모가 아이들을 다루는 듯한 생각으로」라는 표현에, 그것이 집약되어 있다.

셋째 포인트는, 교육과 정치 · 종교와의 분리이다. 이토오는, 관공립학교의 교사인 일본인에 대하여 이를 주장했던 것이지만, 후술하는 것처럼, 외국인 선교사의 종교(기독교) 교육에는 비교적 관용적이었다. 시대적 제약의 산물로서, 그 차이가 흥미롭다.

넷째로, 이토오가 일본인 교원의 한국어 학습의 필요성을 말하고 있는 것도 주목된다. 「模範教育」의 기본 방침의 하나가 일본어 보급이었던 것은 새삼스럽게 말할 것도 없지만, 그와 동시에 일본인의 한국어 학습도, 적어도 표면상으로는 요청되었던 것이다.

이상과 같은 요점을 포함한 이토오 통감의 훈시를 받아 일본인 교원은 각 학교에 배치되어, 「模範教育」 추진의 핵이 되었던 것이다.

2. 학교행정

(1) 보통학교

1906년 3월 2일 서울에 착임한 이토오 히로부미는, 동 9일 한국 황제를 알현하고, 6개조의 의견을 주상(奏上)했다. 그 가운데 제4조는 다음과 같다.

> 나라를 풍요롭고 강하게 하는 데, 우선 자금이 필요한 것은 말할 것도 없습니다. 그러므로 차제에, 필요한 차관을 도입하여, 현재의 어려운 상황을 극복하고, 나라의 위험을 구합시다.[39]

한국 황제의 승락을 얻은 이토오는 곧 알선에 나서, 한국정부와 日本 興業銀行과의 사이에 1천만 엔의 차관을 성립시켰다. 그 중 5백만 엔은, 3월 중에 주고 받음이 끝났다. 즉 이것이, 統監 이토오로서의 실질적인 첫 번째 일이었던 것이다.

그런데, 청일전쟁 중인 1895년 2월, 이토오 내각은, 조선정부에 대부(貸付)할 목적으로 3백만 엔의 추가 예산을 편성, 이를 의회에 승인시켰다. 또 統監으로서 마지막 해였던 1909년도의 한국정부 예산에 대해서 이토오는, 「임시 세입의 주된 것이 무엇인가 하면, 내가 일본정부에 요구한 일본정부로부터의 차입금이다」[40]라고 말하고 있다. 이처럼, 한국의 시정(施政)에 필요한 자금을 일본에서 차관(借款)으로 요구하는 수법은 시종일관이 되어 있었고, 말하자면 이것은 이토오의 상투적인 수단이었다.

1906년도 차관의 용도에 관해서 이토오는, 「이 자금은 우선 다수의 농민을 이롭게 하는 방법, 예를 들면 농사 개량, 도로의 수축(修築), 배수(排水), 관개(灌漑), 식목(植木)과 같이, 장래 생산물을 증가하는 데 쓸 필요가 있다. 다음으로는 이 자금을 이용해 간이교육을 실시하는 것이 무엇보다 필요하다고 생각한다」[41]라고 말하고 있다. 이 해 3월 13일, 기념할 만한 제1회 「한국 시정 개선에 관한 협의회」에서의 일이다. 이 民生第一, 教育第二의 기본방침은 한국 재무고문 메가타 타네타로(目賀田種太郎)에게 전해져, 그의 손으로 구체화되었다. 이토오가, 「메가타 고문에게 명하여 만들게 한 案」[42]의 내역은 다음과 같다.

교육자금	約 50萬 円
인천수도공사	約 217萬 円
한국농공은행 보조	約 50萬 円
평양 진남포 원산 간 도로	約 65萬6千 円
광주 목포 간 도로	約 30萬 円
대구 경주 영일만 간 도로	約 42萬 円

전주 군산 간 도로	約 12萬 円
합 계	金 466萬 6千 円

결국 교육자금(일반적으로 「臨時學事擴張費」로 불린다)은, 인천 수도공사비 약 217만 엔, 각 지방도로 수축비 약 149만 6천 엔에 비하면 아주 적어, 한국농공은행 보조금과 같은 금액인 약 50만 엔에 지나지 않았던 것이다. 러일전쟁 개시 직후인 1904년 4월, 「이토오 大使의 來韓에 즈음하여, 대사가 열심히 교육을 권유했으므로, 學部大臣 閔泳煥 씨 등은, 이미 개혁을 생각하여, 한 외국어학교 아래, 여러 학교를 통합할 계획을 세우고 있다」[43]라고 알려진 것처럼, 이토오는, 임시 大使 시대에는 교육에 열심인 듯한 자세를 보이고 있었으나, 정작 統監으로 실제 한국 施政에 임해서는, 교육에 중점을 두었다고 결코 말할 수 없다.

臨時學事擴張費(1908년에 3만 9천3백 엔이 추가되어 총액 53만 9천3백 엔 남짓)는, 약 40만 9백 엔이 보통학교에, 약 7만 5천4백 엔이 사범학교에로, 그 대부분이 초등교육 관련 사업에 투입되었다. 환언하면, 교육예산의 절대액은 적었지만, 상대적으로 초등교육에는 역점이 두어졌다고 말할 수 있다.

이처럼, 교육 가운데 특히 초등교육을 중시한 이유는, 이토오 자신의 말에 의하면 다음과 같다.

> 교육의 목적은, 오히려 보통교육에 있다. 소수의 학자를 양성하는 것보다, 책을 못 읽는 사람을 가능한 한 줄이는 것이 국가의 의무이다. 한국에서는 아직 그 방침이 확정되지 않았지만, 일본, 독일, 미국 등은 모두 의무교육 방침을 취하고 있다 …… 그러나 한국정부는 아직도 국가 의무의 10분의 1도 완수하지 못할 상태인 것 같다. 이것이 내가 보통교육의 확장에 힘을 쓰지 않으면 안 된다고 하는 이유이다.[44]

이토오의 염두에는 일본 · 독일 · 미국 등의 교육제도가 있고, 초등 의무교육을 「국가의 의무」로 하는 관념이 있었다. 따라서 이토오는, 사정만 허락하면 한국에도 의무교육에 가까운 제도를 펴고 싶었을 것이다. 「교육 같은 것은, 각 군수로부터 매월 보고를 제출받아, 입학하는 학생이 적을 때 이를 추궁하면, 저절로 좋은 결과를 얻을 수 있게 될 것이다」[45]라는 발언이, 이 문맥에 위치한다.

그러나, 아무래도 재정 제약상, 교육의 우선 순위는 낮아질 수밖에 없었다. 그래서 이토오는, 제한된 재원으로 최대의 효과를 얻기 위해, 다음과 같이 세부적인 지시까지 내리고 있다.

> 소학교를 신설할 경우에도, 원칙으로 한 道에 한 학교처럼, 평균적으로 하지 말고, 실정을 잘 조사하여, 가능한 한 많은 아동이 취학할 수 있는 가장 편리한 장소를 선정하기 바란다. 부지 등도 부근의 인구 및 거리, 위생상의 편의 등을 참조하여 결정할 필요가 있다. 부지가 결정되면, 토지의 상황이나 풍토를 짐작해 설계를 한 후 건축을 청부시키는 방법을 연구해야 한다.[46]

이 발언은, 1군 1교의 비율로 소학교(보통학교)를 설치한다고 하는 學部大臣 李完用의 안을 부정한 것으로, 이토오의 구상을 구체적으로 나타내고 있다. 그리하여 이 이토오의 구상이, 시데하라 타이라의 파면, 타와라 마고이치의 기용으로 이어졌던 것이다.

(2) 중등 · 전문학교

초등교육의 보급에 적극적이었던 데 반하여, 이토오는 그 이상의 교육에는 매우 소극적이었다. 중학교 그 밖에 관하여 타와라 마고이치에게 지시한 내용은 다음과 같다.

> 타와라에 대해서는 교육확장을 할 때는, 중학교나 각종 특별학교를 설립하는 것은 두 번째로 생각해야 한다고 말했다. 보통교육이 보급되고, 고등소학교를 졸

업한 사람이 많아지면 중학교를 설립하는 것도 좋지만, 지금은 우선 소학교 설립을 교육확장의 주된 목적으로 해야 할 것이라고 말해 두었다.[47]

이 결과, 1906년 9월 신학제 발족과 함께 개설된 중등 보통교육기관은, 漢城고등학교 단 하나였다. 그 후에도, 漢城고등여학교(1908년)와 平壤고등학교(1909년)가 설립되었을 뿐이다. 게다가 「高等學校」라는 명칭은, 「중등 교육 기관을 더 위의 상급학교에 진학하는 예비 단계로 생각하는 나쁜 습관에 빠지지 않도록, 사실상의 최종 단계의 교육기관으로 한다」[48]는 의도가 들어 있었던 것이었다. 이 이전의 「中學校」와는, 명백히 성격을 달리했던 것이다.

이토오가 한국의 전문교육에 언급한 史料는 발견할 수 없다. 고등학교를 사실상의 최종 교육기관으로 했던 것으로 판단해서 이토오에게는, 무릇 그 이상의 학교를 개설할 의사가 없었다고 보아도 틀림이 없을 것이다. 그러나 이것은, 청일전쟁 후(1898년)의 이토오의 말과 모순된다. 당시 이토오는, 중국의 교육에 대하여 다음과 같이 말하고 있기 때문이다.

○ 나에게 중국을 위해 생각하라고 한다면, 소학교, 중학교 등은 당분간 내버려두고, 우선 전문 학술학교를 설립한다. (예를 들면 工學, 軍事 등) 국가가 요구하는 인재를 자꾸 양성하여, 곧바로 국가에 유용하게 쓰도록 한다. 그렇지 않으면 도저히 淸나라의 급한 일에 대응할 수 없을 것이다.

○ 일본이 메이지 유신 후 만약 보통교육에만 힘을 쓰고 전문교육을 장려하지 않았다면 어떻게 당시의 時勢에 對應하여 오늘의 開明進步를 볼 수 있겠는가.

○ 일본의 유신 후의 역사가 이것을 충분히 증명하고 있다. 支那帝國도 곧 전문학교를 설립하여 잇따라 근대적 학술을 진흥시켜야 한다.[49]

중국과 달리 한국에 대하여는 전문교육의 필요성을 인정하지 않았던 이토오는, 그 연장으로서 한국인의 일본 유학에도 반대하였다. 이에 관한 이토오의 발언은 다음과 같다.

식산흥업(殖産興業)은 단순히 학교의 힘에 의한 것이 아니고, 주로 국민의 노력에 기대하지 않으면 안 된다. 바꾸어 말하면, 나라를 풍족하게 할 수 있는 실적을 내지 않으면, 국가는 발전하지 않는다. 한국의 급선무는 국민에게 이 기풍을 양성하는 데 있다. 그러나 유감스럽게도 나는 아직껏 그 징조를 전혀 볼 수 없다. 그러므로 나는 지금, 일본에 학생을 보내는 것보다 차라리 이를 폐지하는 것이 좋다고 생각한다. 왜냐하면, 이것은 오히려 한국의 진흥을 방해할 뿐이라고 생각하기 때문이다.[50]

그러나, 이토오 자신도 유럽 유학 경험자이고, 「나는 어렸을 적부터 한서(漢書)를 배워, 주(周)나라의 화려한 역사 등을 들었다. 그러나 처음으로 유럽에 가서, 그 문물이나 제도, 각종 기술의 발달이 현저한 것을 보고, 진정한 정치는 서양에서 이루어지고 있다는 것을 알고, 국가라는 것은 이와 같지 않으면 안 된다고 생각하여, 일본에 돌아와서는 일반의 논의에 대항하여 개국론을 주창했다」[51]라는 그 사람이, 한국인의 유학에는 반대했던 것은, 이 또한 자기모순이었다.

(3) 실업학교

「模範教育」期에 있어, 초등 보통교육 다음으로 중시된 것이 실업교육이었던 것은 사실이다. 이토오 자신도, 1908년 6월 17일, 각 도 관찰사에게 내린 統監 훈시에서 다음과 같이 실업교육의 필요성을 말하고 있다.

원래 국가가 스스로 자기 국민을 교육하는 것은, 부자든 가난한 자든 불문하고, 어린 아이로 하여금 일반적인 보통학문을 배우게 하는 데 있다. 그러므로 보통학교라는 것은 어린 아이들을 수용하여, 초급부터의 교육을 하는 것은 말할 필요도 없는 것이다. 보통교육을 끝내고 나서는, 식산흥업에 관한 교육을 하면, 궁핍한 사람에게는 衣食을 주고, 풍족한 사람에게는 더욱 좋은 일이 생기고, 아이가 성장하면, 부모의 힘이 되어, 일가가 스스로의 힘으로 어려운 생활을 면할 수가 있다. 그러므로 실업교육은 한국에 있어 가장 필요한 것이므로, 諸君은 이것에 주의를 기울여, 국민이 길을 잘못들지 않도록 하기를 바란다.[52]

그러나, 이토오가 역설한 것은 실업 「教育」의 필요성이었고, 그것은 실업 「學校」의 증설에 직접 연결되는 것은 아니었다. 위의 훈시로부터 반년이 지난 동년 12월 25일, 제65회 시정개선협의회에서 이토오는, 學部大臣 李載崑의 「13道에 1校씩 간이 실업학교를 설치하도록 하는 案」을 다음과 같이 차갑게 대했던 것이다.

실업교육이란 무엇인가. 이전에 개교한 善隣상업학교도 그렇고, 재작년 이래 설치한 工業傳習所도 그렇고, 水原에 있는 농림학교도 그렇고, 모두 실업학교이므로, 한국에는 실업학교가 없다고는 할 수 없다. 지금, 수많은 불완전하고 작은 실업학교를 신설한들, 이렇다 할 이익은 없다. …… 세상 모든 일은 수요와 공급의 관계에 깊이 신경쓰지 않으면 안 된다. 실업학교를 만들어 청년에게 실업교육을 베푸는 것은 좋은 일이지만, 한국의 실업이 이러한 졸업생을 필요로 할 정도에 이르고 있는지 어떤지 …… 국민이 실업학교 졸업생을 필요로 하지 않으면 …… 정부가 아무리 고심하여 졸업생을 만들어도, 쓸데없이 空論을 장려하는 결과를 낳을 뿐일 것이다.[53]

이러한 이토오의 실업학교 증설 반대의 이유를, 오늘날 한국 교육사학계의 중심 인물의 한 사람인 鄭在哲은, 「한국 국민의 애국 계몽운동이, 교육과 산업의 진흥을 자주독립의 기초로 간주했던 당시였기 때문에, 日帝는, 실업교육이 애국 계몽운동에 이용되는 것을 두려워했던 것이다」[54]라고 보고 있다. 관공립학교의 실업교육과 애국 계몽운동을 직접 연결시키는 것은 좀 지나친 감이 있으나, 적어도, 위의 인용 말미의 「쓸데없이 공론을 장려한다」 운운하는 것이 애국 계몽운동을 의식한 발언이었다는 것은 상상하기 어렵지 않다.

어떻든, 이토오 統監 재임 중의 정규 실업학교는, 官立 農林學校 · 官立 工業傳習所 · 私立 善隣商業學校 · 官立 仁川實業學校 · 公立 釜山實業學校 등 5개교였다. 그 가운데 농림학교와 공업전습소는 종전부터의 기설교, 인천실업학교와 부산실업학교는, 1909년 4월 공포된 「實業學校令」에 의해 각각 관립 仁川日語學校와 私立 釜山開成學校를 환골탈태한 것이고, 이토오의 재임 중에 신설된 것은 선린상업학교뿐이다.

선린상업학교의 개설에는, 실은 이토오 자신이 크게 힘쓰고 있다. 무릇 교명으로 보아, 당초는 「大倉商業學校」로 할 예정이었던 것을 「이토오 통감의 의견을 바탕으로, 선린상업학교로 개칭」[55]했다는 것이다. 년월은 분명치 않으나, 적어도 교명 결정 후, 오오쿠라 키하치로(大倉喜八郎)가 이토오에게 다음과 같은 의뢰장을 보냈다.

> 일전에 부탁드렸던, 京城善隣學校를 세우기 위한 이야기입니다만 …… 궁내성이 한국의 국고 채권 300만 엔 남짓을 지금도 소유하고 있다고 들었습니다. 그 중에서 10만 엔어치만을 善隣의 기본금으로서 팔아 주시기를 부탁하고 싶으니 궁내성과 상담해 보시기 바랍니다. 잘 부탁드립니다.[56]

이를 받아 이토오는 궁내성에 힘을 써, 도합 20만 엔을 알선했다. 「궁내성은 한국의 국고 채권을 100만 엔 정도 소유하고 있다. 그 중에서 내가 힘써 20만 엔어치를 선린학교의 기본금으로 기부하기 위해, 오오쿠라 키하치로(大倉喜八郎)에게 매각시켰던 적이 있다」[57]라고 술회하고 있다.

또 이토오는, 1906년 7월 12일의 제8회 시정개선협의회에서, 「그전에 우리나라의 한 신사가 25만 엔을 지출해, 한국을 위해 상업학교를 설립하려고 했다. 그 부지 선정을 내가 大臣(內部大臣 – 著者 註)에 의뢰한 게 이미 두차례나 되지만 지금까지 아무런 회답이 없다」[58]라고 말하고 있는 데서, 善隣商業學校의 부지 선정에도 중개 역할을 했던 것, 그리고 그것은 이미 통감 착임 직후부터 시작되어 있었던 것을 알 수 있다. 결국 善隣商業學校는, 1907년 3

월에 재단법인으로 인가되어, 다음 해 1908년 11월, 정식으로 개교됐다.

大倉喜八郎의 傳記 『大倉鶴彦翁』에서의 善隣商業學校의 평가는 다음과 같다.

> 당시의 한국에는, 통감부의 지도에 따라, 겨우 경성에 사범학교, 중학교 각각 하나씩과 전국에 수십 개의 소학교가 있을 정도의 지극히 유치한 교육상태였다. 게다가 걸핏하면 정치를 논하고, 시사를 논한다는 것이, 한국의 上下 및 학생의 공통된 폐단으로, 이것이 적지 않게 행정의 장애가 되었다. 이런 때, 오오쿠라 키하치로가 과감히 실생활에 필요한, 완전한 상업학교를 만든 것은, 단지 조선인이 장래, 실업계에서 활약 가능한 소양을 몸에 익히게 할 수 있었을 뿐만 아니라, 일반 민중의 기풍을 利用厚生의 방향으로 유도하는 데 있어서, 또한, 우리의 對 한국 정책에 있어서, 지극히 큰 효과가 있었던 것은, 의심할 수 없는 사실이다.[59]

여기서 평가되고 있는 것은 「模範教育」의 노리는 바 바로 그것이고, 그런 까닭에 이토오도 선린상업학교에 조력했다고 생각할 수 있다.

(4) 사립학교

외국인 선교사 및 기독교계 사립학교에 대한 이토오의 태도는, 당초 매우 너그러웠다. 그것은, 「당시 일본 및 조선의 methodist 교회 감독이었던 M.C.Harris」에게 준 다음 언질에서 추측된다.

> 정치상의 모든 일은 내가 맡지만, 앞으로 조선에서의 정신적 방면의 계몽 교화에 관해서는, 당신들이 하는 것이 좋겠다. 그렇게 함으로써, 조선 백성을 유도하는 사업은 비로소 완전한 것이 될 것이다.[60]

뿐만 아니라 이토오는, 「평양 기독교회당을 건축할 때는 금 1만 엔을 기부하고, 경성 종로통 중앙기독교 청년회의 사업을 유지하기 위해 매년 1만 엔씩을 내려 주어 사업수행을 원조했던」[61] 것이다. 이토오가 이러한 조치를 취한 것은, 말할 것도 없이 외국인 선교사를 회유하고, 한국인 기독교도의 反日 기세를 약화시키기 위한 것이었으나, 거꾸로 보아, 선교사를 억지로 복종시키려고 해도 그것이 불가능했던 이유도 있었다. 치외법권의 존재가 그것이다. 그것을 이토오는, 각 도 관찰사에게 훈시하는 형태로 다음과 같이 언명하고 있다.

> 한국에는 여전히 조약상 치외법권이라는 것이 있다. …… 국민은 이미 체결된 국제 조약을 준수할 의무가 있기 때문에, 諸君은 외국인을 대할 때 한국인을 대하듯이 해서는 안 된다. 諸君의 관내에는 기독교 교사나 광산 기사, 사무원 등 다수의 외국인이 거주하고 있기 때문에, 이 점에 대해서는 특히 諸君의 주의를 환기시켜 둔다.[62]

그러나, 을사늑약 체결 이후의 사립학교는, 기독교계와 비기독교계(민족계)를 불문하고, 反日的인 색채가 나날이 진해져 갔다. 1908년 6월 당시, 이토오의 눈에 비친 사립학교의 상황은 다음과 같다.

> 한국 내에는 학교라고 칭하는 것이 매우 많다. 무릇 학문은 다 나쁘다고 단언할 수는 없지만, 그러나 이들 소위 학교라는 것들은, 과연 오늘날의 급무(急務)에 적합한가 어떤가, 더 생각하지 않으면 안 된다. 지금 해야 할 일은, 우선 먹고 입는 게 궁하지 않게 하고, 그 후에 다양한 능력을 익히는 교육을 해야 할 것이다. 쓸데없이 독립을 주창해 애국을 외쳐도, 무위도식(無爲徒食)하면 국가를 위해 아무런 이익이 없다. 최근 학교의 運動會라는 것이 각지에서 행해지고 있지만, 이러한 천박한 방법으로 애국심의 발동을 재촉하는 것은, 지극히 어리석은 일이다. 학교 운동회는 국가를 지키는 데 있어 아무 이익도 없는 것이다. 그러나 이를 장려하여 배일주의(排日主義)를 외치고 다니는, 어리석은 행위는 한국의 이익이라고는 전혀 할 수 없고, 그저 학교 학생과 일본 병사와의 사이에 충돌을 일으킬 뿐이다. 깊이 반성해야 한다.[63]

이러한 인식에 근거하여 1908년 8월, 「私立學校令」이 제정되었다. 그것은, 주권 회복을 목표로 하는 한국인의 민족교육을, 정치와 교육의 혼동이라는 이유로 억압하려고 하는 것이었다. 하지만, 여기서 말하는 「抑壓」을 사립학교의 「不認可」와 같은 의미로 사용한다고 하면, 「私立學校令」은 사립학교 전반을 「抑壓」했던 것은 아니다. 이토오는 외국인 선교사에게, 「당신의 학교를 재차 심사하려고 하는 것은 아니다. 다만 서류를 다시 한 번 작성하기 때문에 좀 귀찮지만 협력해 주었으면 한다」라는 뜻을 전하고 그들을 납득시켰다[64]고 하여, 실제로, 이토오의 통감 사임 때인 1909년 6월 현재, 종교계 학교는, 신청된 778건 모두가 인가되었다. 한편, 민족계 사학은, 신청된 1,217건 중 겨우 42건 밖에 인가되지 않았던 것이다. 따라서 이토오에게는, 외국인의 반감을 사지 않고, 사립학교의 반일세력을 분열시키려고 하는 의도가 있었다고 볼 수 있다. (이토오의 이임 후, 민족계 사학은 속속 인가되었다. 「정부가 일반 사립학교를 엄중히 단속하면 일반 사립학교는 그 단속을 피하기 위해 학교를 외국인 명의로 바꾸게 되고 정부는 더 한층 손대기 어려워진다」[65]라는 사정이 있었기 때문이다.)

「私立學校令」의 또 하나의 목표는, 교과서를 學部의 편찬 또는 검정에 의한 것으로 제한함으로써 사립학교의 교육내용을 통제하는 데 있었다. 이토오는, 이에 관해서도 교묘한 방법을 강구하고 있다. 즉, 「前 미국 대통령 루즈벨트에게 전보를 쳐, 한국에서의 모든 종교학교를 한국 문부성의 감독 아래 두어, 종교적 신앙을 제외하고는, 문부성이 정한 교과서를 쓰기로 결정했다. 그 결과 한국의 모든 소학교의 교수법은 일정했다」[66]는 것이다. 그러나, 결과적으로 이것은, 이토오가 문자 그대로 생명을 잃는 한 원인이 되었다. 安重根의 진술에 의하면, 이토오 살해의 15개의 이유 중 8번째는, 「한국의 학교에서 사용하고 있던 좋은 교과서를 이토오의 지휘 아래 소각했던」[67] 것이었기 때문이다.

(5) 日語學校

大日本海外教育會가 1896년 4월에 개설한 京城學堂을, 이토오는 음으로 양으로 지원했다. 가장 유명한 것은, 대일본해외교육회의 재정기반 확립책의 일환으로 1899년 2월 14일, 제국호텔에서 개최된 朝野 名士協議會에서의 다음 연설이다.

> 나는 작년에 조선에 갔었는데, 경성학당에서 공부한 자제들이 얼마나 진보했는지를 볼 수가 있었다. 나에게 경쾌한 일본어를 사용하며 인사하는 것을 보고, 대일본해외교육회의 사업이 선린(善隣)에 적지 않게 기여하고 있는 데 만족했다. 더욱이 이것을 확장해 다른 지방에도 넓혀, 淸나라에서도 이러한 설비를 볼 수 있도록 하는 것이 내가 간절히 바라는 것이므로, 諸君이 이 교육회의 사업에 찬조해 주는 것은 내가 가장 바라는 바이다.[68)]

그 후 한국 統監이 되었을 무렵, 이토오는, 대일본해외교육회의 사실상의 회장이었던 오시카와 마사요시(押川方義)에게, 「일본인의 사업으로 진짜 성공한 것은 京城學堂뿐이다」[69)]라고까지 말했다고 한다. 그러나, 統監으로서의 이토오는, 경성학당을 일본인 경영 일어학교로 존속시키는 방향에는 힘쓰지 않았다. 京城學堂은, 1906년 6월, 官立 漢城第2日語學校가 되고, 동년 8월에는 본교인 漢城日語學校에 흡수되었다.

京城學堂과 아울러 대표적인 사립 일어학교였던 平壤日語學校도, 비슷한 변천을 겪었다. 즉 平壤日語學校는, 1907년 3월에 官立 日語學校, 나아가 1909년 4월에는 官立 高等學校로 개편되었던 것이다. 平壤日語學校는, 1899년 10월에 東亞同文會가 설립한 학교이고, 京城學堂도, 실은 주로 東亞同文會의 보조에 의해 경영되고 있었으나, 東亞同文會가 한국에서 철수한 1906년 4월 이후, 양교의 운명은 이토오 統監의 손에 맡겨졌다. 이토오는 두 학교를 함께, 일단은 官立 日語學校로 했으나, 그 후 흡수 합병 또는 고등학교화했던 것이다.

또 釜山開成學校가 1909년 4월, 仁川日語學校가 동년 5월에 실업학교화된 것은 전술한 대로이다.

이처럼, 이토오가 일어학교 수를 줄인 것은 사실이지만, 그것은 반드시 일본어 교육 진흥정책에 반하는 것은 아니었다. 미츠치 츠우조가, 「일본어를 가르치는 것은, 이토오 공이 힘을 쏟았다」[70]라고 한 것처럼, 이토오는 일본어교육에 적극적이었고, 「模範教育」期의 모든 관공립학교의 전학년에서 「日語」가 필수 과목으로 과하여진 것은, 다름아닌 이토오의 의향에 의한 것이다. 학교체계가 전체적으로 일본어 교육체제로 정비된 가운데 일어학교는, 그 독자적인 존재가치를 상대적으로 저하시키고 있었다고 해야 할 것이다.

맺음말

이토오 히로부미는, 漢城 부임 직후인 1906년 3월 13일부터 1909년 1월 19일까지 66회에 걸쳐 「韓國 施政改善에 關한 協議會」를 주재하고, 스스로 한국 통치를 진두지휘했다. 그 사이 교육정책도 모두, 이토오의 승인을 얻어 비로소 시행되었던 것은 말할 것도 없지만, 본 章에서 말해 온 것은, 크건 작건 이토오 자신이 직접 관여했다(혹은 관여했다고 추측된다)는 것이다. 이것들은 「이토오의」 교육정책으로서, 「이토오 통감시대의」 교육정책과는 구별할 수 있을 것이다.

이토오의 모든 정책을 근본적으로 규정한 것은 다음과 같은 점이었다.

첫째는, 일본의 국익증진이라고 하는 목적의식이다. 이토오는, 「어떤 면에서는 교육을 보급하여, 한국인을 세계 문명국민의 일원으로 하고, 어떤 면에서는 식산흥업을 일으켜 한국을 지금의 빈약한 상황하에서 탈출시키지 않으면 안 된다. 이것은 즉 직접적으로는 한국을 위해서이고, 간접적으로는 일본을 위해서이다」[71]라고, 겉으로는 「한국을 위해서」를 우선시키는 포즈를 취하고 있으나, 「일본을 위해서」가 속셈이었던 것은 물론이다.

둘째는, 재원의 부족이다. 실업학교에 관해서 이토오는, 「學部의 제안은 증설하려고 하는 것이든, 혹은 확장하려고 하는 것이든, 어느 쪽이든 경비지출이 되지 않으면 어떤 것도 할 수 없다」[72]고 말하고 있다. 이와 같이 교육재정의 빈곤은, 학교체계 전반의 규모를 규제하고, 어떤 때는 한국 측의 교육 요구를 억제하는 대의명분도 되었다.

셋째는, 형해화(形骸化)되었다고는 하나 한국에는 아직 주권(主權)이 있고, 외국인에게는 치외법권(治外法權)이 있었다는 것이다. 특히 외국인 선교사에 대하여 이토오가 배려를 아끼지 않았던 것은 앞에서 본 대로이다.

이 두 번째, 세 번째 점은, 이토오에게 있어서 제약임엔 틀림없었다. 그러나, 그런 가운데서도 이토오는, 한국에 있어서의 사실상의 최고 권력자로서 「일본을 위한」 정책을 착착 추진해 나갔던 것이다. 식민지교육을 향한 준비는 이토오 統監 시대에 거의 완수되었다고 해도 좋을 것이다.

【註】 (*는 한글 文獻)

(1) 故目賀田男爵傳記編纂會 編 · 發行 『男爵目賀田種太郎』 1938년 532~533쪽

(2) 朝鮮總督府 『朝鮮教育要覽』 1919년 10~11쪽

(3) 쿠로다 카시로(黑田甲子郎) 編 『元帥寺內伯爵傳』 元帥寺內伯爵傳記編纂所 1920년 528쪽

(4) 『太陽』 제10권 제13호 1904년 10월 39쪽

(5) 同上 제13권 제10호 1907년 7월 19쪽

(6) 『男爵 目賀田種太郎』 786쪽

(7) 『太陽』 제10권 13호 40쪽

(8) 同上 제14권 제13호 1908년 10월 73쪽
또한, 메가타가 한국에 온 시기는, 註 3의 인용문에는 1904년 10월로 되어 있으나, 시데하라가 말하는 9월이 옳다.

(9) 『男爵 目賀田種太郎』 532쪽

(10) 『太陽』 제13권 제13호 1907년 10월 14쪽

(11)『教育時論』 제762호 1906년 6월 15일 44쪽

(12) 金正明 編『日韓外交資料集成』 제6권 上 巖南堂書店 1964년 195쪽

(13) 同上 208쪽

(14) 同上 221쪽

(15)『日韓外交資料集成』 제6권 중 504쪽

(16) (12)와 같음

(17) 中外商業新報編集局 編『政治家群像』 千倉書房 1932년 224~225쪽

(18) 鹿兒島縣 著作 · 發行『鹿兒島縣史』 別卷 1943년 22쪽

(19) 伊藤博文關係文書研究會 編『伊藤博文關係文書』 (6) 하나와(塙)書房 1978년 241~249쪽

(20) 오오타 초오후(太田朝敷)『沖繩縣政五十年』 沖繩社 1932년 247쪽

(21) *文定昌『近世 日本의 朝鮮 侵奪史』 서울 · 박문당 1964년 655쪽

(22)『太陽』 제15권 제16호 1909년 12월 77쪽

(23) 茗溪會 編『茗溪人物誌』 講談社 1972년 16쪽

(24) 三土先生 彰德會 編 · 發行『三土忠造』 1962년 88~89쪽

(25) 니시무라 로쿠야(西村綠也) 編『朝鮮教育大觀』 朝鮮教育大觀社 1930년 제2편 제7장 제4의 28쪽

(26)『日韓外交資料集成』 제6권 상 253쪽

(27) (15)와 같음

(28) (25)와 같음

(29)『三土忠造』 92쪽

(30) (23)과 같음

(31) 韓國學部『韓國教育』 1909년 9쪽

(32)『元帥寺內伯爵傳』 530~531쪽

(33)『教育界』 제6권 제12호 1907년 10월 104쪽

(34)『教育時論』 제824호 1908년 3월 5일 39쪽

(35) 高橋濱吉『朝鮮教育史考』 帝國地方行政學會朝鮮本部 1927년 125~127쪽

(36)『太陽』 제5권 제5호 1899년 3월 244쪽

(37)『教育時論』 제772호 1906년 9월 25일 37쪽

(38) 小澤有作『民族教育論』 明治圖書 1967년 68쪽

(39) 朝鮮總督府 『朝鮮의 保護 · 併合』(改編復刊) 友邦協會 1956년 157쪽

(40) 春畝公追歌頌會 編 『伊藤博文傳』 하권 統正社 1943년 829쪽

(41) 『日韓外交資料集成』 제6권 상 129쪽

(42) 同上 147쪽

(43) 『教育時論』 제685호 1904년 4월 25일 36쪽

(44) 『日韓外交資料集成』 제6권 중 577쪽

(45) 同上 505쪽

(46) 『日韓外交資料集成』 제6권 상 208쪽

(47) 同上 제6권 중 제576쪽

(48) 타카하시 하마키치(高橋濱吉) 前揭書 227쪽

(49) 『教育公報』 제216호 1898년 10월 36쪽

(50) 『日韓外交資料集成』 제8권 160쪽

(51) 同上 160~161쪽

(52) 이치카와 마사아키(市川正明) 編 『韓國併合史料』 제2권 原書房 1978년 927쪽

(53) 『日韓外交資料集成』 제8권 157~158쪽

(54) *『韓國教育問題研究所論文集』 創刊號 서울 · 中央大學校 1984년 8월 47쪽

(55) 『教育界』 제5권 제12호 1906년 10월 107쪽

(56) 『伊藤博文關係文書』 (3) 1975년 290쪽

(57) 『日韓外交資料集成』 제6권 중 940쪽

(58) 同上 제6권 上 266쪽

(59) 鶴友會 編 · 發行 「大倉鶴彥翁」 1924년 354~355쪽

(60) 朝鮮總督府 『朝鮮의 統治와 基督教』 1921년 (朝鮮總督府 資料選集 『齊藤 總督의 文化統治』 友邦協會 1970년 수록) 127쪽

(61) 高橋濱吉 前揭書 328쪽

(62) 『日韓外交資料集成』 제6권 중 928쪽

(63) 同上 926~927쪽

(64) *孫仁銖 『韓國近代教育史』 서울 · 延世大學校 출판부 1971년 63쪽(*文定昌 『軍國 日本占領 36年史』 서울 · 柏文堂 1965년에서 再引用)

(65) 弓削幸太郎 『朝鮮의 教育』 自由討究社 1923년 76쪽

(66) 『太陽』 제15권 제16호 1909년 12월 96쪽

(67) 金正明 編『伊藤博文暗殺記錄』原書房 1972년 55쪽

(68) (36)과 같음

(69) 오카다 테츠조(岡田哲藏)『本多庸一傳』日獨書院 1935년 99쪽

(70) (25)와 같음

(71) 外務省 編『日本外交文書』제40권 제1책 1960년 562쪽

(72)『日韓外交資料集成』제8권 158쪽

第5장 오오쿠마 시게노부(大隈重信)와 구한말 · 식민지 교육

머리말

오오쿠마 시게노부(大隈重信, 1838~1922)는, 그의 85년 생애를 통하여 정치가 · 교육자로서 활약하고, 또한 희대의 웅변가로서 이름을 날린 만큼, 구술 기록에 의한 저서도 많고(오오쿠마 자신은, 글을 쓰지 않았던 것으로 유명하다), 전기 · 연구서의 종류도 방대한 양에 달하지만, 그들 저작의 대부분은 오오쿠마의 정치활동 또는 문명 비평에 관한 것이고, 교육에 관해서는 東京전문학교~와세다(早稻田)대학에 한정되어 있다. 그런 자료들에서 오오쿠마와 구한말 · 식민지와의 관련, 더구나 교육과 관련된 부분은, 단편적으로 엿볼 수밖에 없다. 그러나 오오쿠마는, 메이지시대의 많은 정치가가 그랬던 것처럼 구한말 · 식민지의 교육에 관하여 자주 발언하고, 실제로 직접적인 관련도 있었다. 본 章은, 그러한 오오쿠마의 활동에 조명을 맞추어, 韓日 근대 교육 교류사의 한 측면을 밝히려고 하는 것이다.

1. 오오쿠마의 구한말 · 식민지 교육관

일본이 국가권력을 배경으로 조선의 내정에 본격적으로 간섭하기 시작한 것은, 청일전쟁과 때를 같이하여(1894년 7월) 개시된 갑오개혁부터이다. 갑오개혁은, 정치 · 경제 · 사회 각 분야에 걸쳐 추진되고, 사범학교 · 소학교를 비롯한 근대식 학교 제도도 처음으로 도입되었다. 이때 오오쿠마는, 「이제 조선을 통치해 가기 위해서는, 첫째로 일본이 京城에 은행을 세워, 국왕의 명령에 의해, 일본으로부터 1천만 엔 정도의 돈을 조선에 빌려주고, 철도, 생산의 業을 일으켜야 한다」[1]라고 조선의 구체적인 식산흥업책을 개진하고 있으나, 교육에는 언급하고 있지 않다.

러일전쟁에서 이긴 일본은, 1905년 11월, 제2차 한일협약을 체결하고, 한국을 식민지화했다. 그 직후, 오오쿠마는 다음과 같이 말하고 있다.

> 한국의 일이 이미 결정됐다고 하는 생각은, 생각이 너무 빠르다는 비난를 면할 수 없다. 한국인은 어리석어서 교육할 수 없다라는 이야기는, 거의 모든 세상에 똑같이 알려지고 있으나, 아주 그렇지는 않다. 최근 평양 인근에는, 병원이나 학교도 많이 증설되었다. 그러나 이것이 한국인 스스로의 설계 경영에 의한 것이라는 것을, 많은 세상 사람들이 아직도 모르는 것 같다. 더구나 이것들은, 일시적인 풍조에 의한 유행이 아니라, 양식(良識)있는 한국인 중에는 한국의 앞날을 걱정하여, 세상에 알리지 않으면서도, 꽤 오래 전부터 은밀히 국민교육에 뜻을 둔 사람이 있었던 것이다. 이러한 지사(志士), 민간인이 한국에 있는 이상, 비록 그 수가 극히 적더라도, 그리고 그 식견의 좋고 나쁨을 떠나, 어쨌든 보호국으로서의 시정(施政)을 펴는 데 있어서, 간과할 수 없는 중대사인 것이다.[2]

「최근 평양 인근에는, 병원이나 학교도 많이 증설되었다」 운운하는 것은, 당시, 일본에 의한 식민지화에 반대하고 한국의 국권회복을 요구하는 「教育救國運動」이 전개되고 있었던 것을 가리키고, 오오쿠마가 이를 깔보아서는 안 될 것으로 보고 있는 것은, 당시의 일본인으로서는 뛰어난 통찰력이다.

오오쿠마는, 「낮은 곳에 있는 사람이, 높은 곳에 있는 사람으로부터 압박을 받는 것은 피할 수 없는 자연의 도리이다. 수준 낮은 문명에 있는 국민이, 수준 높은 문명에 있는 국민으로부터 제약받는 것은 어쩔 수 없는 일이다」[3]라고, 일본의 한국 식민지화를 시인하고 있었다. 그러나, 그에 이어「문명의 정도가 동등하게 되면, 반드시 같은 지위를 얻을 수 있는 것이다」[4]라고도 말하고 있어, 식민지 상태가 영원히 이어진다고는 보고 있지 않다는 것도 사실이다. 오히려, 1907년에 발행된『開國五十年史』서문에는, 일본은 한국을 문명국으로 이끌어 발전시켜야 할 의무가 있다고까지 말하고 있다. 하지만,「문명의 정도가 동등하게 되면, 반드시 같은 지위를 얻을 수 있다」라는 것은, 거꾸로 말하면,「문명의 정도가 동등하게 되지 않으면, 같은 지위를 얻을 수 없다」라는 것이고, 오오쿠마의 경우는, 실제 이것이 다음의 한일합병 긍정론으로 이어졌던 것이다.

1910년 8월 한일합병이 되자, 일본의 관민 모두가 이를 축하했다. 오오쿠마도 그 예외는 아니어서, 오피니언 리더의 한 사람으로서 신문 · 잡지 등에 스스로의 조선통치책을 피력하고 있는데, 대표적인 교육잡지『教育時論』에 게재된 담화의 요지는 다음과 같다.

> 한국 즉 조선이 우리 일본의 일부가 되고, 우리 일본 국민은 장래 조선인을 교육하고, 그 국토를 경영하지 않으면 안 되지만, 도대체 조선인은 어떤 인민일까 하니 그 나라에는 역사가 없어 정확히 그 국민성을 알 수 없다. 물론 선혀 역사가 없는 것은 아니지만 중국의 역사 중 자기 나라에 관계가 있는 부분을 뽑아 자기 이익이 되도록 만든 것에 불과하다. 그 나라 사람들에 의해 저술된 참 역사라고 하는 것은 없다. 또 그들은 문학에 재능이 없는 국민으로 오직 중국 문학을 전하는 데 그칠 뿐 ……(中略)…… 이번 합병에 의하여 일본인에게 적절하게 유도(誘導)되고 앞으로 두, 세 세대가 지나면 일본인과 조선인과의 구별이 없게 될 것이라고 생각한다. ……(中略)…… 그런데 만약 誘導同化가 성공하지 못했다면, 야비(野卑)하고 음험(陰險)하고 나태한 일천만 국민이 항상 우리 국력의 발전을 방해하고 우리 국민의 부담을 무겁게 할 것이므로, 이야말로 실로 중대한 일이라고 하지 않을 수 없다. 그리고 誘導同化 事業을 실제로 하는 사람은 교육자이므로, 교육자는 그들의 불행을 가엾게 여기는 동정심을 가져야 한다. 우리에게 이 동정

심이 있으면 그들 역시 자연히 同化되어 충성스럽고 선량한 국민이 될 것이다. 하지만 우리의 유도 방법이 적당하지 못하면, 그들의 정신은 더욱 비뚤어지고 야비해지고, 점점 음험해져 무찌르기 어려운 뱃속의 적(敵)이 될 것이다. 이를 외국의 예를 보면 ……(中略)…… 영국의 아일랜드에 대한 통치처럼, 관대하고 교묘한 정치를 펴도 아직도 同化시키지 못한다. 그런데 우리의 조선에 대한 관계에는 그러한 곤란이 없고, 민족도 거의 같으며, 문화에 있어서도 다소는 계통이 같으므로, 성공의 희망은 충분하기 때문에, 오로지 교육자가 최선을 다하면 되는 것이다.」[5)]

여기에 있어서의 포인트는 다음의 두가지 점일 것이다. 첫째는, 「그 나라에는 역사가 없다」「野卑陰險하고 게으른 일천만 국민」이라고 하는 표현에 나타나는 모멸의식(侮蔑意識)이다. 여기에는, 앞에서 이야기한, 「教育救國運動」에 대한 일종의 외경(畏敬)은 전혀 볼 수 없다. 둘째는, 조선인들을 일본인에 同化시킬 필요성과 가능성을 강조하고 있는 것이다. 오오쿠마는 「만일 유도 동화가 성공하지 못했다고 하면 …… 이야말로 실로 굉장히 큰 일」일 뿐 아니라, 「성공의 희망은 충분히 있다」고도 보고 있었던 것이다.

同化 수단으로서 오오쿠마가 가장 중시한 것은 일본어였다. 다음 인용은, 「조선인은 일본어를 배우지 않으면 안 된다」라는 제목의 오오쿠마의 담화이다.

국어문제는 가장 중요하다. 더구나 합병된 지금은 조선인은 모두가 일본인이기 때문에, 일본어를 배우지 않을 수 없을 것이다. 그들은 만약 일본 교육자들이 절대로 일본어를 가르치지 않는다고 해도 이를 배워 두지 않으면 자신에게 불이익이 된다. 일본어를 배워 두는 편이 그들에게 이익인 것이다. 지방의 공무원이 된다고 해도, 상인으로서 가게를 가져도, 농민으로 있어도, 일본인을 대하는 이상, 그들은 일본어를 모르면, 모든 일에서 불리한 것이다. 단지 일본국민이 되었으니까라는 것만은 아니다. ……(中略)……

> 조선인이 모두 일본어를 할 수 있게 되고, 조선어보다 일본어가 더 편리하다고 생각하게 되어, 마침내 일본어만 사용하게 된다면, 여기에 합병의 진정한 목적이 달성되는 것이다. ……(中略)……
>
> 그렇지만, 조선인 모두가 일본어를 말하고 진정한 일본인이 되기까지에는 다소 시간이 필요할 것이다. 아무래도 하루아침에 이루어지는 일이 아니다. 그러므로, 교육문제와 같은 것도, 종래 조선의 교육법 및 행정 등과 비교하여 연구할 필요는 있지만, 급격하게 변화를 가하는 것은 피하는 편이 좋다.
>
> 지금, 필요하다는 것을 알고 있는 이상, 반드시 성과가 달성된다는 것은 말할 나위가 없으므로, 지금은 그저 점진적으로 조선인을 일본인화해 가는 데 노력하면 된다.[6)]

이처럼 오오쿠마는, 일본어 습득의 실리적 가치와 同化教育의 점진주의를 주장하고 있는데, 실은 이러한 오오쿠마의 일본어 교육론은, 합병 후의 시점에서는 독특한 것이었다. 왜냐 하면, 일본정부(직접적으로는 합병 전의 통감부, 합병 후의 총독부)가 일본어의 실리적 가치를 강조하면서 일본어학습을 장려한 것은 합병 이전의 일이고, 합병 후는, 「충성스럽고 선량한 국민」을 육성하기 위해 「國語」로서의 일본어를 강요하고 있었기 때문이다.

조선인의 일본어학습 필요론의 반대로, 일본인의 조선어학습 불요론을 주장한 것도 오오쿠마의 특색이었다. 그 논리는 다음과 같다.

> 그들과 우리의 공동생존을 위해, 또 그 이해(利害)를 하나로 하기 위해서는, 우선 언어의 통일을 꾀하는 것이 급선무이다. 일본의 國體를 알고 일본의 역사를 기본으로 하여, 일본에 대하여 믿고 복종하는 마음을 갖게 하기 위해서는, 우선 일본어를 먼저 배우게 해야 한다. 언어불통 때문에 발생하는 상호 오해와 충돌, 불이익은, 이제 두 말할 필요도 없을 것이다. 무엇보다도, 그들은 이미 일본의 일부이기 때문에, 조국인 일본의 언어를 쓰게 하는 데, 이론(異論)이 있을 리가 없을 것이다.
>
> 그런데 일본에서 그 나라의 시정(施政), 교육 기타 일 때문에 부임하는 일본인

에게, 조선어를 배우게 하는 것은 잘못된 것이다. 그들이 자진해서 우리 일본어를 배우도록 해야 한다. 그러나 지금은 하나의 방편으로서 어쩔 도리가 없다. 그들이 우리 말을 이해하도록 하는 하나의 수단 방법으로서, 우리 국민에게 조선어를 배우게 하여, 조선인을 지도한다는 것은 어쩔 수 없는 일이지만, 그러나 이 방편을 쭉 계속해서는, 오히려 그들을 우리에게 同化시키는 목적을 달성하기 어려우므로, 우리나라에서 그들 국민교육에 파견되는 교육자는 이 점에 충분히 주의할 필요가 있다. 경찰, 행정상의 施政에 있어서도 이것과 다른 게 없다.[7)]

오오쿠마의 라이벌이었던 이토오 히로부미는, 한국 統監으로서, 보통학교(한국인 소학교)에 부임한 일본인 교원에게 다음과 같이 훈시하고 있다.

여러분이 아동을 교육할 때 가장 필요한 것은 언어이다. 아무리 친절하게 지도하려고 해도, 언어가 통하지 않아 그 목적을 달성하지 못하는 경우가 적지 않다고 생각한다. 여러분은 가르치는 틈틈이 한국어를 배우는 것을 잊지 않았으면 한다. 이것은 내가 간절히 희망하는 바이다.[8)]

물론 이 이토오 히로부미의 훈시는, 식민지 시대인 1907년 4월 시점의 것이고, 일본인 교원은, 한국이 고용한 외국인으로서 한국어를 배울 필요가 있었지만, 합병 후에 이르러서도 총독부는, 총독부 직원과 보통학교 일본인 교원에게 조선어를 습득시키는 것을 원칙으로 했다. 이 의미에서, 「일본에서 그 나라의 시정(施政), 교육 기타 일 때문에 부임하는 일본인에게, 조선어를 배우게 하는 것은 잘못된 것이다」라고 단언한 오오쿠마는, 설사 점진주의를 취한다고는 하지만, 초기 총독부 당국보다도 더욱 철저한 同化主義者였다고 말할 수 있다.

위에 본 것처럼 오오쿠마는, 구한말 · 식민지 교육에 관해서 합병 전후에는 매우 활발하게 발언하고 있다. 그러나, 大正시대(1912년~)에 들어서면 관련 자료가 거의 발견되지 않는다. 1919년 4월 국제연맹 발족 시, 「국제간의 분쟁 다툼이란 것은 민족적인 편견에 기인한다. ……(中略)…… 강국이 가차없이 약소국을 침략하여 판치게 되면, 약소국으로서도 반항심이 생겨서, 그대로 멸망하고 마는 것은 아니다」[9]라는 등 남의 일처럼 말하고 있는 것을 보면, 이때의 오오쿠마에게는 이미 일본이 조선을 침략했다라고 하는 의식도, 조선인이 이민족(異民族)이라고 하는 인식도 없었던 것 같다.

2. 동경전문학교~와세다대학과 한국인 유학생

1882년 10월, 와세다대학 전신인 東京專門學校가 개교했는데, 이에 앞선 입학자 모집에서 조선인 2명의 입학이 허가되었다. 즉 동경전문학교는, 개교 당초부터, 외국인 유학생 제1호로서 한국인 학생을 받아들였던 것이다.

그러나 조선 측에서 보면, 당시 일본에서 유학생을 받아들이는 中心은 케이오의숙(慶應義塾)이었다. 케이오의숙은, 김옥균(金玉均) 등 조선의 소위 개화파 세력과 후쿠자와 유키치(福澤諭吉)와의 개인적 연고에 기반을 두고, 1881년 6월, 유길준(兪吉濬)과 유정수(柳定秀)를 입학시킨 것을 시작으로(이것이 근대 조선에서의 정규 해외 유학의 효시이다), 그 후 한국인 유학생을 계속 받아들였다. 특히 1895년 8월에는, 조선정부와 케이오의숙과의 사이에 관비(官費) 유학생 위탁계약이 맺어져, 케이오의숙은, 한국인 관비 유학생에게 1년간, 일본어 · 일본 사정을 비롯한 기초교육을 실시한 뒤, 지망에 따라 그들을 각 학교에 배치하는 체제를 취하고 있었다. 그러나, 이 관비 유학생 위탁계약은 1897년 말에 해소되었고, 이후, 한국인 유학생을 받아들이는 中心은, 케이오의숙에서 동경전문학교, 그 밖으로 옮겨진다. 한 와세다대학 관계자는, 와세다에 많은 한국인 유학생이 모인 이유를, 「자유 민권에 뿌리내린 영국식 의회제도와 입헌군주제의 확립을 목표로 한 오오쿠마 시게노부가 창립한 와세다대학에서 공부하려고 한 사람이 다수를 점하고 있었기 때문이 아닐까」[10]라고 추측하고 있다.

그런데 오오쿠마는 1897년 7월의 동경전문학교 창립 15주년 식전에서, 「나는 학교 내 여러분의 얼굴을 전혀 모른다. 나에게 뭔가 음모(陰謀)가 있다면, 여러분이 있는 곳에 와서 이야기하거나 연설을 하거나 하지만, (주변이) 시끄럽기 때문에 학교에 와서 지시하지 않는다. 오늘 처음으로 이 강당에 왔을 정도이다. 왜 오지 않는가 하면, 세상에 의심받지 않게 하려고 멀리하는 것이다」[11)]라고 말하고 있다. 오오쿠마는 자기가 창립한 동경전문학교가 반정부 세력의 소굴인 것처럼 보이는 것을 피하기 위해, 일부러 학교와 거리를 두고 있었던 것이다. 따라서 당연히 유학생 교육도 이때까지의 오오쿠마의 안중에는 없었을 것이다.

오오쿠마가 유학생 교육에 적극적인 관심을 보인 것은, 동경전문학교가 와세다대학이 된(1902년 9월) 후의 일이고, 그 주된 대상은 중국인 유학생이었다. 쿠마이타(隈板) 內閣(1898년 6월~11월) 당시부터의 지론이었던 「支那保全論」의 연장으로, 오오쿠마는 중국인 유학생에게 교육, 그 중에서도 특히 사범교육을 실시할 것을 계획하고, 1905년 7월, 총장 타카다 사나에(高田早苗)와 상의하여 와세다대학에 「淸國留學生部」를 특설했다. 스스로 청국 유학생부에 찾아가거나, 사저(私邸)로 학생을 부르거나 하면서, 오오쿠마는 그들에게 많은 강연을 시도했다. 「이렇게 하여, 오오쿠마의 지나(중국) 유학생에 대한 열의는, 기회가 있을 때마다 표현되었다. 公의 자애로운 가르침 아래, 42년(메이지 42년, 1909년 – 著者 註)까지, 와세다대학은 천 명 남짓한 지나(중국) 학생부 졸업생을 냈다」[12)]라는 것이다.

이에 반하여, 오오쿠마가 한국인 유학생에게 어떤 태도로 대했는지는 분명치 않다. 19세기 말기 이후, 東京전문학교 · 와세다대학은, 한국인 유학생을 받아들이는 학교로서 늘 톱클라스였으나, 그들과 오오쿠마 개인과의 직접적인 관계를 나타내는 자료는, 필자가 조사한 바로는 찾아볼 수 없다. 가장 가능성이 높을 듯한 와세다대학 韓國人留學生會가 발행한 『韓國留學生運動史 와세다대학 우리 同窓會 七十年史』『早稻田의 韓國人 — 早稻田大學 韓國留學生 九十年史』에도, 관계 자료는 없다. 다만, 오오쿠마는 한국인 유학생에게

간접적인 영향은 미치고 있었다. 그 전형적인 예로, 1910년 4월 와세다대학 예과에 입학하고, 1914년 7월 정치경제학부를 졸업한 후 귀국하여 사립 中央學校·普成專門學校 교장, 『東亞日報』 창간자, 高麗大學校 설립자가 된 金性洙가 있다. 金性洙는, 1935년 당시 오오쿠마 총장(오오쿠마는, 1907년 4월 와세다대학 총장에 취임)에 대하여 다음과 같이 회상하고 있다.

> 나의 대학시절, 총장 오오쿠마 伯爵은, 직접 가르치지는 않았으나, 우리들 학생을 강당에 모아 놓고 가끔 연설을 하였다. 대단한 웅변가라고 해야 할 그의 말, 강당의 청중을 먼저 삼켜 놓고 보는 그 태도 등에서 퍽이나 '스케일이 큰 사람이구나' 하는 인상을 받았었다.
>
> 그러나, 정직하게 말하여, 나는 오오쿠마 백작의 사상이나 학설에는, 그렇게 공명을 느꼈거나 감화를 받은 것은 아니었다. 더구나 강당 이외의 오오쿠마 백작을 우리는 모른다. 다른 학생들은, 그의 감화를 받아 숭배하는 열정을 가지고 그의 私宅을 찾는 일도 자주 있다고 들었으나, 나는 한 번도 그의 사저를 찾은 일은 없었다.
>
> 그렇지만 나는, 오오쿠마 백작을 존경하던 사람 중의 한 사람임을 부인하지 않는다. 나는 그에게서 사상과 학식을 본받기보다, 먼저 세상을 위하여 확고한 일념을 잃지 않는 그 憂國經世家로서의 지조에 많은 존경과 앙모(仰慕)를 가졌었다.
>
> 지금은 와세다대학이 7백만 엔의 큰 재산을 가진 충실한 學府가 되었지마는, 창립 초에는, 겨우 2만 엔을 얻어 교사 부지 2천평 밖에 재산이라곤 없었다고 한다. 우리가 학교 다닐 때에도, 설비와 건물이 빈약하기 그지없었다. 처음에는, 대학을 운영하기 위해 오오쿠마 총장이 매년 2천5백 엔을 보조하였다는데, 이 돈을 가지고 학교를 유지해 나가던 당시 요직에 있던 사람들의 고심은, 내가 지금 교육사업에 손을 대어 보면서부터, 더욱 절실하게 느끼는 바이다. 와세다대학은, 그동안 5백만 엔의 돈을 밖에서 기부로 거둬들여서 금일의 대(大)를 이루어 놓았다.
>
> 이 교문에서 뒷날, 일본 헌정(憲政)을 움직이는 수백의 유명한 정치가와 또 사

회 각 방면의 인재를 배출시키어 일본의 문명을 건설한 그 국가적 공로를 생각하면, 오직 경복(敬服)할 뿐이다. 오오쿠마 伯爵은, 모든 정치적 공로가 매몰되는 날이 온다 할지라도, 와세다대학을 통한 교육사업가로서의 공적은 만고불후(萬古不朽)하리라.[13]

金性洙가 와세다대학 예과에 입학한 4개월 후인 1910년 8월, 일본은 한국합병을 단행, 보호국이었던 한국은 식민지로 전락했다. 이 정세 변화가, 오오쿠마의 「나라를 걱정하는 경세가으로서의 지조」를 존경했던 金性洙로 하여금, 민족 교육을 통한 독립회복의 일념을 일으키게 하였던 것이다.

『仁村 金性洙傳』은 이것을, 「仁村이 일생의 사업으로 교육을 마음속에 작정한 것은, 조선의 현실이 教育救國을 요청하고 있었기 때문이거니와, 한편으로는 와세다대학과 그 창설자 오오쿠마 시게노부(大隈重信)의 정신에 깊은 시사(示唆)를 받았기 때문이었다」[14]라고 말하고 있다.

金性洙는, 3 · 1 독립운동 전해인 1918년 가을부터, 당시 中央學校 숙직실에서 함께 기거하고 있던 宋鎮禹 · 玄相允과 민족의 자결을 요구하는 대대적인 운동을 일으킬 것을 계획했다. 이 때문에 中央學校(지금의 중앙중 · 고등학교)가 「3 · 1 獨立運動策源地」라고 되어 있다. 宋鎮禹와 玄相允은, 함께 金性洙의 와세다대학 시절의 학우이다(宋鎮禹는 예과 중퇴, 玄相允은 문학부사학과 · 사회학과 졸업). 또, 동경에서 3 · 1운동의 봉화를 올렸던 「2 · 8 宣言」을 기초한 李光洙도, 京城에서의 직접 기폭제가 된 「獨立宣言書」의 기초자 崔南善도, 와세다대학 유학생이었다(李光洙는 문학부 철학과 중퇴, 崔南善은 고등사범부 지리역사과 중퇴). 이처럼 와세다대학은, 총장 오오쿠마의 의도를 넘어, 결과적으로 반일 민족운동의 지도자를 배출하게 되었던 것이다. 3 · 1 독립운동에 관하여 오오쿠마가 침묵을 지킨 감이 있는 것은, 어쩌면 이쯤에 한 원인이 있을지도 모른다.

3. 오오쿠마의 구한말 · 식민지 교육에의 관여

東京專門學校를 설립하고 스스로 교육자의 길을 걷기 시작한 오오쿠마는, 민간 일본인 단체의 교육활동을 측면 지원하는 형태로 한국의 교육에도 참여했다. 최초로 관계했던 단체는, 1894년 2월에 발족한 大日本海外教育會로, 오오쿠마는, 처음부터 그 모임의 평의원 8명 중의 한 명이었다. 大日本海外教育會는, 원래 東北學院 원장 오시카와 마사요시(押川方義)와 青山學院 원장 혼다 요우이치(本多庸一) 등 기독교도를 중핵으로 하는 단체이지만, 「오시카와, 혼다 등의 사람들이 이 모임을 만든 것은, 처음부터 기독교 이외의 사람들과도 제휴해 운동하는 것을 그 취지로 하고, 傳道와는 아무 관계없다고 확언(確言)하고 성립」[15]되었을 만큼, 기독교 색깔은 극히 억제되고 있었다. 한편, 오오쿠마는 이미 1888년, 니이지마 조오(新島襄)의 同志社大學 설립계획을 지원한 적이 있었다. 따라서, 大日本海外教育會가 기독교도 主導인 것은, 오오쿠마에게는 큰 문제는 아니었을 것이다. 오오쿠마는 전적으로, 「본 회는 해외에서 교육을 펼치는 것을 목적으로 한다」「본 회는 최초 조선국의 교육에 종사한다」[16]라고 하는 大日本海外教育會의 목적에 찬동하여 임원을 맡았던 것으로 생각된다.

그런데, 大日本海外教育會의 임원 가운데 제일 중요한 회장은, 발족 후 얼마동안 未定이었다. 최초에 고노에 아츠마로(近衛篤麿), 이어서 이노우에 카오루(井上馨) · 사이온지 킨모치(西園寺公望)가 회장 후보에 올랐으나, 그들은 모두 고사하여, 이 때문에 사실상, 오시카와 會長 · 혼다 副會長 체제가 계속되었던 것이다. 이것이 나중에 오오쿠마 회장이 탄생하게 될 伏線이다.

1896년 4월, 大日本海外教育會는, 조선 사람들에게 일본어 및 보통학을 가르치는 소위 「日語學校」로서 京城에 京城學堂을 개설했다. 그러나, 京城學堂의 재정 기반은 취약했다. 그래서 기금 모집을 위해 개최된 것이, 1899년 2월 14일 帝國 호텔에서의 간담회이다. 이 회합은 시부사와 에이이치(澁澤榮一) · 카타오카 켄키치(片岡健吉) · 오시카와 마사요시(押川方義) 등의 명의로 소집되고, 「참석자는 이토오 侯爵 · 오오쿠마 伯爵 · 이타가키(板垣) 伯爵, 아오키(青木) · 키요우라(清浦) 등 두 大臣, 미츠이 하치로지로(三井八郎次郎) · 시부사와 에이이치(澁澤榮一) · 오오쿠라 키하치로(大倉喜八郎) · 오오에 수구루(大江卓) · 하토야마 카즈오(鳩山和夫) · 오오오카 이쿠조(大岡育造) · 카시마 이와조(鹿島岩藏) · 나가오 산쥬로(長尾三十郎) · 오오미와 쵸베에(大三輪長兵衛) · 오자키 미치요시(尾崎三良) · 쿠사카 요시오(日下義雄) 등의 제씨 그 밖에 40여 명」[17]에 달했다. 이토오 히로부미의 해외교육회 지원 연설에 이어, 오오쿠마는 다음과 같이 말하고 있다.

> 나는 본회의 일원으로, 성립 이래 미력하나마 노력해 왔지만, 지금 京城에 있는 한 학당조차 충분히 확장할 수 없는 상태이다. 그러나 여러분이 열심히 도와준 덕분에, 한국 아이들이 일본어를 자유롭게 사용할 수 있도록 키울 수 있었던 것은, 본 회의 목적이 성과를 거두기 시작한 것이라고 생각한다. 이웃 나라끼리 서로 친해질 수 있기 위해서는, 서로 말이 통하고 의사교환이 되어야 한다. 불과 3, 4년이 지났을 뿐인데도, 벌써 京城學堂 출신자로 京城 혹은 仁川의 일본 상점에서 일하면서, 조선인을 접하거나 일본인을 맞이하는 사람이 있는 것은, 현실적으로 큰 이익일 뿐 아니라, 정치적인 관계에 있어서도 매우 큰 이익이라는 것은 의심할 여지가 없는 것이다.[18]

즉 오오쿠마는, 일본어 교육이 상업상의 이익을 가져오고, 그것이 나아가서는 일본의 정치적 이익에도 이어진다고 하는 데에 京城學堂의 존재가치를 인정하고 있었던 것이다. 이처럼, 우선 실리적 · 경제적인 가치를 역설하고, 이어서 정치적인 이익에 언급하는 일본어 교육론을 오오쿠마가 그 후 합병 후까지 가지고 있었던 것은, 앞에서 본 대로이다.

帝國 호텔에서의 간담회 결과, 오오쿠마는 5백 엔의 기부를 약속했다. 5백 엔은, 三井家 · 岩崎家(三菱)의 2천5백 엔, 시부사와 에이이치(澁澤榮一) · 후루카와 이치베에(古河市兵衛)의 1천 엔에 버금가는 금액이다. 덧붙여 5백 엔

의 기부를 신청한 사람은, 오오쿠마 외에 오카베 나가모토(岡部長職)·코노에 아츠마로(近衛篤麿)·사이고우 츠쿠미치(西鄉從道)·마츠카타 마사요시(松方正義) 등 계 11명이었다.

大日本海外教育會의 회장이 좀처럼 정해지지 않고, 오시카타 마사요시가 사실상의 회장을 맡고 있었던 것은 전술한 대로이나, 오오쿠마는, 오시카와에게 설득되어 회장에 취임하게 되었다. 그 정확한 시기는 알 수 없으나, 오시카와가, 「그 후 여러 가지로 일이 변하고 게다가 러일전쟁이 일어나 사업경영이 매우 어렵게 되었으므로, 나는 회장을 오오쿠마 백작에게 부탁하고, 나 자신은 부회장이 되었고, 또한 회계감독을 시부사와(澁澤) 男爵에게 부탁했다」[19]라고 말한 것으로 보아 1904년 경이다. 그러나, 오오쿠마의 실질적인 회장 재임 기간은 그다지 길지 않다. 1906년 4월, 大日本海外教育會는, 재정난 때문에 京城學堂을 한국정부에 헌납하고 활동을 대폭 축소시켰기 때문이다. 1912년 5월에 발행된 잡지 기사에는 「海外教育會長 押川方義氏」라고 있고, 거기에서 오시카와는, 「지금 현재의 내 사업은 유명무실한 것 같다」[20]라고 말하고 있다.

京城學堂에 이어 오오쿠마가 관여한 일본인 경영 在韓 교육기관은, 東本願寺系의 光州實業學校였다. 광주실업학교는, 佐賀縣 카라츠(唐津)에 있는 釜山海高德寺의 제13대 주지 오쿠무라 엔신(奥村円心)의 여동생 이오코〔五百子, 본명 이오(イヲ)〕가, 오빠의 전라도 포교사업과 병행하여 설립·운영한 학교이다. 이 학교의 설립자는, 형식적으로는 東本願寺이나〔1898년 9월 3일자로 東本願寺 총무 오오타니 쇼우엔(大谷勝縁)에서 오쿠무라 이오코에게로 교장 발령이 주어지고 있다〕, 사실은, 주된 설립·운영 자금의 출처는, 외무대신 오오쿠마 시게노부의 재가를 얻은 외무성 기밀비였다. 그러나, 외무성 기밀비의 지출이 결정되기까지는 우여곡절이 있었던 것을, 다음의 1897년 11월 29일자 『近衛篤麿日記』에서 엿볼 수 있다. 오쿠무라 이오코가, 큐슈 출신의 한 여자의 몸으로 귀족원 의장 관사에 출입할 수 있었던 것은, 1889년 이래, 카라츠 번(藩)의 옛 번주(藩主) 오가사와라 나가나리(小笠原長生)를 통하여 귀족원 의장 코노에 아츠마로의 신임을 받았기 때문이다. (또한 이오코는, 오가사와라 · 코노에와의 인연으로 오오쿠마와도 아는 사이였다. 같은 고향이라는 우의도 있었을 것이다.)

> 오후 5시부터 집회에 참가한 사람은, 나가오카 가이시(長岡外史) 육군 대령, 데와 시게토오(出羽重遠) 해군 대령, 오가사와라 나가나리(小笠原長生), 난조오 후미오(南條文雄), 아마노 키노스케(天野喜之助), 오쿠무라 이오(奧村五百) 등으로, 자리에 앉자 난조오(南條)가 말했다. 다음으로 오쿠무라(奧村)로부터, 조선 전라도에서의 眞宗佛教의 포교 상황을 이야기하고, 또 그들과 우리들 사이에 친밀한 관계를 만들기 위해서는, 사원을 건축하고 실업학교(양잠과 나무통 · 초롱 등의 잡화 제조품)를 일으키는 것이 좋다고 생각하여, 여러분의 힘을 빌리고 싶다는 것. 저녁 식사를 끝낸 후에도 또 이야기를 계속했다. 오쿠무라의 희망은, 外務省 機密費를 사용한다는 것이지만, 나, 오가사와라, 나가오카, 아마노 등은 정부의 돈을 기대하는 것은 불안하므로, 그 밖에도 돈을 구할 수 있는 방법을 찾는 것이 좋겠다라고 주의를 환기시켰더니, 만족해서 돌아갔다. 9시에 해산.[21]

여기에 있는 것처럼, 光州實業學校를 일으키는 데 있어서 이오코는, 처음부터 외무성 기밀비에 기대를 걸고 있었다. 하지만, 이 계획에 대하여는, 코노에 · 오가사와라 등이 「정부의 돈을 기대하는 것은 불안하므로, 그 밖에도 돈을 구할 수 있는 방법을 찾는 것이 좋겠다라고 주의를 환기시켜」 일단 중지시키고 있다. 코노에 등이 말하는 「다른 방법」이란, 당시 「支那保全 · 朝鮮擁護」란 슬로건 아래 결집하고 있던 코노에의 同志(「同文會」의 설립은 1898년6월, 이것이 「東亞同文會」가 된 것은 동년 11월이다), 나아가서는 東本願寺로부터 돈을 끌어내는 것이었다. 그러나, 이것은 모두 실패, 결국은 이오코의 당초의 계획대로 외무성에 요구하게 되었다. 그간의 경위는 다음과 같다.

> 가장 먼저, 東亞同文會의 前身이었던 동지들의 모임에서 상의해 보았지만, 그

곳에도 그런 돈은 없었다. 그렇다면, 釜山에 本願寺別院을 다시 세운다는 명목으로 코노에 公爵이 오오타니(大谷)派 本願寺에게 상의했지만, 그 무렵은 재정이 어려워서, 그럴 처지도 아닐 뿐 아니라, 오오타니派 本願寺로서, 정치상의 도구로 쓰이는 것은 곤란하다는 논의도 있어 이루어지지 않았다.

그러나 그때, 마침 오오쿠마 伯爵이 외무대신을 하고 있었으므로, 코노에 公爵도, 이오코도, 그 밖의 방면에서도, 그 사람들이 계획하고 있는 것을 말하고, 정부의 보조를 청구하자, 오오쿠마 백작은 곧바로 찬성의 뜻을 나타냈다. 「그것 재미있다. 크게 하는 것이 좋다. 돈은 외무성 기밀비에서 낸다」라고 말했다. 때는 메이지 30년 11월 경이었다. 표면적으로는 本願寺에서 포교비로서 지출한 것으로 하여, 우선 1만 8천 엔을 교부했다.[22)]

위의 인용에는, 다소 보충이 필요하다. 하나는, 오오쿠마 외상이 외무성 기밀비 지출을 결정한 시기가 메이지 「30년 11월 경」이란 것에 대해서이다. 앞에서 본 것처럼 귀족원 의장 관사에서 光州實業學校 설립 건이 협의된 것은 1897(메이지 30)년 11월 29일이었다. 또, 오오쿠마는, 1896년 9월 22일 마츠카타(松方) 내각의 외무대신이 되고, 이듬해 1897년 3월 29일 농상무대신을 겸임했으나, 동년 11월 6일에는 외무대신 겸 농상무대신 직을 그만두었다. 따라서, 메이지 「30년 11월 경」이란 것은 시간적으로 무리이고, 실제로 光州實業學校에 외무성 보조가 결정된 것은, 오오쿠마(大隈)가 이타가키 타이스케(板垣退助)와 함께 제1차 오오쿠마 내각(隈板內閣)을 조직하고 수상과 외상을 겸했던 1898(메이지 31)년 6월 30일 이후라고 보아야 한다.

둘째로, 외무성 기밀비 금액인데, 「우선 1만 8천 엔을 교부했던」 것이 아니고, 구체적으로는 1만 8천 엔을 매월 3백 엔씩 5년에 걸쳐 지급하도록 되어 있었다. 그러나 와이한(隈板) 내각은 1898년 11월 8일, 겨우 4개월 남짓에 무너졌다. 11월 19일에 광주에서 이것을 안 오쿠무라 이오코는 곧장, 「오늘 밤 도착한 경찰 소식에 의하면, 오오쿠마 伯爵 내각이 무너지고, 야마가타(山縣) 侯爵이 교대하셨고 아오키(青木) 子爵이 외무대신 자리에 앉았다고 한다.

지금 곰곰이 생각해 보면, 이 내각 멤버로는 도저히 對 한국정책 등이 제대로 된다고는 꿈에도 생각되지 않는다. 그렇다면, 앞으로 우리 실업학교 유지도 매우 어려운 일이다. 아니, 완전히 없어진다는 불행이 올지도 모른다」[23]라는 등의, 대책을 호소하는 서한을 코노에 · 오가사와라 등에게 발송하고, 1899년 연초에, 직접 담판을 위해 동경으로 향했다. 이오코의 적극책이 성공하여, 코노에로부터 외무성에 교섭한 결과, 光州實業學校에의 보조금은, 종전대로 계속되게 되었다. 동년 1월 31일자 『近衛篤麿日記』는, 이오코의 이번 동경 방문 목적이 달성되었음을 전하고 있다. 그러나, 光州實業學校는, 그 후 몇 번이나 외무성 보조금의 중단 위기에 직면하여, 실제 언제까지 보조가 계속 되었는가는 확인할 수 없다.

大隈 · 板垣(隈板) 연립내각이 단명으로 끝났다고는 하나, 오오쿠마는, 수상 겸 외상으로서 동양 諸國에 대한 대외정책에는 애를 썼다. 評傳 『大隈重信』에 요약된 조선 대책은 다음과 같다. 상술한 大日本海外教育會의 京城學堂과 오쿠무라 이오코의 光州實業學校가, 조선교육에 관련된 오오쿠마의 주된 관심사였다는 것을 입증하고 있다.

조선 대책으로는, 요즈음 조선인은 정당하게 일본을 이해하고, 일본을 신뢰하도록 되었다고 보고, 이런 기회를 타 韓日 친선에 힘써야 한다고 강조하고, 다음과 같이 말하고 있다.

일본국민은, 음으로 양으로 성심성의껏 조선을 돕지 않으면 안 된다. 형태가 없는 것으로는, 문명상의 福音, 利器, 人道의 은혜를 조선에 보내어, 조선인의 두뇌를 개발해야 한다. 그러므로 일본인이 조선에서 개시한 교육사업을 돕고 보호하며, 또 불교도나 기독교도나 교육사업 등을 하는 사람을 도와주기 바란다」고 말하고, 本願寺派의 오쿠무라 이오코, 기독교도인 혼다 요우이치(本多庸一) 등의 교육사업을 표본으로 이를 장려하여 조선의 개발과 교육의 발달에 노력하지 않으면 안 된다는 것이었다.[24]

다음에, 직접적인 교육사업은 아니지만, 오오쿠마와 同仁會와의 관련에 대해서도 언급해 두려고 한다. 同仁會는, 「淸나라와 한국, 그 외의 아시아 諸國에 대해서, 우리 일본의 새로운 의학을 주입시켜, 골고루 의학의 혜택이 있도록 한다」[25]는 것을 목표로 1902년 6월에 발족했다. 정식 재단법인이 된 것은, 다음 해인 1903년 2월이다. 1906년 4월에 초대 회장 나가오카 모리요시(長岡護美)가 죽자, 오오쿠마는, 요청에 의해 후계 회장이 되었다.

同仁會는, 메이지 年間, 한국의 京城 · 平壤 · 大邱, 滿洲의 營口 · 安東 등지에 병원을 설립하고, 그 밖에 淸韓 각지에 많은 의사를 파견했는데, 특히 大邱에서는, 「의원을 세워 일반 환자 및 빈곤자 치료에 힘쓰고 또 한국 의학생 및 韓日 간호부 산파 등의 양성에도 진력했다.」[26] 이를 가리켜 당시의 한국 統監 이토오 히로부미는, 1907년 9월, 「내가 늙은 몸으로, 조선통치라는 큰 일을 할 때, 짐작도 못했던 일로, 오랜 친구인 오오쿠마 伯爵이 同仁會 회장으로서 한국문화에 공헌하셔서, 함께 국운의 발전을 기할 수가 있게 된 것은 매우 경사스러운 일이다」[27]라고 말하고 있다.

同仁會는, 타이쇼(大正) 시대에 들어가면 北京 · 漢口 · 上海에 차례로 병원을 개설, 중국 본토에서의 의료활동에 힘을 쏟았다. 오오쿠마는, 1922년 1월 사망할 때까지, 일본 정부로부터 거액의 보조금을 끌어내는 등 회장으로서 同仁會 사업의 진전에 진력했다.

또, 오오쿠마는, 1914년 4월부터 1916년 10월까지 제2차 오오쿠마 내각을 조직했는데, 이 내각의 本領은, 「對華 21個條 要求」로 대표되는 외교정책에 있고, 국내외를 불문하고 교육에 관해서는 이렇다 할 업적을 남기지 않았다. 내각 更迭 때 『教育時論』 사설에는, 「우리 교육자가, 처음에 희망을 걸었던 오오쿠마 내각도, 교육상 큰 공적을 남기지 못하고, 지금 사직하려 하고 있다. 우리는 이것을 보고, 무슨 말을 해야 할지 모르는 게 참으로 슬픈 일이다」[28]라고 쓰여 있다.

맺음말

본 章은, 오오쿠마 시게노부를 처음으로 韓日 근대 교육교류사의 대상으로 삼은 것이다. 결론적으로 말해, 한국의 교육문제가 오오쿠마의 생애에서 큰 비중을 차지했다고는 볼 수 없으나, 한반도 땅을 한 번도 밟은 적이 없는 인물로서는 많은 관심과 관계를 가지고 있었다고 할 수 있을 것이다.

무릇 오오쿠마의 세계관은, 優勝劣敗 · 適者生存을 키워드로 하는 사회진화론의 영향을 크게 받고 있고, 세계 각국 · 각 민족의 우열을 결정하는 「文明標準」은, 서양의 근대문명을 척도로 하는 것이었다. 그리고, 메이지유신을 거친 일본을 오오쿠마는, 「동양인 중에서, 가장 빨리 유럽 문명을 받아들여, 여기에 同化할 수가 있던 것은 우리 일본이다. 국방 제도는 물론, 재정도 지방행정도, 또 교육 등의 조직도, 모두 유럽 諸國에서 행해지는 것과 큰 차이가 없고, 서구의 문물을 동양에 적용하는 데 관해서는, 거의 모범이 되고 있다」[29]라고 보고 있었다. 따라서 일본은, 동양에 대하여는 서양문명의 설명자 · 소개자, 서양에 대하여는 동양문명의 대표자의 지위에 서게 되었다는 것이다.

이 논법을 한국의 교육에 적용하면, 大日本海外教育會 및 그 산하의 京城學堂, 오쿠무라 이오코의 光州實業學校 등을 지원하는 것은, 즉 선진국 일본에 흡수 · 축적된 서양문명을, 일본어를 통하여 후진국인 한국에 소개하는 것이 되고, 한국을 보호국~식민지화하고 거기에 同化教育을 실시하는 것은, 즉 한국을 선진 일본과 一體化하는 것에 다름이 아니다라는 것이 된다. 그것은, 문명이 높은 곳에서 낮은 곳으로 흐르는 것은 당연한 것이고, 일종의 은혜이기도 하다는, 당시 일본의 일반적인 문명관이었다. 다만, 자세히 보면, 합병 후에도 역시 조선인에 있어서 일본어의 실리적인 가치(「忠良한 國民」 육성을 위한 「國語」가 아닌)를 강조한 것, 궁극적으로는 일본인의 한국어 학습을 불필요하다고 하면서도, 「지금 현재로는 하나의 방편으로서 어쩔 수가 없다」라고 하고 있던 것, 同化 教育의 점진주의를 주장한 것 등에 현실주의자로서의 오오쿠마의 특색을 엿볼 수가 있다. 요컨대 오오쿠마는, 구체적인 방법론에 있어서 그 나름의 독자성을 나타내고 있으나, 일본의 한국 진출~지배 그 자체에 대해서는 전혀 의심을 품고 있지 않았다.

그러나, 오오쿠마의 「進取精神」에 뒷받침된 와세다대학은, 결과적으로 많은 조선민족 독립운동 지도자를 배출했다. 오오쿠마는, 「人種標準」「民族標準」에 대신하여 「文明標準」을 내세웠으나[30], 「人種標準」「民族標準」에 의한 차별을 배척한다고 하면서, 거기에는 조선민족이 일본인에게 있어 異民族이라고 하는 관점이 빠져 있었다. 오오쿠마의 간접적인 감화를 받은 조선인 유학생이 열렬한 민족주의자가 된 것은, 참으로 그에 대한 보복이라고 보아야 할 것이다.

【註】 (*는 한글 文獻)

(1) 大隈侯 八十五年史編纂會 編 · 發行『大隈侯八十五年史』 제2권 1926년 198쪽

(2) 에모리 야스키치(江森泰吉) 編『大隈伯百話』 實業之日本社 1909년 154~155쪽

(3) (4) 同上 156쪽

(5)『教育時論』 제915호 1910년 9월 15일 3~4쪽

(6)『朝鮮』 제35호 1911년 1월 21~22쪽

(7)『教育實驗界』 제27권 제1호 1911년 1월 16~19쪽

(8) 高橋濱吉『朝鮮教育史考』 帝國地方行政學會朝鮮本部 1927년 126~127쪽

(9)『教育時論』 제1225호 1919년 4월 25일 27쪽

(10) *早稻田大學韓國留學生會 編『早稻田의 韓國人 — 早稻田大學 韓國留學生 九十年史』 韓國文學社 1983년 30쪽

(11) 신야 히데하루(榛葉英治)『大隈重信 — 進取의 精神, 배움의 獨立』 下 新潮社 1985년 55쪽

(12)『大隈侯 八十五年史』 제2권 573쪽

(13) *『仁村金性洙傳』 仁村紀念會 1976년 86~87쪽

(14) 同上 84쪽

(15)『福音新報』 제40호 1894년 2월 14일〔오가와 케이지(小川圭治) · 池明觀 編『日韓 基督教 關係史 資料 1867~1922』 新教出版社 1984년 45쪽〕

(16) 「大日本海外教育會憲法」 제1조 및 부칙 제1

(17) 澁澤青淵 記念財團 龍門社 編 『澁澤榮一 傳記 資料』 제27권 澁澤榮一 傳記 資料刊行會 1959년 67쪽

(18) 同上 69쪽

(19) (20) 『新人』 제13권 제5호 1912년 5월 64~66쪽

(21) 近衛篤麿日記刊行會 編 『近衛篤麿日記』 제1권 鹿島研究所出版會 1968년 327쪽

(22) 渡辺霞亭 『奧村五百子』 霞亭會 1915년 299쪽

(23) 『近衛篤麿日記』 附屬文書 524쪽

(24) 와타나베 이쿠지로(渡辺幾治郎) 『大隈重信』 大隈重信刊行會 1952년 218~219쪽

(25) 『同仁』 제1호 1906년 6월 12쪽

(26) 『大隈侯 八十五年史』 제3권 690쪽

(27) 同上 697쪽

(28) 『教育時論』 제1134호 1916년 10월 15일 2쪽

(29) 大隈重信 『經世論』 富山房 1912년 29쪽

(30) 大隈重信 『人種問題』 早稻田大學出版部 1919년 87~89쪽

Ⅲ 學務官僚關係

第6장 구한말의 교육행정과 일본인의 역할

— 학정참여관 시데하라 타이라(幣原坦)를 중심으로

머리말

막부(幕府) 末期 · 메이지(明治)期의 일본이, 여러 외국으로부터 많은 「雇傭 外國人」을 초빙하고, 문물제도의 근대화를 추진한 것은 주지의 사실이다. 이 작업이 어느 정도 진척되면, 이번엔 거꾸로 일본인이 중국이나 韓國(한일합병 이전의 舊韓末)에 초빙되어, 양국의 근대화에 참여하게 되었다. 즉, 19세기 말부터 20세기 초에 걸쳐, 教習 · 顧問 혹은 教師라는 이름으로 중국 · 한국에 건너간 사람들이 그들이다. 그들의 초빙 형태는, 양국 정부기관에 의한 관(官) 고용과 사인간의 계약에 의한 사(私) 고용이 있고, 그 분야도 군사 · 경찰 · 재정 · 실업 · 교육 등 넓게 걸쳐 있다. 그러나, 그들은 단순히 초빙에 응했을 뿐만 아니라, 메이지 일본의 해외진출의 첨병으로서의 성격도 가지고 있었던 것이다. 다음 인용은, 메이지 30년대의 중국 교육과 일본인 교사와의 관계를 나타낸 것이지만, 그 관계는, 한국에 있어서도 완전히 같은 모양이었다.

> 淸나라에는 최근 각종학교를 여러 곳에 설립하려고 하지만, 지금 제일 곤란한 것은 적당한 교사와 교과서가 전혀 없다는 것이다. …… 그래서 어쩔 수 없이 외국인을 고용하여 학교 교사로 쓰려고 하여, 실제 우리 일본의 각종 교사를 초빙

하려는 교섭이 많다. 우리나라로서는 이런 때에 가능하면 많은 교사를 알선하고 고용시켜, 淸나라 교육사업의 발달을 돕고, 동시에 우리나라의 문화를 수출하여 우리의 세력을 심도록 노력하자[1]……

중국의 경우에는, 중국 자체의 교육적 성장, 구미 제국의 對 중국 교육 진출, 일본인 교사에 대한 나쁜 評判(소위 「돈벌이」형 교사의 문제), 辛亥革命과 그 후의 反日 내셔널리즘의 고양(高揚) 등 여러 가지 요인에 의해, 결국 일본 측의 의도는 좌절되고 말았으나, 한국의 경우는, 한일합병이라고 하는 형태로 완결되게 된다. 한편, 고용 일본인의 활동을 일본의 대외 진출과 관련하여 어떻게 평가하는가는 별도로 하고, 그들이 중국 · 한국에서의 근대화에 일정한 역할을 했다고 하는 측면도 부정할 수 없다. 본 章은, 이러한 복합적인 성격을 가진 일본인 顧問 · 教員이, 한국의 교육, 그 중에서도 교육행정 분야에서 어떠한 역할을 했는가를, 구체적인 사례에 초점을 맞추어 검토하려고 한다. 한국에 있어서의 고용 외국인의 수로 보아 각 분야가 각각 어느 정도의 비중을 차지했는가는 명확하지 않으나, 교육계에 상당히 많은 수의 일본인이 진출해 있었던 것은 사실이고, 그들의 활동을 밝히는 것은, 한국 정부 초빙 일본인 전체의 활동, 나아가서는 한일합병의 의미를 이해하는 데 도움이 될 것이다.

자료로는, 지금까지 전혀 손대지 않은 상태였던 外交文書館 所藏 일본 외무성 기록을 활용함과 함께, 메이지期의 교육잡지를 널리 섭렵했다. 이에 따라, 일본 측 자료에 근거한 연구로서는 새로운 시야가 열렸다고 생각하지만, 한국인의 관점에서의 연구가 약한 것은 인정하지 않을 수 없다. 이것은, 앞으로의 과제로 남겨두고 싶다.

1. 구한말에 있어서의 고용 외국인의 전반적 상황

구한말에 있어서의 고용 외국인의 역사를 일본인을 중심으로 하여 시기를 구분하면 다음과 같다.[2)]

1) 고종 18년(1881년)부터 청일전쟁 전까지
2) 청일전쟁 이후(甲午更張에 의해 각 部에 강요된 일본인 顧問 채용)
3) 러일전쟁 이후(소위 顧問政治로부터 次官政治에의 顧問時代)
4) 隆熙 이후(소위 次官政治, 즉 일본인이 한국 관리에 임명된 시대)

이하, 이를 조금 부연해 보자. 한국이 공식으로 개국한 것은 1876년 朝日修好條約(소위 江華條約)에 의해서인데, 이를 전후하여 한국에는, 새로운 문물 제도의 수입 · 시행을 위해, 그 협력자로서 외국인을 초빙하려는 움직임이 나타났다. 그 중심적 담당자는, 종주국인 淸나라의 힘을 빌려 일본의 침투에 대비하려고 한 「保守派」와, 일본을 본떠 개화 · 근대화를 촉진하려고 한 「開化派」였다. 대상국은 달리하지만, 어느 파나 한국 근대화를 위해 초빙 외국인의 필요성을 인식하고 있던 점은 공통이었다. 한편, 淸나라와 일본에는, 한국을 保全하려는 생각과, 征韓論으로 대표되는 半島 진출의 의도가 있었던 것은 말할 것도 없다. 이리하여 청 · 일 사이에, 말하자면 한국에의 고용 알선 경쟁이 전개되었는데, 결국 고용 외국인 제1호는 일본인이었다. 즉, 1881년 4월, 「別技軍」으로 칭하는 신식 군대의 창설과 함께, 그 교관으로 일본 육군 소위 호리모토 레이조(堀本禮造)가 초빙되었던 것이다.

그러나, 다음 해인 1882년 壬午軍亂에 의해 일본세력은 후퇴를 하지 않을 수 없게 되고, 1884년, 개화파가 기도한 甲申政變의 실패로 일본세력의 후퇴는 한층 박차가 가해졌다. 이리하여 고용 외국인의 주류는, 淸國人이 점하게 되었다. 이 사이 美 · 英 · 獨 · 露 · 佛 · 伊 · 墺 · 蘭 등의 초빙인도 채용되고, 일본인은, 그들과 경합을 계속하면서 그 지위를 유지하는 데 지나지 않았던 것이다.

일본인이, 여러 분야에 걸친 많은 고용 외국인 중에서 우세를 점하는 계기가 된 것은 청일전쟁(1894년 7월~1895년 4월)이었다. 이 전쟁 중에 개시된 甲午改革 때 일본인은, 한국정부 주요 부서의 顧問官이 되고, 정책입안이나 예산편성 · 집행의 실권을 쥐었다.

그러나, 그것도 길게 이어지지는 않았다. 청일전쟁 직후의 三國干涉과 1896년의 俄館播遷 등에 의해, 러시아의 세력이 급격히 대두되었기 때문이다. 따라서, 일본이 한국정부 내에서 최종적으로 확고한 지반을 다지는 데는 러일전쟁(1904년 2월~1905년 9월)의 승리를 기다리지 않으면 안 되었다. 1902년 당시, 일본인 顧問이 어떠한 상황에 놓여져 있었는가를 엿볼 수 있는 기록으로 다음과 같은 것이 있다.

○ 加藤 韓國 顧問의 赴任을 전송하다

前 駐韓公使 카토오 마스오(加藤增雄) 씨는, 이번에 한국 황제의 초빙에 응하여 일본정부의 직을 사임하고 부임하기 위해서 출발했다.

……(中略)……

이전부터 한국에는, 열강에서 초빙한 여러 顧問이 있고, 또 일본에서도 한 때 顧問으로 한국정부에 초빙된 사람들이 있던 적이 있었다. 그러나 좋은 인물이 적고, 또 그 일이 어떤 한정된 것뿐이어서, 충분히 수완을 발휘할 수가 없었다. 특히 어떤 나라의 顧問들이, 추측할 수 없을 정도의 큰 야심이 있던 것은, 매우 유감스러운 일이었다. 그러나 지금 카토오 씨는, 한국 황제의 깊은 신임을 얻어, 외국의 격렬한 반대에도 불구하고, 결국 초빙에 응하여 한국에 가서, 매우 중요한 정무에 참여하게 된다. 우리는 한국 황제의 현명한 판단에 감탄하면서 카토오 씨의 책임이 매우 중요하다고 생각할 수밖에 없다.[3] …… (後略)

러일전쟁 발발 직후인 1904년 8월, 일본은 다음과 같은 제1차 한일협약을 체결했다.

제1조 한국정부는 일본정부가 추천하는 일본인 한 명을 財務顧問으로서 한

국 정부에 초빙하여, 재무에 관한 중요한 일은 모두 그 사람의 의견에 따라 시행할 것.

제2조 한국정부는 일본정부가 추천하는 외국인 한 명을 外交顧問으로서 外部에 초빙하여, 외교에 관한 중요한 일은 모두 그 사람의 의견에 따라 시행할 것.

제3조 한국정부는 외국과의 조약체결 기타 중요한 외교 안건 즉 외국인에 대한 특권 양여 혹은 계약 등의 처리에 관하여는 미리 일본정부와 협의할 것.

일명 「顧問官 雇聘協定」이라고 불리는 이 협약에 의해 일본은, 한국정부 기능의 근간을 이루는 재정과 외교를 좌지우지할 수 있게 되고, 財務顧問에는 메가타 타네타로(目賀田種太郎), 外交顧問에는, 당시 일본 외무성 고문이었던 미국인 스티븐스(Stevens,D.W)로 채웠던 것이다.

나아가 을사늑약(제2차 韓日協約, 1905년 11월) 체결 후인 1907년 7월에는 韓日新協約(제3차 韓日協約)에 의해, 次官을 비롯한 한국정부의 관리에 일본인을 임용하는 길을 열어, 사실상 주요한 자리는 거의 일본인으로 채워졌다. 韓日新協約 제4 · 5 · 6조는 다음과 같다.

제4조 한국 고등관리의 임면은 統監의 동의 아래서 행할 것

제5조 한국정부는 統監이 추천하는 일본인을 한국 관리에 임명할 것

제6조 한국정부는 統監의 동의없이 외국인을 관리로 고용하지 말 것

이리하여 일본은, 한일합병(1910년 8월)을 향하여 인적 측면에 있어서의 준비를 갖추었던 것인데, 이어서 이러한 일본의 한국 지배체제 확립 과정에 있어서 일본인이 행한 역할을 교육행정 분야를 중심으로 살펴 보자.

2. 학정참여관 시데하라 타이라와 한국 학정개혁

(1) 시데하라 타이라(幣原坦)의 渡韓 경위

한국의 교육행정에 관여한 일본인으로서 우선 들 수 있는 사람은 시데하라 타이라이다. 그는 1870년 생으로, 시데하라 키주로(幣原喜重郎)의 형이다. 1893년, 東京大學 문과 국사학과를 졸업 후, 鹿兒島 造士館 교수를 거쳐, 1898년, 山梨縣立 중학교 교장이 되었다. 그리고, 그 재임 당시인 1900년 9월, 한국에서 중학교 신설이 계획되고, 일본에 대한 한국정부의 교사 파견 요청에 따라, 동년 11월 渡韓하게 된다. 당시 在韓國 特命 全權公使 하야시 곤스케(林權助)가 外務大臣 아오키 슈우조(青木周藏)에게 보낸 공문에 의하면, 그간의 경위는 다음과 같다.

> 이번에, 이쪽 정부 學部에서 중학교를 신설하게 되어, 그 교사로 교육자이며 학술이 우수한 일본인 한 사람을 고용하는 것에 관해서인데 ……(中略)…… 외무 대신으로부터 의뢰가 있던 ……(中略)…… 이 건에 대해서 學部大臣의 의향을 확인한 바, 보수는 월 액으로 대략 은화 200엔 정도로, 3년 계약으로 하려고 합니다. 지금, 이러한 조건으로 문부성에 교섭한 다음, 좋은 인물을 선택하길 원하지만, 제가 희망하는 사람은, 충분한 보통교육을 마친 사람으로, 교육상 경험이 있는 것은 물론, 외국어(영어가 좋음)를 할 수 있고, 외국사정에 정통한 것은, 한국정부에 고용된 다수의 외국인 교사 사이에서, 신용을 높이는 데 필요합니다. 또, 한국인의 측면에서 말하면, 漢學의 소양이 있으면, 가르치는 데, 다른 외국인들이 할 수 없는 통역 이외에도, 여러 가지로 편리할 뿐만 아니라, 학생은 물론, 그 학부형이나 이쪽의 보통 사람들 사이에서 존경을 받는 데 매우 유리하다고 생각하므로, 이러한 것들을 충분히 생각하길 바랍니다. 이 기회에, 좋은 교육자들을 한국의 교육사업에 참여시키고, 이 나라의 교육상, 장래에는 반드시 우리나라 사람의 힘에 의존하지 않으면 안 된다는 생각을 갖게 하기 위해서도, 人選에 신중을 기하기 바랍니다 ……(中略)…… 고용될 교사는 이 중학교는 물론, 이 나라의 학교제도에도 참여하지 않으면 안 되는 경우도 있을 것이므로, 그 점도 미리 염두에 두기 바랍니다. 될 수 있는 대로 이상과 같은 조건에 맞는 인물을 선택하기 바랍니다.[4] ……(後略)

여기서 우리는, 다음과 같은 점에 유의해야 할 것이다.

첫째는, 신설 중학교의 교사가 될 자의 조건이, 「충분한 보통교육을 마친 사람으로 교육상 경험이 있는 것은 물론」, 「외국어(영어가 좋음)를 할 수 있어 외국사정에 정통할」 것, 나아가서는 「한학 소양이 있을」 것 등 매우 다양한 방면에 걸쳐 있던 점이다. 이것은, 1900년 당시의 한국 교육계에 있어서 일본인 교사는, 「한국의 많은 초빙 외국인 교사」와 경합하는 입장이고, 또 사회 일반에도, 漢學이야말로 학문이고 「漢文 정도가 높아야 좋은 학교라는 인식」[5]이 있었기 때문에, 한국 국민 및 외국인 교사의 신용 · 존경을 얻을 수 있는 충분한 자질이 요구되었던 것을 의미한다.

둘째는, 이 시점에서 이미, 장래 일본인으로 하여금 한국의 교육행정에 참여시키려는 자세를 볼 수 있는 것이다. 「이 기회에, 좋은 교육자들을 한국의 교육사업에 참여시키는 것은, 이 나라의 교육상, 장래에는 반드시 우리나라 사람의 힘에 의존하지 않으면 안 된다라는 생각을 갖게 하기 위해서」라든지, 「고용될 교사는 이 중학교는 물론, 이 나라의 학교 제도에 참여하지 않으면 안 되는 경우도 있으므로」라는 말에서 그것을 엿볼 수 있다. 또, 이러한 전망을 가지고 있었기 때문에, 「교육자로서 학술이 우수한 일본인」이 요구되었을 것이다.

어쨌든, 이리하여 문부성에서 인선이 행하여져, 위에서 본 것 같은 요건을 갖춘 인물로 시데하라 타이라가 추천되었다. 문부대신 카바야마 스케노리(樺山資紀)는, 아오키(青木) 外相에게 다음과 같이 회답하고 있다.

> 이번, 한국 學部에서 중학교 신설에 따라 그 학교 교사로 우리나라 사람을 고용하는 것에 관하여, 지난 달 14일에 보낸 제100호를 승락했습니다. 그 초빙교사로는 현재 야마나시(山梨)현 중학교 교장인 시데하라 타이라가 가장 적임이라고 생각하고 ……(中略)…… 학력은 우등이고, 게다가 수년간의 교육경험이 있어서, 이 사람을 고용하는 것이 좋다고 생각합니다. 그리고, 이 기회에 이 사람을

本 文部省 직할 고등사범학교 교수로 전임시키고 나서, 금년도 勅令 9호에 의해, 초빙에 응하도록 할까 생각하고 있습니다. ……(中略)…… 이 사람은 초빙된 이상은, 노력하여 수업에 힘을 다하는 것은 물론이고, 더욱이 한국 정부에서도 상당한 대우를 해 주고 학교제도 조사에도 참가시키도록 일본 외무성이 알선했다는 것도 아울러 말씀드립니다.[6]

이리하여 시데하라 타이라는, 1900년 11월 6일자로 동경고등사범학교 교수로 전임, 東京高師 재직인 채로 한국정부에 고용되게 되었다. 漢城에 신설된 중학교에서 시데하라 타이라는, 그때까지 얻은 학식과 교육경험을 살려 활약하게 되는데, 그가 어떤 자세로 한국인 자제의 교육에 임했는지는, 그 자신의 다음 문장에 의해 엿볼 수 있다.

…… 이쪽의 아동과 접해 보면, 그 사상이 순결하고, 언동이 순박하고, 또 이해력이 둔하지 않은 것 등 교육자로서 애정을 갖지 않을 수 없다. 이 아동들을 일본의 아동들과 비교해도 전혀 손색이 없다. 불완전한 소학교에서, 이렇게 머리 좋은 졸업생을 보는 것만으로도, 잘 알 수 있는 이야기이다. 그러므로 나는, 한국 교육에 절망하는 사람이 아니고, 내 자신 안에서 교육에 관한 열정이 솟아 오르는 것을 인정한다. 다만 안타까운 일로, 주변의 상황, 즉 아이들의 인격을 좌우하는 힘을 가지고 있는 주변의 상황은, 이들 사랑스러운 아동을 곤혹의 와중에 내던지고 있다. 나는 외국인이지만, 그들 아동을 위해, 한 조각의 동정을 품지 않을 수 없다.

그렇다면, 교육의 힘은, 그들을 구출하여, 공명정대하고 참을성이 많은, 강한 국민으로 만들 수 있는 것이다. 내가 말하건대, 지금 혁명적으로 옛날의 나쁜 풍습을 타파하고, 사상의 뿌리를 올바르게 해서, 교육의 자유가 행해질 수 있게 되면, 모든 일은 잘 이루어질 것이다. 그러나 그렇지 않고, 지금 있는 그대로라면, 앞으로의 모습은 볼 필요도 없을 것이다. 나는, 한국의 선배가 자신의 이익을 생각할 때는 잘 생각하면서도 후배의 지도에는 냉담한 것을, 한국을 위해 매우 유감스러운 것으로 생각한다.[7]

(2) 시데하라(幣原) 學政參與官의 탄생

그런데, 일본 문부성이, 처음부터 시데하라로 하여금 한국 교육행정에 참여시킬 생각이었던 것은 앞에 본 대로이지만, 이에 관하여, 漢城中學校 시절의 시데하라가 어떠한 활동을 했는가는 분명치 않다. 따라서 현재로는, 교사 시절에는 일단 교육에 전념하고, 그간의 업적과 인품을 인정받아 韓國 學部의 學政參與官[8]에 임명되어, 거기서 처음으로 교육행정에 본격적으로 종사하게 되었다고 보는 게 타당할 것 같다. 다음 자료는, 그 뒷받침의 하나가 될 것이다.

> 문학박사 시데하라 씨는, 몇 년 전부터 한국에 거주하고, 한국 학교에서 교편을 잡고 있었는데, 시데하라 씨가 역사학을 전공한 문학사이고, 한국의 史蹟을 연구하여 학위를 얻었다는 것은 잘 알려져 있는 일이다. 재미있는 일로, 시데하라 씨가 대학을 졸업한 학자라는 이야기가 퍼지자, 무엇이든지 전부 알고 있다고 하여, 四書五經은 물론, 詩文의 添削, 數學, 理科, 博物學까지, 學字가 붙어 있는 것은 모두 시데하라 씨에게 가지고 오는데, 시데하라 씨는 교양이 깊기 때문에, 여유있게 그들의 요구에 응하여 한국인의 존경을 얻어서 마침내는 한국정부의 추천을 얻게 되었다고 한다.[9]

시데하라 學政參與官이 탄생하기까지의 경과를 살펴보면 다음과 같다. 정확한 시기는 알 수 없지만, 적어도 1905년 1월 이전에, 한국정부로부터 하야시 곤스케 駐韓 公使에게 學部顧問 추천 의뢰가 있었고, 이를 접수한 하야시 공사는, 동년 1월 16일, 외무대신 코무라 주타로(小村壽太郎)에게 다음과 같이 打電했다.

> 이곳 한국 쪽 學部에서 顧問 한 명을 고용하고 싶다고 그 인선을 저에게 의뢰해 온 바, 저는 현재 중학교 교사인 시데하라 타이라 문학박사를 추천하여, 이 사

람을 學務參與官으로서 월급 300円으로 마루야마(丸山) 警視와 같은 계약 아래 고용하도록 學部大臣과 협의해 거의 결정했습니다. 그러나 시데하라는 현직 고등사범학교 교수인 채로 한국 朝廷에 고용되어 있으므로, 이것을 문부성에 알려 주시기 바랍니다.[10)]

이에 대한 코무라(小村) 外相의 회답은, 「시데하라를 현직인 채로 學部에 초빙시키는 것에 문부성으로서도 異議없음」[11)]이라고 말하고 있어, 일본 측으로서는, 시데하라를 한국 學部의 고문적인 지위에 앉히는 것 자체에는 찬성이었다는 것을 알 수 있다. 여기서 하나 문제가 된 것은, 시데하라의 官名이다. 즉, 하야시 公使가 코무라 外相에게 보낸 전보에, 당시 일반적으로 쓰였던 「顧問」이 아니고 「參與官」이라고 되어 있었기 때문에, 코무라 外相은 다음과 같은 걱정을 했던 것이다.

시데하라를 學部에 雇傭시키는 건에 관해서, 지금 교섭 중이라고 생각하는데, 이 사람에 대해, 특히 參與官이란 직명을 쓰기 때문에 그 지위를 한국인에게 경시당할 우려는 없을까. 만약 그러한 우려가 있다면, 가능한 한 顧問官이란 직명을 사용하도록 처리하기 바란다.[12)]

그러나 하야시 公使는, 그 우려를 즉시 否定했다.

…… 시데하라에 대한 계약은, 마루야마(丸山)와의 계약과 같습니다. 그 직명을 參與官으로 한다고 해서, 한국 측이 이 사람을 경시하는 일은 없을 것입니다. 다만, 지금까지 초빙교사로서 외국인교사 아래서 일하고 있었고, 教務에 관해서도, 학교장에게 의견을 올리는 지위에 있었으므로, 새로운 지위에 취임한 처음에는 다소 곤란이 있겠지만, 시데하라 본인이 권한을 행사하고 또한 내가 계약이 제대로 지켜지고 있는지 살펴 보기 때문에, 곤란은 이겨 나갈 수 있다고 생각합니다. 너무 걱정할 필요 없습니다.[13)]

이리하여, 시데하라의 직명은 參與官으로 낙착되었는데, 이에 대해서는, 「顧問보다 더 한층 실제적인 교육사무에 관여하는 자격을 갖는 직위」[14]라는 적극적인 속뜻도 있었던 것 같다. 1905년 2월 16일, 시데하라와 한국 學部大臣 李載克과의 사이에 고용계약이 맺어졌다. 1905년 2월은, 일본이, 이미 전년 8월의 제1차 한일협약에 의해 재정 및 외교를, 나아가서는 경찰까지도 완전히 장악했던 시점이다. 이러한 기반 위에서, 일본인에 의한 한국의 교육 행정에의 직접 관여가 개시되었던 것이다. 시데하라의 계약 내용은 다음과 같다.

제1조 시데하라 타이라는 대한제국의 學政參與官으로서 學部 소관 사무에 관해서 성실하게 심의하고 기안하는 일을 할 것.

제2조 대한제국 學部大臣은 교육에 관한 일체의 사항을 시데하라 타이라에게 물어서, 그 同意를 얻은 후 시행할 것. 시데하라 타이라는 교육사항에 관한 議政府 회의에 참석하여, 교육에 관한 의견을 學部大臣(을 통해서 …… 原文 不明) 議政府에 제출 할 수 있다.

제3조 學部의 필요에 의해 시데하라 타이라에게 學部參與官 사무 이외에 교육에 관한 겸직을 명할 때에는 시데하라 타이라는 대일본제국 대표자의 동의를 얻어 겸임토록 할 것.

제4조 시데하라 타이라의 월급은 금화 300원으로 정하여, 매월 말에 지급할 것.

전항의 급료 외에, 대한제국정부는 적당한 관사를 시데하라 타이라에게 제공할 것. 다만, 적당한 관사가 없을 때는, 관사료로 월액 금화 35원을 제공할 것.

제5조 시데하라 타이라가 귀국, 혹은 휴가로 귀국할 때는, 여비 외에 금 200元을 지급할 것. 교육사항에 관하여 한국 내를 여행할 때는 여비 외에 하루 금화 8元을 지급할 것.

제6조 본 계약은 장래 각 일방에 해약의 필요가 생겼을 때에는 상호 협의하여 대일본제국 대표자의 동의를 얻은 후 해약할 수 있다.[15]

이에 따라 시데하라 타이라가, 「教育에 關한 一切의 事項」의 시행에 대하여 거부권을 갖고, 閣議에 출석하여 의견을 제의할 수 있는 등 강대한 권한을 부여받은 것, 또 상당한 대우를 받았던 것을 알 수 있다. 다만, 이 계약은 형식상 한국정부와 시데하라 타이라 개인간에 주고 받은 것이지만, 조문 안에 「大日本帝國 代表者의 同意」라는 말이 발견되는 것처럼, 이것은 결코 시데하라 타이라 개인의 계약에 머무는 성격의 것은 아니었다. 사실, 일본정부는, 이 계약 체결 직후, 외무대신 코무라 주타로의 이름으로 시데하라에게 다음과 같은 「內訓」을 내리고 있다.

內部 訓令

이번에, 貴官이 學部參與官으로서 한국정부에 고용된 것에 관하여, 집무상 다음과 같이 이해해 두기를 바란다.

첫째 貴官은 외무대신과 주한 대일본제국 공사의 지휘감독을 받아, 學部 업무 가운데 조금이라도 중요한 일은 반드시 미리 대일본제국 공사의 동의를 얻어 시행하도록.

둘째 學部 업무에 관한 중요 안건 중에서, 특히 경비에 관계 되는 것에 관해서는, 미리 메가타 타네타로(目賀田種太郞) 財務顧問과도 협의하여 그 동의를 구하도록.

셋째 貴官은 항상 한국 學部의 업무현황, 개혁방안, 그 외에 학무에 관한 중요 사항에 관해, 본 대신에게 보고하되, 이 보고는 駐韓 공사를 거쳐 보내도록 할 것. 이상 內訓한다.[16]

이에 따라 보면, 시데하라가 형식상 한국정부에 고용된 몸이면서도, 실제로는 일본 외무대신과 在韓 公使의 지휘감독 아래 움직이지 않을 수 없었던 것, 또 경비에 관해서는 메가타 財務顧問의 동의를 얻지 않으면 안 되었던 것, 바꾸어 말하면, 러일전쟁 중인 1905년 2월 당시 한국은 이미 사실상의 일본 지배하에 놓여 있었다는 것이 명백하다.

(3) 학정참여관으로서의 활동

시데하라의 실제의 활동은, 을사늑약(1905년 11월)을 전후하여 잇따라 제출된 다음과 같은 의견 · 보고서에 의해 엿볼 수 있다.

1905년 4월「韓國教育 改良案」
8월「教育改良에 관한 報告書」
10월「 〃 」
11월「韓日 新協約의 影響으로서의 學部 部內의 情況報告」
12월「韓國 學政改善의 槪況 報告」

이들 의견 · 보고는, 말할 것도 없이 앞에서 본「內訓」에 따라, 시데하라가 하야시 公使를 거쳐 코무라 外相에게 올린 것이다. 내용적으로는 한국교육의 개혁에 관한 것이 대부분이지만,「한일신협약의 영향으로서의 學部 部內의 정황 보고」에는, 을사늑약을 계기로 하는 한국 교육계의 혼란 상황의 보고에 더하여, 다음과 같은 대목이 있다.

> 나는 지금, 학교 단속에 관한 규정을 발표하려고 하는 바, 그 내용은 다음과 같다.
> 제1조 교육자 및 학생은 정치상의 운동에 관계하지 말 것.
> 제2조 교육자 및 학생은 동맹결석하지 말 것.
> 제3조 제1조, 제2조에 저촉된 자, 혹은 교사 선동(教唆 煽動)한 사람은, 그에 상응한 처분을 한다.[17]

즉, 시데하라 학정참여관은, 교육계의 치안유지를 담당하는 입장에도 서 있었던 것이다.

교육개혁에 관한 의견은, 각급학교와 교육행정의 운영방식 등 한국의 교육 전반에 걸쳐 있는데, 시데하라의 생각을 단적으로 나타낸 것은, 그가 학정참여관 취임 직후에 낸 「韓國教育改良案」의 서두에 있는 「方針」이다.

한국 교육 개량안

제1장 방침

한일의정서 체결 이래 한국은 반드시 일본의 보호국이 될 운명이 되었다. (일본)제국정부가 이 방침을 바꾸지 않는 한, 한국교육의 개량 방침은 이 의정서를 기초로 할 수밖에 없다. 그리하여 앞으로 한국에서의 각종 사업은 일본정부나 일본인을 주동자로 해야 하기 때문에, 한국인이 난폭하고 험악한 짓을 하지 않도록 애쓰고, 서로 간의 언어, 풍속을 이해하고 감정의 충돌을 피하도록 하는 것이 필요하다. 예부터 조선 경영에 가장 열심이었던 明나라는 유교를 통하여 사람의 마음을 연결했지만, 지금 이를 없애고 忠君, 愛國, 義勇, 奉公 등의 일본적인 도덕으로 대신하려는 것은 지금까지의 움직임과 일치하지 않는다. 게다가 장래의 관계를 위험하게 할지도 모른다. 다만, 국민의 상식을 기르는 새로운 지식은 동서고금의 문명을 同化하여, 하나가 된 일본의 개화(문명)를 수입하는 것이 제일 좋은 방편임은 두 말할 필요도 없는 것이다. 그리고, 어떤 일이라도 쉽게 실제로 도움이 되는 것이 요구되는 한국에 있어서는, 국민교육의 향상을 돕기 위해서는, 가능한 한 빠른 길을 찾는 것이 좋다고 생각된다.

그러므로, 지금 한국교육의 개량 방침을 열거하면, 다음과 같다.

첫째 일본정부의 對 한국 정책에 따라, 장래 한국이 일본의 보호국으로써 각종 시설 개량을 하는 데 적당한 교육을 하는 것을 本旨로 한다.

둘째 한국민에게 선량하고 평화롭고 아름다운 성품을 기르도록 한다.

셋째 일본어를 보급한다.

넷째 종래 한국의 형식적 국교였던 유교를 파괴하지 않고, 새로운 지식을 개발한다.

다섯째 학교제도는 복잡하지 않게 하고, 교육과정은 알기 쉬운 것으로 한다.[18]

여기에서 들고 있는 5가지 방침은, 「한국은 반드시 일본의 식민지가 될 운명이 되었」고, 「앞으로 한국에서의 각종 사업은 일본정부나 일본인을 주동자로 해야 하는」 시대 정황에서, 「서로 간의 언어, 풍속을 이해하고 감정의 충돌을 피하기」 위해 일본어의 보급을 꾀함과 함께, 「동서고금의 문명을 同化하여, 하나가 된 일본의 개화(문명)를 수입하는」 데 「가장 좋은 방편」인 교육제도를 채택하는 것이 「어떤 일이라도 쉽게 실제로 도움이 되는 것이 요구되는 한국에 있어서는, 국민교육의 향상을 돕기 위해서, 가능한 한 빠른 길을 찾는」 등, 한국의 교육을 일본의 형편에 좋은 방향으로 어떻게 효율적으로 운영해 갈까를 머리에 두고 정리된 것이라고 말할 수 있다.

이러한 방침을 부연한 「韓國教育改良案」에 대하여, 코무라 外相도 다음과 같이 찬성의 뜻을 표하고 있다.

> 이 제안은 대체로 적당하다고 생각한다. 특히 한국의 각 학교에서 일본어 보급을 꾀하는 것은, 아주 시의적절한 일이라고 생각한다. 그렇지만, 학정개혁의 실행에 대해서는, 이에 수반하는 경비 문제도 있으므로, 당분간은 우선 기존 학교의 정리를 실행하도록 하는 것이[19]……

이리하여 시데하라는, 기존 여러 학교의 정리·충실에 힘쓰는 한편, 새로운 학교제도 구상을 다지고 있었다. 을사늑약에 기초하여 1906년 2월, 통감부가 설치되고, 그 강력한 지도 아래 한국에서는, 동년 8월 이후, 학교제도의 대개혁이 행해졌는데, 그것은 시데하라의 구상을 기초로 한 것이었다. 다음 자료는 이것을 증명하는 것으로, 덧붙여 「이토오 統監 그 밖에 주변에서 연구했던」 것은, 주로 재정, 그리고 한국정부의 교육정책과의 균형 문제였다.

> 시데하라 案을 기초로 한 한국교육 확장계획은, 그 후 이토오 統監과 관료들 아래서 연구되고 다소의 수정을 거치면서 대략 다음과 같이 결정되었다고 한다.
>
> 1. 보통교육 : 한국 아동은 일본 아동에 비하여, 漢文漢語의 습득이 쉬우므로, 한국의 보통교육은 주로, 보통지식을 가르치는 것을 목적으로 하고, 그 연한도

일본처럼 尋常 4년, 高等 4년 합계 8년을 소비할 필요가 없다. 그러므로 신계획에서는 보통교육 연한을 만4년으로 하고 이를 보통학교라 칭한다.

2. 고등교육 : 보통교육을 마친 자에게 고등교육 즉 일본의 중학 정도의 교육을 한다. 그 학교를 고등학교라고 칭하고 연한은 만4년이다.

3. 전문교육 : 시데하라 案에 따르면 한국에서 보통, 고등 둘 다 마치고 더 나아가 전문지식을 얻으려 하는 자는, 일본에 가서 각종 전문학교에 취학시키는 방침이었으나, 통감부의 수정안에서는 전문교육도 한국에서 하도록 되었다. 전에 한국 폐하가 대학을 재건하라는 칙어를 내리셨을 때 통감부에서 특히 한국 朝廷에 충고하여, 대학을 재건할 때 한국 조정이 독단적으로 하지 않도록 경계한 것은, 전문교육 실시의 기초가 된 것으로 이해할 수 있다.

4. 실업교육 : 이 교육은 농상공부에 부속시켜 京城에 상공학교, 水原 기타에 농림학교를 설치할 것.

5. 日語學校 : 새롭게 계획 중인 보통교육에서의 일어와 별도로, 여기에 외국어로서 현재의 일어학교를 확장할 것.[20]

시데하라의 활동으로, 학교제도의 개혁과 함께 주목되는 것은 교과서 편찬이다. 그는, 학정참여관 취임 직후부터 이에 착수하고,[21] 1905년 6월에는 새로 일본인 2명의 도움을 얻어, 일본어 교과서를 중심으로 정력적인 편찬 작업을 진행했다.

學部 편집국에는, 한국인 중에서 학식이 있다고 하는 사람을 몇 명인가 쓰고 있었지만, 그들은 이른바 신학문에 대하여는 잘 모를 뿐만 아니라, 수업시간을 고려하여 적당한 교과서를 만드는 등의 치밀한 주의력이 없기 때문에, 6월 21일 새로 일본인 두 명〔관립 중학교교사 타카하시 토오루(高橋亨) 및 사립 경성학당장 와타세 츠네요시(渡瀨常吉)〕을 學部의 임시 편수자로 고용했다. 이 두 사람은 지금 소학교 정도의 일어독본을 편찬하고 있다.[22]

이에 대하여 한국민 사이에는, 일본어교육 자체에 대한 반대가 있었고, 學

部가 시데하라에 의해 좌지우지되는 데 대한 비판이 있었다. 당시의 대표적인 신문 『大韓每日申報』는 다음과 같이 말하고 있다.

> 學部 參與官 시데하라 타이라 씨가, 한국 아동의 초등 교과서를 일본글, 일본어로 하는 사건에 대하여 ……(中略)…… 만약, 어린 아이에게 자기 나라 말, 자기 나라 글을 배우게 하지 않고, 먼저 다른 나라의 말을 배우도록 한다면, 자기나라의 사상이 없어지고 나라의 정신도 소멸하여, 그 국가와 민족은 반드시 멸망할 것이다. ……(中略)…… 지금 한국 學部에, 이른바 大臣이니 차관(協辦)이니 국장이니 참사니 칭하는 허다한 관리가, 모두 일개 시데하라 타이라 씨 지휘 아래 굴복하여, 감히 한 마디도 하는 사람이 없다. 이것은, 한국의 가장 심한 참화(慘禍)의 진정한 원인이 學部에 있다는 것으로 실로 슬픈 일이다.[23)]

이처럼, 학교제도 및 교육내용의 개혁에 절대적인 지도성을 발휘했던 시데하라였으나, 1906년 6월, 통감 이토오 히로부미에 의해 경질되어, 문부성 視學官으로 전출되게 되었다. 이 인사는 너무 갑작스런 것이었던 만큼, 일본 교육계도 다음과 같은 의분을 감추지 않았다.

> 시데하라 타이라 參與官이 사임하고, 미츠치(三土) 고등사범 교수로 바뀌었다. 돌연한 한국 顧問의 경질, 우리는 왜 그렇게 되었는지 모른다. 시데하라 타이라 씨가 매우 열심히 하는 사람이라는 것을 생각할 때, 더더욱 모르겠다. 신문 등이 전하는 바가 사실인지 어떤지 모르지만, 시데하라 씨의 계획이, 통감부의 예상 이상으로 비용이 필요하기 때문에, 실행이 어렵게 되었다고 하면, 그 주변 사정을 추측하는 것은 어렵지 않지만, 시데하라 씨가 사직해야만 할 정도로 중대한 사건이었다면, 시데하라 씨와 통감부 양자의 생각의 차이가 매우 크다고 생각할 수밖에 없다. 우리는 이토오 統監의 말에 대한 책임을 존중하고, 한국의 교육에 대해서 큰 소망을 가지고 있기 때문에, 이번 사건이 한국의 교육의 장래를 위해, 무엇인가 우려해야 할 원인이 되지 않는가 하고 걱정한다.[24)]

어쨌든, 이리하여 한국 학정참여관으로서의 시데하라의 역할은 끝나고, 그의 임무는, 식민정치 하의 次官을 비롯한 일본인 관리에 의해 이어지게 되었다.

3. 한국 학부행정과 일본인 관리

(1) 學部에서의 日本 勢力의 推移

전술한 것처럼, 1905년 2월 시데하라 타이라가 학정참여관이 된 것이, 일본인이 한국 교육행정에 참여한 최초이고, 「표 8」에 보는 대로, 을사늑약 체결(1905년 11월 17일) 당시까지는, 한국 學部 본청근무 일본인은, 시데하라 타이라를 비롯하여 4명에 지나지 않았다.

덧붙여 말하면, 당시 한국정부 각 부서에 초빙된 일본인 총수는 207명이었기 때문에, 學部 본청근무자는 초빙 일본인 중에서도 소수에 지나지 않았고, 그 직위도, 학정참여관, 참여관의 통역관, 교과서 편집 촉탁 등, 말하자면 한국인 관리를 보좌하는 자로서의 명칭이 붙여졌던 것이다. 그러나, 그 후 일본인이 한국정부의 정식 官吏가 되고, 양적으로도 學部의 주류를 점하게 된다. 이것은, 1907년 7월에 체결된 韓日新協約(第3次韓日協約)의 결과로, 특히 동 협약의

제4조 한국 고등관리의 임면은 統監의 동의를 얻어 이를 행할 것
제5조 한국 정부는 統監이 추천하는 일본인을 한국 관리로 임명할 것

이라는 규정에 근거하여 統監 이토오 히로부미는 學部 인사를 마음대로 좌우하고, 일본인 관리를 속속 보냈던 것이다. 다음 자료는, 1908년 당시 學部 본청의 상황을 그린 것이다.

「표 8」 한국 學部 초빙 일본인 일람(1905년 11월 현재)

姓名	職務	月俸	年齡
幣原坦	學部學政參與官	300円	33歲
上郁正巳	學部參與官付通譯官	100	30
渡瀨常吉	學部教科書編輯囑託	70	38
高橋亨	同上 · 中學校教師	150	26
長谷川鷗四郎	中學校教師	120	30
	日語學校教師		
小竹武次	醫學校教師	250	41
田中玄黃	日語學校教師	200	40
長山乙介	日語學校教師	120	30
瀨谷通文	日語學校助教師	40	32
赤壁次郎	農商工學校農科教師	200	47
押切祐作	農業試驗場技手	60	29
久野末五郎	農商工學校工科教師	200	32
國井泉	高等小學校教師	80	39
岩崎厚太郎	日語學校教師	90	38

(출처) 「韓國에 傭聘되어 있는 日本人 調査의 件」 1905년 12월 21일자
(日本 外務省 記錄『韓國에 傭聘되어 있는 日本人 調査의 件』 所收)

지금 學部 본청에만도, 勅奏任官을 비롯해, 判任官에 이르기까지, 30명 정도의 일본인이 있고, 모두 조직적으로 계통적으로 열심히 일하고 있다. 學部의 상황 일부를 이야기하면, 學部에는 大臣과 次官 아래 학무국과 편집국 두 개가 있고, 학무국이 제1과와 제2과로 나뉘어져 있다. 사범교육이나 보통교육은 제2과가 맡는 데, 쿠마모토 시게키치(隈本繁吉)가 그 과장이다. 또 大臣官房 직속으로, 비서과, 문서과, 회계과가 있는데, 문서과장은 혼다 츠네요시(本田常吉) 씨이다.

그 밖의 과장은 한국인인데, 여기에는 각각 유력한 일본인 사무관이 있어서 착실하고 민첩하게 그 사무를 관장하고 있다.[25]

이것으로 약 30명의 일본인이 차관 타와라 마고이치(俵孫一)를 비롯하여 주요 포스트를 점하고, 과장이 한국인이었어도「여기에는 각각 유력한 일본인 사무관이 있어서 착실하고 민첩하게 그 사무를 관장하고 있는」상태로, 교육행정의 실권은 거의 완전히 일본인 관리의 손에 쥐어져 있었던 것을 엿볼 수 있다. 1909년부터 1910년에 걸쳐 學部는,『韓國敎育』『韓國敎育의 旣往及現在』『韓國敎育과 警察行政』『韓國敎育의 現狀』등의 책자를 발행하고 있는데, 타와라 次官 이하 일본인 관료에 의해 일본어로 쓰여진 이들 책자가 한국 學部 이름으로 발행되었다는 사실만으로도, 일본인의 실권 장악 상태를 충분히 엿볼 수 있을 것이다.

여기서, 學部 차관 타와라 마고이치와 학무국 제2과장 쿠마모토 시게키치에 관해서 약간 보충하면, 타와라는, 이토오 統監에 의해 통감부에서 學部로 파견된 이토오의 심복이었다. 그간의 경위는 다음과 같다.

러일전쟁이 끝나고, 光武 8년(1904년) 한일협약 체결 결과, 顧問정치가 시작되어, 學部에 일본인 학정참여관을 두고 학정고문이라는 부서를 만들어 교육행정의 중요한 업무에 참여하게 하였다. 光武 10년(1906년) 통감부가 설치되어, 이토오 統監이 취임하자 그 지도에 따라 교육개선에 착수하고, 법령의 개폐, 학교의 신설을 실행하여, 신교육의 실제 효과가 차츰 드러났다. 이때 학정참여관이던 시데하라 타이라 박사는 퇴임하고, 전 통감부 서기관인 타와라 마고이치가 촉탁으로 學部에 들어가, 隆熙 元年(1907년) 8월 이래, 學部 차관으로서 學部大臣을 보좌하여 교육행정을 맡았다.[26]

이에 따르면,「學部 차관으로서 學部大臣을 보좌」한다고 되어 있으나, 그것은, 이 자료가 한국 學部에 의해 작성되었기 때문에, 겉으로만 그렇지 실질적으로는 타와라 자신이 學部大臣이었던 것은 말할 것도 없다.

쿠마모토 시게키치는, 시데하라 타이라와 마찬가지로, 동경대학 문과 사학과를 졸업하고 중학교 교장을 거쳐, 1908년 3월 2일 신분상 동경고등사범학교 교수가 되고, 동일자로 한국정부 초빙에 따라 學部 서기관이 된 사람인데, 그는, 對 한국인관에서 당시의 일본인 관리로서는 특이한 존재였다. 즉 그는, 자신의 「㊙教化意見書」에서, 상층관료들의 급진적 同化論과는 다른 다음과 같은 의견을 말하고 있다.

> 조선 민족은, 비록 더디다고는 하나 3천년 이래 발달해 온 민족으로서 언어, 풍속, 습관이 확립되고 민족정신도 이미 형성되어 있으므로, 일본민족으로부터의 감화나 영향에 의해 同化시키려는 것은 어렵다고 할 수밖에 없고, 또 조선민족의 문화도 상당히 발달되어 있으므로, 일본민족이 주는 감화나 영향에 큰 기대를 가지지 않는 것이 좋다.[27]

그러나, 그 사람도 「조선은 철두철미하게 일본민족이 발전해야 할 식민지로 경영하여, 조선민족은 일본민족에 내하여 종속적 위치에 서게 해야 한다는 것이 아마도 필요할 것」[28]이라고 생각하는 점에서는, 일반적인 일본인 官吏의 인식과 같은 수준에 서 있었던 것이다.

(2) 「模範教育」의 開始

통감부와, 그 직접적 영향에 의해 일본인 관리의 주도하에 놓여져 있던 學部에 의해 추진되었던 교육이, 소위 「模範教育」이었다. 學部는, 이것이 「模範」교육인 까닭을 다음과 같이 말하고 있다.

> 소위 신교육이라는 것은, 지금부터 2, 30년 전에 외국 선교사가 布教宣傳과 함께 학교를 개설하고, 자제를 모아 문명적인 교육을 한 것이 처음이고, 정부도 개국 504년(메이지 28년) 서정쇄신과 함께 교육개선에 힘써, 여러 가지 학교를

신설했으나, 아직까지 이렇다 할 만한 성과가 없고, 게다가 끓어 오르는 민간의 교육열에 따라 만들어진 사립학교는, 명색은 한국의 부강과 개발을 위한 새로운 교육을 한다고 하지만, 헛되이 많은 학과목을 나열할 뿐, 그 실효를 거두는 게 없다. 심지어는 교육의 本旨와 어긋나는 교육을 하고도, 전혀 반성하지 않는 상태이다. 그런데 메이지 39년 통감부가 설치되고, 이토오 統監이 각종 시정개선에 힘써, 제반 사업을 기획할 때, 기업자금 중 특별히 50만 엔을 할애하여, 각지에 새로운 교육을 위한 학교를 만들게 했다. 여기에서 模範教育이라는 것이 시작되었던 것이다.[29]

즉, 「아직까지 이렇다 할 성과가 없」는 신교육이나, 사립학교가 「명색은 한국의 부강과 개발을 위한 새로운 교육을 한다고 하지만, 헛되이 많은 학과목을 나열할 뿐, 그 실효를 거두는 게 없다. 심지어는 교육의 本旨와 어긋나는 교육을 하고도, 전혀 반성하지 않는 상태」이기 때문에 「模範」적 교육을 실시한다라는 것이었다.

「模範教育」의 실시에 맞추어진 주요한 조치는, 보통학교 · 고등학교 등 새로운 학교체계의 인적 · 물적 정비와 교과서 편찬이었다. 그 상세한 것은 本書 第7 · 10 · 11 章을 참조하기 바란다.

4. 한말 교육사에서 일본인 고문 · 교원의 위치와 그 역할

이상 본 바로부터 한말 교육사상에 있어서의 일본인 顧問(학정참여관) · 교원의 위치와 그 역할을 요약하면, 우선 양적으로는, 처음에는 반드시 우세했던 것이 아니고, 美 · 英 · 佛 · 獨 · 清 · 露 등 열강의 초빙 외국인과 경합하면서 한국의 교육행정과 학교교육에 종사했으나, 청일 · 러일전쟁을 거쳐 일본의 한국지배가 확립되어 감에 따라 사람 수도 늘고, 특히 1907년 7월 한일신협약 이후, 한국에서의 초빙 외국인은 거의 일본인 일변도였다. 이 협약에 의해 한국정부의 인사권이, 일본인 統監의 손에 옮겨져, 일본인 官吏 및 교원이, 바야흐로 한국정부의 정식 공무원으로 대량으로 보내짐과 함께, 친일파 이외의 모든 외국인이 쫓겨났기 때문이다. 이와 함께 일본인의 역할도 질적으로 변화하여, 한국의 근대화를 측면으로 원조하는 말하자면 도우미(helper)의 입장에서, 일본인 자신이 교육행정 및 학교교육의 실권을 쥐는 주인으로 바뀌었던 것이다. 물론, 학교제도나 교육내용 등을 근대화하는 데에 일본인 顧問 · 教員이 선도적 역할을 한 것을 전면적으로 부정할 수는 없고, 그 점은 다음 인용에 있는 것처럼 한국의 연구자도 일정한 평가를 하고 있다.

> 韓末의 외국인 고용인은, 정치 · 경제면에 있어서는 세력 침투 · 침략에 시종일관했다고 볼 수 있다. 그러나, 교육분야나 기술분야에 있어서는, 그들 초빙자의 영향을 받은 뒤 한국인이 어떻게 행동했는가는 별문제로 하고, 표면만으로 보면, 우리를 계몽한 점도 많았다.[30]

그러나, 大局的으로 보면 일본인 顧問 · 教員은, 한국의 식민지화로부터 한일합병을 향한 시대의 흐름 안에서, 일본어 보급을 비롯한 학교교육의 親日化를 진행시키는 한편, 민족의 자주독립을 목적으로 한국인이 독자적으로 운영하는 사립학교를 억압하고, 그것을 소위 「模範教育」의 틀 안에 끌어들여, 다음 단계인 식민지통치의 노선 그리기 혹은 그를 위한 정지작업을 했다고 할 수 있다. 李鉉淙은, 韓末에 있어서의 외국인 顧問의 성격을 한국인의 입장에서 다음과 같이 총괄하고 있는데, 이 평가는 顧問뿐만 아니라 일본인 교원 일반에도 그대로 들어 맞을 것이다.

이처럼 韓末에 있어서의 외국인 顧問은, 우리들에게 매우 유익했다고는 말할 수 없다. 물론 이러한 顧問의 초빙 관계도, 자기 나라의 對韓政策으로부터 떨어질 수는 없었다. 그러므로, 우리가 원래 염원하고 있던 순수하고 소박한 의미에서의 협력자나 조언자나 문물제도 개선에 대한 충고자이기 이전에, 그들은 자기 나라의 목적달성이라고 하는 대전제 아래 초빙되고, 또 초빙시키려고 하는 압력을 넣어 채용된 만큼, 우리가 기대한 것과는 그 성격이 매우 동떨어져 있었다. ……(中略)…… 행정면에까지 顧問으로서가 아니라 오히려 간섭자로서 등장하고, 세력 침투와 침략이라는 裏面工作을 은폐하면서, 표면상으로만 우리의 조력자인 것처럼 행동했다. 특히 일본인 고용자의 경우, 말하자면 外飾內侵의 探偵顧問으로서 활동했던 것이다.[31]

【註】 (*는 한글 文獻)

(1)「對淸敎育策(그 四)」『敎育時論』 제610호 1902년 3월 25일 2쪽

(2) 李鉉淙「舊韓末外國人雇聘考」東京 · 韓國硏究院『韓』 제9권 제2호 1980년 2월 63쪽

(3)『敎育時論』 제614호 1902년 5월 5일 47~48쪽

(4) 日本外務省記錄「韓國政府 學部에 있어 中學校 新設에 따라, 그 學校 敎師로 幣原坦 招聘의 件」 1900년 9월 5일

(5) *李萬珪『朝鮮敎育史』下 서울 · 을유문화사 1949년 73쪽

(6) 日本外務省記錄「韓國政府 學部에 있어 中學校 新設에 따라, 그 學校 敎師로 幣原坦 招聘의 件」 1900년 10월 10일

(7) 幣原坦「韓國의 敎育에 관하여」『敎育界』 제1권 제3호 1902년 1월 14쪽

(8) 日本外務省記錄에도「學政參與官」「學部參與官」「學務參與官」 등이 혼용되고 있으나, 본 章 본문에서는「學政參與官」으로 일관하도록 한다.

(9)「幣原氏의 契約」『敎育時論』 제713호 1905년 2월 5일 34쪽

(10) 일본외무성기록「韓國에 있어서의 學部顧問 傭聘 및 學政改革 一件」 1905년 1월 16일

(11) 同上 1905년 1월 23일

(12) 同上 1905년 2월 8일

(13) 同上 1905년 2월 9일

(14)「幣原氏의 契約」『敎育時論』 제713호 1905년 2월 5일 34쪽

(15) 日本外務省記錄「韓國에 있어서의 學部顧問傭聘 및 學政改革 一件」 1905년 2월 17일

(16) 同上 1905년 2월 24일

(17) 同上 1905년 11월 21일

(18) 同上 1905년 4월 11일

(19) 同上 1905년 5월 2일

(20) 「韓國敎育新計劃」『敎育界』 제5권 제10호 1906년 8월 95~96쪽

(21) 「韓國의 學制」『敎育時論』 제716호 1905년 3월 5일 32쪽

(22) 日本外務省記錄「韓國에 있어서의 學部顧問傭聘 및 學政改革 一件」 1905년 8월 21일

(23) *『大韓每日申報』 1906년 3월 29일

(24) 「韓國學部 顧問의 更迭」『敎育時論』 제762호 1906년 6월 15일 44쪽

(25) 增戶鶴吉 「韓國의 師範敎育」『敎育界』 제7권 제9호 1908년 7월 88쪽

(26) 韓國學部『韓國敎育』 1909년 1~2쪽

(27) 隈本繁吉 「㊙敎化意見書」 1910년 제7장 朝鮮民族의 同化(Japanization)

(28) 同上 제10장 日本(야마토) 民族과 朝鮮民族과의 生存關係

(29) 韓國學部『韓國敎育의 現狀』 1910년 5~6쪽

(30) 李鉉淙 前揭論文 64쪽

(31) 同上 62쪽

第7장 미츠치 츠우조(三土忠造)와 한국교육

머리말

미츠치 츠우조는, 동경고등사범학교 출신의 최초의 문부대신으로, 게다가 재무, 체신, 철도, 내무 겸 운수대신 등을 역임한 정치가로 유명한 사람이다. 헤이본샤(平凡社)가 펴낸 『日本人名大事典』(1979년 7월 간행)에도, 단지 정치가라고만 규정되어 있다.[1] 동경고등사범학교를 졸업한 사람들을 회원으로 하는 메이케이카이(茗溪會)는, 그 기관지인 『教育』, 제529호(1927년 6월 1일 발행)를 「미츠치 문부대신 취임 축하 기념호」라고 할 정도로 미츠치의 정치가로서의 측면을 클로즈업하는 자세를 보이고 있었고, 미츠치 자신의 의식으로도, 정치가 압도적인 비중을 차지하고 있던 것 같았으므로, 이것도 무리가 아닌 것이다.

그러나, 그는 정치가이기 이전에 교육가였다. 1897년, 고등사범학교 졸업과 동시에 고등사범학교 부속중학교 교사가 되었고,[2] 1906년에는, 고등사범학교 교수인 채로 한국 學部 學政參與官이 되었다. 총선거에 출마하여 정치가로서의 제1보를 걷기 시작한 것은, 1908년의 일이다.

미츠치가 한국에 건너간 1906년은, 제2차 한일협약(을사늑약, 1905년 11월 체결)에 근거하여 통감부가 설치되고, 통감 이토오 히로부미의 주도에 의한 한국경영이 개시된 해이다. 이후 약 5년간은, 말하자면 韓日合倂(1910년 8월)을 향한 준비기간인데, 미츠치는, 이 초기 2년간, 學部 학정참여관 및 서기관으로서 교육행정의 일익을 담당했다. 따라서, 당시의 그의 활동을 규명하는 것은, 곧 식민지시대의 한국에 있어서의 일본 측의 教育工作의 일단을 밝히는 것과 다를 바 없다.

하지만, 이에 대해서는, 지금까지 해명 작업이 제대로 이루어졌다고는 할 수 없다. 미츠치의 체한 기간이 비교적 짧았던 것, 같은 학정참여관이라고는 하나 초대 시데하라 타이라에 비해 권한이 매우 한정되었다는 것, 미츠치 자신, 많은 저서 · 논문을 썼음에도 불구하고 한국교육에 직접 언급한 것이 거의 없다는 것 등이 그 원인일 것이다. 정치가로서의 미츠치가 「빛(光)」의 부분이라고 하면, 본 章은, 그 화려함 때문에 말하자면 「그늘(陰)」부분이 되어 있는 한국시대의 활동에 빛을 비추려고 하는 것이다.

1. 渡韓 전의 약력

미츠치 츠우조(三土忠造)는, 미야와키 세이키치(宮脇清吉)의 차남으로 1871년 6월 25일 카가와현(香川縣)에서 태어났다. 〔미츠치 姓을 가진 것은, 미츠치 세츠(三土セツ)와 결혼한 2년 뒤인 1895년 2월의 일이다.〕

1887년 7월, 소학교를 수석으로 졸업, 동년 9월, 군수 추천에 의해 에히메(愛媛) 縣立사범학교에 입학했다. 1889(메이지 22)년 12월 카가와(香川) 현립사범학교로 전학하여 1892(메이지 25)년 5월에 졸업했다. 그간의 경위에 관해, 당시 카가와 현립 사범학교장이었던 야마지 카즈유(山路一遊)는 다음과 같이 말하고 있다.

> 미츠치 군은 에히메(愛媛) 현립사범학교에서 2년반 공부했고, 혹은 메이지 25년에 카가와(香川) 사범학교를 졸업했다고 한다. 내가 카가와 현립사범학교 교장으로 에히메 현립사범학교에 맡겼던 카가와 현립사범학교 학생을 받아, 타카마츠(高松)의 임시 校舍에 들어간 것은 메이지 22년 12월이었다. 이때부터 미츠치 군은 교장인 내 아래서 공부했다.[3]

이에 의하면 미츠치는, 카가와 사범학교 학생으로 에히메 사범학교에 맡겨져 있었던 것 같다. 카가와 사범학교 졸업 후, 잠시 출신지의 尋常高等小學校에서 봉직했으나, 1893년 4월, 지사 추천으로, 동경고등사범학교에 입학했다. 이 해 2학기, 카노우 지고로(嘉納治五郎)가 고등사범학교 교장에 취임하고, 이 카노우와의 만남이, 나중에 한국 학정참여관 미츠치 츠우조가 탄생할 직접적인 계기가 된다. 고등사범학교 시대의 미츠치와 카노우 교장과의 교섭에 관해서는, 다음과 같은 유명한 에피소드가 전해지고 있다.

> 카노우 교장은, 졸업기가 가까워 오면, 졸업생을 한 사람씩 교장실에 불러 가깝게 대담하고, 장래에 관해서 교훈을 주는 습관이 있었다. 카노우 교장으로부터 장래 희망에 대해 질문을 받은 미츠치는, 이렇게 대답했다고 한다. 「첫째 혹시 교육계에 서게 되면, 중학교장으로서 평생 청년자제를 가르치고, 둘째 혹시 행정방면에 관계할 수 있게 되면, 문부대신으로 전국 교육을 통괄하고 싶습니다」
>
> 이를 들은 카노우 교장은 「나는 교장이 된 이래, 매년 졸업하는 생도의 포부를 듣고 있는데, 大臣이 된다고 하는 큰 꿈을 가진 생도가 한 사람도 없어, 매우 섭섭했었지만, 너를 알게 되어 마음 든든하게 생각한다. 그 意氣가 참으로 장하다」라고 격려했다.[4]

이것은, 文部대신 취임 축하회 석상에서 미츠치가 스스로 이야기한 것인데, 학생시절부터 매우 야심적이었던 그의 일면을 보여줌과 동시에, 그의 이러한 성격이 후일까지 카노우의 인상에 남은 것으로 생각된다.

미츠치의 졸업논문은, 「소학교 교과서 편찬에 관해서의 의견이었다」고 한다.[5] 후술하는 것처럼, 학정참여관으로서의 미츠치의 가장 큰 일은 한국인 초등학교(보통학교)용 교과서 편찬이었는데, 이미 고등사범학교 재학 때부터 그 싹이 보였던 것이다.

1897년 3월, 고등사범학교 문과를 수석으로 졸업한 미츠치는 곧바로 그

학교 부속중학교 조교유(助教諭) 겸 훈도가 되었다. 이 직후부터, 『教育』의 前身인 『東京茗溪會 雜誌』에 「小學讀本 編纂法」(제172 · 173 · 174호 1897년 5 · 6 · 7월), 「시게노 야스츠구(重野安繹) · 타케무라 탄도(竹村鍛同) 編纂 新撰漢文講本 入門을 批評한다」(제194호 1899년 3월), 「사이토 시카자부로(齊藤鹿三郞) 君 著 實用教育學批判」(제196호 1899년 5월) 등 교과서의 내용이나 편찬법에 관한 논문을 기고, 그 소견을 피력하고 있다. 최초의 논문 「小學讀本編纂法」은, 시간적으로 보아 고등사범학교 졸업논문을 轉載 혹은 再編한 것으로 생각되나, 거기에는 다음과 같은 기술이 있다.

> 무릇 각 교과서는 教授機關의 일부분이다. 이 일부분이 일치되지 않으면 教授는 죽은 것과 마찬가지이다. 따라서 교육 목적을 달성할 수 없다. 만약 계획적인 교육을 하려고 한다면, 모든 교과서는, 한 계획 아래 만들고, 각각 그 목적에 맞게 통합되어, 하나의 전체가 되지 않으면 안 된다. 그리고 가장 완벽한 방법은, 모든 교과서를 한 사람이 만드는 것이다. 이것은, 매우 어려운 일이지만, 여러 사람이 협동하여 편집해서는 안 된다. 교과서 편찬은 결코 쉬운 사업이 아니다. 양질의 교과서를 만들려면, 연구해야 할 것이 한 두 가지가 아니다. 모든 교과서를 혼자서 편찬할 경우에는 더욱 그렇다. 특히 초등학교의 독서 과목은, 모든 교과의 중심이며, 모든 학습의 기초이다. 그러므로 이를 연구하는 사람은, 교과서 편찬의 선두에 서지 않으면 안 된다.[6)]

학정참여관으로서 한국 초등학교용 교과서 편찬에 임하는 그의 기본 자세가, 이미 1897년의 시점에서 엿보이는 점에 주목하고 싶다.

논문을 통해 持論을 전개하는 한편 미츠치는, 스스로 교과서 편찬에도 착수했다. 그 최초의 著作이, 1898년 4월 富山房에서 출판된 『中等國文典』 3권으로, 이 책은, 통칭 「三土文典」으로 넓게 일본 전국에 유포되었다. 미츠치는 이어 『女子國文典』을 1906년 1월에 같은 富山房에서 내고, 이런 사이에, 미야케 요네키치(三宅米吉) · 우치보리 코레부미(內堀維文) 등과 함께 『新漢文讀

本』의 편찬도 직접 다루고 있다.

이러한 미츠치의 능력은 일찍부터 사회에서 인정받아, 이미 고등사범학교를 「졸업한 해에 普及社라고 하는 학습서 출판사에서, 소학교 교과서 편집주임에 취임하면 편집 완료 후 3년간의 유학비를 제공하겠다는 제의가 있었다.」 그러나, 이때는, 「마음이 움직이지 않는 것도 아니었으나 문부성 유학생을 예정하고 있었기 때문에 받아들이지 않았다」는 것이다.[7] 미츠치의 유학이 실현되는 것은, 1902년 1월이다. 미츠치는, 이보다 1년 전인 1901년 1월, 오가사와라 나가미키(小笠原長幹)의 가정교사였었는데, 오가사와라(小笠原)의 유럽 유학 때 부속중학교 교사를 휴직하고 그 감독자로 영국행에 올랐다. 영국에서는 오가사와라를 감독하면서, 자신도 캠브리지대학에 다니면서 역사학 · 정치학 · 경제학 등을 배웠다. 이렇게 학문의 방면에서도 방향전환을 꾀하고 있으나, 미츠치에게 영국 유학이 큰 의미를 가진 것은, 현지에서의 見聞이 정치가로의 진로 변경을 결정지었기 때문이다. 전기 『三土忠造』는, 이에 대하여 다음과 같이 적고 있다.

> 미츠치는 영국의 의회정치를 見聞하고 정치가가 될 결심를 했다고 말하고 있으나, 일반 교사처럼 교과서에만 몰두했다면 영국에서 의회를 보고 들었다 해도 갑자기 정치가로의 방향전환 등을 결심할 수 없었을 것이다. 역시 속마음이라고 할까 잠재된 것이 있었고, 그것이 영국의 완성된 의회정치를 見聞함에 따라 눈을 뜨게 된 것이 아닐까. 적어도 정치에 대한 관심에 대해, 미츠치는 일반 교사와는 상당히 달랐다는 것은 확실하다.[8]

오가사와라 나가미키는, 1904년 6월 벨기에 · 오스트리아 · 독일을 거쳐 귀국했으나, 미츠치는 베르린에 머물러, 현지에서 교육학 · 역사학의 연찬을 계속한 후, 1905년 11월 귀국 길에 올라, 대서양 · 미대륙을 횡단하고 다음해 1906년 1월 귀국, 고등사범학교 부속중학교에 복직했다.

이상에서 본 것처럼 미츠치는, 한국 학정참여관이 되기 이전에 國語 · 漢文

의 소양을 충분히 갖추고, 교과서 편찬에도 이미 상당한 실적을 거두었고, 더욱이 4년에 걸친 유학에 의해 英語·獨語에도 뛰어났다는 것을 알 수 있다. 미츠치의 전임자인 시데하라 타이라의 인선에 즈음하여 「충분한 보통교육을 배운자로서 교육 경험을 가지고 있을 것은 물론 外國語(英語를 가리킴)를 잘 구사하여 외국사정에 정통」해 있을 것, 「漢學 素養이 있을 것」 등이 요구되고 있었는데,[9] 미츠치는 시데하라와 비등한 요건을 구비하고 있었다고 할 수 있다.

2. 渡韓 경위

(1) 韓國 學部의 狀況

1904년 8월에 체결된 제1차 한일협약에 의해, 한국은 소위 「顧問政治」 시대에 들어갔다. 學部에서는, 1900년 11월 이래 한성중학교 교사로 있던 시데하라 타이라가, 1905년 2월, 학정참여관에 취임하여, 교육행정의 실권을 쥐게 되었다. 그러나, 1906년 2월 통감부가 개설되자 한국통치의 주도권은 완전히 통감부로 옮겨지고, 이토오 統監에 의해 부적임자로 인정된 시데하라는, 결국 사임하게 되었다. 당시 일본 교육계는 시데하라의 부지런함을 높게 평가하고 있었기 때문에, 그의 돌연한 사임은 큰 반향을 불러 일으켰다. 예를 들면 『教育時論』의 논평은 다음과 같다.

> 최근에 한국의 學部參與官이었던 시데하라 타이라 박사가 사임하고, 고등사범학교 교수인 미츠치 츠우조 씨가 그 뒤를 잇게 되었다. 시데하라 박사가 학무 고문으로 초빙되어, 곧 한국 學務의 쇄신을 기하고, 특히 한국에 흩어져 있던 고문서 기록, 특히 한반도에 관계가 있는 것을 수집하여, 지금 한국의 문서나 귀한 책 등은 시데하라 타이라 씨가 가지고 있다고 해도 과언이 아니다. 시데하라 씨가 그렇게 열심이었던 만큼, 시데하라 씨의 한국 학제에 대한 주장도 강했을 것이지만, 갑자기 사직한 것은, 어쩌면 統監府와 顧問側과의 의견이 맞지 않아서 그랬

을지도 모른다. 원래 한국의 교육이 미미한 것이어서, 시데하라 씨는 희망이 컸어도 늘 재정문제 때문에, 종래의 시설을 사용할 수밖에 없었다. 그런데 千萬円의 차관 계획이 있다는 이야기를 듣고, 시데하라 씨는 교육기관 확장을 위해 1년에 50万円의 예산을 신청하고, 한국 조정의 동의를 얻었으나, 그 후 借款의 용도에 대해서는, 통감부의 허가가 필요하게 되었고, 통감부는 타와라(俵) 서기관에게 시데하라 씨와 교섭을 시켰는데, 시데하라 씨가 갑자기 그만둔다고 말한 것으로 추측하면, 그 예산 문제에 관하여 양자의 의견에 큰 차이가 생겼다고 간주되는 게 있다는 것이다.[10]

이에 따르면, 시데하라 사임의 원인은, 일본으로부터의 借款 용도를 둘러싼 통감부와 시데하라와의 대립이었다고 되어 있다. 하지만, 「일본의 官吏 그 밖에 사람으로서 한국정부에 고용된 자를 감독」(「統監府官制」 제6조)하는 입장에 있고, 인사권을 독차지하고 있던 이토오 히로부미는, 1906년 4월 19일 통감 官舍에서 개최된 제5회 「韓國施政改善에 關한 協議會」 석상에서, 다음과 같이 말하고 있다.

학교 건물의 건축에 관한 조사를 하고 계획을 정함과 동시에 연구해야 할 문제는 교원양성과 교과서 편찬이다. 이러한 일은 學部大臣과 協辦(次官)도 충분히 연구한 후 계획을 세우기 바란다. 종래 學部에는 시데하라 참여관이라는 사람이 초빙되어 있었으나, 그는 학자이지만 행정경험이 부족하고, 그 밖에 다른 사정도 있으므로, 문부성에 이야기하여 머지 않아 일본으로 되돌려 보내도록 하겠다. 시데하라가 담당하고 있는 교과서 편찬은 아직 큰 진전이 없으니, 빨리 이를 완성시키지 않으면 안 된다. 이를 위해 편찬자가 필요하므로 새로이 적임자를 고용할 수밖에 없다.[11]

즉, 「시데하라가 담당하고 있는 교과서 편찬은 아직 큰 진전이 없으니 …… 새로이 적임자를 고용할 수밖에 없다」는 것이다. 「그(시데하라 – 著者 註)는 학자이지만, 행정경험이 부족하고, 그 밖에 다른 사정도 있으므로」라는 「다른 事情」에 위의 借款 문제가 포함되어 있을 가능성은 많이 있으나,[12] 시데하라가 사임한 직접적인 원인은 교과서 편찬의 遲滞이고, 이 때문에 그는 이토오에 의해 파면되었다고 보아야 한다. 이 일은 훗날 이토오 자신이, 「시데하라 참여관의 한국에서의 실적을 보면, 완성시킨 교과서가 매우 적다. 그는 교관으로는 적임이겠으나, 저술가로는 적임이 아니라고 인정해서 경질했다」[13] 라고 말한 것을 보아도 의문의 여지가 없다. 그리고, 시데하라에 대신하여 제2대 학정참여관 미츠치 츠우조가 등장하는데, 미츠치의 직무가 교과서 편찬을 주로 한 것은, 시데하라 파면의 사정으로 보아 당연한 결과였다.

그런데, 앞에 인용한 『教育時論』의 기사에 있던 것처럼, 교육 예산의 쓰임에 관해서 시데하라와 교섭에 나선 사람은 통감부 서기관 타와라 마고이치(俵孫一)였다. 타와라는, 오키나와현(沖縄縣)에서 「나라하라(奈良原) 知事를 도와, 토지 처분법을 만들고, 세제를 정리하며, 모든 나쁜 습관 배제에 전념했다」[14]라는 실적을 인정받아, 통감부 개설 직후 서기관이 되고, 이토오 統監의 명을 받아 교육행정에 참여했던 것이다. 한국 學部에 있어서의 職名은 「囑託」이었으나, 이토오의 신임이 두터웠던 만큼 교육행정에 있어서의 사실상의 최고 책임자의 지위에 있었다. (學部 「次官」으로서 명실상부한 권력자의 자리에 앉은 것은 1907년 8월의 일이다.) 그리고, 이 타와라와 대립했던 시데하라는, 결국 어쩔 수 없이 사임하게 되는데, 이 인사는, 「植民地政治」의 열매를 거두기 위해, 교사 출신이고 학자 기질이었던 시데하라를 사임시키고, 민완(敏腕)으로 이름을 날리던 순수한 관료인 타와라로 바꾼 것으로 볼 수 있다.

그간의 경위를 보면, 한국의 교육행정에 관한 실권은, 타와라가 촉탁으로 學部에 들어간 시점에서 시데하라 학정참여관으로부터 타와라의 손에 옮겨간 것이다. 한편, 「學政參與官」이란 명칭은 미츠치 츠우조에게 인계되었으나, 그 내실은 시데하라의 그것과 크게 달라, 미츠치의 직무 · 권한은 「教科書編纂主任」이라고 해야 마땅했다. 사실 시데하라 자신도 「내 뒤를 이은 타와라 學部次官」이라는 인식을 보이고 있고[15], 傳記 『三土忠造』에도 「미츠치는 타와라의 브레인」, 즉 사실상의 부하였다고 되어 있다.[16] 종래의 연구에서는 이러한 사정을 혼동하고 있는 것이 많은 바, 실질적인 권한의 이동과 단순한 관직명의 계승과는 명확히 구별되지 않으면 안 된다.

(2) 미츠치(三土) 學政參與官의 誕生

1906년 1월 말 유학에서 돌아온 미츠치는, 휴직했던 고등사범 부속중학교 교사에 복직했다. 이윽고 통감 이토오 히로부미는, 시데하라 학정참여관의 후임 인선을 문부대신인 마키노 노부아키(牧野伸顯)에게 요청했다. 정확한 날짜는 분명하지 않지만, 아마도 「새로 적임자를 고용할 수밖에 없다」는 것을 단언했던 제5회 「韓國施政改善에 關한 協議會」(1906년 4월 19일)의 직후의 일일 것이다. 이 협의회 석상에서, 시데하라를 「문부성에 이야기하여 머지 않아 일본에 되돌려 보내겠다」고 말하고 있기 때문이다.

이토오의 요청을 받은 마키노(牧野) 문부상은, 동경고등사범학교 교장 카노우 지고로(嘉納治五郎)에게 인선을 일임했다. 카노우는, 「곧바로 미츠치 씨를 추천했다」는 것이다.[17] 카노우에 있어 미츠치는, 부하임과 동시에 제자이기도 하고, 그 능력이나 성격을 잘 알고 있었던 것, 즉 미츠치의 『中等國文典』을 비롯한 교과서 편찬 실적, 유학에 의해 익힌 국제감각이나 어학력 등을 카노우가 높게 평가하고 있었다는 것이 추천의 이유로 생각할 수 있다. 나아가서는, 전술한 것 같은 고등사범 졸업 직전의 미츠치와의 대담이 기억에 있고, 이것도 카노우의 판단을 돕는 한 요인이 되었을 것이다.

카노우의 추천을 받아 마키노 문부상은, 문부성 시학관 코모리 케이스케(小森慶助)로 하여금 미츠치와의 교섭에 나서도록 했다. 그 후 미츠치 학정참여관 탄생까지의 경위는 다음과 같다.

> 코모리는 미츠치에게 마키노 문부대신이 전하는 말로, 『이토오 統監이 학정참여관의 임무에 큰 기대를 걸고 있으므로 꼭 수락하는 게 좋을 것이다』라고 했다. 그로부터 며칠 후 미츠치는 이토오에게 초대되어, 카나가와현(神奈川縣) 오오이

소(大磯)에 있는 別邸로 가자, 이토오로부터 직접 한국정부의 學部 顧問으로 참여관을 맡으라는 교섭이 있었다. 미츠치는 한국의 사정은 전혀 모르고, 4년간이나 일본을 떠나 있다가 돌아온 직후였기 때문에 솔직하게 「저는 지금까지 韓國의 韓字도 생각해 본 적이 없습니다」라고 말하자, 이토오도 「이 사람도 統監의 統字도 생각해 본적이 없었네」라고 웃었다. 미츠치는 이토오와의 이 최초의 만남에서 서로 통하는 것이 있다고 생각했다. 이토오는 한국의 교육쇄신에 관한 포부와 學部顧問의 임무에 대하여 설명하고 「自信이 있으면 해보지 않겠는가」 하고 권했다. 미츠치는 이토오가 長州藩(현재의 야마구치현에 있던 옛 國名)에서는 신분이 낮은 「輕輩」라고 업신여김을 당한 계급 출신이지만, 헌법 기초의 역사적인 대임무를 수행한 인물이고, 천황(메이지) 폐하의 신임이 선배 야마가타 아리토모(山縣有朋, 1838~1922)를 훨씬 능가하는 훌륭한 인재이면서도, 꾸밈없고 잰체하지 않는 태도에 매우 감동하여 교섭을 수락했다.[18)]

미츠치가 이토오에게 초대되어 오오이소(大磯)를 방문한 것은, 아마도 1906년 5월 하순부터 6월 초에 걸쳐서 일 것이다. 이것은, 이토오가 大觀兵式 參列의 명을 받아 4월 21일 서울을 출발하여 24일 오오이소에 돌아왔는데, 「28일 參內하여 복명한 바 있고, 30일 青山 練兵場에서의 大觀兵式에 參列했다. 이후 동경에 머무는 동안 만주 문제 등에 대하여 西園寺 내각회의에 참여하고 또 제실(帝室) 제도 조사국의 사무를 통괄하거나 천황 폐하의 말씀을 받들어 야마가타(山縣), 오오야마(大山) 등과 러일전쟁의 논공행상을 심사하는 등 거의 쉴 여가가 없었다」[19)]는 것과, 미츠치의 동경 고등사범학교 교수(高等官 6等 待遇) 발령이 6월 6일자로 되어 있는 것으로 추측할 수 있다.

그런데, 미츠치의 학정참여관 취임 수락의 이유는, 위의 인용에는 이토오의 「꾸밈없고, 잰체하지 않는 태도에 매우 감동하여」라고 되어 있으나, 보다 직접적인 것은, 이미 영국 체재 때부터 장래 정계로 비약하는 것을 뜻에 두고 있던 미츠치가, 이 기회에 정계의 거두 이토오의 신임을 얻는 것이 득이 될 것으로 판단했기 때문이라고 보는 것이 타당할 것이다.

어쨌든, 1906년 6월 6일자로 동경고등사범학교 교수가 된 미츠치는, 교수 재직인 채로 6월 10일, 한국 學部 학정참여관에 착임했다. 따라서, 고등사범학교 교수는 단순히 직함뿐이었는데, 이것은 전임자 시데하라 타이라와 같다. 또, 대우도 시데하라와 같이 봉급 월액 3백 엔, 관사료 35엔이었다. 덧붙여 당시 「신교육을 받은 소양있는 한국인 교사의 보통 봉급은 많게는 4, 50円의 월봉을 주지 않으면 쉽사리 채용할 수 없는」[20] 상황으로, 월봉 40~50円도 높은 금액이었기 때문에, 일반 한국인 교사에 비하여 일본인 학정참여관은 파격적인 대우였다고 할 수 있다.

3. 한국 學部에서의 활동

(1) 敎育政策의 立案 · 施行

1905년 2월, 시데하라 타이라(幣原坦)와 한국 學部大臣 이재극(李載克)과의 사이에 6개조로 된 고용 계약이 맺어졌다. 그 앞 부분은 다음과 같다.

> 제1조 시데하라 타이라는 대한제국 학정참여관으로서 學部 소관 사무에 관하여 성실히 심의 기안하는 책임을 맡을 것
>
> 제2조 대한제국 學部大臣은 교육에 관한 일체의 사항을 시데하라 타이라에게 자문하고 그 동의를 얻은 후 시행할 것[21]

결국 시데하라는, 학정참여관의 이름으로 한국의 「教育에 關한 一切의 事項」을 좌지우지하는 입장에 있었던 것이다. 시데하라에 대신하여 교육행정을 담당한 타와라 마고이치(俵孫一)에 대해서는, 그 직무권한을 규정한 문서를 지금까지 발견할 수 없으나, 어쩌면 원래 존재하지 않았을지도 모른다. 그것은, 신분상 어디까지나 한국정부에 고용된 몸이었던 시데하라와 달리 타와라(俵)는, 경력으로 보아 한국정부와는 직접 관계가 없었던 통감부 서기관이고,

통감부를 근거지로 하면서 촉탁으로서 學部에 들어가 있었기 때문이다. 이렇게 서로 다른 신분으로 보거나, 통감부 개설을 전후한 정세의 추이로 보거나, 타와라가 시데하라 이상으로 자유재량권을 가졌던 것은 틀림없다.

타와라나, 학정참여관 이름을 시데하라로부터 이어받은 미츠치의 직무내용은 취임 당초부터 변하지 않았으나, 그 직명은 모두 1907년에 이르러 바뀐다. 그 계기가 된 것이, 1907년 7월 24일에 체결된 韓日新協約이었다. 이 협약은, 「제1조 한국정부는 시정개선에 관하여 통감의 지도를 받을 것」「제4조 한국 고등관리의 임면은 통감의 동의를 얻어 이를 행할 것」「제5조 한국정부는 통감이 추천하는 일본인을 한국관리에 임명할 것」 등을 주된 내용으로 하고, 이 취지에 근거하여, 「고문 또는 참여관의 이름으로 현재 한국에 초빙되어 있는 자는 모두 이를 해고」할 것, 「중앙정부 및 지방청에」 각 부 차관 이하의 「일본인을 한국관리에 임명할」 것(韓日協約規定 실행에 관한 각서안)이 결정되었던 것이다. 그 결과, 타와라는, 8월 8일 學部次官에 취임하여, 「동시에 통감부 참여관을 겸임하고, 이로써 學部와 통감부 양자의 연락을 유지하게 되었다.」[22]

한편, 미츠치의 學政參與官 직함이 바뀐 것은, 韓國學部가 발행한 『韓國教育』에, 「學部 改正官制도 隆熙 元年 12월에 공포되었다. 관제개혁 결과 學政顧問機關인 學政參與官은 폐지되었다」[23]고 되어 있는 것을 보면, 學部官制가 발표된 1907년 12월 13일 이후의 일이다. 학정참여관에 대신하여 「學部編輯官에 위촉되고」,[24] 이어서 1908년 1월 31일을 기해 學部 서기관에 임명되었다.

미츠치와 타와라의 신분상의 관계는 위에서 본 대로이며, 學部에서의 실질적인 최고 권력자 타와라 아래서 미츠치는, 교과서 편찬을 비롯하여 후술하는 것 같은 활동을 전개했는데, 타와라의 브레인으로서 교육정책의 입안 · 시행에도 종사했다. 타와라는 어디까지나 내무관료 출신이었고, 교육행정에 관해서는 교육자 미츠치의 조력을 필요로 했던 것이다. 타와라가 착수한 최초의 일은, 이토오 統監이 한국 정부로 하여금 일본흥업은행에서 借款으로 빌리게 했던 1천만 엔의 기업(起業) 자금 중 50만 엔의 임시 學事擴張費를 가지고 보통학교를 비롯한 각급학교를 정비하는 것이고, 그를 위한 법령을 정비하는 것이었다. 이리하여 1906년 8월에는, 「普通學校令」「師範學校令」「高等學校令」「外國語學校令」이, 1907년 12월에는 「學部 直轄學校 및 公立學校官制」「學部直轄學校職員定員令」이 공포되었는데, 「타와라는 미츠치의 식견을 사고, 미츠치가 기안한 학교설치령을 제정」했다고 한다.[25] 또 이를 뒷받침하는 傍證으로, 당시 大韓自强會 고문이었던 오오가키 타케오(大垣丈夫)가 미츠치의 이야기를 다음과 같이 전하고 있다.

현재 學部가 힘을 기울여 시도하고 있는 學政은 대략 다음과 같은데, 이것은 미츠치 참여관이 직접 이야기한 바이므로, 정부 學政의 방침으로 보아야 할 것이다.

이번에 50万円의 한국 교육사업비는, 우선 관립 成均館, 農商工學校, 醫學校, 中學校, 師範學校, 각종 外國語學校의 개조비 또는 기계기구, 기타 비용에 충당하고, 그 나머지를 가지고 전국에 각 小學校를 건설하게 될 것이다. ▲ 소학교 건설은 현재 조사 중인데 ……(中略)…… 현재 경성에 현존하는 소학교 10교 중 7교를 개축 또는 증축하고, 관찰사 소재지에는 반드시 1교씩 신축 또는 증축할 예정이다. 신축이나 증축은 雨季나 寒期에는 공사가 어려우므로, 내년(1907년 – 著者 註) 9월 경까지 준공되는 校舍가 약 60개교 정도이다. ▲ 교육은 오는 9월부터 각 도를 통하여 개시할 예정인데, 普通學校令 및 施行細則도 현재 기안 중이기 때문에, 머지않아 勅令으로 보통학교령을 공포하게 될 것이다. 학년은 4학년으로, 學齡은 만 8살부터 14살까지로 하되, 이번 보통학교령을 공포한 후에 입학하는 자는, 學力 정도에 따라 書堂 등에서 그때까지 교육을 받은 10살 전후로부터 시작한다. ▲ 교과서는 현재 편찬 중이나, 그 과목은 日語讀本, 國語讀本, 漢文讀本, 修身書, 算術書, 理科敎科書로, 오는 9월 개교 때까지 이들 서적 전부를 精製하기가 곤란하므로, 假綴을 하여 사용을 개시한다. ▲ 소학교에는 일본인 교원 1인을 두어, 각 과목을 가르치는데 주의를 기울이도록 한다. 이것은 경험을 가진 자를 배치하는 것으로, 이를 위해 현재 교원 초빙을 주선 중이다.[26]

이에 따르면, 자기가 주도한 교과서 편찬 외에, 임시 學事擴張費 50만 엔의 구체적 用途 결정, 보통학교령 및 동 시행세칙의 기안, 일본인 교원 배치의 주선 등에도 미츠치가 간여하고 있었던 것을 엿볼 수 있다.

참고로 미츠치는, 학정참여관 재임중인 1907년 1월 5일, 동경고등사범학교에서 개최된 신년 연회에 출석하여, 후배들 앞에서 다음과 같이 「활기차게 이야기 하고」 있다.[27]

> 우리 학교 졸업생은 서로 다투는 일도 없이 매우 얌전하다. 지금의 교육자만큼, 마음 편한 직업은 다른 어느 사회에서도 찾기 힘들다. 교육자들이 기운이 없는 것은 평범한 무사안일주의에 빠져있기 때문이다. 나는 일찌기 학교를 졸업할 때, 「나는 내가 하는 일에서는 최고 일류의 인간이 될것이다. 나에게 덤비려는 사람이 있다면 어디 한번 덤벼보라」라고 외쳤던 적이 있다. 나는 여기서 한 번 더 반복하여 외치고 싶다. 바라건대 여러분 모두, 선배를 향하여 덤벼보라고.

여기서 말하는 「내가 하는 일」이 구체적으로 무엇을 의미하고 있었는가는 분명치 않으나, 1907년 1월 당시의 그가 한국에서 정력적으로 활약하고 있었던 것만은 확실하다.

(2) 教科書의 編纂

韓國學部에서의 미츠치의 본 임무는 지금까지 반복하여 말한 것처럼 초등학교용 교과서 편찬에 있었다. 미츠치의 뒤를 이어 「교과용 도서에 관한 일체의 사무를 장리하고, 보통학교용 교과서편찬 출판사업까지도 이어받은」 오다 세이고(小田省吾)는, 미츠치의 활동을 회고하고 다음과 같이 적고 있다.[28]

> 한반도의 신교육은 처음 실시되는 일로, 법규도 교육실무자도 모두 정비하게 되었는데, 여기서 가장 중요한 것은 이 교육의 내용을 결정할 모든 학교의 교과서이다. 그래서 메이지 39년 처음으로 보통학교령이 공포되자, 학정참여관 미츠

치 츠우조 씨의 감독 아래 각 학교에서 사용할 교과서 편찬에 착수했다. 이것이 실로 한반도에서의 관찬(官撰) 교과서의 효시인데, 이 사업이 매우 빨리 진행되어, 메이지 41년에 들어서, 修身, 日語(日本語) 國語(朝鮮語) 漢文, 算術, 理科, 圖畵, 習字 등의 각 교과서가 출판되었다.

즉, 1906년 9월부터 소위 「模範教育」의 추진에 즈음하여 「가장 중요한 것은 이 교육의 내용을 결정할 모든 학교의 교과서」이고, 그 첫 단계로 미츠치 학정참여관 감독 아래, 1908년 말까지 보통학교용 修身 · 日語 · 國語 · 漢文 · 算術 · 理科 · 圖畵 · 習字 교과서가 간행되었던 것이다. 다만, 「이것이 실로 한반도에서의 관찬(官撰) 교과서의 효시이다」라는 것은, 미츠치의 활약에 대한 오다(小田)의 평가를 나타낸 것으로, 엄밀히 말하면 사실오인이다. (또 算術, 習字 교과서의 간행도 1909년이 되어서 부터이다.)

여기서, 學部의 교과서 편찬 역사를 간단히 되돌아 보자. 한국정부에 의한 근대적 국민교육은 1895년 9월에 개시되었는데, 이때 제정 공포된 「小學校令」 제15조에 「소학교의 교과용 도서는 學部에서 편집한 것 또는 學部大臣의 검정을 거친 것을 사용하지 않으면 안 된다」라고 있는 것처럼, 초등학교 교과서는, 당초부터 國定 혹은 檢定을 원칙으로 했다. 이를 위한 기구로서 학부에 편집국이 설치되어, 『國民小學讀本』 『新訂尋常小學』이라는 국어교과서, 『朝鮮略史』 『萬國略史』 등의 역사 교과서가 수로 편찬되었다. 李采 · 金澤榮 등 한국인 편집위원 외에 당시 이미 일본인 보좌원 타카미 카메(高見龜) · 아사카와 마츠지로(麻川松次郎)도 여기에 참여하고 있다. 그러나, 당시는 관공립학교 자체가 부진하여, 官製 교과서 사용 범위는 극히 제한된 것이었다.

1905년 2월에 학정참여관이 된 시데하라 타이라도, 취임 직후부터 교과서 편찬 준비에 착수하여, 이 해 6월에는 와타세 츠네키치(渡瀨常吉) · 타카하시 토오루(高橋亨)를 「學部教科書編纂囑託」으로 하여 日語讀本 및 그 밖의 편찬을 시작했다. 그 진척 상황에 대해서 『教育時論』 제751호(1906년 2월 25일 발행)는 다음과 같이 알리고 있다.

學部에서의 교과서 편찬은 타카하시(高橋) 문학사와 와타세(渡瀨) 京城學堂長이 담당하고 있는데, 韓日會話讀本과 普通讀本은 이제 거의 완성되어 시데하라 參與官의 귀국을 기다려 협의한 후 檢定할 것이다.[29)]

그러나, 시데하라 주도하의 교과서 편찬 사업은, 결국 그 이상의 성과를 볼 수 없었다. 시데하라를 미츠치로 갈아치운 이토오 통감이 1907년 6월 4일 제17회 「韓國 施政改善에 關한 協議會」 석상에서 이야기한 그 이유는 다음과 같다.

작년까지 學部에 고용하고 있던 교과서 편찬자는 일 처리가 매우 늦어 몇 년이 지나도 겨우 한 권을 기초(起草)했을 뿐이었다. 게다가 본인은 그 조차도 읽은 적이 없는 상황이어서, 나는 그를 적임자가 아니라고 보고 바로 해고시키고, 새로운 편찬자를 學部에 고용하여 지금 편찬에 종사하고 있다.[30)]

결국 이토오는, 시데하라 개인의 집무태도 내지 능력을 주된 요인으로 보고 있던 것 같다. 하지만 만약 시데하라나 와타세(渡瀨) · 타카하시(高橋)가 능력이 풍부하고 직무에 精進했다고 해도, 그들의 활동에는 스스로 한계가 있었다고 봐야 할 것이다. 일본인에 의한 교과서 편찬에 대하여, 당시 한국사회에서는 맹렬한 반대운동이 전개되고 있었기 때문이다. 그 비판 논리를 정리하면 다음과 같다.

① 외국인에게 교과서 편찬을 의뢰하는 것은 부당하다.
② 自國人이 저술한 것을 사용하는 것만이 애국심을 고취할 수 있다.
③ 외국(특히 일본)이 自國보다 우세하다고 말하는 것은 自國精神을 감축시키는 것이다.
④ 일본어 학습에 무게를 두는 것은 노예근성(奴隷根性)을 기르는 것 이외에 아무것도 아니다.[31)]

이 논리는 미츠치 시대에도 일관되었으나, 시데하라 시대와는 한국교육이 놓인 상황이 달랐다. 미츠치가 교과서 편찬을 담당했던 때는, 이미「模範教育」추진이 통감부의 기본방침이었고, 한국 측의 반발에 대해서도, 말하자면 이것을 강경하게 돌파하려는 태세가 굳어져 있었던 것이다. 이것이, 오다 세이고(小田省吾)가「教科書 官撰의 嚆矢」로 인식한 까닭이다. 실로 일본인이 전 교과에 걸쳐 본격적으로 교과서 官纂을 행한 것은 미츠치가 처음이었다.

당시 學部 편집국의 인적 구성은, 미츠치를 사실상의 톱(편집국장은 한국인)으로 하고「사무관에는 타나카 겐코(田中玄黃), 마츠미야 슌이치로(松宮春一郎), 우에무라 마시키(上村正己), 코스기 히코지(小杉彥治) 4명과 그 밖에 서기 2명 技手 1명」[32]이고, 그 아래 다음과 같은 순서로 교과서 편찬이 진행되었다.

> 서둘러 보통학교를 정비하고 일본인 교사를 배치하는 한편, 미츠치는 일본어 독본 편집을 서둘렀다. 편집은 國文典을 통해 경험했었기 때문에 순조롭게 진행되어, 제1권을 仮印刷하여 9월 신학기에 늦지 않도록 하고, 계속해서 제2권, 제3권, 제4권 편집을 서둘러, 11월에는 仮印刷이지만 예정대로 독본을 배포할 수 있었다. 이 독본은 일본 것보다 다소 수준이 높았다. 그것은 보통학교 학생 중에는 1학년이라도 15, 16살인 사람도 있어서, 대체로 일본보다 연령이 높은 것과, 식민지용으로 빨리 가르치기 위해서였다. ……(中略)…… 이 일본어 교과서는, 도쿄의 오오쿠라(大倉) 서점에서 인쇄하여 다음 해 신학기부터 본격적으로 사용되었다. 일본어 독본을 사용하여, 교육 근대화에 한 발 내디뎠으므로, 미츠치는 이어서 한국어에 의한 교과서 정비를 하게 되고, 조수의 협조로 修身, 算術, 理科 등의 교과서를 편집했는데, 그 내용은 일본의 각 초등학교 교과서를 조선글자로 번역했던 것이다. 圖畵 교과서 편집으로 미츠치의 임무는 끝이 났다.[33]

인쇄소에 관해서는, 위의 인용에 大倉書店(『日語讀本』)의 이름이 보이지만, 『國語讀本』은 大日本圖書株式會社의 인쇄였다. 이에 대해 미츠치 자신, 「한국에서도 인쇄할 수 없는 것은 아니지만 그 인쇄비가 매우 비싸기 때문에 도쿄에서 인쇄하기로 한다」고 말하고 있다.[34] 또 거기까지 의도했을까 어떨까는 별도로 하고, 도쿄에서 인쇄 · 제본함으로써 결과적으로 일본의 국력을 과시하는 효과가 있었다[35]는 것은 사실일 것이다.

學部에서의 교과서 편찬은, 전력을 기울여 단숨에 진행되어, 「隆熙 3년(1909년 - 著者 註) 초까지 보통학교용 교과서로 사용하게 한 것은 修身書 4冊, 國語讀本 8冊, 日語讀本 8冊, 漢文讀本 4冊, 理科書 2冊, 圖畵臨本 4冊, 習字帖 4冊, 算術書 4冊(教師用)에 달했다.」[36] 이들의 1908(메이지 41)년 · 1909(메이지 42)년 발행부수는 「표 9」와 같다. 덧붙여 여기서 發賣 · 給與 혹은 給貸與되어 있는 것은, 교과서 공급제도가 다음과 같이 되어 있었기 때문이다.

「표 9」 學部 編纂 教科用 圖書 發行高

冊 名	메이지 42年		메이지 41年	
	發賣冊數	給貸與冊數	發賣冊數	給與冊數
修身書	21,900	16,368	3,931	3,558
國語讀本	38,726	33,946	6,748	7,836
日語讀本	37,896	33,840	9,284	9,383
漢文入門	-	-	573	967
漢文讀本	22,835	12,398	3,225	4,055
理科書	3,921	2,464	1,186	515
圖畵臨本	8,427	10,030	3,124	3,115
算術書	1,672	1,512	-	-
習字帖	67,559	48,756	-	-
總 計	202,936	159,314	28,071	29,429

(출처) 神川彦松 監修 · 金正明 編 『日韓外交資料集成』 第8卷 164쪽

> 관립 및 갑종 공립 보통학교 학생에 대해서는, 종래 學部에서 편찬한 교과용도서를 공짜로 공급(급여)해 왔지만, 올해(1909년 – 著者 註)부터는 대여하는 것으로 변경했다. 그리고 나중에 사정이 허락한다면 학생에게 교과용도서를 구입하도록 할 생각이지만, 당분간은 대여로 변경하여, 학생이 구입하게 될 때까지의 하나의 단계로 했다. 이번에 지정보조 보통학교 및 을종(乙種) 공립 보통학교에 대해서는, 급여 혹은 대여를 하지 않고 학생에게 구입하도록 할 방침이다. 일반 사립학교에서는 적당한 교과서가 없는 게 우려되므로, 많은 수요에 응할 필요성에 따라, 사립학교령 공포 후, 곧바로 學部 편찬 교과용도서 발매 규정을 제정했다. 자세한 것은 규정을 보면 알 수 있지만, 기본적으로는 국내 각지에 몇몇의 판매인을 두어, 도매로 學部에서 팔아 넘겨 정가로 판매시켰다.[37]

그런데 미츠치의 체한(滯韓) 기간은 1908년 4월 25일까지이다. 따라서, 1908년 중에 출판을 완료한 보통학교용 修身 · 國語 · 日語 · 漢文 · 理科 · 圖畵 교과서라 하더라도, 구체적으로 제몇 권까지 미츠치가 손을 댔는지 명확하지는 않다. 그러나, 시간적으로 보아 거의 전부 간여했을 가능성이 크고, 또 만약 그렇지 않더라도 미츠치가 사임한 후 편찬 방침에 변화가 있었다고는 생각할 수 없기 때문에, 이를 전제로 해서, 각 교과서의 내용에 관해 언급해 두고자 한다.

우선 修身에 관해서는, 미츠치 자신이, 「요즘 사회는, 공자나 맹자 시대에는 그다지 중요시되지 않았던 몇 가지 도덕을 필요로 한다. 예를 들면 청결, 위생, 공중도덕 등은 요즘 사회에 가장 필요로 하는 도덕이다. 그러나 지금의 한국인들에게는 이러한 도덕이 매우 부족하다. 그래서 공자나 맹자의 도덕을 지금의 사회에 맞도록 기술하면서 동시에 한국인의 결점인 여러 가지 도덕을 가르칠 필요가 있으므로, 특히 수신서를 편찬하여, 적지만 매주 1시간씩 별도로 가르치기로 했다」[38]고 그 취지를 말하고 있는데, 교과서 내용을 아는 데는 다음 자료가 더 적절하다.

덕육(德育)에 관해서는, 유교에 근거하여 오륜오상(五倫五常)에 주안점을 두고, 공덕심(公德心) 그 외에, 현재 사회생활에 필요불가결한 덕목에도 주의를 기울였다. 충군애국(忠君愛國) 정신과 같은 것은 국민으로서는 반드시 배워야 하는 것이지만, 당시 한국의 國情은, 조만간에 개혁을 해야 한다는 것은, 안목이 있는 사람이면 누구나 알 수 있는 것이었다. 그런 때 특히 이러한 덕목에 힘을 쏟으면 청년의 장래에 오히려 불행한 결과를 가져올 우려가 있었다. 당국에서 유의하고 있었는지 혹은 특히 忠君愛國이라고 말하지 않아도 보통의 덕목을 잘 지키면, 스스로 국가에 대하여, 군주에 대하여, 완전하게 봉사하게 된다고 생각했는지는 잘 모르겠지만, 당시의 덕목으로는 근면, 착실, 규율, 신용 등을 드는 데 그친 것 같다. 이런 상황에서 學部에 재직하던 일본인 관리와 그런 시대의 흐름을 알고 잘 대처한 한국인 관리들의 심한 고생은, 지금 우리로서는 상상할 수 없는 정도였다고 생각한다.[39]

國語 교과서는, 교과서 수를 줄이기 위해 地理 · 歷史 내용도 여기에 포함시킨 것이 큰 특색이었다. 地理 · 歷史 교과서를 굳이 만들지 않았던 점에 관해서는 다음 절(節)에서 상술하지만, 『國語讀本』에 기술된 내용 자체를 둘러싸고 다음과 같은 비판이 제시되고 있다.

(國語讀本) 제4권 교재에 중국이 한국을 침략한 것을 다루면서, 李舜臣 장군이 왜적을 무찌른 교재는 다루지 않고 있다는 사실이다. 뿐만 아니라, 교재 가운데에는 넌지시 일본을 칭송하는 듯한 내용이 있는데, 예를 들면 다음과 같다.

泥峴에서부터 남산 산기슭 일대는, 일본인 거주지이고, 현재 한성 내에서 가장 번창해 있는 곳이다.

또 學部 편찬 국어독본은 주관자가 일본인이었기 때문에 실제 한국어와는 조금 다른, 사용하지 않는 자모철자(字母綴字)도 사용하고 있다.[40]

일본어 교과서 『日語讀本』은, 실로 미츠치가 심혈을 기울인 것이고, 통감부가 목표로 한 친일교육의 핵을 이루는 것이었다. 민족주의적인 한국인으로서는 보통학교 제1학년부터 일본어가 필수과목으로서 과해진 것 자체가 공격의 대상이었기 때문에, 그 교과서도, 당연히 강한 비판을 받게 되었다. 다음 인용은, 『日語讀本』 내용에 대한 평가의 한 예이다.

> 당시 學部가 편찬한 교과서를 보면, 노골적으로 친일을 역설하거나, 일본을 찬양하는 듯한 것은 볼 수 없다. 이것은 아마, 당시의 민간 여론이 이를 용납하지 않았기 때문이라고 생각된다. 그러나, 넌지시 그러한 노력이 이루어지고 있는 것은 부정할 수 없다. 예를 日語讀本에서 들면, 제7권 중에 일본에 관한 것이 5개 課가 있는데, 이것은 전체 20개 課의 4분의 1에 해당한다. 이 5개 課의 제목은, 「日本」, 「朝鮮과 日本과의 交通」, 「日本과 支那와의 交通」, 「新橋驛」 및 「東京」이다.
> 또, 제8권 가운데 「日清戰爭」이란 제하로, 그 원인을 설명하는 대목에서, 「일본은 한국이 독립국가로, 淸國의 속국이 아니라고 생각하고 있다. 청국이 멋대로 군대를 보낸다면 일본도 군대를 보내 한국에 사는 일본인을 보호한다는 이유로 파병했다. 이것이, 日淸戰爭의 시작이나」라고 쓰여 있다. 이것은, 아무리 보아도 일본에 유리한 설명이다. 제8권에서도 일본에 관해서 5개 課를 할당하고 있다.[41]

또 『日語讀本』의 가나(仮名)쓰기 · 문법 등은, 모두 당시 일본 고등교육회의에서 개정된 것이 사용되었다[42]는 것을 부언해 둔다.

『漢文讀本』에 관해서는, 한국인 사이에서 그 내용이 지나치게 어렵다는 비판이 있었다. 이에 대하여 미츠치는, 다음과 같이 반론하고 있다.

> 한국의 현재 상황을 생각해서, 학과 과목 중에 잠정적으로 넣은 것이다. 그 교과서를 편찬할 때, 공자나 맹자의 말씀과 그에 따른 행동을 주로 하여, 잘 알려져 있는 옛말이나 격언 등을 모아 배우기 쉬운 순서로 배열했다. 이것을 적당하게 가르치면, 종래 서당에서 가르치던 童蒙先習, 千字文 등에 비해 배우기 쉬울 것으로 믿는다. 그러나 보통학교 교원 중에는, 漢文讀本은 童蒙先習 千字文에 비해

어렵다는 사람이 적지 않다고 들었는데, 이것은 매우 이상한 일이라고 생각한다.[43]

미츠치는 渡韓 이전에『新漢文讀本』편찬에 종사한 적이 있기 때문에, 한문교재의 선택 · 배열 등에 관해서는 그 나름대로의 자신이 있었을 것이다. 또 그는,「한자는 세계에서 가장 복잡한 문자이고, 그 수는 끝이 없어 이를 기억하는 것도 매우 곤란하다」[44]라고, 국민교육상 한자의 폐해를 충분히 인식하고 있었다. 그러므로,『漢文讀本』이 배우기 어렵다는 비난은, 그로서는 의외였음에 틀림없다.

理科에 관해서 미츠치는, 처음부터 이를 보통학교 교과로 하는 것 자체에 반대였다. 地理 · 歷史의 경우와 마찬가지로, 교과목 수의 과다를 피하기 위해서이다. 地理 · 歷史는 결국, 교과목으로는 설치되지만(교과목명은「地理歷史」), 별도로 특별한 교과서는 만들지 않게 되었다. 그러나, 理科에 관해서는 한국 측의 요청도 있고, 學部 내의 일본인도 반드시 미츠치에 동조하지 않았기 때문에, 교과로 설정할 뿐만 아니라 교과서도 편집하게 되었다. 이때의 사정은 다음 자료에 의해 알 수 있다.

재작년에 내가 이 나라에 와 신교육 만들기에 참여했는데, 나는 교육학상의 확신에 의해, 학과목 수를 줄이는 것이 좋다고 역설했다. 즉, 地理歷史는 물론, 理科라고 해도 이것을 國語讀本 및 日語讀本 안에 넣는 것이 좋다고 주장했다. 혹은 地理歷史 및 理科를 별도로 가르치는 것이 좋다는 것도 반복해서 논의했는데, 결국 地理歷史에 대해서는 學部 사람들이 내 의견에 동의하지만, 理科에 대해서는 한 명도 동의하는 사람이 없었고, 일본인, 한국인 모두 理科가 특히 필요하고 이를 별도로 가르치는 것이 좋다고 주장했다. 즉 한국에서는 일반 理科에 관한 지식이 없기 때문에, 농 · 공업상의 지식도 유치하고, 또 기우제, 기도 등 미신이 지금도 활발히 행해지고 있어 사회진보에 적지 않은 방해를 주고 있다. 따라서 理科에 관한 지식을 보급시키는 일은, 지금 한국에서 가장 필요한 일이다. 이러한 특별한 사정이 있기 때문에 나도 어쩔수 없이, 理科는 3, 4학년 아동에게만 교과서를 사용하여 별도로 가르치는 데 동의했다. 그렇지만, 4개년 정도의 초등 교육을 하는 학교에서 理科를 별도로 가르치는 나라는 유독 한국뿐이며 세계 어느 나라에서도 볼 수 없다.[45]

따라서, 미츠치가 理科 교과서 편찬에 열심이었다고는 생각하기 어렵다. 사실, 이를 집필한 것은 마츠모토 무네하루(松本宗治)였다. 마츠모토는, 東京고등사범학교를 1905년 3월에 졸업한 미츠치의 8년 후배이고, 1908년 4월부터 관립 漢城사범학교 교수로 근무하면서, 學部의 위촉을 받아 교과서 편찬에 종사했던 것이다.[46] 덧붙여 말하면, 『日語讀本』 이외의 學部 편찬 교과서로는 『理科書』만이 일본어로 쓰여 있다. 이를 한국어로 번역하지 않은 것은, 理科에 대한 미츠치의 소극적인 자세가 반영된 게 아닌가 생각된다.

위에서 본 것처럼, 미츠치가 직 · 간접으로 관여하고 편찬한 각 교과의 교과서에 대해서는, 한국 각계로부터 여러 가지 비판이 가해졌다. 그러나, 당시 문부성 실업학무국장 마노 분지(眞野文二)는, 한국 교과서를 다음과 같이 평하고 있다.

교과서는 일본인이 편찬한 것으로서, 일본에서의 종래의 실험을 기초로 하고 여기에 한국의 민심이나 풍속, 습관 등을 참조한 것이니까, 그런대로 좋은 교과서라고 해도 괜찮을 것이다.[47]

이리하여 「模範教育」을 위한 교과서를 대강 갖춘 統監府 · 韓國學部는, 이어서 「私立學校令」(1908년 8월 26일) 및 「教科用圖書檢定規程」(동 8월 28일)을 제정하고, 사립학교 통제에 나섰다. 을사늑약을 전후하여 한국 각지에 사립학교가 속속 설립되어, 그 수는 4, 5천이라고 하는데, 이들은, 기독교계와 비 기독교계(민족계)를 불문하고 국권회복을 궁극적인 목적으로 하여, 실로 통감부의 한국통치 정책에 적대적이었다. 그러나, 관공립학교의 절대수가 부족했던 것과, 사립학교 중에는 외국인 선교사가 설립에 관계한 것이 많았던 것 때문에, 사립학교 설립 자체를 강력히 규제하는 데에는 한계가 있었다. 그러므로, 「教科用 圖書檢定規程」에 의해 사립학교의 교육내용을 통제하는 데 당국의 진짜 노림수가 있었던 것이다. 「私立學校令」 「教科用圖書檢定規程」이 공포된 시점에서는, 미츠치는 이미 한국을 떠나 衆議院 議員이 되어 있었으나, 사립학교 통제가 통감부 개설 당초부터 문제가 되어 있었던 것으로 보면, 이들의 초안(草案) 단계에서 미츠치가 참여했다는 것은 충분히 생각할 수 있다.[48] 「教科用圖書檢定規程」에 의한 민간인 저작 교과서의 검정 또는 인가 기준은 다음과 같다.

1. 정치적인 면

(A) 한국과 일본과의 관계 및 양국의 친교를 막거나 나쁘게 말하는 것은 없는가

(B) 한국의 국시(國是)에 위반하여 질서와 안녕을 해치고, 국민의 행복을 무시하는 말은 없는가

(C) 한국 고유의 國情과 어긋나는 내용은 없는가

(D) 잘못된 애국심을 불러일으키는 것은 없는가

(E) 배일사상(排日思想)을 고취하거나, 또는 특히 한국인에게 일본인 그 밖의 외국인에 대해 나쁜 감정을 갖게 하는 기사나 어조(語調)는 없는가

2. 사회적인 면

(A) 음란하거나 그 외 풍속을 어지럽히는 말이나 기사는 없는가

(B) 사회주의 그 밖에 사회평화를 해치는 기사는 없는가

(C) 황당무계한 미신에 해당되는 기사는 없는가

3. 교육적인 면

(A) 기재 사항에 오류는 없는가

(B) 정도나 분량, 재료의 선택은 교과서가 목적하는 바에 맞는가

(C) 편찬 방법은 적당한가[49]

이러한 기준에 따라, 사립학교에서 사용하는 교과서의 엄중한 심사가 행해져, 「模範教育」의 취지에 반하는 것은 모두 인가되지 않았다. 「教科用圖書檢定規程」의 제정에 관여한 것이 사실이라면, 미츠치는 스스로 學部 발행 교과서, 즉 국정교과서 편찬에 종사하는 한편, 사립학교용 교과서 통제에도 한 역할을 한 것이 된다.

하지만, 언뜻 보기에 이상한 것이, 「이것들은 종래 사립학교에서 學部에 사용을 청원한 것 가운데 인가를 받지 않은 불인가도서이다. 어느 학교에서든지 이를 사용해서는 절대 안 된다」라는 學部 불인가 교과용도서 리스트에 미츠치의 『再訂中等國文典』(1898년 4월 초판 1906년 6월 新訂 富山房)도 포함되어 있다.[50] 위의 검정 · 인가 기준 가운데 정치적인 면 · 사회적인 면에 관련이 있었다고는 도저히 생각할 수 없고, 굳이 말한다면 교육적인 면 (B)에 저촉되었다, 즉 정도가 지나쳤다고 판단된 것은 아닐까라고 생각할 수 있으나, 진짜 사유는 분명하지 않다.

(3) 教育課程의 編制

1906년 9월부터의 신학제 시행에 대비하여 보통학교 교과서 편찬에 진력했던 미츠치는, 당연한 일이지만, 교과서와 표리일체의 관계에 있는 교육과정의 제정에도 관여했다. 미츠치의 기본방침은, 교과목을 될 수 있는 한 적게 하는 것이었다. 당시, 일본의 尋常小學校(보통학교와 같이 4년세)에서는 修身 · 國語 · 算術 · 體操 · 唱歌의 5교과를 과하는 데 지나지 않았고, 1902년부터 4년간에 걸친 외유 중, 「초등학교의 실제상황을 보았는데, 어느 나라든 가능한 한 학과목 수를 줄이려 하고 있다」는 것을 알고 있었기 때문에, 그는, 「교육학상의 확신에 의해, 학과목 수를 줄이는 것이 좋다고 역설」했던 것이다.[51] 그러나, 「普通學校令 施行規則」에 정해진 교과목은, 「修身, 國語 및 漢文, 日語, 算術, 地理歷史, 理科, 圖畵, 體操로 하고, 여자에게는 手藝를 더하여, 時宜에 맞추어 唱歌, 手工, 農業, 商業 중 1과목 혹은 여러 과목을 추가할 수 있다」라는 것으로, 그 매주 수업시수는 「표 10」과 같다.

「표 10」 普通學校 各 學年 教科目 및 每週 授業 時數

과 목	제1학년	제2학년	제3학년	제4학년
修身	1	1	1	1
國語	6	6	6	6
漢文	4	4	4	4
日語	6	6	6	6
算數	6	6	6	6
地理歷史	-	-	-	-
理科	-	-	-	-
圖畵	2	2	2	2
體操	3	3	3	3
手藝	-	-	-	-
唱歌	-	-	-	-
手工	-	-	-	-
農業	-	-	-	-
商業	-	-	-	-
計	28	28	28	28

(註) 「國語 및 漢文」은, 편의상 국어와 한문으로 나누었다.

이것은, 「일본의 尋常小學校와 高等小學校의 중간을 택한 것」[52]이라는 보통학교의 자리매김이나, 각 교과를 둘러싼 한국의 실정을 고려한 결과였다. 이렇게 보통학교 교육과정은, 일본 소학교의 교육과정을 기본으로 하고, 한국적 특성을 많이 가미한 것이었으나, 후술하는 것 같은 각 교과에 대한 비판 외에, 다음과 같은 초보적 비판도 있었다고 한다.

▲ 교수시간에 대해서 재미있는 이야기가 있다. 한국에서는 옛날의 배움터를 書堂이라 한다. 마치 우리 옛날의 테라코야(寺子屋)와 같다. 그 교수시간은 아침부터 저녁에까지 이르거나 또는 밤을 새우는 등 매우 질서가 없었다. 그런데 보통학교에서는 시간을 제한하여 예를 들면 오전 8시부터 오후 2시까지를 하루 수업시간으로 하고 혹은 각 수업시간 중에도 10분 또는 15분의 휴게 시간을 갖는데, 이것이 韓人의 생각 및 습관에 맞지 않아, 韓人들은 이것은 학문하는 법이 아니라고 하면서 개정을 출원한 자가 있다.

▲ 특히 우스운 것으로, 군수 등은 옛날 생각에 빠져 수업시간 배당에 관해 질문서를 제출하여, 또 여러 과목을 함께 가르치는 것은 교육이 아니다, 그러니까 반년간은 한문만 가르치고, 다음 반년간은 산수만 가르치고, 다음 반년간은 도덕으로 하자, 이렇게 수업연한 4년을 반년마다 구분하면 8과목을 가르칠 수 있다라는, 진기한 이론을 주창하는 사람도 있다.[53)]

이제 각 교과의 설치목적이나 교수요지, 이에 대한 한국 측의 반응 등을 감안하면서, 그 각각이 당시 한국사회에서 가진 의미를 검토해 보자. (修身 · 漢文 · 理科에 대해서는 앞 節에서 소금 다루었기 때문에, 그 이상의 詳述은 피한다.)

보통학교의 교육과정 및 교과서에 대하여 비판이 집중된 것은, 地理歷史를 가르치는 데 교과서를 사용하지 않는 것, 일본어를 1학년부터 가르치는 것, 그리고 전술한대로 『漢文讀本』이 난해한 것 등 세 가지였다. 앞에서도 말한 것처럼 地理歷史는, 교육과정상은 교과목으로 설정되어 있었으나 이를 위한 교과서는 없고, 『國語讀本』 내용에 포함하여 국어시간에 가르치게 되어 있었던 것이다. 이를 미츠치는 다음과 같이 정당화하고 있다.

요컨대 보통학교에서 地理歷史를 가르칠 때 교과서를 사용하지 않는 것은, 결코 地理歷史를 가볍게 본 게 아니고, 단지 시간과 아동의 뇌력(腦力), 경제상의 이유 때문에 그런 것이다. 교과서로 가르치건 독본의 내용으로 가르치건, 실제 아무런 차이가 없다. 생각해 보면, 國語讀本을 처음부터 끝까지 읽은 사람은 틀림없이 이해할 수 있을 것이다. 역사에 관해서는, 단군으로부터 현재에 이르기까지 대체로 변천을 알아야 할 것은 서술하고, 지리에 관해서도, 필요한 사항은 적지 않게 기술했다. 그러니까 地理歷史의 교재는 결코 적지 않은 것이다. 4개년 정도의 초등학교에서 이처럼 많은 地理歷史 교재를 가르치는 나라는, 한국 이외에는 없다고 생각한다.

……(중략)……

한국에서도 교육기간을 6년 혹은 8년으로 연장했을 때는, 물론 地理歷史를 독립시켜 가르치지 않으면 안 되지만, 지금은 가능한 한 수업년한을 짧게 하여, 경비를 절약해서 많은 학교를 지어, 교육을 보급시키는 것이 가장 중요한 일이다. 점차 교육이 보급되어 일반인의 지식 수준이 오르고, 보통학교의 수업년한을 6년으로 연장할 필요가 생기면, 비록 여러분이 찬성하지 않더라도, 나는 地理歷史를 독립시켜 가르칠 것을 주장할 것이다. 생각해 보면, 지금의 상황에서는 경제적인 면에서 봐도, 교육의 면에서 봐도, 짧은 시간에 가르쳐야 할 학과의 수는 가능한 한 줄이지 않으면 안 된다는 이유로 이 두 교과는 國語讀本의 내용을 통해서 가르치기로 했다.[54]

그러나, 이러한 논리로도, 한국의 여론을 완전히 납득시킬 수는 없었다. 당시 맹렬한 기세로 일어났던 교육구국운동이, 사립학교에서의 애국심의 배양, 그를 위한 지리 · 역사 교육을 중요한 요소로 한 만큼, 그들은, 관공립학교에도 이를 요구하고 있었던 것이다.

일본어를 보통학교 제1학년부터 가르치는 데 대한 미츠치의 변명은 다음과 같다.

지금처럼 한일 양국의 교통왕래가 빈번해지고, 양국 사람이 제휴하여 여러 가지 사업에 종사하는 시대에는, 한국인으로서 일어를 이해할 수 있는지 어떤지는 생존경쟁에 매우 큰 관계가 있다. 즉 일어를 이해하는 사람은 관리로서 출세하여 유력한 지위를 얻을 수 있고, 상업을 할 때도 利害에 큰 영향이 있고, 官界나 민간 여러 가지 곳에서 직업을 얻는데도 매우 큰 득이 될 것이다. 바야흐로 일본인이 한국에 오는 일이 매우 많아져, 일본인과의 관계는 더욱 더 밀접하게 되고 있다. 이런 때에, 한국인으로서 일어를 알지 못하고 통역에 의해서 일본인과 교제라든가 농업, 공업, 상업의 교섭을 하려고 하면, 서로의 의사를 충분히 소통할 수가 없기 때문에, 여러 가지 어긋남이 일어나고, 혹은 언어가 통하지 않아서 사기를 당해, 결국 한국인들의 손실, 불이익이 더욱 커질 것은 명백한 사실이다. 이 어쩔수 없는 사실과 한국 아동의 장래와 행복을 생각하면, 일본어 수업이 가장 필요하다고 인정하여, 한국 學部大臣 이하가 결정하고, 내각회의에서도 이 의견을 채택하고 폐하의 윤허를 얻어 결정한 것이다. 일어를 가르치려고 하면, 그 수업 시간은 4년을 통해서 적어도 일주일에 6시간을 필요로 한다. 그 이하의 시간으로는 실제로 효과가 없을 것이다. ……(中略)…… 그러나 한국인 중에서 사정을 잘 모르는 사람은, 한국인을 일본인으로 만들기 위한 목적으로 일어를 가르치는 것이 아닌지 하고 의심하는 사람도 있다. 사정을 잘 아는 학교 교원 중에서도 이러한 잘못된 말을 하는 사람이 있다고 한다. ……(中略)…… 또 一說에 의하면, 어릴 때부터 외국어를 배우게 하는 것은 아동의 머리에 외국의 얼을 주입하는 것이 되어, 그 나라 국민의 특성은 없어질 것이라는 사람도 있다. 이것은 다른 나라의 실례(實例)를 모르는 편견이며, 보잘 것 없는 의견이다. 일본에서도 어떤 학교에서는 어린 아동에게 외국어를 가르치는 일이 있고, 또 독일의 국경 지방에서도 필요에 따라, 아동에게 외국어를 가르치고 있지만, 자기 나라의 특성을 잃었다는 예는 지금까지 들은 적이 없다. 만약, 오로지 외국어만을 가르치면, 이러한 이야기가 나올 수 없는 것은 아니지만, 이미 국어를 배우고 있고, 그 위에서 외국어를 배우는데 자신의 국민성을 잃는다는 것은, 어떻게 생각해도 전혀 근거 없는 것이다.[55]

즉, 일본어는, 한국인의 「실생활에 도움이 되게 할 것을 요지로 한다」(「普通學校令 施行規則」 제8조, 敎授 要旨에 관해서는 이하 모두 같다)는 것이었고, 그 실효를 거두기 위해서는 4개년을 통하여 적어도 매주 6시간의 수업을 필요로 하고, 또 어디까지나 외국어로서 가르치는 한 국민성의 문제와는 아무런 관계가 없다라는 것이다. 그러나, 일본어의 말하자면 제2 국어화, 즉 종래, 유일한 관립 고등소학교였던 漢城사범학교 부속소학교 고등과에 隨意(選擇) 과목으로 부과되었던 일본어가, 모든 보통학교의, 게다가 제1학년부터의 필수과목이 된 것은, 한국인에 있어서 바로 민족주체성에 관련된 큰 문제였다. 「模範教育」 초기의 보통학교는 학생 모집도 제대로 되지 않았는데, 그 최대의 원인은, 이 일본어의 必須科目化였다. 그리고, 일본어 교육이 한국인을 일본인화하는 것이라고 하는 예견이, 한일합병 후 현실이 된 것은 주지의 사실이다.

다음에, 「평소 잘 사용하는 諺文 및 한자 읽기, 글씨 쓰기, 철자법을 가르치고, 또 올바른 언어를 연습시킨다」는 國語에 대해서는 다음과 같은 비판이 있었다고 한다.

한국인이 자기 나라의 고유문자를 諺文이라고 하여, 이 諺文을 모르는 것을 명예로 생각하는 것은, 마치 우리 헤이안(平安) 왕조시대에 가나(仮名)를 여자 문자로 여기며, 남자가 이것을 사용하는 것을 수치로 여겼던 것과 마찬가지다. 그러나 보통학교에서는, 국어로서 한자와 諺文을 혼합한 문장을 가르치고 있는데, 한국인들은 이를 학문이라고 생각하지 않고, 부형 중에는 불평을 하는 사람마저 있다.[56)]

미츠치가, 한자학을 중시하는 한국의 전통을 고려하여, 잠정조치로 漢文을 보통학교 교과목으로 한 것은 앞에서 본 대로인데, 國語에 대한 위의 비판은, 이 전통의 소산에 다름 아니었다.

마지막으로, 體操科의 의의에 대해서 조금 언급해 두고자 한다. 한국의 관공립초등학교에 있어서의 체조과는, 德育 · 體育 · 知育을 교육의 세가지 기본으로 강조한 「教育立國詔書」(1895년 2월)를 연원(淵源)으로 하고, 동년 9월의 「小學校令」에서 성문화되었다. 다만, 이 令에 의한 교과목 중 심상과의 體操는, 시의에 따라 제외할 수 있는 것이었다. 뿐만 아니라, 「소학교는 각지에 널리 보급되어 있지 않았다. 그 교과 등은, 규정대로 실행되고 있지 않았다. 거의 漢文만을 가르치고, 小學校令은 의미가 없는 것이 되었다고 해도 과언이 아닌 상황이었다」.[57] 따라서, 미츠치가 제정에 참여한 보통학교 교육과정에서 초등학교 레벨의 체육은, 실질적으로 갓 시작되었다고 할 수 있다. 보통학교의 체조는, 「신체 각 부분을 균등하게 발육시키고, 동작을 민첩하게 함으로써, 온 몸의 건강을 보호 증진시키고, 정신을 쾌활하게 하며, 또 규율을 지키고, 협동을 존중하는 습관을 기르는 것을 목적으로 한다. 체조는, 처음에는 놀이로 시작하여, 조금씩 학교체조를 더하여 가르치고 또 모두가 할 수 있는 놀이를 하는 것이 좋다」라고 규정되었다. 이 교수 要旨에 있어서는, 「小學校令」 당시 敎則大綱에 있던 「兵式體操」 운운하는 구절이 완전히 삭제되어 있어, 이 점은, 다음과 같은 사립학교 상황을 감안할 때, 한층 의미심장했다는 것을 알 수 있다.

> 여러 학교의 상황을 보면, 학생에 대해서 참교육을 함으로써 쓸모있고 적절한 지식이나 기능을 가르치는 일 없이, 헛되게 체조연습에 전념하거나 야외 연습을 하거나 소풍을 일삼고, 활발하게 나팔 불고, 장구 치고, 대열을 만들어 행진하는 것을 학교교육의 제일의 목적으로 하고 있다.[58]

위 자료는, 특히 1907년 8월의 한국 군대 해산 후의 사립학교를 가리키고 있는데, 비슷한 상황은, 이미 을사늑약 체결 당시부터 있었던 것이다. 따라서, 미츠치 등이 의도했던 體操科는, 군사교련과 거의 같은 의미의 사립학교 체육에 대항하는 것, 바꾸어 말하면 「模範敎育」의 중요한 일환으로 자리잡고 있었다고 볼 수 있는 것이다.

(4) 日本人 敎員의 周旋

1906년 9월을 기하여 「模範敎育」이 본격적으로 개시됨에 따라, 각급 학교에 한 명 내지 수 명의 일본인 교원이 배치되게 되었다. 「模範敎育 시설에서

빠뜨려서는 안 되는 것은 직원의 선임(選任)이다. 원래 경험과 소양이 부족한 한국인은 도저히 새로운 교육을 운영할 수 없다. 따라서 중등 정도의 학교에는 한 학교당 몇 명, 보통학교에는 대개 한 명씩의 일본인 교사를 배치한다」[59]라는 것이 그 이유였다. 이 구상의 창시자는 시데하라 學政參與官으로, 그는 1905년 8월 21일자로 외무대신 카츠라 타로(桂太郎) 앞으로 보낸 보고서에서 다음과 같이 말하고 있다.

> 소학교 개선 사업은 매우 큰 사업이며, 그 범위도 또한 매우 넓습니다. 사범학교 개선과 함께 가장 긴급하고 필요하고 중대한 것이지만, 재정이 아직도 제대로 정리되어 있지 않기 때문에, 지금은 착수하기 어려운 사정이 있습니다. 그러므로, 우선 京城의 몇 학교에서의 모범적인 경험에 그칠 수 밖에 없습니다. 저는 그 경험을 쌓는 기지로서, 현재의 관립 고등소학교를 선택하여, 9월 신학기부터 일본의 교사를 초빙하여 정식으로 일본어 그 밖의 것을 가르치게 할 예정입니다.

이에 따라, 이미 1905년 9월부터 관립 고등소학교(한성사범부속소학교)에 일본인 교원을 초빙하는 이야기가 구체화되고 있었던 것을 알 수 있다. 「模範教育」期의 교원 인사는, 이 경험을 토대로 하는 것이었는데, 실제 각 학교에 일본인 교원을 배치함에 맞추어 주선을 한 사람이 미츠치 츠우조였다. 교과서 편찬뿐만 아니라 이 분야에서도, 미츠치는 시데하라의 일을 이어받은 것이다.

일본인 교원의 직명은 당초 「主任」이었는데, 1908년 1월 「普通學校令」 개정에 의해 「教監」이란 직명이 붙여지고, 이와 함께 중등학교에는 「學監」 직이 설치되었다. 모두 교장에 버금가는 지위이면서 「교장 그 밖의 직원을 돕고 이끌어, 경영과 수업을 하여, 사실상 학교의 수뇌로서 새로운 교육의 운영을 모두 짊어지는 느낌」[60]이 있었다.

이렇게 한국 여러 학교에 일본인을 위한 포스트가 마련되고, 「사실상에 있어서 학교의 수뇌로서」 활약할 場이 마련되자, 이를 노리고 渡韓을 희망하는 자가 상당 수에 이르러, 심한 경쟁이 전개되었다. 당시 漢城師範學校 學監이었던 마스도 츠루키치(增戶鶴吉)는, 그 상황을 다음과 같이 적고 있다.

> 교육 사업이 발전함에 따라, 우리 일본 교사의 수요도 조금씩 증가하는 것은 사실이지만, 어쨌든 한 학교에 한 명씩의 비율이기 때문에, 많아야 일년에 20명 남짓의 수요가 있을 뿐이다. 그러나 이제까지 일본에 있는 교육자로, 한국의 인재를 기르려고 열심인 사람은 매우 많아, 그 이력서는 항상 담당자의 책상 위에 쌓여, 수백 명이나 되는 것은, 한편으로는 우리 일본의 발전상 기쁜 현상이지만, 이러한 다수 교육자의 애타는 희망을 모두 만족시키지 못하는 것은, 비록 한국의 지금의 사정을 생각하면 어쩔 수 없는 일이라고 해도 너무 안쓰러운 느낌이 있다.[61]

따라서, 그들 가운데로부터 자질 · 경험이 모두 우수한 교원을 선발할 수 있는 가능성은 당연히 많았으나, 일은 그리 쉽지는 않았다. 그것은, 다음과 같은 사정이 있었기 때문이다.

> 韓國行 열풍이 과열된 지금, 이를 좋은 기회라고 여겨, 미끼로 「한국채용 교원 모집」이라는 광고를 여러 지방 신문에 내어 각지의 순진한 교육자를 속이고 수수료를 노리고 있다. 교육자들도, 자신이 속고 있는 것을 모르고, 매우 좋은 기회라고 생각하여 적지 않은 재산을 써 먼 곳 京城까지 와서는, 비로소 그 진상을 알고 망연자실하고 당황하는 일도 있다. 혹은 실제로 한국에 가기만 하면, 일본에서 뒹굴뒹굴하는 것보다도 훨씬 더 편한 일자리가 있을 것이라고 멋대로 판단하여, 현지 사정을 조사도 하지 않은 채, 친구나 아는 사람들에게 호언장담하고 고향을 출발해서 한국에 오는 사람도 있는데, 그 수는 내가 아는 것만도 10명 이상.[62]

미츠치는 한국에서 일본인 교원 인선에 종사하는 한편, 직접 동경까지 나서곤 했다. 그는 韓國學部 재임 중 몇 번인가 일시 귀국했었는데, 그 가운데

1908년 초의 귀국은, 확실히 「교원 초빙과 교과서 인쇄의 임무」[63]가 목적이었다.

미츠치가 교원의 인선에 분주할 때, 그의 경력으로 보아 모교인 동경고등사범학교의 관계자가 직·간접적으로 관여했을 것이란 것은 충분히 생각할 수 있다. 『茗溪會 百年史』도, 「조선에서는, 메이지 末年에 미츠치 츠우조가 문교 관계 顧問으로서 통감부에 부임한 이래, 많은 茗溪人이 교육자로 활약했다」[64]라고 하고 있다. 그러나, 잡지 『教育』 그 밖의 茗溪會 관계 자료를 보는 한, 「模範教育」의 중핵이었던 보통학교의 교원으로 부임한 茗溪會員은 없다. 마스도 츠루키치(增戶鶴吉)·오키시오 타카치카(置鹽隆親)·사이토 킨지(齋藤欽二)·무나카타 카모시로(宗像鴨四郎)·오오니시 유우하치(大西祐八)·시라이 타케시(白井毅)·야마우치 아이스케(山內愛助)·하세가와 코우시로(長谷川龜四郎)·마에다 칸타로(前田勘太郎)·마츠모토 무네하루(松本宗治) 등이, 미츠치가 滯韓 중인 1906년부터 1908년에 걸쳐 渡韓하였는데, 그들은 모두 중등 레벨의 사범학교·일어학교(외국어학교)·고등학교, 혹은 일본인의 소학교·고등여학교의 교원이고, 더욱이 그들의 渡韓에 즈음한 미츠치와의 관계는 명확하지 않다.

그런데, 일본에서 초빙된 보통학교 교원에는, 그 취임에 즈음하여 이토오 統監이, 사실상의 학교의 수뇌인 자의 마음가짐을 훈시하는 것이 관례였는데, 그 자리에는 미츠치도 동석했다.[65] 이것은 미츠치가, 교원 인선의 책임자일 뿐 아니라, 그 후 그들의 활동을 감독하는 입장에도 서 있었다는 것을 의미할 것이다.

(5) 外國語學校長 兼任

이외에, 미츠치의 한국 學部 시절 활동으로 漢城 외국어학교장을 겸임했던 것을 들 수 있다. 1905년 4월에 작성된 시데하라 타이라의 「韓國教育改良案」 속에는, 외국어학교에 관한 다음과 같은 기술이 있다.

현재, 외국어학교는, 學部參書官이 교장을 겸임하고 있는데, 실제로는, 일어학교, 영어학교, 중국어학교, 프랑스어학교, 독일어학교(러시아어학교는 日露戰爭 이래 폐교됐다)의 5교(校)로 나누어지고, 발달의 역사는 각각 다르다. 외국인 교사는 한 명 또는 두 명이 각 학교에서 교무를 총괄하고, 學部 직할의 관립학교는 실제로 외국어학교가 중심이 된 것 같다. 그러나 그 졸업생은 자신의 어학 연습상 또는 일종의 이익과 위치를 얻기 위해서 늘 외국인과 가까이 하고, 가끔 한국조정과 외국인과의 연결 역할을 하는 것이다. 그러므로 일어학교 이외의 어학교는 직접적으로 (일본)제국의 세력을 늘리는 데는, 어떤 이익도 주지 않는다. 이것을 교육 면에서 보아도, 어학교는 큰 흥미가 있는 것은 아니다. 왜냐하면 그 학생들은 어중간한 어학 실력으로 자신의 공부는 끝났다고 하여, 인생에서 가장 중요한 심신의 단련은 전혀 하지 않기 때문이다. 따라서 외국어 학교는 통역관의 공급 외에는 대단한 효과가 없다고 해야 할 것이다. 그러므로 장래에는 이를 합병시켜 하나의 학교로 가능한 한 축소하는 방침을 취해야 할 것이다.

즉, 을사늑약 체결 이전부터, 「일어학교 이외의 어학교는 직접적으로 (일본) 제국의 세력을 늘리는 데는, 어떤 이익도 주는 것이 아니다.」 그러므로 「장래에는 이를 합병시켜 하나의 학교로 가능한 한 축소하는 방침을 취해야 할 것이다」라고 하는 노선이 깔려 있었던 것이다. 이것이 현실화된 것은, 「外國語學校令」이 공포된 다음 해(1907년)의 일이다. 관립 한성 외국어학교는 명실공히 단독 학교가 되고, 종래의 각 외국어학교는, 각각 日語部 · 英語部 · 漢語部 · 法語部 · 德語部가 되었다. 그리고, 1908년 1월 말에는, 학정참여관직 폐지와 함께 學部 서기관(주임1등)에 임명된 미츠치가, 동시에 외국어학교장을 겸임하게 되었다. 위의 인용에도 있듯이, 외국어학교 교장을 學部 서기관이 겸임하는 것은 종래부터의 관례였는데, 한국 관립학교 교장에 일본인이 취임한 것은 이것이 최초였다. 이 의미에서 겸임이라고는 하나 미츠치의 외국어학교장 취임은, 한국 교육사상 특기할 만한 일이었다고 말할 수 있다.

미츠치는, 1908년 5월의 제10회 총선거에 입후보하기 위해 4월 25일 學部 서기관을 사직했기 때문에, 외국어학교장으로서의 재임기간은 겨우 3개월이었다. (덧붙여 후임은 동경고등사범학교 교수 재직인 채로 學部書記官이 되어 있던 쿠마모토 시게키치였다.) 그러나 미츠치가 교장을 겸임한 1908년은, 외국어학교로서 매우 상징적인 시기였다. 「표 11」에 보듯이, 일어부의 입학자 수는 이 해에 피크에 달하고, 다른 어부(語部)의 입학자수 감소와 더불어, 일본어학교 같은 색채가 더욱 진해졌던 것이다. 이것은, 한국이 보호국으로부터 식민지로 가는 시대정세의 반영에 다름 아니고, 이미 이 시점에서, 외국어학교가 그 존재 의의를 결정적으로 잃고 있었다는 것을 말하고 있다.

「표 11」 漢城外國語學校 入學者 數

구 분	1906년	1907년	1908년	1909년	1910년
日語部	46	201	250	174	138
英語部	67	97	94	96	106
漢語部	47	27	12	17	36
法語部	30	25	3	9	21
德語部	20	30	18	10	17

(출처) 韓國學部 『韓國教育의 現狀』 40쪽

맺음말

1908(메이지 41)년 4월, 당시는 아직 「學會令」 「私立學校令」 「教科用圖書檢定規程」 등의 공포 이전으로 「模範教育」이 철저했다고는 할 수 없는 시기였지만, 스스로의 임무는 거의 끝냈다고 판단했던 것인지, 미츠치는 學部 서

기관(외국어학교장 겸임)을 사직하게 되었다. 그 경위는 다음과 같다.

> 대개 예정된 임무도 일단락되었기 때문에, 마침내 메이지 41년의 중의원 선거에 출마를 결심하고, 하루는 이토오 統監을 방문, 입후보 결의를 말하고 사직을 신청했다. 公은 「좋겠지」 하고 찬성해 주었으나, 「사직하는 것은 선거 후에 해도 되지 않는가」라고 하며, 낙선의 경우도 생각해서 재직한 채로 입후보할 것을 권했다. 미츠치 씨는 「입후보하는 이상, 반드시 당선되겠습니다. 당선하고 나서 사직한다면, 당선되지 않으면 언제까지나 눌러앉아 있을 속셈인 것처럼 생각되고 싶지 않기 때문에」라며 곧바로 사직했다. 이쯤에 미츠치 씨의 일면이 확실하게 나타나 있다.[66)]

원래 미츠치는, 渡韓 이전부터 정치가 지망이었다. 이런 그의 의식으로 보아도, 겨우 2년(1906년 6월 10일~1908년 4월 25일)도 안되는 체재 기간으로 보아도, 한국 學部 시절은, 그의 인생에 있어 하나의 스텝에 지나지 않았다고 해도 좋다. 그러나, 그 사이 이토오 히로부미의 신임을 얻었다고 하는 의미에서 정치가 미츠치 츠우조 탄생의 중요한 계기가 되었고, 本書의 주제인 한국 근대교육사의 측면에서 보아도, 미츠치가 행한 역할은 결코 무시할 것은 아니다.

그가 한국 學部 학정참여관에 취임한 1906년 6월은, 「模範敎育」이 막 시작되려고 하던 때였다. 같은 학정참여관이라고는 하나, 전임 시데하라 타이라와 달리 미츠치는 실무자로서의 성격이 강해, 교육행정에 관해서는, 타와라 마고이치에 버금가는 넘버 투의 지위였다. 하지만 상술한 것 같은 그의 다방면에 걸친 활동은, 어떤 의미에서 「타와라의 브레인」 이상의 것이 있었다고 볼 수 있다. 「模範敎育」이, 식민지 교육의 전단계로서 자리 매김되는 것이고 보면, 그 초창기에 있어서 강력한 추진력이 된 미츠치는, 결과적으로 식민지 교육의 기초를 다지는 데 공헌한 것이 된다.

1908년 5월 총선거에서 카가와현(香川縣)에서 首位로 당선되어 일본 정계에 들어간 미츠치였으나, 韓國(朝鮮) 교육과의 인연은 그 후에도 끊어지지 않았다. 그 한 예가, 帝國教育會에 있어서의 활동이다. 제국교육회는, 한일합병을 계기로 조선에 대한 교육정책의 연구에 착수하여, 朝鮮教育調查總會 · 評議員會의 논의를 거쳐 가결된 방침을 카츠라(桂) 수상 및 테라우치(寺內) 총독에게 건의했다. 이 원안을 만든 사람이 미츠치 츠우조와 히구치 칸지로(樋口勘次郎)이고, 帝國教育會 내부에서 최종적으로 이의 없이 가결된 그 내용은 다음과 같았다.

1. 교육 勅語의 신성한 뜻을 보급하여, 일본제국과 조선반도가 옛부터 특수하고 친밀한 관계가 있는 것과, 일본 신민(臣民)으로서의 이익 및 희망을 충분히 이해시키도록 한다.
2. 일본어 보급을 급선무로 알고 여기에 전력을 기울이지 않으면 안 된다.
   ① 초등교육에서는 모두 일본글로 된 교과서를 사용하고, 일본어로 가르치고, 諺文과 漢文은 모두 폐지한다.
   ② 사범학교를 증설하고 조선인으로 일본어에 숙달된 교원을 다수 양성한다.
   ③ 중등학교와 전문학교에서도 한문 및 외국어 외에는 모두 일본 글로된 교과서를 사용하고 일본어로 가르친다.
   ④ 사립학교나 사립학원 가운데 주로 일본어를 가르치는 곳에는 상당한 보조를 해준다.
   ⑤ 일본어 보급을 목적으로 하는 통속적인 읽을거리를 편찬해 싸게 판매하는 방법을 생각한다.
   ⑥ 일반 조선인이 일본어에 익숙해지도록 하기 위해, 정부에서의 용어는 일본어로 한다. 공문도 모두 일본어로 한다.
3. 교과서 편찬을 중시하고 힘이 있는 특별기관을 만들어 이 일을 시킨다.
4. 일반 조선인을 위해 일본신민으로서 필요한 道德을 기르고, 일상생활에 필요한 지식을 보급시키기 위해서 적절한 방법을 강구한다.[67]

조선교육의 근본 방침은, 1911년 8월 23일 공포된 「朝鮮教育令」에 의해 규정되었는데, 그에 앞서 나온 帝國教育會의 건의 내용은, 「朝鮮教育令」보다 훨씬 철저한 同化教育을 목표로 하고 있었다. 그리고 그것은, 帝國教育會에 의해 인정된 미츠치 자신의 의사였던 것이다. 對 한국과 對 조선에서, 그의 교육관에 큰 변화가 있었다고는 생각하기 어렵다. 따라서, 한국의 실정을 고려하여 일정한 자기 규제가 작용하고 있던 한국 學部 시절의 言動과 위의 건의 내용이 서로 다른 점은, 객관적 정세로부터 보면 保護國과 植民地, 미츠치 개인의 입장에서 보면 韓國官吏와 帝國議會議員인 정치가와의 차이로부터 유래할 것이다.

【註】 (*는 한글 文獻)

(1) 『日本人名大事典』 現代 平凡社 1979년 747쪽

(2) 『教育』 제4호(1900년 6월 3일 발행)에 〈任 高等師範學校 教諭 高等師範學校 助教諭 兼 高等師範學校 訓導 三土忠造〉라는 기사가 있다. 따라서, 당초 助教諭 겸 訓導에 임명되어, 1900년 5월 경 教諭가 되었던 것으로 생각된다.

(3) 야마지 카즈유(山路一遊) 「三土文相에 바친다」 『教育』 제529호 1927년 6월 1일 43쪽

(4) 『茗溪會百年史』 茗溪會 1982년 1014~1015쪽

(5) 오기와라 츄우사쿠(荻原忠作) 「三土 君의 일들」 『教育』 제529호 1927년 6월 1일 32쪽

(6) 三土忠造 「小學讀本編纂法」 『東京茗溪會 雜誌』 제172호 1897년 5월 2쪽

(7) 히로세 에이타로(廣瀨英太郎) 編 『三土忠造』 三土先生彰德會 1962년 58쪽

(8) 同上 70쪽

(9) 日本外務省記錄 「韓國政府 學部에 있어 중학교 신설에 따라 그 학교 교사로 幣原坦을 招聘하는 件」 1900년 9월 5일

(10) 時事彙報 「統監府의 顧問」 『教育時論』 제763호 1906년 6월 25일 38쪽

(11) 카미가와 히코마츠(神川彦松) 監修 · 金正明 編 『日韓外交資料集成』 제6권 上 巖南堂書店 1964년 208쪽. 또, 康允浩의 *『開化期의 教科用 圖書』 (서울 · 教育出版社 1973년 57쪽)에, 1906년 3월 21일의 施政改善 第2會 協議會에서 「일

본인 俵孫一을 통감부 서기관에 임명, 교육 확장사무를 촉탁하고, 學部 참여관이었던 일본인 시데하라 타이라의 후임으로 동경고등사범학교 교수 미츠치 츠우조를 교과서 편찬 전담관에 임명했다」고 있는 것은 事實誤認이다. 제2회 협의회의 시점에서는, 구체적인 인명은 아직 나와 있지 않았다.

(12) 이 점에 관하여, 「교사 출신인 幣原의 행정 자세가 柔弱微溫에 그쳐」 라는 尹健次의 見解(『朝鮮近代教育의 思想과 運動』 東京大學出版會 1982년 313쪽)는, 『教育時論』의 論調(註10 參照)와 오히려 거꾸로이다. 著者는 『教育時論』 說을 택한다.

(13) 神川彦松 監修 · 金正明 編 前揭書 221쪽

(14) 中外商業新報編集局 編 『政治家群像』 千倉書房 1932년 224~225쪽

(15) 幣原坦 『朝鮮教育論』 六盟館 1919년 41쪽

(16) 廣瀨英太郎 編 前揭書 92쪽

(17) 茗溪會編 『茗溪人物志』 講談社 1972년 16쪽

(18) 廣瀨英太郎 編 前揭書 88~89쪽

(19) 春畝公追頌會 『伊藤博文傳』 下卷 統正社 1940년 714~715쪽

(20) 韓國學部 『韓國教育의 現狀』 1910년 64쪽

(21) 日本外務省記錄 「韓國에 있어 學部 顧問 傭聘 및 學政改革 一件」 1905년 2월 17일

(22) 春畝公追頌會 前揭書 770쪽

(23) 韓國學部 『韓國教育』 1909년 15~16쪽

(24) 사이토 타카아키(齊藤斐章) 「三土 君의 略歷」 『教育』 제529호 1927년 6월 1일 30쪽

(25) 廣瀨英太郎 編 前揭書 93~94쪽

(26) *오오가키 타케오(大垣丈夫) 「韓國의 新學政」 『大韓自强會月報』 제2호 1906년 10월 25일 12~13쪽

(27) 「東京高等師範學校 消息」 『教育』 제84호 1907년 2월 15일 16쪽

(28) 오다 세이고(小田省吾) 「朝鮮教育의 回顧」 와다 야치오(和田八千穗) · 후지와라 키조(藤原喜藏) 共編 『朝鮮의 回顧』 近澤書店 1945년 113쪽

(29) 「韓國教育의 現狀」 『教育時論』 제751호 1906년 2월 25일 28쪽

(30) 神川彦松 監修 · 金正明 編 前揭書 제6권 중 504쪽

(31) *康允浩 前掲書 113쪽

(32) *『大韓自强會月報』 제2호 14쪽

(33) 廣瀨英太郎 編 前掲書 93쪽 다만, 理科 교과서는 일본어였다. (註46 參照)

(34) 時事彙報「三土氏의 韓國學校談」『教育時論』 제824호 1908년 3월 5일 39쪽

(35) *金滿坤 「大韓帝國의 國語教育」『全州教育大學 論文集』 제4집 1969년 171~172쪽

(36) 韓國學部『韓國教育』 12쪽

(37) 同上『韓國教育의 旣往及現在』 1909년 68쪽

(38) 高橋濱吉 『朝鮮教育史考』 帝國地方行政學會 朝鮮本部 1927년 172쪽. 또한 타카하시에 의하면, 미츠치의 이 발언은 「隆熙 2년 6월 20일 관립 보통학교 직원회에서」라고 되어 있으나, 隆熙 2년(1908년) 6월은, 이미 미츠치가 귀국한 후이다. 종래의 연구도 모두 이 자료에 의하고 있기 때문에, 여기에서 잘못을 지적해 둔다.

(39) 유게 코우타로(弓削幸太郎) 『朝鮮의 教育』 自由討究社 1923년 81~82쪽

(40) *金滿坤 前掲論文 172쪽

(41) *吳天錫 『韓國新教育史』 서울 · 現代教育叢書出版社 1964년 172~173쪽

(42) 時事彙報 「우리 國語와 朝鮮小學」『教育時論』 제784호 1907년 1월 25일 39쪽

(43) 高橋濱吉 前掲書 176쪽

(44) 三土忠造 『教育百言』 富山房 1910년 83쪽

(45) 高橋濱吉 前掲書 169~170쪽

(46) 齋藤欽二 「故 마츠모토 무네하루(松本宗治) 君을 생각함」『教育』 제333호 茗溪會 1910년 11월 15일 27쪽

(47) 眞野 實業學務局長談 「韓國의 國民教育」『教育界』 제9권 제2호 1909년 12월 3일 100쪽

(48) 1908년 2월, 일시 귀국해 있던 미츠치는, 「사립학교의 단속은 아직 시작되지 않았다. 그렇기는 하지만 장래는 점차 이를 조사하여, 사립학교령을 제정할 것이다」라고 말하고 있다.(『教育時論』 제824호 1908년 3월 5일 39쪽)

(49) 高橋濱吉 前掲書 178~179쪽

(50) *學部編輯局 『教科用圖書一覽』 增補 第5版 1910년 7월 28쪽

(51) 高橋濱吉 前掲書 169쪽

(52) 韓國學部 『韓國 敎育의 旣往及現在』 32쪽

(53) 『敎育時論』 제824호 39쪽

(54) 高橋濱吉 前揭書 170~171쪽

(55) 同上 172~174쪽

(56) 『敎育時論』 제824호 39쪽

(57) 弓削幸太郎 前揭書 69쪽

(58) 韓國學部 『韓國 敎育의 旣往及現在』 14쪽

(59)(60) 韓國學部 『韓國敎育』 9쪽

(61)(62) 增戶鶴吉 「韓國敎育通信」 『敎育界』 제6권 제2호 1906년 12월 107쪽

(63) 『敎育時論』 제824호 39쪽

(64) 『茗溪會百年史』 964쪽

(65) 時事彙報 「韓國敎育訓」 『敎育時論』 제772호 1906년 9월 25일 37쪽

(66) 『茗溪人物志』 16쪽

(67) 內外彙報 「帝國敎育會와 朝鮮敎育問題」 『敎育界』 제10권 제3호 1911년 1월 99쪽

제8장 구한말 고빙(雇聘) 일본인 「學部 직원」의 그 후
— 1909년 7월~1916년 10월의 동향

머리말

구한국 學部는, 그 직원명부인 『學部職員錄』(정식으로는 『學部 및 學部 所管官公立學校 職員錄』)을 몇 번 발행했는데, 가장 상세한 것은 1909(隆熙 3)년 7월 15일 현재의 것이다. 시기적으로는 한일합병 약 1년 전에 해당되어, 합병 지전의 「學部職員」을 아는 데 알맞은 사료이다.

이 『學部職員錄』에는, 學部 본청직원으로 37명, 중등학교(관립 漢城사범학교 · 관립 漢城고등학교 · 관립 平壤고등학교 · 관립 漢城외국어학교 · 관립 仁川실업학교 · 관립 漢城고등여학교 · 공립 釜山실업학교) 교직원으로 34명, 보통학교(관립 · 공립 및 보조지정 乙種 공립 · 사립 보통학교) 교원으로 93명의 일본인이 수록되어 있다. 그들 164명이, 당시 통감부의 지배 아래서 신분상 한국 정부에 고용되어 있던 일본인 「學部職員」이었던 것이다.

본 章은, 그들의 1909년 7월 15일 이후 1916년 10월 9일까지, 즉 테라우치(寺內) 총독시대의 종료까지의 동향을 추적한 것이다. 여기서 이 기간 중 사직 혹은 한국 이외의 땅에 전출한 자를 「非連續」, 하세가와(長谷川) 총독 시대까지 근속한 자(테라우치 총독시대에 사임한 것이 확인되지 않는 자를 포함)를 「連續」으로 분류하고, 특히 「連續」을 同職種勤續과 異職種에의 異動으로 구분하여 논했다. 이에 의해, 조선총독부 초기 인사정책의 一端, 나아가서는 교육관계 人事를 둘러싼 한국통감부와 조선총독부의 連續性 如何를 밝히는 것이 본 章의 목표이다.

자료는, 구한말 『官報』와 『朝鮮總督府官報』에 주로 의존하였다.

1. 사직 · 전출 · 사망 등

(1) 學部 本廳

구한국 學部 일본인 직원으로 한일합병 후 곧바로 조선총독부를 사직한 가장 대표적인 인물은, 일찌기 교육행정의 사실상의 최고 권력자인 차관 지위에 있던 타와라 마고이치(俵孫一)이다. 타와라는, 1910년 10월, 조선총독부 개설과 함께 임시 토지조사국 부총재에 임명되었다. 총재는 政務總監 야마가타 이사부로(山縣伊三郎)가 겸임했기 때문에, 부총재는 임시 토지조사국의 실질적인 최고위였다. 또 이 인사는, 渡韓前인 1895년부터 1902년에 걸쳐, 오키나와현(沖繩縣) 참사관으로서 「나라하라(奈良原) 知事를 도와, 토지처분법을 만들고, 세제를 정리하여, 모든 악습관 배제에 전념한」[1] 타와라의 경력을 산 것이라고 볼 수도 있다. 그러나, 임시 토지조사국 부총재는, 일찌기 한국 정부의 독립부서였던 學部가 조선총독부 내무부 학무국으로 격하된 가운데, 내무부장관의 지위를 후배인 우사미 카츠오(宇佐美勝夫, 타와라의 學部 차관 취임은 1907년 8월, 우사미의 內部 차관 취임은 1910년 6월)에 의해 추월 당한 타와라를 대우하기 위한 잠정적인 포스트였다는 느낌이 강하다. 1912년 4월, 임시 토지조사국 관제개혁에 의해, 부총재직이 폐지되어, 타와라는 귀국하게 되었다. 그 후 타와라는, 미에(三重) · 미야기(宮城)縣知事, 홋카이도(北海道)長官 등을 거쳐 정계에 진출한다.

學部 차관 타와라 마고이치(俵孫一) 아래에서 학무국 제2과 과장을 역임한 쿠마모토 시게키치(隈本繁吉)는, 조선총독부 학무국 학무과장이 된지 겨우 4개월 뒤인 1911년 2월, 대만 총독부 내무국 학무과장(視學官 및 國語學校長을

겸임)으로 전출했다. 와타나베 마나부(渡部學)에 의하면, 「쿠마모토는 동경대 文科, 그것도 史學科 출신이었고, …… 따라서 法科 출신에 의해 관료기구가 정비된 한일합병 후에는, 곧바로 대만에 전출된 것 같다」「관청 조직의 변경 가운데서 그는 별로 우대받지 못한 것 같고, 반면으로 또 좋은지 나쁜지는 제쳐두고 조선총독부에 의한 심기일전의 對韓政策을 내세우는 기운이 강했던 당시의 情勢가 떠오른다」[2]라고 한다. 하지만, 쿠마모토의 대만 전출의 이유를 그의 학력에서 구하는 견해는 근거가 약하다. 왜냐하면, 쿠마모토와 같은 시기(1908년)에 學部 서기관이 되고, 합병 후에는 오랫동안 총독부 학무국 편집과장의 지위에 있던 오다 세이고(小田省吾)도, 같은 동경제국대학 문과대학 사학과 졸업이었기 때문이다. 「조선총독부에 의한 심기일전의 대한정책을 내세우는 기운이 강했다」는 것은 사실이라 해도, 쿠마모토 개인의 인사이동에는 더욱 적극적인 이유가 있었던 것은 아닐까. 필자는, 「朝鮮教育令」의 제정에 그 원안 단계부터 참여하고, 「내 의견이 채택된 적이 종종 있어 참으로 유쾌하다」[3]라고 은근히 자부하고 있던 쿠마모토의 정책입안 능력을 대만총독부가 필요로 했다고 보고 싶다. 실제로 쿠마모토는, 대만 부임 다음 해(1912년)에 학무부장 서리가 되고, 그 2년 후에는 정식으로 학무부장에 승진했다.

이 밖에, 구한말 學部 본청 직원으로 테라우치 총독시대에 퇴직한 것이 『朝鮮總督府官報』에 의해 확인되는 사람들은 다음과 같다.

1909년 7월 15일 현재 학무국 제2과의 技師를 겸임하고 있던 건축소 기사 이시하라 죠타로(石原錠太郎)는 1910년 10월 1일, 조선총독부 技師로 임명되고, 1년 뒤인 1911년 10월 24일 의원면직되었다.

비서과 사무관 겸 번역관이었던 우에무라 마사미(上村正巳)는, 그 후 통감부 통역관이 되었는데, 합병 후에는 李王職 사무관에 임명되고(1911년 4월 22일자), 1913년 3월 31일 사직했다.

학무국 제2과 주사였던 오오노 요시오(大野義男)는, 朝鮮總督府 속(屬, 1910년 10월 1일자)을 거쳐 임시 토지조사국 서기가 되었으나, 1년을 지나지 못하고 1912년 8월 31일 의원면직되었다.

타모토 후사타로(田本房太郎)도, 오오노(大野)와 같이 학무국 제2과 주사에서 朝鮮總督府 속(屬)이 되었는데, 1911년 5월 5일에 공립 梅洞보통학교 본과 훈도 사무취급으로 촉탁되고(本官은 의원면직), 同年 11월 이후, 同校 및 京城여자 공립 보통학교의 훈도 · 교장을 지낸 후, 1916년 2월 9일자로 퇴직했다.

학무국 제1과에 고용되었던 나카노 유우키치(中野雄吉)는, 합병 후, 조선총독부 군서기에 임명되어, 경기도 근무(1910년 10월 1일자) 충청북도 근무(1911년 6월 6일자)를 거쳐, 1916년 3월 31일자로 의원퇴직했다.

마츠모토 마사타로(松本雅太郎)는, 학무국 제2과 주사에서 조선총독부 속(屬)이 되고, 1912년 12월 10일 同職을 사임했다.

학무국 제2과 사무관이었던 야나기 다세츠(柳田節)도, 마찬가지로 조선총독부 개설과 함께 총독부 속(屬)이 되었으나, 1년 뒤에(1911년 11월 11일자) 의원면직되었다.

한편, 『朝鮮總督府官報』에 의해서는 인사이동이 추적되지 않는 사람은 다음과 같다. 그들은 技手, 雇 등 學部 기구의 말단에 위치한 사람들로, 적어도 총독부 관리로 채용되지는 않았던 것으로 풀이된다. (괄호 안은 1909년 7월 15일 현재의 직위)

키무라 햐쿠고로(木村百五郎, 학무국 제2과 技手), 사카이 카쿠조(酒井確藏, 회계과 雇), 시노즈카 류우지로(篠塚隆次郎, 학무국 제2과 雇), 스다 나오타로(須田直太郎, 편집국 雇), 후지무라 마사루(藤村昌, 학무국 제2과 雇), 미타무라 킨이치로(三田村金一郎, 회계과 雇), 야베 요시이치(矢部美一, 학무국 제2과 雇)

이상 본 것처럼, 조선총독부 이관(移管) 때 임용되지 않았다고 생각되는 자가 7명, 재임용은 되었으나 테라우치 총독 재임 중에 조선총독부를 그만 둔 자가 9명이다. 이들 16명은, 1909년 7월 당시 學部 본청 일본인 직원 37명의 4할 남짓(43.2%)에 해당한다.

(2) 중등학교

漢城사범학교 교수 겸 동교 본과 훈도였던 오기와라 히로시(荻原擴)는, 합병 후에도 아직 同校가 존재하고 있던 1911년 5월 1일, 원에 의해 본직 및 겸직을 그만두었다.

漢城師範學校의 학감으로서 구한국 교원 양성의 실질적인 최고 책임자였던 마스도 츠루키치(增戶鶴吉)는, 1910년 12월 20일자로 平壤고등학교장 사무취급, 1911년 4월 11일자로 漢城사범학교 교수 사무취급을 촉탁받은 후, 同年 11월 1일, 京城고등보통학교 敎諭에 임명되었으나, 그 직후에 사직했다. 1911년 11월 1일은, 漢城고등학교가 京城고등보통학교가 되고, 동시에, 漢城사범학교가 京城고등보통학교에 흡수된 날이다. 漢城사범학교의 소멸은, 결과적으로, 이전의 학감인 마스도 츠루키치의 辭職~귀국에 이어진 것이다.

前 漢城사범학교 교수 마츠모토 무네하루(松本宗治)는, 합병 직후인 1910년 10월 9일, 「나이 불과 서른 둘도 안되는」 젊은 나이에 타계했다.[4] 본 章의 대상자로 총독부 초기에 사망이 확인된 사람은, 유독 마츠모토 무네하루뿐이다.

漢城師範學校 서기였던 고토우 리키야(古藤力彌)에 대해서는, 그 후의 소식을 알 수가 없다.

한성고등학교 관계자〔스와하라 요시에(諏訪原義衛)·타카하시 토오루(高橋亨)·모리 타메조(森爲三)·야마우치 아이스케(山內愛助)·요코치 스테지로(橫地捨次郎)〕 가운데는, 테라우치 총독 재임기간 중 조선을 떠난 자는 없다.

이와 대조적인 것이 平壤고등학교의 경우로, 관계자 4명은, 모두 본 章에서 말하는 「非連續」의 범주에 속한다.

이마이 한지로(今井半次郎)는, 平壤고등학교 교수에서, 동교의 체제개편에 따라 1911년 11월 1일, 平壤고등보통학교 敎諭가 되었으나, 1913년 9월 16일자로 의원퇴직했다.

平壤고등학교 교수 오오니시 유우하치(大西祐八)는, 1911년 4월 15일자로 쿠마모토현(熊本縣) 근무를 명받고, 동교 학감이었던 미네 카에시치(美禰嘉衛七)도, 거의 때를 같이하여 동년 6월 22일, 기후(岐阜)縣立 기후(岐阜)중학교 교유에 임명되었다.

신도 요시오(眞藤義雄)는, 1911년 4월 10일, 평양고등학교 교수 겸 學員監의 신분으로 漢城師範學校 교수 사무취급을 촉탁받았으나, 그 후의 행적은 분명치 않다. 신도(眞藤)는, 관립 평양고등학교가 東亞同文會立 평양일어학교였을 때는 줄곧 그 교장이었기 때문에, 평양고등학교 교수나 漢城師範學校 교수 사무취급은, 그에게 있어서는 강등인사에 다름 아니었다. 따라서 신도는, 1911년 11월 1일「朝鮮教育令」시행 이전에 사직한 것은 아닐까 생각된다.

漢城외국어학교 교수였던 시라이 시게토(白井重任)는,『朝鮮總督府官報』에 1911년 5월 19일자로 5級俸 下賜라고 있는 것을 마지막으로, 관련 기사를 찾을 수 없다.

하세 요시노리(長谷了慶)와 무나카타 카모시로(宗像鴨四郎)는, 1911년 11월 1일, 漢城외국어학교 폐교와 함께 동교 교수에서 京城고등보통학교 教諭가 되었는데,『京畿七十年史』에 의하면, 京城고등보통학교 재직기간은, 하세(長谷)가 1912년 6월 3일까지, 무나카타(宗像)가 1913년 7월 31일까지로 되어 있다.[5)]

仁川실업학교 학감 이와사키 코우타로(岩崎厚太郎)는, 합병 직전인 1910년 7월에 의원퇴직하고(구한말『官報』기재는 8월 9일자), 고향 치바(千葉)에 돌아갔다. 1895년 6월 창립 이래, 교장(仁川 監理 · 府尹 등의 겸직)이 빈번히 교체되는 가운데 일관되게 관립 仁川일어학교의 제1인자였던 이와사키의 역할은, 1909년 5월, 일어학교가 실업학교로 개편된 시점에서 사실상 끝났었다고 볼 수 있다. 이 점은 전술한 타와라 마고이치 · 마스도 츠루키치 · 신도 요시오 등의 경우와 상통하는 것이 있다.

仁川실업학교 부교수였던 니시무라 히데오(西村秀雄)에 대해서는, 1909년 7월 이후의 경력을 밝힐 수 없다. 덧붙여, 仁川실업학교의 후신인 인천고교의『仁高九十年史』에는, 관립 仁川실업학교가 仁川공립상업학교가 된 1912년 4월 당시,「일본인 교사로는, 타카야마(高山) 교장이 法制 · 修身을 가르쳤고, 많은 한국인 제자들에게 흠모와 존경을 받던 이토오 선생〔후에 처가에 양자로 입양하여 무카이 사이이치(向井最一)로 改名〕이 商事要項 · 簿記, 시게타(茂田) 선생이 數學 · 物理, 스기우라(杉浦) 선생이 商業 · 地理 · 商品學 · 體操를 가르쳤다. 이러한 구성으로, 한국인 교사가 3명, 일본인 교사가 4명, 도합 7명의 교사로 구성되어 있었다」[6]라고 되어 있어, 이미 니시무라(西村)의 이름은 없다.

漢城고등여학교의 학감 아코우 치하루(赤穗千春)는 1909년 10월 30일, 부교수 이타노 토쿠(板野德)는 동년 8월 30일, 각각 의원면직으로 되어 있다. 두 사람 모두, 漢城고등여학교(1908년 4월 창립)에서의 근무기간은 매우 짧았던 것이다.

1909년 7월 당시 釜山실업학교 직원이었던 2명〔교수 사카이 요시타로(坂井嘉太郎) · 학감 후쿠시 토쿠헤이(福士德平)〕은, 다음 節에서 기술하는 것처럼, 모두 同職種 유임의 전형적인 예이다.

위에 본 것처럼, 관공립 중등학교 7개교의 관계자 34명 가운데 「非連續」 부류에 속하는 자는 15명(44.1%)이다. 학교에 따라 매우 불규칙하긴 하지만, 전체로서의 이 비율은, 전술한 學部 본청의 경우와 거의 같다.

(3) 보통학교

보통학교 교원 93명 가운데 테라우치 총독시대 종료 이전에 사직한 것이 확실한 사람은 20명으로, 그들의 1909년 7월 15일 현재의 근무교 · 직위 및 의원면직된 날짜는 다음과 같다. (중간 경력은 생략)

藤本玄治(후지모토 겐지)	공립 寧邊	훈도(교감)	1909년 12월 1일
笹田德郎(사사다 토쿠로)	공립(을종) 珍島	훈도(교감)	1909년 12월 14일
須長德五郎(스나가 토쿠고로)	공립 木浦	훈도(교감)	1910년 4월 8일
黑木虎男(쿠로키 토라오)	공립 星州	훈도(교감)	1910년 6월 20일
小松玉六(코마츠 타마로쿠)	사립 李花	훈도(교감)	1910년 8월 28일
中西蓑吉(나카니시 미노키치)	공립 洪州	훈도(교감)	1910년 12월 5일

中村浩(나카무라 히로시)	공립 東萊	훈도(교감)	1911년 2월 25일
神志那要(카미시나 카나메)	관립 校洞	교원 촉탁	1911년 11월 30일
根本貞吉(네모토 사다키치)	공립 羅州	훈도(교감)	1912년 3월 31일
早川勇(하야카와 이사무)	사립 永同	훈도(교감)	1912년 4월 17일
扇田善助(오오기다 요시우케)	공립(을종) 伊川	촉탁교사	1912년 4월 30일
筒井松太郎(츠츠이 마츠타로)	사립 韓興	훈도(교감)	1913년 4월 22일
藪內長五郎(야부우치 쵸우고로)	공립 海州	훈도(교감)	1913년 4월 25일
二町經夫(후타마치 츠네오)	관립 仁峴	훈도(교감)	1913년 4월 29일
平泉弘人(히라이즈미 히로토)	공립 黃州	훈도(교감)	1913년 5월 16일
坂井敬一(사카이 케이이치)	공립 宣川	훈도(교감)	1913년 5월 31일
原田甚內(하라다 진나이)	관립 渼洞	훈도(교감)	1914년 2월 24일
田中稔(타나카 미노루)	사립 青出	훈도(교감)	1914년 5월 30일
小佐々峰太郎(코사사 미네타로)	사립 肅明	훈도(교감)	1916년 4월 30일
大竹倜造(오오타케 칸조)	공립 江華	훈도(교감)	1916년 6월 5일

또, 관립 水下洞보통학교 훈도(교감)였던 카고오 기사부로(鹿子生儀三郎)는, 1911년 12월 28일자로 京城고등보통학교 교유가 된 후, 일본어 교육 능력을 인정받아 1914년 3월 30일, 南滿洲철도주식회사 근무를 명받았다.

다음의 5명은, 관립 및 사립(보조지정) 보통학교의 공립화와 함께 새로운 발령이 내려지고 있는데, 그 후의 소식이 명확하지 않다. 그들의 1909년 7월 15일 현재의 근무교 · 직위와 새로운 발령일자 · 내용은 이하와 같다.

土本錄三郎(츠치모토 로쿠사부로)
　관립 梅洞　훈도(교감)　1910년 4월 1일　공립 梅洞 보통학교 근무를 명함
岡村正名(오카무라 마사나)
　사립 景山　훈도(교감)　1911년 3월 24일　공립 沙里院 보통학교 근무를 명함
井本爲熊(이모토 타메쿠마)
　사립 安東　훈도(교감)　1911년 5월 11일　공립 安東 보통학교 근무를 명함

高野寬(타카노 히로시)

사립 彰明 훈도(교감) 1911년 6월 15일 공립 長興 보통학교 근무를 명함

橋爪亭造(하시즈메 테이조)

사립 三省 훈도(교감) 1911년 6월 24일 공립 金堤 보통학교 근무를 명함

또 다음 8명은, 1909년 7월 16일 이후의 동향을 전혀 파악할 수가 없다. 이것은, 위의 5명과 마찬가지로, 「朝鮮教育令」 시행 후, 이에 근거하여 「朝鮮公立普通學校訓導」로서는 임용되지 않았던 것을 의미한다.

多屋智成(타야 토모나리)	공립(을종) 楊州	훈도(교감)
西山熊助(니시야마 쿠마스케)	공립 大邱	훈도(교감)
西山津根(니시야마 츠네)	공립 大邱	교사촉탁
右田乘辰(미기다 노리타츠)	공립 平壤	훈도(교감)
三矢松子(미츠야 마츠코)	공립 全州	代弁教員
峯萬藏(미네 만조)	공립(을종) 旌義	代弁教員
百瀨重四郎(모모세 쥬시로)	공립 驪州	훈도(교감)
山崎ハル(야마자키 하루)	공립 木浦	代弁教員

이상과 같이, 보통학교 교원으로, 「非連續」으로 간주되는 자는 34명(36.6%)이고, 비율로는 學部 본청직원이나 중등학교 교원의 비율을 약간 밑돌지만, 결코 적은 수는 아니다. 특히 주목되는 것은, 1909년 7월 15일 현재 본과 훈도가 아니었던 자(교원촉탁 · 代弁教員 · 촉탁교사) 6명이 모두 여기에 포함된 것이다. 그들의 지위가 얼마나 불안정했었는지를 엿볼 수 있다. 〔또 『學部職員錄』에서는 사카이 요시타로(坂井嘉太郎)가 공립 釜山보통학교 교원촉탁으로 되어 있지만, 사카이(坂井)의 본 근무는 釜山실업학교 교수이다.〕

2. 동 직종 근속

(1) 學部 本廳

학무국 제1과 주사였던 아키모토 유지(秋元雄治)는, 1910년 10월 1일 조선총독부 개청과 함께 총독부 속(屬)이 되어, 학무과에서 계속 근무했다.

앞에서도 언급한 오다 세이고(小田省吾)는, 學部 편집국 서기관~조선총독부 학무국 편집과장(1910년 10월 1일자)과 편집분야에서 일관했다. 오다(小田)의 편집과장직은 3·1운동 후까지 약 12년간 계속된다.

학무국 제2과 技手 쿠스하라 마츠타로(楠原松太郎)는, 1910년 10월 1일자로 조선총독부 技手로 임명되었다.

大臣官房秘書課主事 나카시마 키이치로(中島喜一郎)와 비서과 雇 히비 마사루(日比優)도, 위의 아키모토 유지와 같이, 신분은 조선총독부 속(屬)이었으나(다만 발령은, 나카시마가 1910년 10월 1일, 히비가 1913년 12월 31일), 근무처는 학무과로 실제 이동은 하지 않았다.

학무국 제1과 유학생 監督 囑託 마츠무라 모스케(松村茂助)는, 원래 동경 주재 문부성 관리이다. 합병 후에도, 문부성 보통학무국장으로서 조선총독부 촉탁을 계속했다.

大臣官房會計課 主事였던 마부치 토쿠사부로(馬淵德三郎)는, 1910년 10월 1일, 조선총독부 속(屬)이 되었다. 그 배치 부서는 명확하지 않지만, 1915년 1월 26일자로 始政5年 記念 朝鮮物産共進會 사무원에 임명받은 것으로 보면, 구 學部 시대와 同種의 직무를 담당했던 것으로 생각된다.

이상과 같이, 구 學部 본청 일본인 직원으로 테라우치 총독 시대에도 계속해서 같은 직종에 근무했던 자는 7명(전체 37명의 18.9%) 이다. 辭職 等·同職種 勤續·異職種에의 異動의 세가지 카테고리로 나누면, 學部 본청직원의 경우, 同職種 勤續者가 가장 적었다.

(2) 中等學校

漢城사범학교와 漢城외국어학교는, 학교 자체가 소멸했기 때문에, 두 학교의 교사는, 엄밀히 말하면 교원 양성이나 외국어교육 이외의 직종으로 바뀌었을 것이지만, 兩校가 京城고등보통학교에 흡수된 사실에 비추어, 합병 후, 고등 보통학교에 근무한 자는, 편의상, 同職種 勤續으로 하였다.

漢城사범학교 교수였던 코이데 라이키치(小出雷吉)와 코지마 모토사부로(兒島元三郎)는, 함께 1911년 11월 1일, 京城고등보통학교 教諭가 되어, 두 사람 모두 10년 이상(코이데가 1924년 8월 31일까지, 코지마가 1927년 8월 15일까지) 근속했다.

사이토 킨지(齊藤欽二)도, 1911년 11월 1일, 漢城사범학교 교수에서 京城고등보통학교 教諭가 되었는데, 1913년 4월 10일자로 平壤고등보통학교 교유로 전임했다. 그 후 사이토는, 1917년 8월 平壤여자고등보통학교 교장이 된 것을 시작으로 新義州고등보통학교 · 平壤고등보통학교 교장을 역임, 중등교육계의 대가가 되었다.

마에다 칸타로(前田勘太郎)는, 漢城사범학교 교수에서 平壤고등학교 교수가 되고, 同校의 개편과 함께 1911년 11월 1일, 平壤고등보통학교 教諭로 직명이 바뀌었다.

미쿠니야 산시로(三國谷三四郎)도, 코이데 라이키치 · 코지마 모토사부로 · 사이토 킨지와 함께 1911년 11월 1일, 漢城사범학교 교수에서 京城고등보통학교 교유로 임명되고, 하세가와 총독시대인 1917년 8월까지 재임했다. (8월 20일자로 平壤고등보통학교에 전출)

참고로, 여기에 등장한 사이토 킨지 · 마에다 칸타로 · 미쿠니야 산시로, 또 전술한 오기와라 히로시 · 마스도 츠루키치 · 마츠모토 무네하루 · 오오니시 유우하치 · 무나카타 카모시로, 후술하는 야마우치 아이스케는, 모두 東京고등사범 학교 출신이다.

漢城사범학교 본과 훈도였던 미야케 타카요시(三宅高義)는, 1911년 11월 1일 京城고등보통학교 훈도, 1912년 11월 12일 동교 훈도 겸 교유, 1913년 4월 1일 京城여자고등보통학교 훈도 겸 교유에 임명되었다. 신분은 중등학교 교원이었으나, 本務는 초등교원(부속 보통학교 훈도)으로 일관했던 것이다.

漢城고등학교 簿記 교사 촉탁 스와하라 요시에(諏訪原義衛)는, 원래 善隣상업학교의 교감이고, 합병을 전후하여 이 本務에 변함은 없다. 그 후, 1921년 新義州상업학교장이 되었다.

타카하시 토오루(高橋亨)는, 漢城고등학교 학감에서 1911년 11월 1일 京城 고등보통학교 교유에 임명되고, 1916년 5월 16일자로 大邱고등보통학교장이 되었다. 관립 중학교 부임(1905년 2월 10일) 이래 중등교육계를 떠나 조선총독부 視學官이 된 것은 1921년, 京城帝國大學 교수 취임은 1926년의 일이다.

漢城고등학교 교수였던 모리 타메조(森爲三)와 요코치 스테지로(橫地捨次郎)는, 1911년 11월 1일 동시에 京城고등보통학교 教諭가 되고, 大正 10년대까지(모리가 1924년 5월 31일까지, 요코치가 1921년 5월 4일까지) 근속했다.

평양고등학교의 관계자 4명〔이마이 한지로(今井半次郎) · 오오니시 유우하치(大西祐八) · 미네 카에시치(美禰嘉衛七) · 신도 요시오(眞藤義雄)〕은, 모두 앞 節에서 말한대로, 이 節과 다음 節의 대상자는 아니다.

漢城외국어학교 교수 타나카 겐코(田中玄黃)는, 1911년 11월 1일자로 平壤고등보통학교의 교장이 되어, 테라우치 총독 재임기간 중, 계속 그 자리에 있었다. 『朝鮮總督府官報』에 의하면, 1915년 12월 1일에 오카야마(岡山) · 효고(兵庫) · 교토(京都)에 출장을 명받은 타나카(田中)의 직책은 「京城高等普通學校長」으로 되어 있으나,[7] 이것은 관보의 오식(誤植)이다. 타나카가 京城고등보통학교의 교장이었던 적은 없다.

仁川실업학교의 부교수였던 시게타 카오루(茂田馪)는, 1912년 4월 1일, 동교의 개칭과 함께 仁川공립상업학교 教諭가 되었다. 『仁高九十年史』에 「타카야마(高山) 교장 아래 …… 교사 이동은 없었던 것 같다」[8]라고 있기 때문에, 타카야마 쓰네요시(高山經慶)의 교장 재임 중(1916년 9월 7일까지)은 시게타도 근속했던 것으로 생각된다.

漢城고등여학교 부교수 미조베 츠나(溝部都奈)는, 1911년 11월 1일자로

京城여자고등보통학교 교유가 되었다. 학교 이름은 다르지만 동일교에 근속한 것이 된다.

釜山실업학교 교원이었던 2명〔학감 후쿠시 토쿠헤이(福士德平)·교수 사카이 요시타로(坂井嘉太郎)〕은, 모두 동일교 장기근속의 전형이다.

후쿠시 토쿠헤이는, 1911년 11월 1일자로 釜山공립상업학교장 사무취급을 명받아, 1913년 11월, 정식 교장으로 승격, 同校가 釜山鎭공립상업학교(1922년 4월)~釜山제2공립상업학교(1923년 4월)로 변천하는 동안 계속 교장으로 있었다. 同校의 校史『釜商의 七十年』에는, 「후쿠시 토쿠헤이는, 학감으로 부임하여, 본교 창업의 중임을 지고, 1911년 10월 교장서리를 거쳐 1913년 교장에 임명되어, 1930년 1월 교육계에서 은퇴하기까지 21년 간, 본교 교육의 수뇌자로서 활동하여, 온 정력을 초창기의 본교 발전을 위해 경주했다」[9]라고 있다.

사카이 요시타로(坂井嘉太郎)는, 1911년 11월 이래, 釜山공립상업학교·釜山鎭 공립상업학교·釜山제2공립상업학교의 교사로 근속했다. 다만, 사카이의 퇴직 시기는, 한국 측의『釜商八十年史』에 의하면 1924년 1월로 되어 있으나,[10] 일본 측의『釜山教育五十年史』에서는 1925년 3월 30일로 되어 있나.[11]

또 후쿠시는 1909년 4월 이래 公立 부산보통학교의 교장을, 사카이는 동년 5월 이래 同校의 訓導를 겸임하고 있었으나, 1912년 4월 19일, 겸임하고 있던 직을 함께 그만두었다.

이상과 같이, 중등학교 관계자 34명 가운데 동직종 근속자는 15명으로, 이것은, 앞 절에서 본 「非連續」 그룹의 비율과 우연히도 똑같다.

(3) 普通學校

1909년 7월 15일 현재 學部 관할 보통학교 교원이었던 93명의 약 반수(47.3%)에 해당하는 44명은, 테라우치 총독 시대에도 계속하여 보통학교 교원이었다. 그들의 지위는, 「朝鮮教育令」시행 후, 복수의 일본인 교원을 가진 대규모 학교에 근무하는 경우를 제외하고는 대부분이, 교감에서 교장이 되었으나, 辭令上의 직위는, 모두 조선 공립 보통학교 訓導였다.

44명 중, 1911년 11월 1일의 「朝鮮教育令」 시행에 맞추어, 1909년 7월 15일과 같이 보통학교 訓導로 다시 발령을 받은 자는 다음 26명이다. (교명이 두개 있는 것은, 동일교가 개칭된 것이다.)

淺沼禎一(아사누마 테이이치)　공립 靈巖
伊藤藤太郎(이토오 토우타로)　공립 江陵
井上嘉六(이노우에 카로쿠)　공립 晋州
今井猪之助(이마이 이노스케)　관립 齋洞 · 공립 齋洞
岩重善太郎(이와시게 젠타로)　공립 淸州
大野德市(오노 토쿠이치)　사립 彰明 · 공립 沃川
吉良逸世(기라 하야세)　사립 瑞明 · 공립 瑞興
串原綱五郎(쿠시하라 츠나고로)　공립(을종) 郭山 · 공립 郭山
黑木源二(쿠로키 겐지)　공립 馬山
桑島兼三郎(쿠와시마 켄자부로)　공립 群山
齊藤角治(사이토 카쿠지)　공립 元山
笹山章(사사야마 아키라)　관립 貞洞 · 공립 貞洞
佐土原雄助(사도하라 유우스케)　공립(을종) 南陽 · 공립 南陽
妹尾彰(세노오 아키라)　공립 開城
仙波武平(센바 부헤이)　사립 經緯 · 공립 稷山
續龜友(츠즈키 카메토모)　사립 昌明 · 공립 咸悅
長崎猶作(나가사키 유사쿠)　공립(을종) 鐵原 · 공립 鐵原
中山源市(나카야마 겐이치)　공립 安城
延豊次(노베 토요지)　공립 溫陽
橋口龍太郎(하시구치 류우타로)　공립 原州
樋口虎之助(히구치 토라노스케)　공립 北靑
松村恒喜(마츠무라 츠네요시)　사립 光南 · 공립 延日
山本哲太郎(야마모토 테츠타로)　공립 光州

湯本勵(유모토 하게무)　　공립 江鏡(江景)
若林勇(와카바야시 이사무)　　사립 淸道 · 공립 淸道
渡辺政太郎(와타나베 마사타로)　　공립 城津

조선총독부는 합병 후, 민심 일신을 꾀함과 아울러 급격한 변화를 피한다고 하는 어찌 보면 상반되는 정책을 취했다. 위에 적은 26명의 존재는, 후자를 나타내는 것이라고 볼 수 있다. 그러나, 급격한 변화를 피한다는 것이, 일본인 보통학교 교원의 인사이동이 활발하지 않았다는 것을 의미하는 것은 결코 아니다. 위에 적은 사람 가운데도, 다음에 보이는 것처럼 이미 1909년 7월 15일 이전, 혹은 1911년 11월 1일 이후에 보통학교 간의 전근(轉勤)을 경험한 사람이 적지 않았던 것이다.

今井猪之助(이마이 이노스케)　관립 한성사범부속 → 관립 齋洞
吉良逸世(기라 하야세)　공립 星州 → 사립 瑞明
齊藤角治(사이토 카쿠지)　공립 水原 → 공립 元山
橋口龍太郎(하시구치 류우타로) 공립 濟州 → 공립 原州
湯本勵(유모토 하게무)　공립 義州 → 공립 江鏡(이상 1909년 7월 15일 이전)
笹山章(사사야마 아키라)　공립 貞洞 → 공립 中江鎭(이하 1911년 11월 1일 이후)
妹尾彰(세노오 아키라)　공립 開城 → 공립 於義洞
長崎猶作(나가사키 유사쿠)　공립 鐵原 → 의원면직 → 공립(교명불명)

한편, 다음 18명은, 1909년 7월 15일 당시와 1911년 11월 1일의 근무교가 다르다.

家村甚七(이에무라 진시치)　공립 蔚山 → 공립 東萊
池田太治助(이케다 타지스케)　사립 育英 → 공립 金浦
上田富彌(우에다 토미야)　관립 於義洞 → 공립 安邊

荻田廣吉(오기타 히로키치)　관립 校洞 → 공립 密陽
川口卯橘(카와구치 우키츠)　사립 間島 → 공립 會寧
木佐貫喜代助(키사누키 키요스케)　사립 又新 → 공립 寧邊
小松兼吉(코마츠 카네키치)　공립 濟州 → 공립 洪州
堺昂(사카이 타카시)　공립 龍南 → 공립 咸興
櫻井英一(사쿠라이 에이이치)　공립 咸興 → 공립 龍南
鹿田哲吉(시카다 테츠키치)　공립 忠州 → 공립 渼洞
高橋敬後(타카하시 케이고)　공립 平壤 → 공립 懷德
照屋敏夫(테루야 토시오)　공립 南原 → 공립 宣川
林田格太郎(하야시다 카쿠타로)　사립 河東 → 공립 益山
久場政用(쿠바 세이요)　공립(을종) 定平 → 의원면직 → 공립(교명불명)
堀揔次郎(호리 소우지로)　공립 春川 → 공립 載寧
南庄之助(미나미 쇼우노스케)　공립 安州 → 공립 順安
宮下政興(미야시타 마사오키)　사립 光興 → 공립 水原
吉永貞(요시나가 타다시)　공립(을종) 高原 → 공립 京城高普附屬

이 가운데 이에무라(家村)·오기타(荻田)·키사누키(木佐貫)·코마츠(小松)·시카다(鹿田)·미나미(南)·미야시타(宮下)·요시나가(吉永) 등 8명은 「朝鮮教育令」 이전에 다른 학교로 옮기고〔쿠바(久場)는 불명〕, 이케다(池田)·우에다(上田)·카와구치(川口)·사카이(堺)·사쿠라이(櫻井)·타카하시(高橋)·테루야(照屋)·하야시다(林田)·호리(堀) 등 9명의 전임은, 「朝鮮教育令」의 시행을 계기로 하는 것이었다. 이로써 1911년 11월 1일이 하나의 획기였던 것과, 동시에 이때에 한하지 않고 보통학교 교원의 인사이동은 빈번하게 이루어졌던 것을 엿볼 수 있다. 『朝鮮總督府官報』에는 단순한 보통학교 간의 전임은 기재되어 있지 않기 때문에 정확한 빈도는 밝힐 수 없으나, 1911년 11월 이후도 그때까지와 같은 경향이 계속되었다는 것은 추측하기 어렵지 않다.

요컨대, 보통학교 교원에 대해서는 다음의 두 가지 특색을 지적할 수 있다. 첫째는, 합병 후에도 계속하여 보통학교에 근무한 자가 전체의 약 반수를 차지하여, 「連續」性이 강한 것이다. 그 비율은, 보통학교 교원 세 그룹 가운데 가장 클 뿐만 아니라, 學部 본청직원이나 중등학교 교원에 있어서의 同職種勤續者의 비율보다도 크다. 둘째는, 보통학교 교원으로서는 「連續」되어 있어도, 보통학교간의 인사이동은 상당히 빈번했다는 것이다. 거기에 官立 · 公立 · 補助指定의 구별은 없다.

3. 다른 직종에의 異動

(1) 學部 本廳

學部 본청직원이었던 37명 가운데 14명은, 그 후 다음과 같은 다양한 직종, 직역(職域)으로 전출하고 있다.

학무국 제1과 주사 이토오 에이이치(伊藤英一)는, 1910년 10월 1일 조선총독부 개청과 동시에 道書記가 되어, 경기도에서 근무했다.

편집국 편집관 우에다 슌이치로(上田駿一郎)는, 총독부 촉탁을 거쳐 1911년 11월 1일, 京城고등보통학교 교유 겸 조선총독부 편수관에 임명되었다. 교과서 편찬 일은 學部시대부터 계속하고 있으나, 本務는 고등보통학교 교유였던 것이다. 이 本務 · 兼務는 1916년 12월 8일까지, 즉 테라우치 총독 사임 직후까지 계속되고, 그 후 조선총독부 視學官이 되었다.

大臣官房 文書課 主事였던 오오타니 이치타로(大谷市太郎)는, 1910년 10월 1일자로 郡書記, 1911년 12월 21일자로 府書記가 되었다. 이어서 오오타니는, 하세가와 총독시대인 1917년 7월 2일에는 府書記에서 道書記에 임명되어, 세 개의 행정 레벨의 書記를 역임하고 있다.

편집국 主事 쿠마베 카즈오(隈部一男)는, 1910년 10월 1일에 조선총독부 속(屬)이 된 후에도 편집과에 근무하고 있었는데, 1915년 3월 31일, 京城專

修學校에 전출하여 書記로 근무했다.

학무국 제2과 사무관 고스기 히코지(小杉彦治)는, 1911년 11월 15일, 조선총독부 속(屬) 겸 視學에 임명되었는데, 1915년 12월 27일자로 본인의 원에 의해 본직도 겸하고 있던 직도 모두 그만 두었다. 그 이유에 관해서는, 1916년 1월의 『朝鮮教育研究會雜誌』에 「학무국에서 근무하고 있던 고스기 히코지 君은 작년말 병 때문에 퇴직했다」[12]라고 있고, 그 후의 진로에 대하여, 다음 달 같은 잡지에 「고스기(小杉) 씨는 병이 완쾌되면 즉시 사립 養正고등보통학교, 사립 進明여학교에 들어가, 부교장으로서 한층 더 두 학교를 위해 열심히 노력한다고 한다」[13]라고 있다. 1916년 중 養正고등보통학교의 부교장에 취임한 것은, 동교 개교 60주년 기념지의 다음 기술에 의해 증명되고, 또, 進明여학교 부교장을 겸임한 것도, 이 문맥으로부터 쉽게 유추할 수 있다.

1906년에 한국정부의 초빙으로 내한한 고스기 히코지(小杉彦治) 씨가, 그동안 학정참여관 · 學部사무관 · 시학관 등을 역임하다가, 1913년에 우리 학교가 재단법인이 되자 곧 재단이사에 선임되었고, 1916년에는 부교장 겸 교유로 임명되었다. 일본 사람이 이와 같이 우리 학교의 요직에 있게 된 것은, 嚴妃의 출자로 이룩된 여학교 進明 · 淑明과 더불어, 그 당시 半官半民의 형태로 운영되었기 때문일 것이다.[14]

학무국 제1과 사무관이었던 시부야 모토요시(澁谷元良)는, 1910년 10월 1일자로 道事務官이 되어, 당초 충청북도, 다음엔 충청남도에 근무했는데, 자리는 모두 내무부장(1915년 5월 이후 제1부장으로 개칭)이었다.

편집국 편집관보 타카기 요시토(高木善人)는, 1910년 10월 1일자로 조선총독부 속(屬), 1911년 6월 6일자로 조선총독부 편수 서기 겸 조선총독부 속(屬)이 되고, 또 동년 11월 1일, 이전의 上司(편집관) 우에다 슌이치로(上田駿一郎)의 京城고등보통학교 教諭 취임과 동시에 同校 教諭도 겸하게 되었다. 타카기는, 그 후 1913년 2월 8일, 조선총독부 중학교(京城중학교) 教諭에 임명되어, 일본인 자제 교육에 종사했다. (다만, 1919년 4월에는 全州고등보통학교장이 되어 다시 조선인 교육에 돌아온다.)

大臣官房 文書課主事 나가이 마스오(永井益雄)는, 조선총독부 속(屬, 1910년 10월 1일자)에서 일단 道書記가 되었으나(1912년 4월 1일자), 다시 조선총독부 속(屬)으로 복귀했다(1913년 5월 13일자). 이를 그만 둔 것은, 하세가와 총독시대인 1918년 8월 5일의 일이다.

학무국 제1과 主事 니시모토 토쿠조(西本德藏)는, 1910년 10월 1일, 조선총독부 도서기에 임명되어, 전라남도에서 근무했다. 이전의 동료 이토오 에이이치와 임지는 다르지만, 관리로서는 같은 코스를 밟았던 것이다.

문서과 과장이었던 혼다 츠네키치(本田常吉)는, 총독부 정치가 시작될 때 府尹에 임명되어, 지방행정의 제1선에 섰다. 테라우치 총독시대의 임지는, 鎭南浦(1910년 10월 1일자) 및 平壤(1912년 4월 1일자)이었다.

회계과주사 미치다 나오타로(道田猶太郎)는, 漢城외국어학교와 漢城고등여학교의 書記 事務囑託을 거쳐 1911년 11월 1일, 京城고등보통학교 敎諭가 되고, 그 후 1925년 3월 말까지 근속했다.

학무국 제2과 主事 야마우치 타다이치(山內忠市)는, 일단 조선총독부 속(屬)이 되었으나(1910년 10월 1일자), 곧바로 道書記에 임명되고(동년12월 24일자), 경기도에서 근무했다.

같이 학무국 제2과 主事였던 야마구치 이치로(山口一郎)는, 조선총독부 속(屬, 1910년 10월 1일자)과 京城여자고등보통학교 書記(1911년 11월 1일자)를 각각 단기간 근무 後, 1913년 8월 11일자로 郡書記가 되어, 하세가와 총독시대 말기인 1919년 6월 7일까지 근무했다.

회계과 主事 야마모토 슌키치(山本春吉)는, 郡書記(1910년 10월 1일자)~府書記(1913년 2월 15일자)~郡書記(1915년 3월 31일자)~府書記(1915년 4월 1일자)로, 직무는 모두 書記였으나, 근무처는, 郡과 府에 번갈아 배속되었다. 같은 회계과 主事였던 미치다 나오타로가, 1911년 11월 이후 京城고등보통학교 敎諭로서 장기 근속한 것과는 대조적이다.

이처럼, 學部時代와 다른 직종 · 職域에 異動한 자는, 그 비율도 상당히 크고(37명 중 14명, 37.8%), 직무도 道 · 郡 · 府書記, 京城高等普通學校 敎諭, 京城專修學校 · 漢城外國語學校 · 漢城高等女學校 · 京城女子高等普通學校 書記, 朝鮮總督府 視學, 養正高等普通學校 · 進明女學校 副校長, 道事務官, 京城中學校 敎諭, 府尹 등 다방면에 걸친 것이 특징이다.

(2) 中等學校

관공립 중등학교 직원이었던 34명 가운데, 그 후 다른 職種 · 職域에 전출한 자는, 겨우 다음 4명뿐이다.

漢城사범학교 교수 후쿠시마 모모조(福島百藏)는, 1911년 11월 1일, 京城고등보통학교의 발족과 함께 동교 교유가 되었으나, 1914년 12월 24일자로 義州공립농업학교 교장에 전출하고, 그 후에도 실업교육 분야를 걸었다.(1918년 10월 19일자로 大邱공립농업학교장)

漢城고등학교 교수 야마우치 아이스케(山內愛助)는, 1911년 11월 1일자로 京城고등보통학교 교유로 옮겼으나, 8개월 후인 1912년 7월 13일, 釜山공립고등여학교 교유로 전출했다. 결국, 조선인 남자중등학교에서 일본인 여자중등학교로 옮겼던 것이다. (釜山공립고등여학교 교유 사임은 1918년 4월 29일)

漢城외국어학교 부교수 겸 서기 나라키 스에미(楢木末實)는, 1911년 11월 1일, 京城고등보통학교 교유에 임명되었다. 여기까지는 중등교원인 채이다. 그러나, 1914년 11월 11일자 辭令은, 「任 朝鮮公立普通學校訓導 京城高等普通學校訓導 楢木末實」[15]라고 되어 있다. 나라키가 京城고등보통학교의 교유에서 훈도가 된 것이 언제인가는 불명확하지만, 어차피 그가, 공립 보통학교 훈도로서 초등교육계에 옮긴 것은 확실하다. (다만, 1918년 4월 1일에는 咸興고등보통학교 교유로 중등교육계에 복귀)

漢城외국어학교 부교수 노부하라 이와토라(信原巖虎)는, 1911년 11월 1일자로 京城고등보통학교 교유가 되었으나, 그 재임은 익년 8월 31일까지로, 매우 단기간이었다. 이후 노부하라는 道書記를 출발점으로 각종 행정직을 역임, 관리 생활은 昭和期까지 미쳤다.

(3) 普通學校

보통학교 교원에서 다른 직종으로 이동한 자는 93명 중 15명(16.1%)으로, 그 비율은 그리 많지 않지만, 그들 15명 가운데는, 조선총독부 道書記가 된 자가 압도적으로 많은 것이 두드러진 특색이다. 道書記에의 이동자 9명의 약력은 아래와 같다.

釜山보통학교 훈도 우에노 타케하야(上野竹逸)는, 釜山에 부임한 이래, 공립 釜山실업학교 副教授(1911년 11월 1일 이후 釜山공립상업학교 教諭)를 겸하고 있었으나, 1912년 4월 19일자로 그 겸직이 풀려, 그 10일 후인 4월 29일, 道書記에 임명되었다.

1907년 4월의 渡韓 이래 會寧보통학교에서 근속하고 있던 오오사카 킨타로(大坂金太郎)는, 1912년 5월 15일, 道書記로 전출했다. 그러나, 이 해 11월 12일에는 다시 會寧보통학교장에 복귀, 이후 1930년대까지 각지의 공립 보통학교의 교장으로서 활약했다.

尙州보통학교 訓導였던 카메야마 사유우타(龜山佐右太)는, 「朝鮮教育令」의 시행과 함께 1911년 11월 1일, 大邱보통학교에 전근되고, 1912년 4월 30일자로 道書記가 되었다.

쿠로코마 류우키치(黑駒鋤吉)는, 공립 密陽에서 사립 李花(1911년 1월 6일자)~공립 永柔(사립 李花의 後身, 1911년 4월 24일자) 근무를 거쳐 1912년 4월 25일, 道書記가 되었다. 그러나, 동년 12월 12일에는 공립 보통학교 訓導에 복귀했다. 이렇게, 道書記였던 기간이 매우 짧았던 것, 또 보통학교 복귀 후 1930년대까지 근속한 것은, 전술한 오오사카 킨타로와 같다.

公州보통학교 훈도 치란 요시노스케(知覽芳之助)는, 1912년 4월 1일자로 道書記가 되고, 그대로 테라우치 · 하세가와 총독시대를 지냈다.(1919년 10월 6일자로 府書記)

하라다 사이치로(原田佐一郎)는, 仁川보통학교 訓導에서 1912년 4월 25일,

道書記로 바뀌었다.

후루이치 하시노스케(古市橋之助)도 마찬가지로 1912년 4월 25일, 義州보통학교 訓導에서 道書記가 되었다.(1918년 5월 27일자로 道視學)

모리야마 이오타리(守山五百足)는, 1911년 10월 12일, 全州보통학교 訓導에서 道書記가 되고, 약 11년간 근속했다.(1922년 9월 16일자로 道理事官)

慶州보통학교 訓導 야마다 타미지로(山田民治郎)는, 9명 가운데 가장 늦게 1915년 2월 3일, 道書記에 임명되었다.

위에 본 것처럼, 그들의 道書記 발령 시기는 1912년 4월~5월에 집중되어 있어, 이것은 우연이라고는 생각하기 어렵다.

道書記와 비슷한 것으로, 府書記·道主事가 된 사람이 오오야마 카즈오(大山一夫)와 카고기 요시아키(鹿子木義明)이다. 오오야마 카즈오는, 1906년 4월 이래 구한말의 초등교육에 종사한, 渡航 일본인 교사의 개척자적 존재이다. 漢城의 관립 養士洞소학교에서, 동년 9월, 보통학교의 창설과 함께 海州에 부임, 1908년 5월 鎭南浦에 전근하여, 합병 후에도 근속했는데, 1912년 12월 1일자로 의원면직되고, 1914년 4월 1일, 다시 府書記에 임용되었다. 이후, 府書記로서의 재임 기간은, 1919년 8월 1일, 京城 日出 公立尋常小學校長에 취임할 때까지이다.

카고기 요시아키는, 定州보통학교 訓導에서, 합병 직전인 1910년 5월 18일, 道主事에 임명되었다.(1918년 5월 27일자로 全州공립농업학교 교유)

한편, 오오츠카 츠우에(大塚忠衛)는, 1909년 7월 3일자로 공립 보통학교 訓導·사립 昌明보통학교 근무, 동년 12월 1일자로 공립 寧辺보통학교 訓導, 1911년 5월 29일자로 漢城사범학교 본과 訓導 사무취급, 동년 11월 1일자로 京城고등보통학교 訓導, 1912년 4월 1일자로 조선총독부 視學, 1916년 5월 16일자로 大邱고등보통학교 교유로, 복잡한 경력을 남기고 있다. (덧붙여 그 뒤에도, 1918년 8월 12일자로 道書記, 1922년 9월 16일자로 道理事官·視學官)

오오츠카 츠우에가 1916년 5월, 大邱고등보통학교 교유가 된 것처럼, 보통학교에서 다른 레벨의 학교로, 혹은 같은 레벨이라도 일본인 소학교로 옮긴 자는 다음 3명이다.

관립·공립 시대를 통하여 於義洞보통학교 훈도였던 타부치 이사오(田淵績)는, 1913년 3월 5일, 平壤고등보통학교 교유가 되고, 이어 1916년 4월 17일, 京城고등보통학교 教諭 겸 書記가 되었다.

후쿠요리 코우자부로(福寄幸三郎)는, 鏡城보통학교 訓導에서 1912년 10월 16일자로 京城고등보통학교 教諭, 나아가 1916년 4월 1일자로 平壤여자고등보통학교 교유가 되었다.

古阜보통학교 訓導였던 세토 유우타로(瀨戶勇太郎)는, 1910년 4월 15일자로 의원면직되었으나, 그 후 소학교 訓導로 교직에 복귀하고, 이어서 다시 보통학교 訓導가 되었다. 이것은, 「任 朝鮮公立普通學校訓導 朝鮮公立小學校訓導 瀨戶勇太郎」[16]라는 1915년 12월 23일자 辭令에 의해 증명된다. (1917년 12월 5일자로 다시 공립소학교 訓導)

맺음말

이제까지 보아 온 각 節의 관계자 수 및 그 비율을 다시 표로 나타내면 「표 12」와 같다.

「표 12」

구 분	사직·전출·사망 등	동직종 근속	이직종에의 이동	계
學部본청	16(43.2)	7(18.9)	14(37.8)	37
중등학교	15(44.1)	15(44.1)	4(11.8)	34
보통학교	34(36.6)	44(47.3)	15(16.1)	93
계	65(39.6)	66(40.2)	33(20.1)	164

전체로서 사직 · 전출 · 사망 등 「非連續」의 부류에 속한 자는, 1909년 7월 15일 현재의 일본인 學部직원 164명 가운데 65명(39.6%)이다. 學部 본청 · 중등학교 · 보통학교 모두 4할 전후의 비율로, 三者間의 有意差는 없다.

일본정부는, 1910년 6월 3일, 한국 합병 후의 시정 방침을 閣議에서 결정했는데, 그 방침 중의 하나가, 통감부 및 한국 정부에 재직하는 일본인 관리 중 쓸 데 없는 자는 귀환 또는 휴직을 명하는 것이었다. 육군대신으로 이 각의 결정에 참여하고, 제3대 한국 統監(발령은 동년 5월 30일), 이어 초대 조선總督(동년 10월 1일 발령)에 임명된 사람이, 다름 아닌 테라우치 마사타케(寺內正毅)이다. 구 學部 일본인 직원의 약 4할이, 테라우치 통감 · 총독 재임 중 사직 혹은 조선 이외의 땅으로 전출한 것은, 물론 그들의 일신상의 사정도 있었을 것이나, 동시에, 위의 시정방침이 실천된 결과였다고 볼 수 있다. 일본의 지배 강화를 위해, 그들의 뒤를 보충하고도 남음이 있는 補强人事가 행해진 것은 말할 것도 없다.

합병 후, 조선총독부에 임용되어, 테라우치 총독시대를 통하여 근속한 자는 99명(전체의 60.3%)으로, 그 중 同職種 勤續者가 3분의 2, 異職種으로의 이동자가 3분의 1이다.

동직종 근속자의 비율은, 보통학교 교원에서 가장 높다. 이것은, 조선총독부 정책의 하나였던 안정지향의 표현으로 볼 수 있고, 그들이 합병 후의 교육정책 추진의 중핵을 담당했던 것을 말하고 있다. 그들에 대해서는, 어디까지나 일본인의 견해이긴 하지만, 「학제 제정 전후에 공립 보통학교의 학교장이 된 사람들은 각 현(縣)에서 선발한 일류 교장으로서, 모두 상당한 연배이고 경험있는 사람이었다. 조선교육이 당시 가장 곤란한 초창기에 좋은 성적을 거둘 수 있었던 까닭의 주된 원인의 하나는 공립 보통학교장의 人選이 좋았다고 하는 것에 돌리고 싶다」[17]라는 평가가 있다. 동직종 근속자의 비율이 높았다고는 하나, 보통학교간의 인사이동이 빈번했다는 것도 또 큰 특색이었다. (더욱 자세한 것은, 本書 제10장을 참조 바람)

중등학교 교원의 동직종 근속률도, 보통학교 교원 다음으로 높다. 다만, 漢

城사범학교와 漢城외국어학교의 관계자는, 양교의 폐교(京城고등보통학교에의 흡수)와 더불어 다소의 곡절을 겪지 않으면 안 되었다.

學部 본청직원에 있어서는, 동직종 근속자가 적은 만큼 異職種에의 이동자가 많은 비율로 되어 있다. 그들의 이동처가 여러 가지로 나뉘어진 것은 전술한 대로이다.

이에 대하여, 보통학교 교원에서 이직종으로 이동한 자의 경우는, 거기에 특정한 경향이 보인다. 해당자 15명 중 9명이, 道書記가 된 것이다. 이것은, 「당시 초빙된 內地人 교사는, …… 단순히 교육적 기술가라기 보다도, 재간도 있고 정치가적 소질이 있는 사람들이 선택된 것 같다」[18]라고 하는 그들의 자질과 관계가 없는 것은 아닐 것이다.

이상, 전체적인 특징을 살펴보았으나, 결론적으로 필자가 강조하고 싶은 것은, 본 章의 대상자 164명에 대하여 많은 도태(淘汰)가 이루어진 것은 사실이라고 해도, 약 6할은, 합병 후에도 여전히 조선총독부 산하에 머물렀다는 것이다. 결과적으로 이것은, 합병 후의 교육행정 및 학교교육을 위한 要員이, 통감부 아래에서 사전에 준비되어 있었다는 것을 의미한다.

【註】 (*는 한글 文獻)

(1) 中外商業新報 編集局 編『政治家 群像』千倉書房 1932년 225쪽

(2)『韓』제34호 東京 · 韓國硏究院 1974년 10월 119~120쪽

(3) 阿部洋 編著『日本植民地 教育政策史料集成(朝鮮篇) 總目錄 · 解題 · 索引』龍溪書舍 1991년 202쪽

(4)『教育』제333호 茗溪會 1910년 11월 15일 27쪽

(5) *京畿高等學校七十年史 編纂會 編『京畿七十年史』京畿高等學校同窓會 1970년 60~61쪽

(6) *仁高九十年史編纂委員會 編『仁高九十年史』上仁川中 · 仁川高等學校同窓會 1985년 117쪽

(7)『朝鮮總督府官報』제1003호 1915년 12월 7일

(8) *『仁高九十年史』 116쪽

(9) *釜山商業高等學校七十年史 編纂委員會編『釜商의 七十年』 釜山商業高等 學校 1965년 47쪽

(10) *釜山商業高等學校八十年史 編纂委員會 編『釜商八十年史』 釜山商業高等學校 1975년 351쪽

(11) 釜山府 · 釜山教育會 編 · 發行『釜山教育五十年史』 1927년 부록 35쪽

(12)『朝鮮教育研究會雜誌』 제4호 1916년 1월 44쪽

(13) 同上 제5호 1916년 2월 51쪽

(14) *申基亨 編著『養正의 얼굴』 養正同窓會 1965년 34쪽

(15)『朝鮮總督府 官報』 제685호 1914년 11월 13일

(16) 同上 제1019호 1915년 12월 25일

(17) 弓削幸太郎『朝鮮의 教育』 自由討究社 1923년 220~221쪽

(18)『朝鮮』 제333호 1943년 2월 56~57쪽

Ⅳ 日語學校·官公立 普通學校 教師 關係

메이지 24년 6월 「日本新文典」을 쓰셨다. 그 무렵, 京城에 조정부가 신설하게 된 일본어 학교에 단·한 명의 교사 겸 교장을 구하고 있다는 이야기를 와다 만키치 씨에게서 듣고, 이전부터 조선어를 연구하려는 희망도 있었으므로, 자신이 직접 맡기로 결심하여 6월 말에 부임하셨다.[1)]

당시 東大의 사무관이었던 와다가 어떻게 日語學堂 설립 건을 알았는가는 분명치 않으나, 어쨌든 전부터 조선어를 연구하려는 희망도 있었던 오카쿠라는, 와다의 이야기에 응하는 형태로 渡航하게 되었던 것이다.

조선인 학생을 접하는데 있어서 오카쿠라는, 「스스로 일거일동을 신중히 하고, 오로지 감정상으로 그들을 감동시키려고 힘썼」[2)]다. 나중에 방침을 바꾸어, 「그들에 대해서, 아무것도 기탄없이 꾸짖거나 격려하거나 했으」[3)]나, 처음엔 自制하는 자세를 가졌던 것이다. 청일전쟁 이전, 아직 일본세력이 충분히 신장되지 않았던 때의 정세를 반영했던 것으로 볼 수 있다.

당시의 조선에는 상복(喪服)이나 우천재택(雨天在宅)의 습관이 뿌리깊게 남아 있고, 또 科擧制度나 家門 · 金力이 학교교육보다 우월했기 때문에, 오카쿠라는 학생을 가르치는데 어쩔 수 없이 고생을 했다. 하지만 2년의 재임기간 중 일정한 성과를 거둘 수는 있었다. 그 자신, 「내가 담임했던 일본어학교를 되돌아 보면 …… 3개월 째에 통역을 폐지할 수 있었다. 일년 반이 되자 일본신문을 읽는 사람이 몇 사람 나왔다. ……(中略)…… 3년이 되자 통역관 등 수 명을 배출할 수 있었다」[4)]라고 회상하고 있다.

1893년에 이르러, 오카쿠라는 日語學堂 주임을 사임, 귀국하게 되었다. 바로 동학운동이 일어나려고 하는 시기로, 조선사회가 어수선했던 것과, 자신의 결혼 문제가 있었기 때문이다. 그 후 주임교관의 지위는 나가시마 간지로(長島嵒次郎) · 타나카 겐코(田中玄黃)에게 이어져, 일어학당은, 1895년 관립일어학교, 1906년 관립 한성일어학교, 1908년 관립 한성외국어학교 일어부로 변천하면서 합병 후인 1911년 11월까지 존속, 일본어 보급에 큰 역할을 했다.

귀국 후 오카쿠라는, 언어학자로서 조선어 · 영어 연구에 종사하면서, 國學院 · 城北中學(나중에 府立四中) · 東京府 尋常中學校(나중에 府立一中) · 鹿兒島高等中學 造士館 · 東京 高等師範學校 · 東京 外國語學校 등에서 영어 · 국어 혹은 조선어교사로 일했는데, 東京府 尋常中學校 외국어과 주임 당시인 1894년 8월, 東邦協會 談話會 석상에서 강연한 것이, 유명한 「朝鮮國民教育新案」이다.

「朝鮮國民教育新案」은, 오카쿠라가, 글자 그대로 조선국민 교육의 바람직한 모습을 그린 것인데, 그것은 다음과 같은 대전제에 서 있다.

> 조선의 지금까지의 교육은 단지 공자나 맹자의 가르침을 받들고, 충효의 길을 가르치는 것으로만 되어 있어, 그 밖의 교육을 모른다. 다만, 최근에 들어서 일본어, 중국어, 영어 등 세 개의 어학교를 차례차례 창설했지만, 실제 효과는 아직도 나타나지 않고 있다. 그리고, 지금은 공자나 맹자의 가르침도 헛된 것이 되어, 충효의 길도 거의 없어졌다. 그러니까, 한마디로 요약하여 조선에는 교육이 없다라고 말하는 것도 혹평은 아니라고 생각한다.[5]

> 교육에만 국한하지 않고 널리 조선 전체를 보아도, 나라의 정세, 국력 모두가 우리나라의 메이지유신 전후와 비교할 수 없다. 이것을 우리나라와 비교하면, 천 년 정도는 확실히 늦었다.[6]

이런 전제 위에서 오카쿠라는, 중학교의 외국어 과목으로 일본어를 과할 것을 제안하고 있다. 「외국어 가운데 특히 일본어를 택한 이유는, 우선 일본어와 조선어는 어순 등이 같아 서로 배우기 쉽기 때문이다. 또 하나는 현재 조선에 수입해야 할 지식은 일본어 가운데 포함된 것이 가장 많기 때문이다」[7]라는 것이 그 근거이다. 조선 근대화를 위해, 일본어 교육의 실리적 측면을 강조한 것이다. 단, 소학교가 아닌 중학교에서의, 그리고 어디까지나 외국어로서의 일본어 교육을 주장한 점은, 그 이후의 일본어 교육론과는 명백히 다르다. 오카쿠라는 한편으로 國語(朝鮮語)에 관하여, 「국어를 사용할지 어떨지는 그 나라의 독립심의 양성에 관계된다. 그러므로 특히 배움에 있어서는, 국가독립의 一端으로서 꼭 그들 자국어로 배우게 하지 않으면 안 된다. ……(中略)…… 그리고 글자도 漢字를 없애고 조선 고유의 가나(仮名)문자, 즉 언문(諺文)을 사용하게 하지 않으면 안 된다」[8]라고 말하고 있는 것도 잊어서는 안 된다.

2. 아유가이 후사노신(鮎貝房之進) · 요사노 텟칸(與謝野鐵幹)

아유가이 후사노신(鮎貝房之進, 1864~1946, 號 槐園)과 조선과의 관계는, 1884년 東京外國語學校(현 東京外國語大學)에 조선어과가 설치되고, 아유가이가 문부성 장학생으로서 同科에 입학한 것에서 시작된다. 그러나, 아유가이에게 있어 조선어를 배운 것이 곧바로 조선 渡航에 연결된 것은 아니다. 그가 조선에 건너간 것은, 동경외국어학교 졸업 4년 후인 1894년, 청일전쟁 개전 직전의 일이다. 그 동기에 대하여는, 「학교를 나와, 모처럼 조선어를 공부했기 때문에 조선에 건너가 무언가 하려고 생각하고 있었는데, 마침 교육사업을 하지 않겠는가 하는 사람이 있어, 그 결심을 한 것입니다」[9]라는 그 자신의 회고담이 있다. 「교육사업을 하지 않겠는가」라고 권유한 것은, 조선어과 시절의 친구, 코쿠부 쇼타로(國分象太郎) · 오오기 야스노스케(大木安之助) · 시오카와 이치타로(塩川一太郎) 등이었다. 그들은 당시, 京城의 일본공사관 통역, 혹은 영사관 書記 · 통역으로서 활약하고 있었던 것이다.

1895년 봄(아마 3월 상순), 아유가이는, 조선정부와의 합의하에 乙未義塾을 창립했다. 을미의숙은 비용은 거의 전액을 조선정부가 부담하는 사실상의 관립학교였으나, 형식상은 玄采(外務衙門 主事) 개인을 설립자로 하는 사립학교이고, 실질적으로는 아유가이가 교장이었다. 그 설립목적은, 조선 청년에게 일본어 및 보통학을 가르치는 것이었다. 당시, 청일전쟁에서 일본의 승리가 결정적이 된 정세를 반영하여 일본어 학습열이 높아지고, 관립 일어학교도 정원을 크게 초과하고 있었다. 을미의숙의 당면과제는, 이를 보충하는 것이었다.

그러나 을미의숙은, 창립후 6개월이 되자 이미 학교 개편의 운명에 직면했다. 1895년 9월 7일의 「小學校令」 공포가 그것이다. 9월 19일, 同令이 시행되고, 그 적용을 받아 을미의숙은 관립 소학교로 옮겨지게 되었다. 구체적으로는, 「舊乙未義塾은, 이번에 官立이 되어 청년은 일어학교로 옮기고, 어린 아이들은 그들만의 소학교를 설치하고 이곳에 들어가게」[10] 된 것이다. 전술한 것처럼, 무릇 을미의숙은 사실상의 관립학교이고, 근대교육 초창기인 당시에는 내용이 가장 충실한 학교의 하나였다. 따라서, 을미의숙을 환골탈태하여 관립 소학교로 하는 것은, 갑오개혁의 일환으로서 근대적 초등교육의 보급을 서두르는 정부로서 손쉬운 방법이었다. 이리하여, 경성 내에 우선 4개의 관립 소학교가 개설되었다.

을미의숙은, 本 · 分校 합쳐 7교(5 · 6 · 9교라는 설도 있다)로 된 문어발 학교로, 그 가운데 4개교가 관립 소학교로 됨에 따라, 을미의숙의 기능이 큰 폭으로 축소된 것은 부정할 수 없다. 하지만, 이것으로 아유가이 등의 교육 관여가 끝난 것은 아니다. 1895년 9월 말 시점에 있어서도 관립 소학교는 여전히 4교 그대로이고, 아유가이 등의 교육활동은, 을미의숙의 나머지 분교에서 계속되고 있었던 것이다. 을미의숙의 마지막은, 同年 10월 8일에 발생한 명성황후 시해사건이 계기가 된다.

1895년 4월, 청일전쟁은 일본의 승리로 끝났다. 그러나, 이 직후의 三國干涉에 의해, 일본세력은 어쩔 수 없이 후퇴하여, 조선정부는, 大院君에 대신하여 다시 閔氏 일파가 좌지우지하게 되었다. 이때, 「나라를 위해서라면, 집도, 몸도, 처자식도 모두 잊자. 그 때문에 눈물로 이 소매가 젖는다」라고 노래했듯이 아유가이는, 원래 우국적 체질이 있고, 게다가 개인적으로도, 을미의숙을 接收당했다는 직접적인 이유가 있었다. 이리하여 그는, 대원군을 사건에 동원시키는 일을 돕는다는 형태로 명성황후 사건에 가담하게 된 것이다. 사건의 결과, 미우라 고로(三浦梧樓) 公使를 비롯한 관련자는 히로시마(廣島)로 보내지고, 그 일행 중에는, 을미의숙 교사 요사노 텟칸(與謝野鐵幹, 1873~1935, 본명 寬)도 포함되어 있었다. 아유가이는, 木浦에 피난해 있었기 때문에 連坐를 면했으나, 그러나 이 사이 주인을 잃은 을미의숙은 자연 소멸의 운명의 길을 걷게 된 것이다.

을미의숙 이후 시기적으로는 1896년 이후의 아유가이는 京城에 머무르면서도 교육사업에는 거의 손을 대지 않는다. 그의 정력은, 주로 實業 및 조선문화 연구에 쏟아졌던 것이다. 實業으로서는, 平壤産 무연탄의 판매나 京釜철도 부설공사 청부 등이 있고, 여기서 쌓은 富에 의해 고미술품이나 서적의 수집 · 연구가 가능하게 되었다. 특히 오늘날, 아유가이의 평가를 높게하고 있는 것은, 그 著作集『雜攷』 9집 12권(1931~8년 刊)이다.

다음에 요사노 텟칸에 대해 살펴 보자. 요사노는, 1896년 6월에 집필한 『東西南北』 서문에서 아유가이 후사노신과의 관계를 다음과 같이 적고 있다.

> 스승〔오치아이 나오부미(落合直文) - 著者 註〕의 남동생인 아유가이 가에엔(鮎貝槐園) 君은 내 친구이다. 성격이 맞아서 비밀 같은 것 없는 사이로 벌써 5년에 이른다. 함께 동일한 사업을 하고 있어도 하루도 싸운 적이 없다. 또 시(詩)에도 생각이 같아서, 서로가 늘 절차탁마(切磋琢磨)하고 있다.[11]

이에 의하면, 두 사람은, 1891년경부터 막역한 사이였다는 것이 된다. 그러나, 실제로 그렇게 된 것은, 요사노가 상경하여 오치아이 나오부미에 입문했던 1892년 11월 이후였을 것이다. 어쨌든 그들 사이에는, 조선에서 「함께 같은 사업에 종사하」는 수년 전부터 친교가 있었다라고 하기보다 요사노는, 9살 많은 아유가이를 형으로 대접했다고 보여진다. 그런 까닭으로, 먼저 渡航해 있던 아유가이의 요청에 응하여, 1895년 4월, 『二六新報』의 학예주임을 그만두고 조선에 건너가, 을미의숙의 교사가 되었던 것이다. 요사노의 渡

航 시기는 을미의숙 개교 직후에 해당하고, 同校의 존속기간을 통하여 요사노는, 아유가이의 오른 팔이었다. 두 사람의 심경은 「같은 길을 선택하고, 같은 마음을 갖는다. 둘이 함께 싸우자, 함께 배우자」라는 합작 노래에 잘 나타나 있다.

그런데, 부임할 때에 요사노는, 스스로의 신분을 조선정부 學部 고용 교사로 알고 있었다. 「이번에 조선의 學部 아문의 교관으로서 일본어 교수를 담당한다」[12]라고 말하고 있다. 이것은, 전술한 것처럼 을미의숙이 실질적인 관립학교였기 때문이다. 그러나, 을미의숙은, 명목상 어디까지나 사립학교이고, 따라서, 요사노는 官招聘 교사는 아니었다.

그것은 어쨌든 요사노는, 어떤 의식을 가지고 조선인 자제에게 일본어 · 일본문화를 가르쳤던 것일까. 이를 엿볼 수 있는 것이, 그의 다음 노래이다.

잘 알아 주시오. 지금, 일본 글을 조선에서 가르친다. 그런 세상이 되었다고.

한국의 산에 벚꽃을 심고, 한국인에게 일본 남아의 노래를 부르게 하자.

즉 요사노는 조선에 일본어 · 일본문화를 심는 것에 어떤 의문도 품고 있지 않다. 오히려 「고려민족에게 일본문법을 가르치고 겸하여 일본 창가를 부르도록 한 것은 특히 槐園과 내가 효시이다」[13]라고 자랑스럽게 말하고 있는 것이다. 이미 1891년 6월 이래, 오카쿠라 요시사부로 · 나가시마 간지로 등이 관립 일어학교에서 교편을 잡고 있었기 때문에, 을미의숙이 「고려민족에게 일본문법을 가르친」 효시는 아니지만, 요사노의 가슴에는 일본문화 이식의 개척자 의식이 맥박치고 있었던 것이다. 이 의미에서 을미의숙은 일본의 국가주의적 색채가 매우 강했다고 볼 수 있다.

그러나, 을미의숙은 단명이었고, 교사로서의 요사노의 활동기간은 을미의숙 존속 기간보다도 더욱 짧았다. 메이지 「28년 여름, 조선 경성에서 장티프스에 걸려 漢城病院에 60여 일간 입원」[14]했기 때문이다. 그리고, 이 한성병원의 요사노의 베갯머리에서, 아유가이와 領事官補 호리구치 쿠마이치〔堀口九万一, 시인 호리구치 다이가쿠(堀口大學)의 아버지〕를 포함한 3명이 명성황후 사건에 관한 모의를 했다고 전해진다.

명성황후 사건 후 히로시마에 호송되고, 조사 결과, 증거 불충분으로 무죄 방면된 요사노는, 1895년 12월, 다시 京城에 갔다. 자신이 볼 때 자신은 「官立」 을미의숙의 교사로 조선정부와의 인연은 여전히 계속되고 있다는 의식이 있었기 때문이다. 하지만, 이때 이미 을미의숙은 자연 폐교되어 있었다.

두 번째의 조선 滯在는 1896년 3월 오치아이 나오부미에게 불려 되돌아올 때까지 계속되고, 또, 1897년 8월부터 다음 해 3월까지 마지막 조선생활을 경험하고 있으나, 이동안 요사노는, 강원 · 함경 · 경기 · 황해 · 평안 등 각도를 여행하고 詩와 노래를 짓는 데 힘쓰면서, 일본의 세력만회를 위한 정치활동이나 자신의 구미 유학비를 만들기 위한 조선 인삼 판매에 종사하고 있고, 교사로서 활동한 흔적은 없다.

3. 이와사키 코우타로(岩崎厚太郎)

부산 · 원산에 이어 1883년 1월에 개항된 인천에, 1894년 8월 朴世煥이 監理로, 1895년 1월 친다 스테미(珍田捨巳)가 일본 領事로 각각 부임하여 두 사람 사이에 「官立仁港外國語學校」 설립 이야기가 나왔다. 그간의 경위에 관하여, 同校 초빙 교사 이와사키 코우타로(岩崎厚太郎)는 다음과 같이 말하고 있다.

> 이 학교의 기원은 메이지 28년 1월, 그 당시 仁川 監理 朴世煥 氏의 노력과, 그 밖에 일본 領事 친다 스테미(珍田捨巳) 氏, 일본 公使代理 스기무라 후카시(杉村濬) 氏 등의 알선으로, 당시의 學部 대신인 李完用氏에 의해 그 해 4월 창립에 이르러, 일본에서 不肖 이와사키 코우타로가 친다(珍田) 領事의 도움으로 조

선정부에 초빙되고, 5월에는 仁川 監理衙門 안에 있던 구 경찰서를 校舍(현재는 內里 84 府立 직업소개소)로 개조해 관립 仁港外國語學校라고 칭하여, 일본어로 보통학문을 가르쳤다. 學部 대신이 이를 관리하고, 인천 監理는 교장을 겸하게 되어, 나는 우선 일년간 계약을 체결하여 教師가 되고, 통역(한국인) 한 명, 給仕(한국인) 한 명을 고용하고, 나는 학교 校舍에서 숙식하기로 했으며, 개교식을 실시한 것은 이 해 6월 17일이다.[15]

여기에 있는 것처럼 仁港外國語學校는 조선 측과 일본 측과의 합작에 의해 생겨, 그 사실상의 창립은 1895년 4월이고 정식 개교는 동년 6월 17일이었다. 개교 직전인 6월 2일에 「外國語學校官制」가 공포되고, 이에 근거하여 仁港外國語學校는, 漢城의 관립외국어학교의 支校(『官報』상의 정식 명칭은 「官立仁川港外國語學支校」, 通稱 「官立外國語學校仁川支校」, 이하 이 通稱을 쓴다)로 시작되었던 것이다.

이와사키 코우타로를 초청한 사람은 친다 스테미였다. 이와사키는 스기우라 쥬고(杉浦重剛)의 문하생으로, 아마도 이 인연에 의해 친다(珍田)가 이와사키를 알게 되고, 조선 초빙이 결정된 것으로 생각된다. 당시 이와사키의 연령은 28세, 당초 계약은 기한 1년, 월봉 50円이었으나, 그 후 임용기간은 계약기한 만료 때마다 연장되어 1910년까지 이르고, 월봉도 점차로 증액되었다.

「官立外國語學校仁川支校規則」 제2조는, 「본교는, 주로 일본어를 가르침과 함께 시대에 적응할 새로운 지식을 가르쳐, 각 部의 主事, 소학교 교원 등의 양성을 목적으로 한다」는 것이었다. 즉 이 학교는 형식상 외국어학교였으나 내실은 당초부터 일어학교였던 것이다. 시데하라 타이라는 同校의 목적을 더 구체적으로, 「仁川일어학교의 취지는 일본어에 의해 일본의 문화, 기풍을 주입시켜 일 · 한 양국의 친선을 두텁게 하는 데 있다」[16]고 말하고 있다. 교장은 인천 監理 혹은 府尹이었으나, 이 학교가 거의 이와사키 1인 경영이었던 것으로 보면, 이러한 교육 목적은, 이와사키 자신의 목적이라고 보아도 지장이 없을 것이다.

仁川支校는 말할 것도 없이 관립학교였으나, 개교 후 수년간은 고난의 연속이었다. 1895년 10월 명성황후 사건, 1896년 2월에는 국왕의 俄館播遷 등등, 일본세력의 대폭 후퇴를 초래하는 사건이 이어졌기 때문에, 학생 수의 감소, 經費 삭감이라고 하는 사태에 이르러, 1897년 10월에는 폐교의 가능성조차 있었던 것이다. 하지만 이와사키의 公私에 걸친 분투에 의해, 이 위기는 어떻게든 넘길 수가 있었다. 公的으로는 學部에의 예산 증액 陳情, 일본 외무성에의 보조요청을 통하여 재원의 확보를 기하고, 私的으로는 「가난한 학생을 가르치면서, 아침에는 약병을 가지고 병든 제자를 방문하고, 저녁에는 학부형과 식사를 같이 하면서 정을 두텁게 하며, 인격의 접촉을 통하여 교육효과를 올림과 동시에 사람의 마음을 사로잡았던」[17] 것이다. 통역을 폐지하여 경비를 절약할 뿐 아니라, 스스로의 봉급을 학교운영비로 썼던 적도 있었다고 한다.

1899년 6월, 仁川支校에 야간 속성과가 부설되었다. 그 취지를 『仁川府史』는, 「제국 세력의 부식(扶植)은 일본어의 보급에 있다」[18]라고 하고 있는데, 후술하는 것 같은 仁川支校 학생들의 이와사키에 대한 평가로 보아, 이와사키 자신에게 「帝國 勢力의 扶植」이라는 명확한 목적의식이 있었다고는 단정할 수 없다. 야간 속성과는 중도 퇴학이 너무 많았기 때문인지 1년 후에는 폐지되었다.

仁川支校가 본격적인 궤도에 오른 것은 러일전쟁, 직접적으로는 일본이 인천 앞바다의 해전에서 승리한 후인 1904년 4월의 일이다. 이때 經費가 큰 폭으로 증액되고 재정기반이 비로소 확립됨과 함께 이와사키 등은, 어디까지나 自稱이지만 「仁川日語學校」라고 이름 대고 있다.

그러나, 1905년 11월에 체결된 을사늑약은, 仁川支校를 일시적인 혼란에 빠뜨렸다. 조약에 반대한 학생들이, 수업을 거부했기 때문이다. 하지만, 이와사키는 그들을 달래어, 사태를 무사히 수습했다. 당시 어느 재학생의 회고는 다음과 같다.

그때 우리의 주장은, 「나라를 빼앗기는 이 판국에 일본어를 배워 무엇하겠느냐? 우리가 일본의 노예가 되려고 일본말을 배우겠느냐?」 하는 생각이었습니다. 그리고 그날 학교에서 수업을 거부했습니다. 3학년은, 고급 학년으로 그냥 수업을 했고, 1 · 2학년은 수업을 안 했습니다. 그래서 그날 학교 간판을 때려 부수었는데, 오후쯤 해서 학교 급사가 우리 셋을 불렀어요. 벌써 이와사키 선생이 주동자를 조사해 냈던 것이지요.

우리는 그때, 이판사판이었습니다. 이미 퇴학을 각오하고 결심하고서 이와사키 선생 앞에 나갔던 것입니다.

셋이서 머리를 긁적이며 앞에 나아갔으나, 우리들은 그 자리에서 깜작 놀라고 말았습니다. 굉장히 호통을 칠 줄 알았는데 정반대였습니다. 오히려 칭찬을 하시더군요.

「어째서 그런 일을 했는가?」 묻길래, 우리들은 이미 각오 · 결심이 서서 거침없이 이야길 했죠. 「나라를 잃은 이때 일본말을 배워 뭘 하겠습니까?」라고 했더니만, 그 분 말씀이, 「아, 잘한 일이다. 너희들에게 이제 내가 가르친 것이, 정말 그대로 살아 있구나. 장한 일이다. 정말 나라와 민족의식에서 우러난 참다운 일이다」라고 합니다.

그래서 희생자도 없이 무사했고, 그 후 그 선생에 더 많은 존경심을 가지게 되었습니다.[19]

또, 仁川支校 제1회(1897년) 졸업생 중 한 사람은, 「일제의 침략으로 망국 후예가 된 본인은, 순국(殉國)을 결심하고 은사 이와사키 선생께 고별 인사차 갔다가, 선생의 간곡한 만류에 감동하여, 그 분의 말씀대로 학교에서 自國思想만을 고취하며 지내기를 8, 9년……」[20]이라고도 회상하고 있다. 이들 자료로 미루어 볼 때 이와사키는, 일본인 교사로서 한국인 생도의 민족의식을 정당하게 평가하고 있던 매우 드문 예였다고 볼 수 있다.

1906년 8월, 「學部直轄學校 및 公立學校官制」에 의해 仁川支校는, 명실공히 독립된 「官立仁川日語學校」가 되었다. 1907년 12월에는, 동 관제의 일부

개정과 함께 教頭로서의 學監職이 신설되고, 이에 근거하여 익년 1월 1일, 이와사키는 이 학교의 학감에 임명되었다. 그런데 이와사키는 仁川支校 취임 이래 일관되게 사실상 교장이고, 실제로 생도들도 교장이라고 불렀다고 한다.

독립교가 되었지만, 이후의 仁川日語學校는 단명이었다. 이미 1908년 4월에는, 실업학교로 하기 위해 학과 통폐합이 이루어져, 다음 해 1909년 5월, 최종적으로 관립 仁川實業學校로 개편되었던 것이다. 그리고, 이와 동시에 이와사키는, 仁川實業學校 學監이 되었으나, 1년 여가 지난 1910년 7월에는 의원퇴직(『官報』 公示는 8월 9일자), 고향 치바(千葉)로 돌아갔다. 한일합병 직전의 일이다.

교육자로서의 이와사키에 대한 평가는, 일본 측 · 한국 측 양쪽에서 높다. 일본 측 평가의 한 예로 『仁川府史』는 다음과 같이 적고 있다.

> 본교는 외국어학교 시절이나 일어학교 시절에는 한국 政界의 영향을 그대로 받고, 일본과 러시아의 세력의 盛衰는 곧바로 본교에 영향을 미쳐 언제나 파란만장하고 어려웠다. 學部大臣이 교대하는 게 23명, 학교장 更迭이 11회에 이르고, 학부대신이 폐교를 하려고 경비 지불을 멈추거나 혹은 학교장이 폐교를 주장해 학생을 선동하여, 경영은 정말 힘들었다. 당시의 학감인 이와사키 씨의 苦心은 상상하기 어렵지 않다. 그런 가운데 여러 가지 난관을 잘 돌파하여 실업학교 시절을 맞이할 수 있었던 공적을 특별히 기록하고 싶다. 이 학교의 큰 은인이다.[21]

한편 한국 측의 평가는 앞에서 본 제자들의 회고담이 잘 말해주고 있는데, 또 다른 제자는 이와사키의 성격에 관해 다음과 같이 말하고 있다.

> 소위 일본의 무사적(武士的)인 기질의 사람이지만, 교육에 대한 열의가 대단한 사람으로서 침략자의 탐욕적인 인상을 느끼게 하지는 않았다.
>
> 그런 까닭에서인지는 모르나, 인천에 거류하는 일본인 사회에서도 경원(敬遠)

을 당하는 처지였다고, 崔鼎夏 선생님에게서 들은 적도 있다. 다시 말하면, 한 마디로 고고(孤高)한 성격의 소유자였던 분이다.[22]

청일전쟁으로부터 한일합병에 걸친 한국에 있어서, 이와사키가 일본의 교육진출의 맨 앞에 있었던 것은 사실이지만, 적어도 제자들의 눈에는 침략자 색깔이 없는 진지한 교육자로 비쳐져 있었다고 말할 수 있다.

仁川實業學校를 그만두고 일단 귀국한 이와사키는, 합병 후 다시 조선으로 돌아간 것 같다. 『朝鮮總督府官報』에 의하면, 1911년 9월 16일자로 조선총독부 우편소장에 임명되었고, 1913년 5월에는 韓國併合 기념장을 수여받았다.

덧붙여 관립 仁川實業學校는, 1912년에 仁川公立商業學校, 1945년에 仁川公立商業中學校가 되고, 1951년 이후 仁川高等學校가 되었다.

4. 아라나미 헤이지로(荒浪平治郎)

釜山開成學校의 창립자 아라나미 헤이지로(荒浪平治郎)는, 1858년 5월 1일, 시즈오카현(靜岡縣) 志太郡 島田町에서 농가의 장남으로 태어났다. 8살경부터 읽기, 쓰기, 주판을 배워, 상업에 종사하고 있었으나, 25살 때 뜻을 세우고 동경에 遊學하여, 漢學 및 영어 · 독어를 배웠다. 1887년 哲學館에 입학, 1890년에 졸업했다. 철학관에서는 이노우에 엔료(井上円了)의 사상에 영향을 받았다고 하나, 이를 자료로 증명할 수는 없다. 어쨌든 아라나미는, 교사로서의 실력, 특히 어학력을 갖춘 사람이었던 것 같다. 조선에 건너간 뒤에는 조선어를 연구하여 『日淸韓三國千字文』을 펴내고(1897년 초판 인쇄), 이를 釜山開成學校 교과서로 사용하고 있다.

아라나미가 조선에 건너간 것은, 哲學館을 졸업하고 陸軍 豫備尙武學校 교사로 2년간 근무한 뒤인 1895년, 청일전쟁 중의 일이다. 그 동기를 그 자신이, 「가까운 시일 안에 반드시 평화가 오는 것은 당연하다고 생각하여, 한국과 청나라에 발길 닿는 대로 여행을 하기로 마음 먹었습니다. 당시 한 쪽에서는 전쟁 중이었지만, 나는 그것과는 관계없이 民情, 풍속, 학술, 습관 등의 정황을 관찰하여, 나중에 평화가 왔을 때는 동양의 모든 나라가 화목하고 친하게 협동하여, 함께 동양의 안녕을 유지하는 방법을 강구하려고, 메이지 28년 1월 도쿄를 출발, 2월 초 釜山에 도착했습니다」[23]라고 말하고 있다. 아라나미의 마음속에는, 「저들 서방의 강국들이 동양의 틈을 엿보는 것은 하루 이틀의 일이 아니고, 그 정세는 실로 헤아릴 수 없는 것이 있습니다. 지금은 낡은 관습을 새롭게 하고 세계의 정세를 잘 살펴, 각국의 국력을 건전하게 하며, 동양의 안녕을 꾀하는 것이 가장 필요할 뿐 아니라, 만일 이 기회를 놓치면 큰 불행을 부르게 될 것입니다」[24]라는 위기감이 있었던 것이다.

그러나, 釜山 상륙 당시의 아라나미에게는, 이 땅에 永住할 각오도, 학교 설립의 구체적인 계획도 있었던 것이 아니다. 開成學校의 진짜 창립자는, 당시 부산의 경무관이었던 박기종(朴琪淙)이다. 박기종은, 부산에서 태어나 자라는 사이에 신시대의 공기를 접촉하고, 또 修信使의 통역으로서 일본에 건너간 적도 있어, 문명 개화를 위한 학교설립의 필요성을 주장하고 있었다. 아라나미는 이러한 박기종의 주장에 공감했던 것이다.

어쨌든 박기종을 비롯한 한국인 有志 5명이 자금을 거두고, 아라나미 헤이지로가 교무 전반을 담당하기로 해서, 開成學校 설립 합의를 본 것이 1895년5월이었다. 일반적으로 이때를 開成學校 창립 시기로 하고, 창립자는 한국인 5명과 아라나미 등 모두 6명으로 되어 있다. 그 후 곧바로 校舍 건축에 착수하여, 8개월이 지난 1896년 1월에 준공하고, 3월 1일 약 100명의 생도를 모아 수업이 개시되게 되었다. 이것이 부산에서의 한국인 근대교육의 효시이다.

그런데, 開成學校의 교장 겸 교수로 교무 일체를 맡았던 아라나미가 이 학교를 「日語學校」로 운영하게 된 것은, 「우리 일본은 마치 동양의 여러 나라에서, 서양 각국의 학술을 시험했다고 해도 좋을 것입니다. 이러한 상황이기 때문에, 우리 일본은 동양에서, 세계 각국의 학술을 종합해 절충했다고 해도 과언은 아니라고 생각합니다. 마치 하나의 큰 연못에 사방에서 주입된 물이 막 흘러 넘치려 하고 있는 상황입니다」[25]라는 일본 문명관이 있었기 때문이다. 동시에 아라나미는, 「이해 관계를 같이 하는 경우가 많은 조선과 중국에 이 사정을 알려서, 장래 그 나라의 문명개화에 도움이 될 수 있다면, 옛부터 우리나라에 이익을 준 데 대해 1만분의 1이라도 답례가 되지 않을까 하는 것이 제 생각입니다」[26]라고도 말하고 있다. 이러한 문명관이나 報恩思想은, 아라나미뿐만 아니라 메이지시대의 일본교육자 전반에 많건 적건 있었던 것이다. 그렇다고 해서 아라나미가 일본어 및 일본의 학술을 일방적으로 강요하려고 한 것은 아니다. 스스로 한국어를 배워, 「일본 사람이 한국어를 배우는 내용 안에 한국언문을 넣어 배우면, 서로의 말을 배우는 데 편리한 길이 되」[27]기 때문에 『日淸韓三國千字文』을 펴냈던 것이다.

그런데, 1896년 3월, 충분한 재정 뒷받침이 없이 개교한 開成學校는, 다음 해인 1897년 1월, 한국정부(學部)로부터 공립학교 인가를 얻어, 관립 仁川外國語學校와 같은 보조(연액 1,200円)를 받게 되었다. 이와 동시에, 일본 외무성도 연액 1,800円의 보조를 개시하여 여기서 비로소 開成學校의 재정기반이 확립되었다. 그러나 開成學校는 「公立」 간판을 걸고 공공경비의 보조를 받았다고는 하나, 엄밀한 의미로는 始終 사립학교였다.

부산 일대에서의 일본어 학습열이 높아지자 開成學校는, 1899년 3월, 舊館書堂과 釜山書堂을 흡수하여 각각 舊館支校·釜山鎭支校로 하고, 1900년에는 東萊日語學校를 제3의 분교로 했다. 또 보조교로서 馬山浦日語學校·密陽開昌學校·慶州府 鷄林日語學校·機張日語學堂 등 4교가, 1900년부터 1905년에 걸쳐 잇따라 설립되었다. 이리하여 開成學校는 한국 남부에서 「日語學校」의 리더의 지위를 확고히 했던 것이다.

그러나 통감부 개설 후의 학제개혁과 함께, 1907년 3월, 開成學校 개편 움직임이 구체화되었다. 관공립 각급학교에 있어서 일본어가 필수과목이 되었기 때문에, 「日語學校」의 독자적인 존재 의의는 상대적으로 약해졌던 것이다. 이때는, 관립으로의 移管에 반대하는 아라나미의 청원이 일단 받아들여져, 「私立 釜山 開成日語學校」로 개칭하고 종전대로 유지되게 되었으나, 다음 해인 1908년 3월 말, 다시 學部로부터, 開成學校를 공립화하도록 결정되었기 때문에 사립학교로서의 보조는 계속하지 않는다는 취지의 통첩이 있었다. 그래서 아라나미 등 관계자들은, 개성학교를 정부에 헌납하기로 결의하고 1909년 2월, 學部에 헌납원을 제출했다. 이를 받아들여 學部는, 3월 17일자로 허가 통지를 하고, 3월 30일에는 東萊 府尹 김창한(金彰漢)에게 開成學校 인계를 완료하여, 4월부터 조직을 새로이 해서 公立 釜山實業學校 · 公立 釜山普通學校 등 2개교로 개교했다. 아라나미 등에 대하여 정부는, 공로금으로 4천円을 하사하고, 특히 아라나미에게는 「特敍勳 6等賜太極章」[28]으로서 보답했다.

또 釜山實業學校는 그 후, 1911년에 釜山商業學校, 1922년에 釜山鎭商業學校, 다음 해인 1923년에 釜山第二商業學校가 되고, 현재도 釜山商業高等學校로 존속하고 있는데, 釜山商業高等學校의 『釜商八十年史』는 아라나미를, 「一身의 영달을 버리고 한국교육계에 미친 영향이 적지 않았으나, 천성이 호방하고 일본 浪人의 대륙적인 성격을 띠어, 식민지교육에 앞장선 감이 없지도 않다」[29]라고 평하여, 그 功과 過를 함께 인정하고 있다.

한일합병 후의 아라나미는, 1911년 6월, 조선총독부 임시 取調局 囑託이 되고, 이어 中樞院 및 육군의 촉탁을 역임하는 한편, 부산과 경성에 일본 弘道會의 지부를 설치하는 등 식민지 통치의 일익을 맡고, 1921년 9월 25일 사망, 釜山 谷町의 공동묘지에 안장되었다. 향년 63세.

5. 오쿠무라 이오코(奧村五百子)

오쿠무라(奧村) 家와 조선과의 인연은, 멀리 16세기 말로 거슬러 올라간다. 1585년 奧村淨信(오쿠무라 조우신)이 부산에 건너가, 거기에 釜山海高德寺를 연 것이 그 발단이다. 동시에 이것은, 일본 불교의 조선 포교의 시작이기도 했다.

조우신(淨信)이 「慶長의 役」(豊臣秀吉의 朝鮮 再出兵 戰爭 – 譯者 註) 후 일본에 돌아가 肥前(현 일본의 佐賀縣 – 譯者 註) 카라츠(唐津)에 定住한 지 약 280년이 지난 1877년, 제13대 高德寺 住持 오쿠무라 엔신(奧村円心)도 메이지기에 있어서 일본 불교의 조선 진출의 선구로 부산에 건너갔다. 엔신(円心)은, 이 해 10월 東本願寺 釜山 別院을 개설하고 이를 발판으로 하여1881년 4월에 元山別院, 1885년 9월에는 仁川支院을 열었다. 여기까지가, 엔신에게 있어서 말하자면 제1차 조선 포교이다.

엔신의 제2차 조선 포교가 개시된 것은 1897년, 이때 처음으로 누이동생 이오코(五百子, 본명 イヲ. 1845~1909)와 행동을 함께 하게 된다. 제1차 조선 渡航은 東本願寺의 명에 의한 것이었으나, 제2차 도항은, 엔신(円心) · 이오코(五百子) 남매가 스스로 나서서 한 것이었다. 당시 일본은, 청일전쟁에 승리했지만, 그 직후의 三國干涉 등에 의해 조선에서 어쩔 수 없이 세력이 후퇴하고 있었다. 남매는, 이러한 상황에서 민간 레벨로 일본의 세력신장을 꾀하려고 했던 것이다.

1897년 6월, 다시 조선 포교를 결심한 엔신은, 누이 이오코와 함께 교토로 가고, 다시 도쿄에 가서 포교 認可 · 포교지 선정 등 절차를 밟고, 동년 7월, 혼자 渡航 길에 올랐다. 포교지 선정에 있어 코노에 아츠마로(近衛篤麿) · 오가사와라 나가나리(小笠原長生, 남매의 고향 唐津의 舊 領主)의 의견이 크게 작용한 것은 사실이지만, 두 사람이 지시한 전라 · 경상 兩道 가운데, 특히 전라도 光州를 근거지로 선택한 것은 엔신 자신이었다.

한편, 오빠와 헤어져 카라츠(唐津)에 돌아와 있던 이오코는, 10월 초순, 光州로부터 오빠의 편지를 접하고, 급히 위문 겸 實情 시찰을 위해 光州로 향하여, 이달 14일 도착했다.

光州에 약 1주간 머무르는 사이 남매가 여러 가지를 협의한 결과, 이후의 방침으로 다음의 3가지를 결정했다. 이 3개조 가운데 적어도 1, 2는 이오코가 강력히 주장한 것이라고 생각된다.

1. 식산흥법(殖産興業)을 장려하고 물질적인 개발에 힘쓸 것
2. 학교를 설립하여 청년을 계발할 것
3. 지방의 저명한 인물에게 권하여 일본에 유학시켜, 이로써 일반에게 포교 개발을 꾀할 것

그런데, 光州 일대 사람들의 생활을 충분히 관찰한 이오코는, 어떠한 동기에서 위의 세가지 방침을 내걸었을까. 미츠이 쿠니타로(三井邦太郎)는, 이를 「無我의 사랑」이란 제목을 붙여 다음과 같이 말하고 있다.

오쿠무라(奧村) 여사가, 조선 光州에 실업학교를 세워, 많은 어려움을 물리치고 조선인의 개발에 노력한 것은, 결코 자신의 명예나 사업욕을 위해서가 아니라, 아주 無知한 이웃에 대한 그녀 본래의 無我의 사랑에 근거하는 것으로, 여사는 단지 안쓰러운 그들을 동정해서, 그들에게 농업이나 양잠의 방법을 가르쳐, 그들을 문화적인 생활로 이끌고, 좀 더 인간으로서의 행복을 누릴 수 있도록 하려고 생각했던 것이다.[30]

또, 와타나베 카테이(渡辺霞亭)에 의하면, 다음과 같이 「殖民地」라는 용어가 노골적으로 등장한다.

『실업과 교육 — 이 둘을 가지고 無智한 조선인을 이끌면 그리고 그곳에 殖民地를 건설하면.』

이런 생각을 갖은 것은 그때부터 얼마 되지 않은 것이었다.

식민지의 건설 — 이 일에 생각이 미쳤을 때, 이오코는 하늘을 뛰어 오를듯이 기뻤다. 유럽의 열강도 모두 식민지를 중요시하고 있다. 혹은 남미에, 혹은 아프리카에, 혹은 남양(南洋)에, 그리하여 國內에 넘쳐 흐르는 국민을 발전시키고, 무한의 富를 불모의 땅에서 낳고 있다. 해마다 대단한 기세로 인구가 증가해 가

는 일본은, 이 인구를 어떻게 하면 좋을까. 그것은 식민지 획득 이외에는 없을 것이다. 그를 위해서는 가까이 있는 조선을 — 이라고 이오코는 생각했다. 그것은 고우토쿠지(高德寺)뿐만이 아니라, 실로 일본과 매우 밀접하고 중대한 관계를 가지고 있다는 걸 깊게 느껴, 피와 마음이 두근거렸다. 식민지의 경영, 불모의 땅의 개척, 건국, 새로운 일본의 창업을 세계 각지에![31]

이와 같이 이오코 전기(傳記)의 저자에 따라 표현은 다르지만, 추측하건대, 그녀의 마음속에는 동정과 식민지 건설의 의욕이 모순됨이 없이 함께 병존하고 있는 것으로 생각된다.

어쨌든, 세가지 기본 방침을 굳힌 이오코는, 그 실현 방법을 찾기 위해 1897년 11월 일단 귀국했다. 그리고, 제반 준비를 마치고 다시 光州에 간 것이 다음 해 1898년 4월의 일이다. 이번 渡航에는, 차녀 미츠코(光子) 부부, 교사 쿠사바 카메노스케(草場龜之助), 보조원 타구치 탓페이(田口達平) · 스기에 츠네사부로(杉江常三郎) 등 8명이 함께 가고, 後發隊로 교사 코지마 토라오(小島虎雄) 등이 뒤따랐다. 미츠코 부부를 동행시킨 것은, 광주실업학교를 농업 · 양잠 중심의 학교로 하기 위해서였다. 사위 세츠 타로(節太郎)는, 농학교 출신으로 제사(製絲) 회사를 경영한 실적이 있고, 미츠코는 군마현(群馬縣) 토미오카(富岡)의 양잠회사에서 연수를 쌓은 적이 있었다.

카라츠를 출발한 이오코 일행은, 4월 8일 光州에 도착하여 학교용지 차입 · 정지 등 개교준비에 착수했다. 9월 3일에는, 히가시 혼간지(東本願寺) 총무 오오타니 쇼우엔(大谷勝緣)으로부터 이오코에게 「韓國實業學校 교장을 명한다」는 내용의 정식 발령이 나고, 동 10일에는 校舍 上樑式이 거행되었다.

이 사이, 실제 교육활동은, 校舍 착공 이전부터 개시되고 있었다. 즉 이오코는, 각 농가를 순회하는 형태로 계절에 맞는 농사지도를 행하고, 세츠 타로 · 미츠코 부부도, 「양잠이나 농사를 떠 맡아서, 한국인에게 부탁하도록 하고 여러 가지 편의를 주어 사람들이 모이도록 한 후에 실제의 일을 가르쳤다」[32]라고 한다. 또, 「日本村」에서 살던 「木工, 傘職 등의 직공으로 하여금 각각 일용품의 제작 방법을 조선인에게 가르치게 한다는 것까지 했다」.[33] 이 밖에 光州實業學校에는, 교사로서 쿠사바 카메노스케와 코지마 토라오, 보조원으로서 타구치 탓페이 · 스기에 츠네사부로가 있었으나, 그들이 어떠한 교육활동을 했는가는 명확하지 않다. 다만, 1898년 6월 27일자 이오코로부터 코노에 아츠마로(近衛篤麿) · 오가사와라 나가나리(小笠原長生)에의 보고서에, 「우리들 모두 최근에는, 언젠가는 반드시 우리 동포가 된다고 생각하여, 매일 내방하는 사람에게 일본어를 가르치고 있습니다」[34]라고 있기 때문에, 일본어지도는 실업학교 관계자 전원이 맡고 있던 것을 알 수 있다. 光州實業學校는, 그 간판 그대로 실업교육을 중심으로 한 것은 사실이지만, 적어도 계획단계에서는, 산수 · 지리 · 역사 등 소위 보통학의 教授도 예정되어 있었고, 일본어교육도 실제로 행해졌다. 이것으로 光州實業學校도 「日語學校」의 범주에 속한 것이 증명되는 것이다. 더구나 그 일본어교육은, 이미 1898년 6월의 시점에서 한일합병을 전제로 하고, 「장래에는 반드시 우리 동포」인 한국인에 대하여 행해진 점에 주목해야 한다.

1899년 7월, 光州實業學校가 궤도에 오를 쯤이었으나, 이오코는 눈물을 삼키며 귀국했다. 그녀는 원래 기관지와 위장이 나빠 타향에서 무리를 했기 때문에 그때는 다른 병까지 발병해 있었다. 이를 걱정한 오가사와라 나가나리(小笠原長生) · 나가오카 가이시(長岡外史) 등이 강하게 귀국 요양을 권했기 때문에, 그녀도 이를 무턱대고 거절할 수가 없었던 것이다.

그런데, 오가사와라 · 나가오카 등이 이오코를 귀국시킨 데는, 병 요양 외에도 포함된 게 있었다. 나가오카의 말에 의하면, 「이오코는 경영자라고 하기보다, 오히려 창업적인 천재이기 때문에」, 「이미 더 큰 발전의 여지가 없는」 光州의 사업에서는 손을 빼고, 새로 남청(南淸) 방면의 포교 시찰에 보내는 편이 혼간지(本願寺)로서도, 일본 외교에서도 상책이라는 것이다.[35]

이오코는 그러나, 나가오카나 오가사와라 등의 배려에 감사하면서도, 이에 곧바로 응한 것은 아니다. 한국에서의 사업에도 여전히 충분한 의욕을 가지고 있었고, 무엇보다도, 최대의 후원자인 코노에 아츠마로(近衛篤麿)가 외유 중이었기 때문에, 혼자로서는 진퇴를 결정할 수가 없었던 것이다. 일은 모두 코노에의 귀국을 기다려 결정되게 되었다. 이리하여 12월 4일, 코노에의 말한 마디로 이오코의 南清行이 결정되고, 동시에 光州實業學校는, 다른 사람의 손에 맡겨지게 되었다.

이오코가 上海를 향해 출발한 것은, 다음 해인 1900년 1월이다. 그 후 동년 10월, 北清 출정군 위문을 위해 다시 중국에 건너가, 그때의 체험을 바탕으로 1901년 3월 「愛國婦人會」를 창립, 이것이 이오코 일생일대의 대사업이 되었다.

그 후의 光州實業學校에 대해서는, 구체적인 것은 알 수 없다. 1902년 10월까지 존속했던 것은 확실하나, 그 후 아마도 자금난 때문에 자연소멸의 길을 걷지 않았을까 생각된다.

6. 사사모리 기스케(笹森儀助)

1898년 11월, 「支那保全」을 목적으로 東亞同文會가 설립되었다. 그러나, 이 모임은, 이윽고 한국까지도 활동무대로 하게 되었다. 1899년 4월에 작성된 「東亞同文會 明治三二年度 事業費豫算書」에 「朝鮮部事業費」가 계상되어 있다. 이 朝鮮部 사업의 내역은, 『漢城月報』를 발행하는 것, 平壤에 日語學校를 설치하는 것, 北青에 日語學校를 설치하는 것, 京城學堂을 보조하는 것 등 4가지이고, 「함경도 중앙에 있는 半島 北門의 요지」[36]인 北青의 日語學校 교장에 임명된 사람이 사사모리 기스케(笹森儀助, 1845~1915)였다.

사사모리가 東亞同文會의 촉탁으로 北青 日語學校長이 된 것은, 직접적으로는 쿠가 미노루(陸實 號 羯南)의 중개에 의해서이다. 사사모리(笹森)와 쿠가(陸)는, 같은 고향(現 青森縣 弘前市)의 소꿉친구이고, 당시 쿠가는 『日本』 신문사장 겸 주필로서 필봉을 휘두르면서, 東亞同文會 간사를 맡고 있었다. 또 사사모리 자신도 東亞同文會長 코노에 아츠마로(近衛篤麿)의 정치사상에 공감하고 있어, 사사모리와 東亞同文會와의 관계가 생길 필연성은 충분히 있었던 것이다. 여기에 관해서, 『笹森儀助 그 인간과 生涯』의 저자 요코야마 타케오(橫山武夫)는 다음과 같이 말하고 있다.

> 이것(코노에 아츠마로의 정치의견 – 著者 註)을, 사사모리 기스케(笹森儀助) 옹(翁)이 이전에 오오시마(大島) 섬 도사(島司)였을 때 카바야마(樺山) 대신 앞으로 쓴 의견서 案의 의견과 비교하면, 그 論旨는 동일하다. 그(笹森)가 스스로, 코노에(近衛) 公爵이 설치한 東亞同文會의 취지에 동의한 것은 당연한 일이라고 하지 않을 수 없다. 게다가, 코노에 家門과 츠가루번(津輕藩)과의 근친관계도 있고, 코노에 공작의 주위에는, 사사모리 기스케 옹이 존경하여 마지않는 같은 고향의 가츠난 쿠가 미노루(羯南陸實)가 있어, 그와 동문회와의 인연이 생긴 것은, 필연이라고 말할 수 있다. 그리고 이 직접적인 관계를 엮은 사람은 쿠가 카츠난(陸羯南)으로, 그의 추천에 의해서 사사모리(笹森)는 동문회의 촉탁이 되어, 메이지 32년 5월 조선북부 함경도에 일본어학교를 건설할 목적으로 건너갔던 것이다.[37]

그렇지만, 쿠가 미노루(陸實)가 산 것은, 교육자로서의 사사모리 기스케가 아니었다. 오오니와 카코(大庭柯公)가, 「사사모리 기스케는 짚신을 신고 주먹밥을 먹으면서 여행다니는 사람이다」[38]라고 하고, 야나기타 쿠니오(柳田國男)가 「不世出의 大旅行者」[39]라고 말하고 있듯이, 사사모리는 학문 · 교육을 하는 사람이 아니라, 그 本領은 당시 일본의 변방 답사에 있었다. 1892년8월~9월에는 치시마(千島)를, 1893년 6월~10월에는 류큐(琉球) 및 아마미(奄美) 諸島를 답사하고, 그 성과를 『千島探險』(1893년 2월 刊) · 『南嶋探驗』(1894년 5월 刊)이라고 하는 저서에 모아 놓았다. 또 아마미 오오시마(奄美大島) 섬의 도사(島司)였던 1896년 4월~5월에는 대만에 탐사여행도 하고 있다. 실은, 「기스케(儀助)가 千島, 琉球 탐험 등 많은 여행을 할 때, 그동안 조사 요령을 자세히 가르쳐 준 사람은, 쿠가 카츠난(陸羯南)이었다고 전해지고」

[40] 있고, 쿠가는, 이들 탐험을 훌륭하게 이룬 사사모리의 캐리어를 높이 평가했던 것이다. 말할 것도 없이 사사모리의 함경도 파견은, 러시아의 南下에 대비하여 韓露 국경일대의 정세를 살피고, 겸하여 반도 북부에 일본세력을 부식시키려고 하는 東亞同文會 자체의 요청이기도 했다. 그리고, 결론적으로 말하면 사사모리는 이러한 요청에 응하여, 단기간이기는 하나 정력적인 활동을 전개했던 것이다.

1899년 5월 초순, 사사모리는 東京을 떠나 京城으로 향했다. 그의 임무는, 이때 東亞同文會長代理 나가오카 모리요시(長岡護美)가 준 「心得書」에 의해 엿볼 수 있는데, 그 요점은 다음과 같다. 이것은 앞에서 말한 東亞同文會의 목적을 구체화한 것과 같다.

1. 교육 방침은 대체로 다음과 같지 않으면 안 된다
— 일본 사상을 양성할 것
— 일본어 및 일본 글을 주로 연습시킬 것
— 세계의 사정을 알릴 것
— 물질적인 지식을 줄 것
⋮
2. 그 지방의 情況은 2주마다 한 번씩 꼭 보고하고, 특히 주의해야 할 일이 있는 경우에는 임시로 보고할 것. 다만 비밀을 요하는 사항은 별지로 할 것.[41]

경성에서 한국정부와 학교개설을 교섭한 후 7월 6일, 사사모리는 北靑에 도착했다. 그러나, 현지조사 결과 北靑이 일어학교 설립에 적당하지 않다고 판단한 사사모리는, 東亞同文會의 동의를 얻어 당초의 계획을 변경, 당시 막 개항한 城津에 城津學堂을 개설하게 되었다.

城津으로 옮긴 사사모리는, 學堂長으로서 校舍를 임대 · 보수, 학칙 제정 등 학당 개설을 향한 레일은 깔았으나, 실제로 城津에 정착한 것은 거의 아니었다. 혹은 함경도 北關 지방 시찰, 혹은 沿海州 調査 등 글자 그대로 南船北

馬의 생활을 보냈다. 이 사이 학당에 관한 실무는 조교인 사에키 토오루(佐伯達) · 코야마 미츠토시(小山光利)가 담당했다. 실제로 城津學堂은, 1899년 9월 초에는 가교실에서 수업을 개시했는데, 교편을 잡은 것도 조교들이었다.

교사 보수공사가 거의 완료된 동년 10월 5일, 城津學堂의 개교식이 거행되었다. 하지만 학당은 조교들에게 맡기고, 사사모리는, 10월 9일부터 11월 12일까지 세 번에 걸쳐 함경도 북관지방 및 한 · 러 · 청 국경지대 시찰여행을 하고, 이때, 「최근 러시아령에서 조선인의 이주를 장려하고 있다. 그 일부를 말하자면, 러시아령에 露語學校 서너 곳이 있고 의식주를 지급하여 조선인에게 러시아어를 가르치고 있다」[42]라는 점에 주목하고 있다.

이러한 러시아의 움직임에 대항하기 위해 東亞同文會는, 城津보다 직선거리로 약 120킬로미터 북방에 위치하고 함경도 중심지이기도 한 鏡城에도 학교를 신설할 것을 계획했다. 1899년 말의 시점에서는, 城津 · 鏡城 모두 독립된 학교로 할 예정이었던 것 같다. 그러나, 그 후 사사모리의 의견에 따라 신설 鏡城學堂을 본교로 하고 기존 城津學堂을 그 분교로 하도록 결정되었다. 사사모리가 말하는 「學堂移轉의 理由」는 다음과 같다.

> 지금 학교를 건설하는 것은, 사람의 마음을 잡는 것과 통상(通商) 개척을 솔선하여 정리하는 것을 제일의 목적으로 하고 있다. 그리고 이 큰 목적을 달성하려면 반드시, 인구가 많고 지형이 좋고, 각 지방에 도로가 통해 있는 큰 도시로서, 북쪽 국경지대의 수도라고도 할 수 있는 곳에 장소를 정하고, 나중에는 조선의 각 방면으로 차례차례 개교하는 것이 좋을 것이다. 이것이 본교를 鏡城에 개설하는 대략적인 이유이다.[43]

이리하여 1900년 7월 중순, 사사모리는 鏡城으로 이전했다. 鏡城府 주재 한국 관리와의 교섭이 다소 어려워, 가까스로 鏡城學堂이 정식 개설 인가를 얻게 된 것은 9월 3일이다.

그러나, 불행하게도 이때쯤, 함경북도 일대에 城津 · 吉州의 合郡問題가 발단이 되어 폭동이 발생하고, 이것이 겨우 진정되자마자 곧 義和団事件을 계기로 한 · 러 · 청 국경지대에서 露清간의 전쟁이 시작되었다. 이런 혼란의 와중에서 鏡城學堂은 어쩔 수 없이 개교를 연기하게 되고, 사사모리는 10월 15일, 국경시찰 길에 올랐다.

그런데, 사사모리의 신분에 관하여 1900년(메이지 33년) 8월 3일자 『近衛篤麿日記』에는 「參謀本部 陸地測量部員 笹森儀助」라고 있다. 사사모리는, 경성학당장임과 동시에, 언제부터인가는 확실하지 않으나 참모본부 육지 측량부원으로도 일하고 있었던 것이다. 그때까지의 활동으로 보아, 실로 제 자리를 찾았다고 할 수 있을 것이다.

그 후 사사모리는, 1901년 3월 13일, 鏡城學堂에 관한 협의를 위해 귀국했다. 이에 앞서 한국 外部大臣으로부터 鏡城學堂 개설 중지명령이 나와 있어, 사사모리의 귀국은, 그 대책을 협의하기 위해서였다. 東亞同文會는 3월 26일, 4월 12일, 4월 22일 등 세 차례에 걸쳐 간사회를 열어 신중히 심의한 결과, 鏡城學堂을 당분간 폐쇄할 것, 城津學堂은 鏡城學堂의 支校로서 계속할 것을 의결했다. 이 의결을 바탕으로 鏡城學堂은, 이 해 6월 13일 城津으로 철수하고, 이를 계기로 사사모리는 최종적으로 귀국했다. 1899년 5월 첫 渡航 이래 2년 1개월 뒤의 일이다. 이 사이 사사모리는, 적어도 두 번(1900년 봄과 1901년 3월) 일시 귀국했기 때문에, 滯韓 기간은 2년이 되지 않는다. 게다가 일관하여 학당장이면서, 교단에 섰다는 기록은 찾아볼 수 없다. 이런 의미에서 사사모리는 구한말 「日語學校」의 정치적 측면을 대표하는 전형적인 예이다.

덧붙여 鏡城學堂은 위에 본 것처럼 일단 개설인가는 받았지만, 바로 개교에는 이르지 못했다. 결국 사실상 구상에만 그친 것이다. 한편 城津學堂은, 1901년 8월 키무라 우타로(木村宇太郎)의 학당장 임명과 함께 부흥되어, 1906년 4월 통감부에 이관될 때까지 東亞同文會에 의해 경영되었다.

7. 신도 요시오(眞藤義雄)

東亞同文會가 「對淸韓事業」을 개시하는 데 맞추어 平壤일어학교장에 임명된 신도 요시오(眞藤義雄)는, 1899년 5월, 사사모리 기스케(당시의 직함은 北靑일어학교장) · 시무라 사쿠타로(志村作太郎, 『漢城月報』 발행주임) 등과 함께 한국에 건너 갔다. 京城에서 韓日 정부의 주요 인물과 만난 뒤, 6월 중순 평양에 도착하고, 곧바로 자택에 수 명의 생도를 모아 日語 · 日文 교육을 개시하면서 校舍를 빌리는 교섭에 나섰으나, 이 일이 의외로 어려워서 담판이 이루어진 것이 9월이고, 간신히 정식 개교가 된 것이 10월이다.

教授는 교장인 신도 요시오가 스스로 맡고, 조교 쿠마베 카즈오(隈部一男)가 보좌했다. 하지만, 쿠마베(隈部) 혼자만의 보좌로는 부족하여, 곧 키무라 우타로(木村宇太郎)가 초빙되었다. 키무라는, 나중(1901년 8월 이후)의 城津學堂長 그 사람이다. 신도(眞藤) 교장은, 스스로 교편을 잡은 점에서 城津 · 鏡城學堂長 사사모리 기스케와 성격을 달리했으나, 평양 이북의 정황시찰에도 여러 차례 나가, 이런 의미에서는 東亞同文會 관계자로서 사사모리와 같은 임무를 수행했다고 할 수 있다.

平壤일어학교 개교 이래, 신도는, 同校 자체의 확충에 힘씀과 동시에, 인근 학교에의 세력확장을 꾀했다. 그 실례가, 양각도(羊角島) 일어학교의 실질적인 分校化이다. 羊角島 일어학교는, 1900년 3월, 대동강 한가운데 있는 섬인 양각도(羊角島)에 그곳의 명망가인 이근상(李謹相)이 설립한 학교인데, 이에 대해 신도는 다음과 같이 적극적인 자세를 보였다.

> 이 학교가 설립된 이래 주위에 어떤 영향을 미칠까 생각했는데, 일본 숭배자인 李謹相이 주창자가 되어 설립했다고 들었을 때, 장래가 어둡지 않다고 생각했다. 또 설립 얘기를 듣고 마음속으로 기뻐서, 기회를 보아 실제 모습을 보고 친밀하게 학생들을 향해 희망적인 말을 하려고 했는데, 지난 18일 李謹相에게 초대받아 정오부터 쿠마베(隈部) 씨〔키무라(木村) 씨는 사고로 불참〕를 동반하여 학교를

참관하고, 학생들을 만나 앞으로 더욱 일본어를 배울 필요가 있다고 말하며 격려했고, 쿠마베 씨도 어학공부에 여러 가지 조언을 했다. 李謹相과 그 아들도 크게 기뻐하며, 앞으로 많이 도와달라고 요청해 왔다. 우리는 처음부터 그럴 생각이었으므로, 앞으로는 시간을 맞추어 일주일에 한두 번정도 학교에 가서 협력하겠다고 약속했다.

지금 상황에서는 앞으로 어떤 변화가 일어날지 예상할 수 없지만, 가족과 같은 생활을 하는 하나의 섬이니까, 쇠퇴하지 않는 것은 물론 열심히 힘을 다하면 羊角島 이외의 청년들을 흡수하는 것도 어렵지는 않을 것이다. 나는 장래 얼마 정도의 비용을 들여, 지교(支校)의 명의를 수여하고, 크게 확장하고 싶은 생각이다. 그들도 기쁘게 찬성할 것이다. 요컨대 앞으로 2, 3개월간은 상황을 보고, 그 후에 착수해도 늦지는 않을 것이라고 생각한다.

일본어를 배우는 사람들의 증가는 우리 세력의 확장을 의미한다. 羊角島의 학교 설립은 정말로 기뻐해야 할 일이다.[44]

요컨대 신도는, 羊角島 일어학교의 설립을 「일본어를 배우는 자의 증가는 우리 세력 범위의 확장을 의미」하는 것으로 기뻐하고, 「앞으로는 시간을 맞추어 일주일에 한 번이나 두 번정도 학교에 가서 협력하겠다고 약속」했을 뿐 아니라, 「장래 얼마정도의 비용을 들여, 지교(支校)의 명의를 수여하고, 크게 확장하고 싶다」는 것이다.

羊角島 일어학교를 원조하는 일은, 平壤일어학교 교사가 이틀에 한 사람씩 출장하여 수업하는 식으로 실현했다. 그 후 교사의 출장수업은 격일에서 매일로 바뀌고, 1901년 1월에는 한문 교사의 급료 기타에 충당하기 위해 매월 5円이 平壤일어학교 경비에서 지급되게 되었다. 이것은, 신도가 東亞同文會에 보낸 다음 「平壤通信」으로 알 수 있다.

羊角島 일어학교는 이전에 보고했던 대로, 본교에서 매일 교대로 수업을 하게 되었습니다만, 추위가 매우 심해지면서 4km 정도의 거리를 매일 왕복하는 것은

간단한 일이 아닙니다. 또 이 섬의 본교 학생 중 김달황(金達璜)이라고 하는 자가 수업하고 있었는데, 학생들 사이에 다소 문제가 있어 서너 명의 퇴학자가 생기는 등 여러 가지 사정이 좋지 않게 되어, 이번에 설립자의 한 사람인 이병두(李炳斗)와 협의해서, 한문교사 한 명을 고용하여 일본어와 한문을 번갈아 가르치도록 결정했습니다. 경비는 매월 5円씩 본교에서 지급하고, 한문교사의 급료 기타 비용을 지변함과 동시에, 한문에 너무 중점을 두고 일본어를 배우지 않을 때는 그 지급을 정지하겠다고 약속했습니다. 완고한 한국인에게는 교육과정에 한문을 넣는 것이 그들의 마음을 잡는 데 가장 좋은 방법이어서, 섬 안의 부형들은 크게 기뻐하며 자제를 모두 입학시키려는 형편이어서 경기가 매우 좋습니다. 42, 43戶의 작은 섬이라고는 해도, 불과 5円의 돈으로 자유롭게 그 동향을 좌지우지할 수 있는 것은, 한국인에게는 어디까지나 돈이고, 돈만 있으면 한국에서의 일은 참으로 쉽게 성공할 수 있는 것 같습니다.[45]

이 통신문의 끝의 「불과 5엔의 돈으로 자유롭게 그 동향을 좌우할 수 있는 것은, 한국인에게는 어디까지나 돈이고, 돈만 있으면 되며」라는 대목에서, 우리는 신도(眞藤)의 韓國(人)觀의 일난을 엿볼 수 있을 것이다. 어쨌든, 위에 본 것 같은 밀접한 관계가 있었기 때문인지, 平壤일어학교에서는, 이미 1900년 9월에는 羊角島 일어학교를 「分校」로 부르고 있다.[46]

羊角島 일어학교를 설립한 李謹相은, 그 후 義州일어학교 설립운동의 주역을 맡는다. 이 운동은, 한국군 義州地方大隊長과 中隊長이 일어학교 설치를 일본 측에 요청한 것이 직접적인 계기가 되었다. 이 중대장이, 다름 아닌 李謹相이다. 이 이야기를 전해들은 신도는 곧 1901년 1월 東亞同文會 본부에 다음과 같은 서한을 보냈다.

지방대대장 및 중대장 두 사람이 巡査를 통해 신조(新庄) 分館長 앞으로 편지를 보내서, 부디 義州에 일본어학교 설립을 주선해 달라고 전해 왔습니다. 군수도 역시 찬성이라며 간곡히 부탁하고 있습니다. 무엇보다도 대대장, 중대장 모두

> 가 분관장과는 옛부터 교제가 있었고, 이 본인도 중대장(羊角島에 어학교를 만든 李謹相이란 사람)과는 특히 친하게 지내던 사람으로, 이근상은 지극히 日本主義인 사람이므로, 이를 좋은 기회로 삼아 자금 형편에 따라서는 내년부터 義州에 분교를 설치하고 싶습니다만, 본교 경비로 설치한다는 것은 도저히 무리일 것이므로, 꼭 하려면 본부에서 경비를 부담해 주셨으면 합니다. 義州가 압록강 강변에 있어서의 北韓의 요지임은 이제 두 말할 필요도 없습니다. 본인은 자금 형편만 좋으면, 꼭 착수하고 싶습니다. 아무쪼록 충분히 검토하신 후 답장해 주시도록 부탁 말씀 올립니다.[47]

신도는「압록강 주변에 일본제국의 세력을 심는 것이 매우 중요하다고 확신」[48]하고 있었다. 하지만 平壤일어학교의 경비를 할애하여 義州에 분교를 설치하는 것은 불가능했기 때문에, 이를 위한 경비의 신규 지출을 東亞同文會에 요구한 것이다. 그러나 신도의 요구는 결국 인정되지 않아, 義州일어학교 설립계획은 수포로 돌아갔다. 그렇지만 이것은, 신도의 팽창주의(膨脹主義)를 상징하는 한 일화이다.

신도의 우국적 성격이 가장 잘 나타난 것은 러일전쟁에 대한 그의 대응이다. 1904년 2월 8일에 시작된 러일전쟁으로, 平壤일어학교도 그 와중에 휘말리게 된 것이라기보다,「開戰 前 本部는 한국에 있는 모든 학교에 대하여 軍國事務에 힘쓰도록 요령을 훈령해 두었다」[49]는 東亞同文會 本部의 훈령에 의한 것인지, 신도 등의 평양일어학교 관계자들은, 스스로 전쟁에 참가했다는 느낌이 강하다. 러일전쟁이 발발하자, 신도는 곧바로 의용대를 조직하고, 平壤 거류민의 선두에 서서 총을 들었다. 2월 28일 七星門 밖에서 있었던 적의 기병과의 최초의 만남에서,「우리가 다행히 제1의 陸戰 戰鬪線에 선 영광을 갖는 게 얼마나 즐거운 일인가」[50]라고 의기양양함을 보여 주고 있다.

러일전쟁에서 일본의 승리가 확정적이 된 1905년 봄부터 입학자가 급증하여, 平壤일어학교는 더욱 성황을 이루게 되었다. 그러나, 다음 해인 1906년 4월, 平壤일어학교는 일대 轉機를 맞는다. 東亞同文會가 한국의 모든 관계

학교에서 손을 떼었기 때문이다. 하지만, 다른 교사들의 이동이 빈번한 가운데서도 일관되게 교장으로서, 명실상부하게 平壤일어학교의 主人이었던 신도는, 東亞同文會와의 연이 끊어진 후에도 이 학교와 운명을 같이 했다. 통감부에 이관된 平壤일어학교는, 그 후 1907년 3월에 관립 일어학교, 1909년 4월에 관립 고등학교, 한일합병 후인 1911년 11월에는 조선총독부립 고등보통학교가 되었는데, 신도는 관립 平壤일어학교 교수(1908년 1월 1일자로 學監), 관립 平壤고등학교 교수(1909년 8월 24일 이후 學員監 겸임)를 맡고 있다. 그러나 그 후의 경력은, 현재로서는 확인할 수 없다. 『朝鮮總督府 官報』로는, 1911(메이지 44)년 4월 10일자 「관립 漢城사범학교 교수 사무취급을 촉탁함. 관립 平壤고등학교 교수 겸 관립 平壤고등학교 學員監 眞藤義雄」[51)]란 기록이, 신도에 관한 것으로서는 마지막이다.

맺음말

본 章에서 다룬 8명의 교사 각각의 특질을 굳이 요약한다면 다음과 같이 될 것이다.

오카쿠라 요시사부로(岡倉由三郎)는, 「日語學校」 일본인 교사의 개척자였다. 그런 까닭으로 시대적 제약도 크고, 또 그 자신 학자 · 교육자로서의 식견도 있어, 나중의 교사들에 비하면 일본어교육에 대하여 自制心이 작용했던 것 같다. 다만, 「朝鮮에는 教育이 없다」라는 소위 정체사관(停滞史觀)은, 2년간의 조선 체재 경험에서 나온 말이었던 만큼 일본인의 朝鮮觀에 큰 영향력을 지녔다.

아유가이 후사노신과 요사노 텟칸은, 함께 명성황후 事件에 관여했듯이 憂國的 성격이 현저하여, 「일본의 글을 전한다」는 자세를 가지고 일본어 · 일본문화의 移植에 적극적이었다. 乙未義塾은 단명으로 끝났으나, 그것이 관립 소학교의 모체가 된 것은 한일 쌍방에서 높게 평가되었다. 그러나, 아유가

이 · 요사노에게 을미의숙의 높은 평가는, 말하자면 전화위복이었을 것이다.

이와사키 코우타로는 시종일관, 仁川일어학교의 사실상의 교장이었을 뿐만 아니라, 公私에 걸쳐 그 학교를 지킨 사람이다. 제자들의 回想記에 있듯이, 당시의 일본인으로서는 드물게 한국인의 민족주의에 同情的이었던 것은 특기할 만한 가치가 있다.

아라나미 헤이지로는, 조선 渡航의 경위에 한해서 말하면, 대륙낭인적(大陸浪人的) 색채가 강하다. 하지만, 교장으로서 釜山 開成學校와 운명을 함께 하고, 결과적으로 조선의 흙이 되었다. 체재 기간은, 52년(1894년부터 1946년까지)에 미친 아유가이 후사노신의 절반이지만, 필자가 아는 한 「日語學校」 관계자 가운데 조선에 뼈를 묻은 유일한 예이다. 한일합병 후의 경력에서, 식민지교육의 개척자로서 평가되는 감이 있으나, 부산의 근대교육의 공로자라고 하는 측면도 또한 부정할 수 없다.

오쿠무라 이오코는, 많은 「日語學校」 교사 중에서 얼마 안 되는 여성의 한 사람이었다. 〔그 밖에, 남편 콘도 한지(近藤範治)와 함께 元山 源興學校를 설립한 콘도 요시코(近藤淑子)나, 統營 日語學校〈나중에 義成學校〉의 교장이었던 와타나베 나오미(渡辺直躬)의 장녀 노부코(信子) 등의 예가 있다.〕 또 오쿠무라가 교장을 지낸 光州 실업학교는, 농업 · 양잠을 중심으로 하는 「實業」을 간판으로 건 유일한 「日語學校」였는데, 同校의 일본어 교육은, 「장래는 반드시 우리 동포」인 한국인을 대상으로 한 점이 특색이다. 즉 한일합병 10년 이상 그 이전부터 식민지를 전제로 하고 있었던 것이다. 그렇지만, 光州 실업학교는 을사늑약조차도 기다리지 못하고 소멸하여, 오쿠무라 자신의 생애에 있어서도, 교육사업이 차지하는 비중은 아주 적은 것에 지나지 않았다.

사사모리 기스케는, 東亞同文會가 세운 城津 · 鏡城 양 학당의 교장이었으나, 실제로 교편을 잡은 행적을 발견할 수 없을 뿐 아니라, 학교를 비우는 일이 다반사였다. 한국에 건너가기 전부터 탐험가로서 이름을 날렸던 그는, 한국에 건너간 후에도 한 · 러 · 청 국경지대의 정세 탐사를 본업으로 삼았던 것이다.

신도 요시오는, 사사모리와 같이 東亞同文會의 관계자이나, 사사모리와 달리 그는, 平壤일어학교 교장으로서 스스로 教師陣의 선두에 서서, 동교가 관립 일어학교 · 관립 고등학교로 개편되어도 언제나 교육 제1선에 계속해 있었다. 그러나 그도 정치적 성격을 진하게 가지고 있었다. 압록강변(義州)으로의 진출 기도나 러일전쟁 때의 의용대 활동에, 그것이 단적으로 나타나고 있다.

교육자다운 순서로 이상 8명을 열거하면, 이와사키 코우타로가 첫 번째, 사사모리 기스케가 맨 끝이고, 다른 6명은 그 중간이다. 그러나 가장 교육자다웠다고 생각되는 이와사키라 하더라도, 정치성을 완전히 뺀 교육자일 수는 없었다. 원래 「日語學校」 자체가, 청일 · 러일전쟁에서 한일합병으로 향하는 시대에 있어서의 일본세력의 교두보의 일종이었기 때문이다. 그리고, 한일합병이 되자 「日語學校」는, 그 독자적 존재의의를 잃고, 모두 자취를 감추었다. 이런 의미에서, 그들 「日語學校」의 일본인 교사는 바로 시대의 私生兒的인 존재였다고 할 수 있다.

【註】 (*는 한글 文獻)

(1) 이치카와 미스요시(市河三喜) 編『岡倉先生記念論文集』岡倉先生還甲祝賀會 1928년 400쪽

(2)(3) 오카쿠라 요시사부로(岡倉由三郎) (講演) 「朝鮮國民教育新案」『東邦協會 會報』 제2호 附錄 1894년 8월 4쪽

(4) 同上 12쪽

(5) 同上 2쪽

(6) 同上 5쪽

(7) 同上 7쪽

(8) 同上 10쪽

(9) 아유가이 후사노신(鮎貝房之進) 「回顧談」『書物同好會會報』 제17호 京城 · 書物同好會 1942년 9월 2쪽

(10) 『教育時論』 제374호 1895년 9월 5일 30쪽
(11) 『明治文學全集』 51 筑摩書房 1968년 7쪽
(12) 同上 18쪽
(13) 同上 19쪽
(14) 同上 18쪽
(15) 仁川府 編 『仁川府史』 1932년 1293쪽
(16) 幣原坦 『朝鮮教育論』 六盟館 1919년 61쪽
(17) 『仁川府史』 1297쪽
(18) 同上 1326쪽
(19) *上仁川中 · 仁川高等學校同窓會 編 『仁高九十年史』 1985년 91~92쪽
(20) 同上 83쪽
(21) 『仁川府史』 1327쪽
(22) *『仁高九十年史』 77쪽
(23) 荒浪平治郎 『日清韓三國千字文』 哲學書院 1900년 15~16쪽
(24) 同上 27쪽
(25) 同上 22쪽
(26) 同上 26~27쪽
(27) 同上 30쪽
(28) *舊韓末 『官報』 제4363호 隆熙 3(1909)년 4월 29일
(29) *釜山商業高等學校 『釜商八十年史』 1975년 41쪽
(30) 미츠이 쿠니타로(三井邦太郎) 『女傑奥村五百子』 潮文閣 1944년 239쪽
(31) 와타나베 카테이(渡辺霞亭) 『奥村五百子』 霞亭會 1915년 267~277쪽
(32) 오오쿠보 타카아키(大久保高明) 『奥邨五百子詳傳』 愛國婦人發行所 · 金港堂 1908년 161쪽
(33) 黑龍會 編 『東亞先覺志士記傳』 上卷 原書房 1966년 307쪽
(34) 近衛篤麿日記刊行會 編 『近衛篤麿日記』 제2권 鹿兒島研究所出版會 1968년 103쪽
(35) 渡辺霞亭 前揭書 330~331쪽
(36) 『教育時論』 제510호 1899년 6월 15일 20쪽
(37) 요코야마 타케오(横山武夫) 『笹森儀助의 사람과 생애』 歷史圖書社 1975년

148쪽

(38) 오오니와 카코(大庭柯公) 「人物分布觀(4) 陸奧」『日本及日本人』 제580호 1912년 4월 15일 42쪽

(39) 橫山武夫 前揭書 序 2쪽

(40) 同上 263~264쪽

(41) 『東亞同文會關係雜纂』 제1권 「心得書」 外務省外交史料館 所藏

(42) 요코야마 타케오(橫山武夫) 前揭書 151~152쪽

(43) 『東亞同文會報告』 제10회 1900년 9월 1일 70~71쪽

(44) 同上 제5회 1900년 4월 10일 26쪽

(45) 同上 제16회 1901년 3월 1일 27쪽

(46) 同上 제12회 1900년 11월 1일 22쪽

(47) 同上 제15회 1901년 2월 1일 42쪽

(48) 同上 제16회 1901년 3월 1일 26쪽

(49) 同上 제59회 1904년 10월 25일 14쪽

(50) 同上 제53회 1904년 4월 10일 43쪽

(51) 『朝鮮總督府官報』 제187호 1911년 4월 18일

제10장 구한말 관공립 보통학교의 일본인 교원
— 교원 인사를 중심으로

머리말

제2차 한일협약(1905년 11월 17일 체결)에 의해 한국을 식민지화한 일본이, 1906년 9월의 신학기부터, 일본인 교원을 첨병으로 하여 소위 「模範教育」을 추진한 것은 주지의 사실이다. 이때의 교원 배치에 대하여 통감부의 『韓國施政一斑』은, 「韓人 교원은 대개, 종래의 관립(지금의 국립), 공립 초등학교 교원으로 충원하고, 일본인 교사는 새로 일본에서 필요한 인원을 불러 배치한다」[1]라고 적고 있다. 또, 1908년 12월에 한국 學部 서기관이 된 오다 세이고(小田省吾)의 회고담에는, 「신교육 실시 당초 內地에서 선발되어 보통학교 교감의 직에 취임한 사람들은」[2] 운운하는 한 구절이 있다. 이들 표현은 일반에게, 일본인 교원이 「模範教育」의 전개시 모두 일본에서 초빙되어, 곧바로 보통학교 「교감」의 지위에 오른 것 같은 인상을 주고 있다. 즉, 그 이전부터 한국에 체재하고 있던 자 말하자면 현지 조달의 케이스가 적지 않게 있었던 것이나, 당초에는 단지 「교사」 혹은 「촉탁」이란 직명이었던 것은, 별로 인식되어 있지 않다.

한편, 한일합병 직후(1911년 4월)부터 10년이란 장기간에 걸쳐 조선총독부 학무과장을 지낸 유게 코우타로(弓削幸太郎)의 저서 「朝鮮의 教育」에는, 「실제로는, 교감인 內地人(일본인)이 학교장의 사무를 행하여, 조선인은 거의 명목상의 교장에 머물렀다. …… 교육령(「조선교육령」 – 著者 註)을 실시할 때는 이러한 상황을 인정, 오히려 솔직하게 內地人을 교장으로 하는 것을 인정하여, 모든 보통학교에서 내지인을 학교장으로 하고 교감이라고 하는 제도를 폐지했다. …… 보통학교의 內地人 교사는 모두 內地에서 채용하고 한 달 또는 세 달의 강습회를 열어, 조선인 교육자가 되는 데 필요한 사항을 가르쳤다」[3)]라고 적고 있다. 이것을 순진하게 그대로 읽으면, 「朝鮮敎育令」 이전에 이미 교감이었던 일본인 교원은, 동령 시행(1911년 11월 1일)과 동시에 모두 교장이 되고, 평교원에 머무른 자는 없었던 것이 된다. 이것 또한, 검증을 요하는 점이다.

그런데, 일본인 교원이 정식 한국관리가 된 것은 1908년 1월의 일이다. 따라서, 이 이후는, 구한말 『官報』 등 일본인 교원인사에 관한 자료도 있으나, 그 이전의 그들의 동향을 개개인에 걸쳐 밝히는 것은 어려운 일이다. 본 장은, 말하자면 이런 공백을 가능한 한 메우고, 아울러, 위에 든 것 같은 문제를 해명하는 것을 목적으로 한다.

1. 일본인 교원 배치 정책의 전개

(1) 「小學校令」 시대의 준비 공작

1895년 9월 7일(음 7월 19일) 공포된 「小學校令」은, 그 제29조에, 「당분간, 관립 소학교 및 공립 소학교의 경비 예산 내에서 외국교사를 고용할 수 있다」고 정하고 있다. 이 규정에 근거하여, 쿠마모토현(熊本縣) 사람 마츠무라 타츠요시(松村辰喜)가 관립 桂洞 소학교 교원이 되고(1895년 10월의 명성황후 사건으로 국외 추방), 지방의 공립 소학교에도 일본인이 채용된 경우가 있었다. 「東萊府의 공립 소학교 안에 일본인이 한 사람 들어가 일본어를 가르치고 있다」[4)]라는 1902년 당시의 기록이 그 한 예이다.

러일전쟁 중인 1904년 2월 23일에 조인된 한일의정서 제6조(이 협약에 관계한 세부 사항에 관해서는, 대일본제국 대표자와 대한제국 外部大臣과의 사이에 그때 그때 정할 것)에 근거하여 하야시 곤스케(林權助) 공사와 李夏榮 외상이 협의하여, 전문 18조의 조항을 맺었는데, 그 제18조는, 「중앙과 지방의 교육을 완비하기 위해 여러 종류의 학교를 설립하고, 그 교사는 다수를 일본인으로 한다」[5]라는 것이었다. 이를 받아 일본의 교육잡지 『教育時論』은, 동년 4월, 「특히, 교육 사업과 같은 것은 한국의 국가, 인민을 개선할 때, 근본적인 생명을 주는 것이므로, 가장 주의하지 않으면 안 된다. 그러기 위해서는, 중앙정부에 적당한 인물을 선택해 교육고문으로 추천해야 한다. 큰 소학교에서는 반드시 두, 세 명의 일본인 교사를 고용시켜야 한다」[6] 등으로 주장하고 있다. 『教育界』 제4권 제9호(1905년 7월 3일 발행)의 사평(社評) 「小學教師의 渡韓을 勸한다」도, 이와 같은 취지이다.

위에 본 것 같은 「小學校令」의 규정, 하야시(林) 공사와 이(李) 외상의 협정, 일본의 여론 등을 바탕으로 한국의 관립 소학교에 실제로 일본인 교원을 보낸 것은, 1905년 2월 한국 學部 학정참여관에 취임한 시데하라 타이라였다. 그 이전의 일본인 교원의 채용은, 주로 한국 측의 자주성에 의했던 것이고, 게다가 그것은, 일시적이고 산발적인 것에 지나지 않았다. 일본의 국가권력이 뒷받침되어 일본인 교원을 보낸 것은, 시데하라 타이라에 의해 시작된 것이다.

시데하라는, 1905년 8월 21일자로 카츠라 타로(桂太郎) 외상에게 제출한 보고서에서 다음과 같이 말하고 있다.

> 소학교의 개량에 관해서는, 관계되는 바가 지극히 크고 또, 그 범위도 매우 넓다. 사범학교의 개선과 함께 가장 긴요하고 중대한 것이라고 해야 한다. 그러나, 아직도 재정의 정리는 끝나지 않았고, 지금은 손을 대는 것이 어려운 상황이기 때문에, 우선은 경성에서 몇 학교의 모범적인 경험에 그칠 수 밖에 없다. 나는 그것을 경험하는 첫 장소로, 심사숙고 끝에 가장 먼저 현재의 관립 고등소학교를 선택해 9월 신학기부터 일본인 교원을 불러 정식으로 일본어와 그 외의 것들을

가르치게 할 예정이다.[7]

이것으로, 1905년 8월 당시, 9월 신학기부터 관립 고등소학교에 일본인 교원을 초빙하는 계획이 추진되어 있던 것을 알 수 있다. 그러나, 前 부산 일본인 거류지 소학교장 쿠니이 이즈미(國井泉)의 관립 고등소학교 취임이 실현된 것은, 예정보다 한 달 늦은 10월 1일이었다. 시데하라에 의하면, 그 사이의 경위는 다음과 같다.

> 9월 신학기부터, 우선 고등소학교에 일본 교사를 포함시키는 안이 통과되었지만, 우연히, 화폐를 옛날 것에서 새 것으로 교체할 때 생기는 급료의 변화로 인해, 在京城 소학교 교원들의 파업과 같은 행동이 있었다. (학생 수백 명도 學部에 몰려들었다.) 이 건은 진정되었지만, 일본 교사의 임명에 대해서는 시기를 연장시킬 수밖에 없어, 10월 1일부터 옛 부산의 일본인 거류지 소학교 교장인 쿠니이 이즈미(國井泉)를 고용하여 수업을 시켰다(월급 80円). 이것은 정부에 의해 공공연히 소학교 교육에 일본인을 포함시킨 단서이며, 그 목적으로 하는 바는 교육의 뿌리를 개선하고, 국민의 상식을 늘리고, 일본어를 보급하여 일본 교육사상을 전달함으로써, 머지않아 발표하게 될 국민교육안의 기본으로 하는 데 있다.[8]

관립 고등소학교에 이어 시데하라는, 漢城師範學校의 개혁에 착수했다. 사범학교에 마스도 츠루키치(增戶鶴吉)를 초치한 일이 그것이다. 1905년 12월 18일자 『帝國新聞』은, 「시데하라가 일본 고등사범학교 출신자를 같은 달 중에 漢城師範學校 교사에 취임시킨다」라는 요지를 전하고 있다. 그러나, 東京高師 출신인, 마스도 츠루키치가 실제 착임한 것은, 다음 해 1906년 3월이었다. 마스도의 초치는, 후술하는 것처럼, 漢城師範學校 교원 임시양성과를 통한 일본어 통역교원의 양성이라는 의미에서 동년 9월 이후의 보통학교 체제의 직접적인 바탕이 된다.

1906년 2월, 관립 심상소학교에의 일본인 교원 배치계획이 구체화되었다.

동년 2월 14일자 『皇城新聞』에는, 「학정참여관 시데하라 타이라 씨가 學部에 보고하는데 …… 일본 문부성에 대한 한국 소학교 교사의 교섭과 농상공학교 기계 표본의 구입 등은, 예정대로 이를 행한다」라고 적혀 있다. 이어 동년 3월 13일자 同紙는, 學部와 시데하라와의 협의 결과, 오츠쿤 타이스케(乙訓鯛助) · 오오야마 카즈오(大山一夫) · 스나가 토쿠고로(須長德五郎) · 타케가사 사다미키(武笠貞幹)의 초빙 채용이 결정된 것을 전하고 있다. 하지만, 한 달 뒤인 4월 13일, 실제로 부임한 것은 오오야마 카즈오(大山一夫) · 니시야마 쿠마스케(西山熊助) · 호리 소우지로(堀摠次郎, 자료에 따라 「宗二郎」 또는 「惣次郎」)의 3명이었다.

우연히 같은 4월 13일, 통감 이토오 히로부미는, 제4회 「한국시정개선에 관한 협의회」에서 다음과 같이 발언하고 있다.

> 교육확장에는 근본적인 계획이 필요하다. 근본적인 계획이란, 도시인구나 취학 아동 수를 조사하고, 학교를 설치하는 장소 및 학교건물을 짓는 부지를 선정해 위생적인지 어떤지를 생각하고, 건축설계를 하여 그 공사의 청부, 감독 등에 관해서 상세한 계획을 세우는 것이다. 이러한 계획을 세우게 하는 데, 시데하라는 부적당하다고 인정한다.[9]

3월 2일 京城(漢城, 이하 서울로 한다)에 착임한 이토오는, 한국 統監으로서의 실질적인 첫 번째 일로 한국정부와 일본 흥업은행과의 사이에 1천만 엔의 차관을 성립시켰다. 그리고 4월에는 1천만 엔 가운데 50만 엔을 자금으로 주로 소학교를 확충하고, 서울의 관립 소학교뿐만 아니라 지방의 공립소학교에도 일본인 교원을 배치하는 계획이 계속하여 추진되었으나, 이토오에 의해 시데하라는, 이 계획의 추진에 부적임의 낙인을 받았던 것이다. 시데하라는, 6월에 이르러 미츠치 츄우조(三土忠造)로 교체되었다.

시데하라 개인에 대한 평가는 어쨌든, 시데하라가 구상한 소학교에의 일본인 교원 배치계획 자체는 착착 진행되어, 그를 위한 시설로서 漢城師範學校

교원 임시 양성과가 개설되었다. 「지금도 소학교에 일본인 교원이 들어가 있으나 …… 소학교를 개혁하여도 교원 사이에 일본어를 할 수 있는 사람이 없으면 아무것도 할 수 없기 때문에, 지금의 사범학교 임시 교원양성소를 설치하여 6개월에 그 교원을 양성하려는 것입니다」[10]라는 것이 그 이유였다. 學部는, 5월 17일자로 漢城師範學校 교원 임시양성과 학생 모집광고를 내어, 37명을 모집(정원 50명), 3개월(6월 14일~9월 11일)의 양성기간을 거쳐 31명을 수료시켰다. 강사로서 이 교원 임시양성과에 종사한 것이, 전술한 마스도 츠루키치 · 오오야마 카즈오 · 니시야마 쿠마스케 · 호리 소우지로 및 주한 일본육군의 코사카다(小坂田) 某였다.

漢城師範學校 교원 임시양성과에서의 통역교원 양성과 병행하여 일본인 교원의 추가 초빙이 이루어졌다. 그 시기는, 1906년 7월 14일자 『皇城新聞』에, 「學部에서 한성 내의 각 관립 소학교에 일본인 교사 한 사람씩을 배치하기 위해 현재 일본인 10명을 초빙하도록 했는데, 그 가운데 4명은 이미 왔고, 6명은 앞으로 초빙할 계획이다」라고 적혀 있기 때문에, 7월 중순 이후이다. 이 직후에 한국교육을 시찰한(7월 23일 동경 출발, 8월 18일 귀경) 어느 일본인의 기행문에는, 「京城에는 관립 고등소학교가 하나, 관립 심상소학교가 8개 있고, 이들 학교는 대부분 일본인 교사를 대개 한 사람씩 고문으로 초빙하고 있습니다」[11]라고 적고 있다. 8월 말까지는, 공립 소학교 요원도 포함한 일본인 교원 진용이 정비되었다. 또, 이들 작업을 중심이 되어 추진한 사람은, 시데하라의 후임 미츠치와 학정참여관 보좌관 코스기 히코지(小杉彦治)였다.

(2) 관공립 보통학교의 확대

「小學校令」을 개정하는 형태로 「보통학교령」이, 1906년 8월 27일에 공포되고, 9월 1일에 시행되어, 5~6년(심상과 3년, 고등과 2~3년)제의 소학교는, 4년제의 보통학교로 개편되었다. 「보통학교령」에는 「小學校令」 제29조에 상당하는 규정은 없었으나, 보통학교(이른바 을종공립을 제외한 관립 및 갑종 공립 보통학교. 이하 같음)에 일본인 교원을 채용하는 것은 기정의 방침이었다. 「신학제(新學制)를 시행할 경우, 여전히 경험과 소양이 부족한 한국인에게 맡기면, 도저히 개선의 결과를 보기 어렵다」[12]는 것이 그 근거였다.

學部가 발행한 『韓國教育』은, 관공립 보통학교의 배치 및 1906(광무 10)년에 개교된 것에 대하여 다음과 같이 적고 있다. 이 책은, 한국 근대교육사 연구의 고전이라고도 해야 할 사료로, 그 후의 논문 · 연구서는, 모두 이것을 토대로 하고 있다.

> 관립, 공립 보통학교의 배치는, 模範教育의 취지에 따라서 치밀한 주의와 조사를 거쳐 결정했으며, 관립은 모두 京城에 두고, 공립은 각 관찰도 소재지, 혹은 교통 왕래가 빈번한 곳을 선택해 설치했다. 제1기, 즉 광무 10년에 개교한 것은, 관립 9교, 공립 13교로 다음과 같다.
>
> 관립 校洞 齋洞 養賢洞 養士洞 仁峴(元籌洞) 水下洞 貞洞 梅洞 安洞
>
> 공립 水原 公州 忠州 光州 全州 晋州 大邱 春川 平壤 寧邊 海州 咸興 鏡城
>
> 그 후, 관립 養賢洞, 養士洞의 두 학교를 합병하고, 於義洞이라고 개칭하고, 安洞을 관립 漢城사범학교 부속으로 하고 새롭게 渼洞을 더했기 때문에, 현재(1909년 – 著者 註) 관립은 사범 부속을 포함해 9교이다.[13]

여기에는, 보충할 점이 몇가지 있다. 첫째는, 渼洞보통학교가 이미 1906년 9월, 공립 漢城보통학교로 개설되어 있었다는 것이다. 공립 漢城보통학교는, 1907년 1월, 관립 京橋보통학교가 되고, 1908년 4월 관립 渼洞보통학교로 개칭되었다. 따라서, 1906년에 개설된 보통학교는, 관립 9교, 공립 14교였던 것이다. 관립 養士洞 소학교에서 전출하여 공립 海州보통학교의 초대 교원이 된 오오야마 카즈오도, 「교원을 각 도 1교씩과 한성부 내의 10교, 합계 23교에 배치되었습니다」[14]라고 말하고 있다. 그 후, 공립 漢城보통학교의 관립화와 관립 養賢洞 · 養士洞 보통학교의 합병이 있었기 때문에, 1906년 이래 공립은 13교가 되고, 1909년 당시의 관립이, 최종적으로는 9교였던 것은 위의 인용대로이다.

둘째로, 「安洞을 관립 漢城師範學校 부속으로 옮긴」 것은, 엄밀하게는 1908년 1월의 일이다. 그 이전은, 校洞(1906년 9월 1일~1907년 8월 31일), 이어 安洞(1907년 9월 1일~12월 31일)을 漢城사범학교 부속 보통학교로 대용한 것에 지나지 않는다.

셋째로, 鑄洞보통학교가 仁峴보통학교로 개칭된 것은 1907년 1월 28일이었던 것을 부언해 둔다.

관립 9교, 공립 14교로서 보통학교 체제가 시작되고, 더욱이 증설계획이 전해지자 일본 교육계는 여기에 적극적으로 반응했다. 다음은, 마스도 츠루키치가 1906년 11월 21일자로 보낸 「韓國教育通信」의 한 구절이다.

> 교육사업의 발전에 따라, 우리 일본인 교사의 수요도 조금씩 증가하는 것은 사실이지만, 어쨌든 한 학교당 한 명의 비율이므로, 많아도 일년에 20명정도의 수요에 지나지 않는다. 그렇지만 일본의 교육가 중에, 한국의 교육에 관심이 높은 사람이 매우 많고, 그들의 이력서가 당사자의 책상 위에 넘쳐나, 이미 수백 명에 이르고 있는 것은, 우리 일본의 발전을 위해 실로 기쁜 일이지만, 한편으로는 이런 많은 열성적인 교육가의 희망을 모두 만족시킬 수는 없는 것이, 한국의 지금의 사정 때문에 어쩔 수 없다고는 해도, 안쓰러운 느낌이 들기도 한다.[15]

이처럼 「渡韓熱의 流行」이라고도 해야 할 현상이 나타나, 제한된 자리를 둘러싸고 트러블이 생기기도 했다. 그래서 마스도는, 「한국의 보통교육에 종사하려고 원하는 자」에 대하여 다음과 같은 자격을 요구했다.

> 내가 아는 바에 의하면, 한국 거류민의 설립한 지정(指定)소학교는 어떤지는 모르지만, 한국의 보통교육에 종사하려고 원하는 자는 적어도, 다음 자격이 없으면 헛수고로 끝난다고 생각된다.
>
> 1. 부(府), 현(縣)립 사범학교 졸업, 혹은 그 이상으로, 초등학교 본과 正教員의 면허장을 가진 자

1. 종래 소학교 교장이나 군 장학사 등의 직에 있어 학교업무 관리의 경험이 풍부한 자

1. 너무 젊거나 너무 늙지 않은 자

따라서, 사범학교를 졸업한 지 얼마 안 되는 사람, 혹은 50세 이상의 사람은 무리라고 생각한다. 다만, 임용규정 등은 없기 때문에, 그저 내 추측에 지나지 않지만, 당국자가 후보자를 선정할 때에는 이러한 자격을 가지고 있는 사람을 채용하는 것 같다.[16)]

이 인용문의 말미에 있듯이 정식 임용규정은 없었으나, 거의 마스도가 말하는 자격에 해당하는 인물이 채용된 것은 후술하는 대로이다.

1906년 12월, 1907년도 보통학교 증설 계획이 정식으로 결정되고, 여기에 맞추어, 통역 양성을 위한 제2차 교원 임시양성과가 개설되었다. 모집 인원 40명, 기간은 제1차와 같이 3개월이었다.

당초 예정으로는 30교였으나, 1907년 4월부터 6월에 걸쳐 실제로 개교된 공립 보통학교는 다음의 28교였다. 여기까지가, 소위 「臨時學事擴張費」에 의한 것이다.

鎭南浦 · 安州 · 義州 · 定州 · 馬山 · 東萊 · 蔚山 · 星州 · 尙州 · 慶州 · 元山 · 北靑 · 黃州 · 洪州 · 江鏡(江景) · 木浦 · 濟州 · 羅州 · 群山 · 南原 · 淸州 · 原州 · 江陵 · 城津 · 會寧 · 仁川 · 安城 · 開城

1907년 7월 24일, 제3차 한일협약이 체결되어, 그 제5조(한국정부는 통감이 추천하는 일본인을 한국관리로 임명할 것)에 의해 일본인이 한국의 관리가 되는 길이 열렸다. 學部에는 8월 9일, 타와라 마고이치가 차관에 취임하여(그때까지는 통감부 서기관 · 學部 촉탁), 교육행정의 사실상의 최고 권력자가 되었다. 그 타와라의 보통학교 교원 배치에 관한 발언에, 「각 학교의 교사는 韓人을 많이 임용하고, 일본 교사는 학교마다 한 명을 배치하여 일본어와 理科, 算數 등을 가르치게 한다. 사실은, 가능한 한 일본교사를 임용하고 싶지만, 많은 인건비를 필요로 하기 때문에, 어쩔수 없이 韓人을 임용하기로 했다」[17)]

는 것이 있다. 즉, 재정사정만 허락하면 한 학교에 복수의 일본인 교원을 배치하는 의도가 있었던 것으로, 실제로 이후, 복수 배치교가 서서히 증가했다.

제3차 한일협약의 연장으로 1907년 말「보통학교령」이 개정되어,「教員」을「訓導」로 바꿈과 동시에 일본인 훈도를「教監」으로 하도록 정해졌다. 직무 권한의 실태는 조금도 변하지 않았으나, 교감직의 신설에 의해 일본인 훈도는, 법적인 뒷받침을 부여받은 것이다.

일본인 훈도는, 1908년 1월 1일자로 정식 한국관리에 임명되었다. 구한국『官報』에 훈도 임명 사령이 등장하는 것은 1월 28일이 최초이지만, 2월 4일, 관립 보통학교 일본인 훈도 8명에게 1월 1일로 소급하여 교감 겸임으로 임명된 것을 시작으로, 같은 사령이 차례로 발표되었다.

동년 4월, 공립 보통학교 제3기 확장이 행해져, 靈巖 · 古阜 · 鎭南 · 密陽 · 溫陽 · 宣川 · 驪州 · 江華 · 間島 등의 9교가 개설되었다. (間島는 사립이지만, 공립 취급이 되었다.) 이에 대하여 동년 3월 발행된『教育時論』은,「한국 學部 금년도 시설」이란 제목으로 다음과 같이 알리고 있다.

> 同 學部에서는, 금년도에 보통학교 30교를 증설할 계획을 세웠지만, 한국의 현재 상황에서는 학교의 설비비나 직원의 급료 모두를 국고로부터 지출할 뿐 아니라, 수업료 등도 받지 않고 교과서까지 지급하는 정도이기 때문에, 도저히 희망대로 증설비를 지출하지 못해, 學部 당국자는 재무 당국자와의 상담 결과, 어쩔 수 없이 금년도는 지방 각지에 10교를 증설하기로 하고, 종래의 학교를 포함해 60교로 하게 되었다고 한다.[18)]

30교 증설계획이, 재정 사정에 의해 대폭으로 축소된 것을 알 수 있다. 또, 1908년도 증설교의 통역 요원은, 1907년 10월에 개설된 제3차 교원 임시 양성과에서, 제1 · 2차와는 달리 6개월에 걸쳐 양성되고 있었다.

1908년 6월, 學務委員制度가 설치되었다. 종래 보통학교는, 생도의 모집조차 마음대로 되지 않아, 관찰사 · 부윤 · 군수 등 官憲의 원조를 얻어 겨우 운영되고 있었는데, 새로이 지방 유력자의 협력을 얻어 보통교육의 보급 발전을 꾀한다는 것이 학무위원제도 신설의 취지이다. 6월 22일에 공포된 「學務委員規程準則」의 골자는 다음과 같다.

제2조 학무위원은 관립, 공립의 보통학교에 관한 다음과 같은 사항에 대하여 府尹, 郡守, 학교장을 보좌하고, 혹은 자문에 응하여 의견을 말한다.

1. 입학의 권유, 및 출석의 독촉에 관한 것
2. 설비에 관한 것
3. 그 외, 보통교육의 장려에 관한 것

제3조 학무위원의 인원수는 관립, 공립 보통학교 1교마다 7명 이하로 한다.

제4조 학무위원은 관찰사 및 한성부윤이 이를 촉탁한다

⋮

제8조 학무위원회에서는 부윤, 군수가 회장이 되며 학교장 및 교감은 이에 참가할 것

1909년 4월, 전국의 주요한 군에 한 명씩 일본인 主事가 두어졌다. 그들은, 내부대신에 의해 임면되는 道主事였는데, 「教育主務主事」로 통칭된 것처럼, 그 임무는 교육행정의 수행이었다. 學部 차관 타와라 마고이치는 그들에 대한 훈시에서, 「이번에, 內部(大臣)와 교섭한 결과, 諸君이 道主事로서 內部大臣의 임명을 받고, 일을 하는 것은, 學部가 교육행정을 실시하는데 있어서, 큰 편의와 실익을 받게 될 것이기 때문에 諸君에게 굉장히 크게 기대하고 있다」「諸君은 도내에서의 교육 사무의 주임뿐 아니라, 지방의 각 학교 교육자의 지휘감독관이다. 諸君은 어떤 면에서는 관찰사의 손발이며, 또 다른 면에서는 교육자의 지휘관이다」[19]라고 말하고 있다.

교육주무 主事는, 「지방 각 학교 교육자의 지휘감독관」으로서 공립 보통학교의 일본인 訓導(教監)를 지도하는 입장에 있었으나, 水原보통학교의 야마자키 사부로(山崎三郎)나 平壤보통학교의 세키네 기칸(關根義幹) 등 教監에서

主事로 옮긴 예가 있었다고 하는 의미로도 일본인 教監과 관계깊은 존재였다. 덧붙여 말하면 渡韓 이전, 야마자키(山崎)는 카가와현(香川縣)의, 세키네(關根)는 사가현(佐賀縣)의, 모두 郡視學이었다. 이렇게 교육 주무주사는, 「이미 교육행정에 관한 경험을 가지고 있고, 거기에다 내(타와라 마고이치 - 著者註)가 파악하는 범위 내에서 부현(府縣) 장학사중 가장 유능한 인재라고 인정한 사람들을 채용한 것」[20]이었던 것이다.

교육 주무주사직 신설과 때를 같이하여(1909년 4월) 공립 釜山實業學校가 개설되었다. 동교는, 1896년 이래, 아라나미 헤이지로(荒浪平治郎)를 중심으로 하는 한일 有志에 의해 운영되어 온 사립 일어학교(釜山開成學校)를 개편한 것이다. 그리고 1개월 후, 이 부산실업학교에 공립 부산보통학교가 병설되었다. 구한국에 있어서의 공립 보통학교의 신설은 이것이 마지막으로, 공립 보통학교는, 도합 51개교가 되었다. 여기서 특기해야 할 것은, 부산실업학교 學監 후쿠시 토쿠헤이(福士德平)가 부산보통학교 교장을 겸임했다는 것이다(1909년 5월 28일자). 겸임이고, 유일한 예였다고는 하지만, 보통학교 교장의 지위를 일본인이 차지한 적이 있었던 것이다. 유게 코우타로(弓削幸太郎)가, 보통학교의 「학교장은 교육령 실시 전까지는 모두 조선인이었다」[21]라고 말한 것은 잘못이다. 후쿠시 토쿠헤이 이외에 일본인이 한국 관공립학교의 교장에 취임한 예로는, 관립 한성외국어학교의 미츠치 츠우조(1908년 1월 1일~4월 25일)와 쿠마모토 시게키치(1908년 5월 7일~1910년 9월 30일)의 케이스가 있다. 시기적으로는, 미츠치가 일본인 교장으로서 앞선 것이 된다.

이 밖에 1909년 중의 움직임으로서, 보통학교에의 여자학급 설치 요구가 높아진 것도 주목해야 할 것이다. 여자학급은, 1908년, 大邱 · 咸興 · 群山 · 驪州 등 4 공립학교에 처음으로 설치되었는데, 그것은 주로 일본인 교감의 재량에 의한 것이었고, 學部는 이에 대하여 냉담했다. 1909년 4월, 타와라 마고이치는 다음과 같이 말하고 있다.

지방 공립 보통학교에서 일본인 교감은 일본에서 남녀 아동을 수용하는 것과 똑같은 생각을 가지고 여자교육을 개시하고, 여자학급을 보통학교에 가설하는 희망을 가지고 있었다. 學部에서도 지방의 상황과 경제가 허락하는 한, 이런 희망을 수용할 생각이었지만, 한국에서는 여학생의 수용에 관하여, 특별히 불경제적인 이유가 있었다. 男女七歲不同席이라 하여, 같은 교실에서 남녀가 같이 하는 수업은 절대로 실시할 수 없다는 것이다. 따라서 여학생 수용을 위해서는, 특별히 학급을 마련하여 교실 그 외의 설비를 마련하지 않으면 안 된다고 하는 불경제적인 이유가 있었다. 그러나 현재의 공립 보통학교 건물은 대개 4개의 교실로 되어 있어 따로 교실을 하나 만들어 여자학급에 제공할 여유가 없다. 따라서, 교감은 고심한 끝에, 사무소를 옮겨 여자 학급에 충당시키거나 혹은 가까운 집을 빌려 군수나 관찰사와 협의하고, 學部의 인가를 얻어, 여자부 설치를 완료한 곳이 5, 6군데가 있다. 조금 있으면 평양의 보통학교에서도, 그 구내에 여자부 설치를 준비중이다.[22]

이 인용 중에 경제 · 불경제라고 하는 말이 자주 등장하듯이, 學部가 여자학급 가설에 소극적이었던 것은, 재정형편 때문이었다. 學部로서는, 제한된 재원 속에서 남자 생도의 취학률을 높이는 것이 급한 문제이고, 여자 생도의 수용은 거의 안중에도 없었던 것이다. 따라서, 많은 보통학교에서 여자학급 신설 희망이 있었음에도 불구하고, 1909년도에 이것이 인정된 것은, 공립 平壤 · 開城 · 江華 · 木浦 · 全州 · 馬山 보통학교 및 관립 於義洞 보통학교 등 7교뿐이었다. 전년도 개설분을 포함하여 11개교에 11학급, 이것이 결과적으로 여자학급 전부였다. 보통학교는, 거의 전면적으로 남자를 위한 학교였다고 해도 좋다.

그런데, 學部의 『韓國敎育』에는 代用敎員에 관하여, 「특별한 사정 하에, 훈도를 임용할 수 없는 경우에는 면허를 가지고 있지 않은 사람을 代用敎員으로 임용할 수 있다. 그 任免은 학교장이 결정하고, 學部大臣에게 보고할 것. 현재의 수는 韓人 22명, 일본인 6명이다」[23]라고 있다. 여기서 말하는 「현재」는 1909년 9월로, 이때 일본인 代用敎員이 6명 있었다는 것이다. 1909년 7

월 당시의 『學部職員錄』에 수록된 보통학교 일본인 직원 가운데, 代用教員이 모두 여성〔木浦보통학교의 야마자키 하루(山崎ハル), 全州보통학교의 미츠야 마츠코(三矢松子)〕이었던 것으로 보아, 보통학교 여자학급과 대용교원제는, 표리일체가 아니었나 생각된다.

1910년 4월 1일, 漢城사범학교 부속(安洞보통학교)을 제외하고 관립 보통학교 8개교가 漢城府로 이관되어, 보통학교 수는, 관립 1교, 공립 59교가 되었다.

1910년도의 또 하나의 큰 변화는, 일본인 교원 수의 증가이다. 관공립 보통학교 일본인 교원 수는, 1909년도 말에 68명, 1910년도 말에 81명이었다. 보통학교의 학교 수 자체는 계 60개교로 변하지 않았기 때문에, 이것은, 평훈도나 교원 촉탁 · 대용교원 등 교감 이외의 교원의 증가를 의미한다.

1910년 8월 22일, 한일합병이 단행되어, 구한말은 소멸했다. 그러나, 다음해인 1911년 11월 1일의 「朝鮮教育令」 시행까지, 구한말시대의 학교체계는 기본적으로 그대로 유지되었다.

(3) 「補助指定」 제도의 신설

『大韓每日申報』 1908년 3월 4일자에 「日師反對」란 제목의 雜報 기사가 있다. 「각 도 서기관이 …… 사립학교를 보통학교로 변경하여 일본인 교사를 초빙하라고 하기 때문에, 각 사립학교가 반대하고 있다」라는 내용이다. 이것으로, 뒤에 나오는 補助指定 보통학교 제도의 原形이라고도 해야 할 일본인 교사 배치 구상이, 이미 1908년 3월 당시부터 있었던 것을 알 수 있다.

동년 7월 15일부터 1주간에 걸쳐 열린 제2회 관공립 보통학교 교감회의에서, 鎭南浦 보통학교 교감 오오야마 카즈오가 「간이 보통학교를 재무서 및 경찰서 소재지에 널리 설치할 것」을 제안했다. 이를 둘러싼 각 교감과 타와라 차관의 발언은 다음과 같다.

오오야마 교감(진남포) : 현재의 매우 적은 보통학교만으로는, 모처럼의 신교육에서 거두는 성과가 매우 적다. 그러나, 학교건물의 건축과 그 밖의 설비를 완비한 후에 교육을 하려면, 많은 비용을 필요로 하므로, 많은 학교를 설립하는 것이 쉬운 일이 아니고, 현재의 정세는 이를 허락치 않는다. 따라서, 설비는 지극히 간단하게 하여 많이 설치하기를 바란다.

사쿠라이 교감(함흥) : 현재, 교감이 배치되어 있는 학교 이외의 을종보통학교는 몇 군데가 있는가?

타와라 차관 : 을종이 36개교 있고, 여기에 매달 15엔을 보조하고 있다.

히구치 교감(북청) : 사립학교를 공립으로 할 전망인가?

타와라 차관 : 공립을 너무 증가시키는 것은 좋은 게 아니다.

미기타 교감(동래) : 이 문제에는 동감이다. 비용 및 수고를 줄이고 효과를 거두어야 하는 것이다. 그래서 산수, 국어, 한문을 가르치고(지리, 역사는 국어 안에서 가르친다) 마지막 학년에서 理科를 대략적으로 가르쳐, 책상, 의자를 갖춘 교실은 1개의 교실 정도로 될 것이다. 이런 조건이 어떻든 일본인 교사를 고용하기로 한다.[24)]

이 시점에서의 보통학교 수는, 관립 9교, 공립 50교로, 「이 소수의 보통학교만으로는 모처럼의 신교육도 그 이룰 바가 참으로 적은」 것은, 일본인 관계자 사이에서 강하게 인식되어 있었다. 그렇다고 해도 보통학교의 증설에는 재정상의 제약이 있고, 사립학교의 공립화에는 학부가 소극적이었다. 그래서 「비용 및 수고를 적게 하고 효과를 거둘 수 있는」 방책으로서 「간이보통학교」가 구상되었던 것이다. 여기에도, 일본인 교사의 고용은 불가결한 요소였다. 이 방식은 결국 실현되지 않았으나, 그 후 정책입안의 좋은 참고가 되었을 것이다.

동년 8월 28일, 2일 전 공포된 「私立學校令」에 끼워 넣기 형태로 「私立學校補助規程」이 공포되었다. 그 제1조는 다음과 같다.

사립학교로서 다음 각 호에 해당하는 자에 대하여, 學部大臣이 필요하다고 인정할 때는, 예산의 범위 안에서 그 경비를 보조한다.

1. 보통학교령에 의해 설립된 자 또는 보통학교의 교육과정에 준거해야 할 자
2. 상당한 교원 및 설비가 있는자
3. 설립 후 3개년을 지난 자. 다만, 특별한 사정이 있는 자는 이 범위에 들지 않는다.
4. 성적이 우수한 자

이것은, 『大韓每日申報』 기사에 있는 「사립학교를 보통학교로 변경하고 일본인 교사를 초빙하라」는 것과 실질적으로는 차이가 없고, 그 조건을 충족한 사립학교에 경비를 보조한다는 것이었다. 그러나, 이 규정은, 사실상 空文으로 끝났다. 결국은, 경비의 보조가 아니고, 교원 파견을 가지고 보조하는 방식이 굳혀졌기 때문이다. 대상도, 사립학교뿐만 아니라 을종 공립 보통학교까지 확대되었다. 최종적으로 확정된 보조 방법은 다음과 같다.

> 보조는 설비에 대하여 주는 것이 아니라 교원에 대하여 주어, 學部가 임명하는 일본인 교원 한 명과 韓人 교원 한 명을 파견하고, 이들 교원의 급료는 전부 국고에서 지급하는 것으로 보조의 최대 한도로 한다. 그 외의 경비는 모두 그 학교의 경영에 일임한다. 그리고 이들 교원은 공립 보통학교의 교사 및 교감으로 임명하고, 보조지정 보통학교에서 근무하도록 한다. 그리고 위의 일본인 교원은 관립, 공립 보통학교와 같이, 本科 훈도와 교감을 겸하고, 수업관리의 우두머리로 한다.[25)]

學部 파견 교원을 신분상 공립 보통학교 훈도로 임용하고, 보조지정 보통학교 근무를 명한다고 하는 특이한 형태를 취한 것은, 다음과 같은 이유 때문이다.

(1) 교원의 임용 등에 관해서는, 이를 모두 당해 사립학교에 일임하면 도저히

이상적인 교원을 얻지 못하고, 모처럼의 계획도 물거품이 될 위험이 있다. 그 때문에, 교원의 신분에 관해서는 學部大臣이 결정한다.

(2) 또, 韓人은 사범학교 졸업생이라면, 단순하게 사립학교 교원으로 근무토록 하는 데는, 의무연한 때문에 지장이 있을 뿐만 아니라, 관리의 자격을 존중하는 韓人의 기호에 맞지 않다 등의 이유로, 모두 공립 보통학교 훈도로 임명하고, 사립학교 근무를 명하기로 했다.[26]

보조지정의 조건은 다음의 세 가지였다.

(1) 학교의 조직을 보통학교로 할 것. 보조의 취지가 관립, 공립 보통학교와 함께 초등 보통교육의 모범을 넓게 나타내 보이려고 하는 데에 있으므로, 보통학교령에 의해 경영할 필요가 있다. 따라서 그 학교가 아직 보통학교 조직을 가지고 있지 않다면 조직을 변경할 필요가 있다.

(2) 적당한 위치에 존재할 것. 학교의 위치는 模範教育의 효과를 높이는 데 큰 관련이 있으므로, 공립 보통학교와 같이 그 지방의 지리상, 교통상의 위치가 어떤지를 생각해 적당한 지점을 선정한다.

(3) 상당한 설비와 유지방법을 가질 것. 보조의 범위는 파견 교감, 훈도의 급료에 한정되어, 학교의 유지경영에는 미치지 않으므로, 학교건물 기타 상당한 설비와 유지방법을 갖는지, 혹은 그 방법이 장래성이 있을 필요가 있다.[27]

이것을 상술한 「私立學校補助規程」 제1조와 비교하면, 「상당한 교원」은 이제는 문제가 되지 않고, 「적당한 위치」가 새로운 조건으로 추가되어 있다. 「적당한 위치」를 판단하는 잣대는, 실은 일본어의 필요도였다. 1909년 7월의 관찰사 회의에서 타와라 마고이치가, 「원래, 보조지정 보통학교는 공립 보통학교에 준하는 것이니 교과과정에서는 일본어를 넣는다. 그런데 일본어가 필요한 정도는 산간 벽지보다 교통이 빈번한 장소가 더 많을 것이다」[28]라고 말하고 있다.

이상과 같은 방침에 따라, 1909년 5월 중에 31교가 지정되어, 6월부터 일본인 훈도(겸 교감)에 의한 수업이 개시되었다. 또, 1910년에는 새로 10교가 추가 지정되었다. 보조지정 보통학교의 소재지는 다음과 같다.

南陽 · 楊州 · 坡州 · 稷山 · 藍浦 · 永同 · 沃川 · 河東 · 巨濟 · 釜山鎮 · 安東 · 延日 · 淸道 · 珍島 · 潭陽 · 長興 · 金堤 · 咸悅 · 鐵原 · 瑞興 · 長淵 · 沙里院 · 載寧 · 肅川 · 永柔 · 郭山 · 鐵山 · 龍川 · 定平 · 高原 · 明川(이상 31교 1909년도 지정)

堤川 · 成川 · 大邱 · 江界 · 順天 · 端川 · 金城 · 慶興 · 淸津 · 鏡城(이상 10교 1910년도 지정)

이리하여 보조지정 보통학교 41개교는, 관공립 보통학교 60교와 함께 초등 레벨의 「模範敎育」 체제를 지탱하게 되었다. 그러면, 보조지정 제도에 대하여 한국 측은 어떠한 반응을 보였던 것일까. 결론적으로 말하면, 그것은 매우 부정적이었다. 한국 독립운동의 정사라고도 해야 할 國史編纂委員會의 『韓國獨立運動史』에는, 보조지정학교는 「약간의 보조금을 미끼로 일본인 교사를 채용해야 했고, 일어를 교과과목으로 채택하여야만 했다」[29]라고 있고, 서울시교육위원회 발행 『서울敎育史』에도, 「1909년 6월 21일에, 통감부는 30개소의 사립학교에, 학교 당국이 원하든 싫든 강제로 일본인 교원을 배치하였다」[30]라고 있다. 또 學部 차관 타와라 마고이치 자신도, 다음과 같이 「學部의 지정보조를 기뻐하지 않는 자」가 있었다는 것을 인정하고 있다.

> 學部는 당초, 보조의 취지에 대해 충분히 설명했음에도 불구하고, 그 진의를 잘 모르는지, 다른 이유가 있기 때문인지, 學部의 지정보조를 기뻐하지 않는 자가 있다. 그 원인은 여러 가지 있겠지만, 요컨대 學部의 지정보조에 의해 관립으로 변경할 것인가 걱정을 하고 또는 종래 당해 학교에 일한(日韓) 교원이 채용되어 있는데도, 이를 염두에 두지 않고 교감(敎監) 부훈도(副訓導)를 파견하였기 때문에 그들은 자신들의 지위에 변동이 있지 않을까 두려워 하여, 학교 관계자,

또는 학생들을 부추겨 방해행위 등을 했기 때문에 諸君(觀察使 – 著者 註)에게 고생을 시킨 바가 적지 않다.[31]

그런데, 종래의 선행 연구에서는 전혀 다루어지지 않았는데, 「각 도(道)에서도 …… 이 방법(보조지정제도 – 著者 註)을 모방하여, 내지인(內地人) 교원을 배치하여 보통교육의 보급을 꾀하는 곳」[32]이 있었다. 즉, 各道(직접적으로는 各道의 일본인 官吏)의 재량에 의해 보조지정에 준하여 일본인 교원을 배치한 보통학교가 있었던 것이다. 그 수는, 1910년 8월 현재 26교(경기1, 경남5, 경북10, 전남3, 전북3, 강원1, 평북3)이었다. 광의의 「模範敎育」 체제에는, 관공립 · 보조지정뿐만 아니라, 이 「道에서 보조지정에 준한 학교」[33]도 포함해야 한다.

(4) 일본인 교원에 대한 비판

일본인 교원에 대한 비판은, 이미 1905년 9월, 쿠니이 이즈미(國井泉)가 관립 고등소학교 교원이 되려고 한 때부터 있었다고 생각된다. 전술한 것처럼, 쿠니이(國井)의 취임이 예정보다 1개월 늦은 이유를 시데하라 타이라(幣原坦)는, 「마침 신구(新舊) 화폐의 교체에서 생긴 봉급의 이동(異動)으로 인해 在京城 小學敎員 등의 동맹파업과 같은 거동(擧動)이 있고(학생 수백 명도 學部에 몰려왔다)」라고 보고하고 있으나, 생도 수백 명이 學部에 밀어닥쳐 온 것을 보아도, 원인이 교원의 봉급문제뿐이었다고는 생각하기 어렵다. 역시, 근저에는 일본인에 대한 거부반응이 있었다고 보아야 할 것이다.

1906년 9월, 신설된 보통학교에 일본인 교원이 배치되자, 9월 8일자 『大韓每日申報』는, 「이것은 일본인이 한국을 일본화하는 정책을 교육상에 운용하는 것이기 때문에, 이 나라의 식자(識者)들은 충분히 주의할 것을 간절히 바란다」라는 기사를 실었다. 그 후에도 일본인 교원에 대한 비판 · 경계는, 강해질지언정 약해지지는 않았다. 그 내용을 모은 것으로서 다음과 같은 자료가 있다.

학교 경영의 우두머리인 일본인 교원에 대해서도, 처음에는 일반 일본인에 대하는 것과 동일한 혐오스런 생각을 가지고, 여러 가지 뜬 소문을 퍼뜨려 그 경영을 방해하려고 했다. 즉 일본인은 보통학교를 세워 아동을 교육하여 이들을 일본인으로 하려고 하는 것이다, 혹은 졸업 후 일본으로 납치하여 이들을 兵士로 만들거나 혹은 하인이나 노예로 만들려는 것이다, 또는 일본인이 경영하는 보통학교에 입학하는 것은 즉, 일본인에게 복종하는 것이라는 등의 이야기를 했다. 그 때문에 학생을 모집해도 중류층 이상의 학부형은 이러한 뜬 소문 때문에 자신의 자제를 입학시키기를 주저하고, 마침내 지방의 보통학교는 중류층 이하의 자제가 입학하는, 이른바 빈민학교가 되었다는 악평까지도 했다.[34]

한 공립 보통학교에 부임한 어느 교감이 충실하고 친절하게 근무하고 있는 것을 보고 이상히 여겨 말하기를, 「저 일본인은 다른 일본인과 달리 韓人에 대해서 매우 친절하다. 생각컨대 그는 틀림없이 일본에서 나쁜 짓을 해서 귀국할 수 없는 운명이기 때문일 것이다」라고 했다. 혹은 「졸업 후 일본에 납치하여 병사나 하인이나 노비처럼 부리려는 것이다」라는 등, 지금 생각하면 지극히 실없는 뜬 소문이나 오해이지만, 당시에는 풀기 어려운 것이었다.[35]

이들 자료는 어느 것이나 일본인 관료의 손에 의해 쓰여진 것으로, 그들이 말하는 「뜬 소문」 「오해」가, 실은 정곡(正鵠)을 찌른 비판이었다는 것은, 한일합병 후의 역사가 증명하는 바이다. 비판이 높아진 결과, 「혹은 폭도의 습격을 당해, 죽을지 살지의 상황에 맞딱드린 적」[36]도 있었다고 한다. 다만, 「폭도의 피해가 심해, 많은 일본인이 살해된 지방에서도, 일본인 교사는 단 한 명도 조난된 적이 없었다」[37]라고도 전해지고 있다.

한편, 타와라 마고이치의 발언 중에도 일본인 교원에 대한 비판이 여기저기 보인다. 우선, 교감에 대한 것은 다음과 같다.

나는 3년간, 일본인 교원이 한국에 와 직무에 종사하는 상태를 보아 왔는데,

단순히 하루하루 공무를 충실히 하여 지위의 안전을 지키는 것이 일의 전부라고 생각하는 자가 있지 않을까 의심하지 않을 수 없다. 왜냐하면, 일본인 교감의 행동은 때때로 이른바 소심한 사람처럼 보이기 때문이다. 내가 여기서 소심한 사람이라고 하는 것은, 일상적인 일만을 할 뿐으로, 어떻게 하면 자신의 책임을 완수하여 좋은 결과를 얻을 수 있을까에 대한 생각이나 궁리를 전혀 하지 않는 사람을 말한다.[38]

일본인 교감이, 타와라가 말하는 바 「소심한 사람」이 아니고, 「좋은 결과」를 초래했다면, 그만큼, 「模範敎育」에 반대하는 한국인으로부터의 비판은 높아졌을 것이다. 일본인 교감은, 어느 쪽에서도 비판의 대상이 되는 입장에 있었다고 해야 할 것이다.

본 章의 범위는 아니지만, 참고로, 學部 파견 이외의 일본인 교원에 관한 타와라의 발언은 다음과 같다.

學部에서 파견된 일본 교원에 대해서는, 말할 것도 없이 學部에서 전 책임을 진다. 그러나 지방에 있어서는 군수 마음대로 채용한 사람으로, 굉장히 부적당한 인물이 적지 않다. 실제로, 함경남도에서 실례가 있다. 사립학교에는 그 학교 마음대로 고용한 사람이 대부분이기 때문에 이러한 나쁜 인물 또한 적지 않다.[39]

「부적당한 인물」에 관련하여 타와라는 다른 곳에서, 「교육자로서 불충분할 뿐만 아니라, 그 지위를 이용하여 사리사욕을 꾀하고, 韓人에게 혐오스런 생각을 갖게 하여 일본인의 체면에 관계되는 사람이 있다」[40]라고 말하고 있다.

이렇게 일본인 교원에 대하여는, 한국인뿐만 아니라, 일본인 자신으로부터도 비판이 있었던 것이다.

2. 일본인 교원의 인사

(1) 보통학교 취임까지의 개인적 배경

쿠니이 이즈미(國井泉)가 1905년 10월 관립 고등소학교의, 오오야마 카즈오(大山一夫) · 니시야마 쿠마스케(西山熊助) · 호리 소우지로(堀摠次郎)가 1906년 4월 관립 심상소학교의 교원이 된 것은 전술한 대로이다. 그들에 이어, 1906년 3월 13일자 『皇城新聞』에 오오야마 카즈오와 함께 이름이 올려진 스나가 토쿠고로(須長德五郎)와 타케가사 사다미키(武笠貞幹)도 심상소학교에 부임했다. 스나가(須長)에 관해서는 1906년 6월 26일자 『皇城新聞』에, 「鑄洞소학교 조교사 스나가 토쿠고로 씨 대신에 일본인 호리 소우지로 씨가 수업을 한다」라고 있다. 관립 소학교를 거쳐 보통학교 교원이 된 자로 이름이 확실한 것은, 이상 6명이다.

쿠니이와 호리는, 관립 소학교 취임 이전, 함께 부산의 일본인 소학교에 있었다. 『釜山教育五十年史』 부록 「釜山 第一公立尋常小學校 舊職員表」에 의하면, 쿠니이는, 1901년 1월부터 1905년 1월까지 교장, 호리는, 1901년 3월부터 1905년 3월까지 훈도였다. 쿠니이나 호리처럼, 한국정부에 고용되기 이전에 이미 한국에 체재하고 있었던 자로서 다음과 같은 예가 있다.

타케미츠 군조(武光軍藏)는, 1889년 2월부터 중간에 반년간의 중단기간(1891년 2월~8월)은 있었지만, 1898년 3월까지 釜山共立小學校(나중에 釜山第一公立尋常小學校)의 교장으로 근무했다. 쿠니이나 호리의 선배였던 것이다. 타케미츠는, 그 후에도 각지의 일본인 소학교 교장을 역임, 한국에 있는 일본인 교육계의 거물이었다.

일본인 소학교의 교원이었던 자로는, 이 밖에 인천의 하야카와 이사무(早川勇)와 평양의 와카바야시 이사무(若林勇)가 있다. 그 재임 시기는, 하야카와(早川)가 1905년 3월~1906년 4월, 와카바야시(若林)가 1905년 4월~1909년 5월이었다.

대표적인 사립 일어학교였던 釜山開成學校의 교사였던 자가 이토오 토우타로(伊藤藤太郎)와 사카이 요시타로(坂井嘉太郎)이다. 이토오는, 1902년 10

월에 부임, 1904년 8월 慶州鷄林日語學校가 開成學校 산하의 보조교가 되자 同校의 주임을 맡고, 1907년 5월, 江陵普通學校 교원으로 옮겼다. 사카이는, 1906년부터 1909년 3월의 개성학교 마지막까지 교수로 근무하고, 同校의 개편 뒤에는, 公立 釜山實業學校 교수와 公立 釜山普通學校 교원 촉탁을 겸임했다.

1907년 2월 28일자 『大韓每日申報』에 의하면, 당시 야부우치 쵸우고로(藪內長五郞)가, 서울의 사립 海東新塾의 명예(자원)교사였다. 마찬가지로 동년 12월 24일자 『大韓每日申報』에 의해, 니시야마 츠네(西山津根)가 大邱養成女學校의 교사였던 것을 알 수 있다〔당시, 남편 니시야마 쿠마스케(西山熊助)는 大邱普通學校 교원〕.

이상과 같은 예에서, 첫째로, 교원인사 면에서도 소학교가 보통학교의 모체가 되었다는 것, 둘째로, 보통학교의 일본인 교원은 대부분이 직접 일본에서 초빙되었다고는 하나, 이미 그 이전에 한국에 건너와 일본인 소학교나 한국인 사립학교의 교육에 종사하고 있던 자의 존재도 결코 무시할 수 없다는 것을 지적할 수 있을 것이다.

다음으로, 『第2回 官公立 普通學校 敎監會議 要錄』 부록 「관공립 보통학교 교감 및 일인 훈도 일람표(1908년 7월 현재)」를 중심으로 하고 다른 자료를 보충해 가면서 일본인 교원의 출신지, 일본에서의 현직 · 전직, 봉급 등을 보고자 한다.

출신지가 확실한 것은 68명으로, 그 府縣別 상위 5위까지는 다음과 같다(출생지와 국내 최종 근무지가 다른 경우는 後者).

① 東京 13명〔아사누마 테이이치(淺沼禎一) · 이에무라 진시치(家村甚七) · 이케다 타지스케(池田太治助) · 오오야마 카즈오(大山一夫) · 오기타 히로키치(荻田廣吉) · 카와구치 우키츠(川口卯橘) · 쿠와시마 켄자부로(桑島兼三郞) · 시카타 테츠키치(鹿田哲吉) · 테루야 토시오(照屋敏夫) · 후타마치 츠네오(二町經夫) · 미기타 노리타츠(右田乘辰) · 유모토 하게무(湯本勵) · 와

타나베 세이타로(渡辺政太郎)〕

② 鹿兒島 7명〔이와시게 젠타로(岩重善太郎)·카고기 요시아키(鹿子木義明)·쿠로키 겐지(黑木源二)·하시구치 류우타로(橋口龍太郎)·하라다 사이치로(原田佐一郎)·하라다 진나이(原田甚內)·야마시타 요시마사(山下義正)〕

③ 福岡 5명〔사카이 케이이치(坂井敬一)·사쿠라이 에이이치(櫻井英一)·타츠노 신고로(立野新五郎)·츠츠이 마츠타로(筒井松太郎)·하야카와 이사무(早川勇)〕

③ 岡山 5명〔세노오 아키라(妹尾彰)·타부치 이사오(田淵績)·나카니시 미노키치(中西蓑吉)·미야케 타카요시(三宅高義)·야마모토 테츠타로(山本哲太郎)〕

⑤ 佐賀 3명〔세키네 요시미키(關根義幹)·세토 유우타로(瀨戸勇太郎)·니시야마 쿠마스케(西山熊助)〕

⑤ 長崎 3명〔코사사 미네타로(小佐々峰太郎)·사카이 타카시(堺昂)·야마다 타미지로(山田民治郎)〕

⑤ 熊本 3명〔이치노세 유키오(一瀨幸雄)·타카하시 케이고(高橋敬後)·하야시다 카쿠타로(林田格太郎)〕

⑤ 福井 3명〔사사야마 아키라(笹山章)·타카노 히로시(高野寬)·후쿠시 토쿠헤이(福士德平)〕

이하, 各縣 2명이 山口縣 우에노 타케하야(上野竹逸)·와카바야시 이사무(若林勇), 香川縣 후지모토 겐지(藤本玄治)·야마자키 사부로(山崎三郎), 三重縣 후루이치 하시노스케(古市橋之助)·야부우치 쵸우고로(藪內長五郎), 長野縣 이마이 이노스케(今井猪之助)·모모세 주시로(百瀨重四郎), 新潟縣 오오타케 칸조(大竹僴造)·히구치 토라노스케(樋口虎之助), 岐阜縣 츠치모토 로쿠사부로(土本錄三郎)·호리 소우지로(堀摠次郎), 茨城縣 쿠로키 토라오(黑木虎男)·네모토 사다키치(根本貞吉), 木縣 쿠로코마 류우키치(黑駒鉚吉)·사이토 카쿠지(齊藤角治), 北海道 오오사카 킨타로(大坂金太郎)·타가미 헤이키치(田

上兵吉), 각 1명이 沖繩縣 나카무라 히로시(中村浩), 高知縣 키라 하야세(吉良逸世), 大阪府 스나가 토쿠고로(須長德五郎), 和歌山縣 타나카 미노루(田中稔), 愛知縣 이토오 토우타로(伊藤藤太郎), 岩手縣 우에다 토미야(上田富弥), 山形縣 미야시타 마사오키(宮下政興), 福島縣 히라이즈미 히로토(平泉弘人)로 되어 있다.

덧붙여, 조선총독부의 메이지 43(1910)년도 『學事統計』에 수록된 「小學校教員 出身府縣別表」에 의하면, 후쿠오카 55명, 야마쿠치 51명, 쿠마모토 36명, 오오이타 29명, 에히메(愛媛) 28명, 카고시마 24명, 사가 16명, 히로시마 16명, 오카야마 15명, 돗토리 15명, 도쿄 14명, 나가사키 14명, 미에(三重) 12명, 나가노 11명 …의 순이다.

이 양자를 비교하면, 보통학교 교원의 경우, 東京이 돌출되어 있는 것이 첫째 특색이다. 이것은, 보통학교에 배치하는 교원의 인선이 문부성 주도로 행해진 것을 의미한다. 그러나 동시에, 보통학교 교원의 출신지는, 문부성이 있는 동경뿐만이 아니고 北海道에서 沖繩까지 25개 道府縣에 걸쳐 있고, 그들이 「각 府縣에서 선택된 사람」[41]이었던 것을 뒷받침하고 있다.

큐슈(九州)를 비롯하여 西日本 출신자가 많은 것은 보통학교 · 일본인 소학교에 공통된 경향이지만, 보통학교에서는, 카고시마(鹿兒島) 출신자 7명이 눈에 띈다. 지금은 실제 증명할 순 없지만, 學部 차관 타와라 마고이치(俵孫一)가, 한국에 건너가기 직전, 鹿兒島縣 內務部長(1905년 4월, 직명 변경에 의해 제1부장)이었던 것과 관련이 있을지도 모른다. 야마카타현(山形縣) 출신인 미야시타 마사오키(宮下政興)가 漢城師範學校 교관 마스도 츠루키치(增戶鶴吉)의 친형이었던 것처럼, 이 밖에도 개인적인 인연이 작용한 케이스가 있었던 것으로 생각할 수 있으나, 이 또한 억측에 지나지 않는다.

한국에 건너갈 때의 신분에 대하여, 다음과 같은 관계자의 회고담이 있다.

이와사 씨 : 신분은?

고스기 씨 : 지금도 그때의 관직에 재직 중인 사람도 있고…….

오오야마 씨 : 퇴직하고 온 사람도 있습니다.

이와사 씨 : 연금을 받고?

오오야마 씨 : 저는 연금이 붙어 왔습니다.

이와사 씨 : 관직에 있으면, 연한이 계속되는군요.

세노오 씨 : 예, 우리들은 재직 중인 채로 왔습니다.[42)]

이처럼 재직자도 퇴직자도 있었는데, 「官公立普通學校 教監 및 日人訓導一覽表(1908년 7월 현재)」에 의하면 그 내역은, 재직자 32명, 퇴직자 26명, 휴직자 4명이다. 같은 府縣 출신자라도 그 신분 취급은 가지각색이고, 이에 관하여 일정한 방침이 있었다고는 생각되지 않는다.

재직 · 퇴직 · 휴직을 불문하고 일본 국내에서의 최종 직위를 보면 다음과 같다.

① 소학교 훈도 26명〔이에무라 진시치(家村甚七) · 이토오 토우타로(伊藤藤太郎) · 이와시게 젠타로(岩重善太郎) · 오오사카 킨타로(大坂金太郎) · 오오야마 카즈오(大山一夫) · 쿠로키 겐지(黑木源二) · 쿠로키 토라오(黑木虎男) · 사쿠라이 에이이치(櫻井英一) · 시카타 테츠키치(鹿田哲吉) · 스나가 토쿠고로(須長德五郎) · 세토 유우타로(瀨戶勇太郎) · 타카하시 케이고(高橋敬後) · 타나카 미노루(田中稔) · 츠츠이 마츠타로(筒井松太郎) · 테루야 토시오(照屋敏夫) · 나카니시 미노키치(中西蓑吉) · 나카무라 히로시(中村浩) · 니시야마 쿠마스케(西山熊助) · 하야카와 이사무(早川勇) · 하라다 사이치로(原田佐一郎) · 후타마치 츠네오(二町經夫) · 후루이치 하시노스케(古市橋之助) · 호리 소우지로(堀摠次郎) · 야마시타 요시마사(山下義正) · 유모토 하게무(湯本勵) · 와타나베 세이타로(渡辺政太郎)〕

② 소학교장 24명〔아사누마 테이이치(淺沼禎一) · 이케다 타지스케(池田太治助) · 우에다 토키야(上田富弥) · 우에노 타케하야(上野竹逸) · 오기타 히로키치(荻田廣吉) · 카와구치 우키츠(川口卯橘) · 기라 하야세(吉良逸世) · 쿠와시마 켄자부로(桑島兼三郎) · 코사사 미네타로(小佐々 峰太郎) · 사이토

카쿠지(齊藤角治)·사카이 타카시(堺昴)·사사야마 아키라(笹山章)·타카노 히로시(高野寛)·타가미 헤이키치(田上兵吉)·타부치 이사오(田淵績)·츠치모토 로쿠사부로(土本錄三郎)·네모토 사다키치(根本貞吉)·하시구치 류우타로(橋口龍太郎)·하라다 진나이(原田甚內)·히구치 토라노스케(樋口虎之助)·히라이즈미 히로토(平泉弘人)·미기타 노리타츠(右田乘辰)·야부우치 쵸우고로(藪內長五郎)·야마다 타미지로(山田民治郞)〕

③ 군시학 7명〔오오타케 칸조(大竹僴造)·카고기 요시아키(鹿子木義明)·쿠로코마 류우키치(黑駒鉚吉)·사카이 케이이치(坂井敬一)·세키네 요시미키(關根義幹)·타츠노 신고로(立野新五郎)·야마자키 사부로(山崎三郞)〕

④ 사범학교 훈도 3명〔이마이 이노스케(今井猪之助)·미야케 타카요시(三宅高義)·야마모토 테츠타로(山本哲太郞)〕

⑤ 중학교 교유 1명 후지모토 겐지(藤本玄治)

⑤ 중학교 교유 대리 1명 이치노세 유키오(一瀨幸雄)

⑤ 고등여학교 조교유 1명 미야시타 마사오키(宮下政興)

⑤ 상업학교장 1명 후쿠시 토쿠헤이(福士德平)

⑤ 농업학교장 1명 모모세 쥬우시로(百瀨重四郞)

⑤ 농학교 조교유 1명 세노오 아키라(妹尾彰)

여기에 관해 조금 보충하면, 오오사카 킨타로(大坂金太郞)와 쿠로키 겐지(黑木源二)는 「관공립 보통학교 교감 및 일인 훈도 일람표(1908년 7월 현재)」에 따라 소학교 훈도로 했으나, 『朝鮮教育大觀』에 의하면, 오오사카는 「메이지 32년 3월에 홋카이도 사범학교 본과를 졸업하고, 메이지 40년 3월까지 홋카이도청 관내에서 소학교 훈도와 소학교 교장으로 근무했지만, 메이지 40년 4월 한국 정부의 초빙을 받아 함경북도 회령군 공립 보통학교 교사로 일하고[43], 쿠로키는 「메이지 31년 3월 鹿兒島縣 사범학교 졸업, 鹿兒島縣 사범학교 훈도, 同縣 國分고등소학교장, 同 40년 4월에 조선으로 건너감」[44]이라고 적혀 있어, 함께 소학교 교장을 경험하고 있다. 마찬가지로, 앞의 리스트의 고등여학교 助教諭 미야시타 마사오키(宮下政興)의 『朝鮮教育大觀』에 있어서의 약력은, 메이지 「24년 7월 山形縣 사범학교를 졸업하고, 同縣 北村山郡北谷地 심상소학교장을 시작으로, 同 26년 6월 米澤市 花澤 심상고등소학교 훈도, 同 29년 5월 草岡 심상고등소학교장, 同 33년 4월 山形縣立 米澤고등여학교 助教諭를 역임하고, 同 42년 6월 한국정부 學部의 초청에 응하여 조선으로 건너감」[45]이라고 되어 있다. 또, 郡視學도, 소학교 훈도 · 교장을 거쳐 취임하는 것이 당시의 통례였다. 따라서 소학교장의 실질적인 비중은, 위의 리스트에 있는 것보다도 꽤 컸던 것이다.

총괄적으로 말하면, 보통학교의 일본인 교원은, 대부분이 소학교 · 사범학교의 전현직 訓導이고, 교장 · 視學으로서 학교 경영이나 교육행정의 경험을 가진 자도 적지 않았다. 이 점, 「소위 초빙교사라는 이름의 日人들이, 교사 자격도 없는, 형편없는 자들이 많았다」[46]라는 한국 측의 비판은, 빗나간 것이라고 하지 않을 수 없다. 다만, 그들을 직접 아는 일본인이, 「당시 초빙된 內地人 교사는, …… 단순히 교육적 기술자라기보다도, 재간도 있고 정치가적 소질도 있는 사람들이 뽑힌 것 같다」[47]라고 술회하듯이, 단순히 교육자로서가 아니고, 단적으로 말해서 한국 지배의 요원으로서의 그들의 능력을 산 것은 사실이다.

그들의 도한(渡韓) 전후의 봉급에 대해서는, 「대우는 아무래도 화폐 제도가 다르지만, 배액(倍額)은 되었다.」「內地의 배액, 30엔인 사람은 60엔, 40엔인 사람은 80엔 같은 것이었다」[48]라는 증언이 있다. 덧붙이면, 「관공립 보통학교 교감 및 일인 훈도 일람표(1908년 7월 현재)」에 있어서의 「手當」 연액은, 최고 6백 엔부터 최저 240엔까지이다. 각자의 경력에 따라 대우에 차이가 있는 것은 당연하지만, 어쨌든 도한(渡韓) 전에 비하여 후한 대우였다고 할 수 있다.

(2) 「朝鮮教育令」 以前의 人事異動

1906년 9월 보통학교 발족과 함께 지방의 공립 13교에 배치된 일본인 교원의 진용은, 오오야마 카즈오(大山一夫)의 다음과 같은 발언에 의해 알 수 있다.

> 13교를 하나하나 이름을 들면 수원에는 …… 사이토 카쿠지(齊藤角次 – 原典대로) 君, 충주가 시카다 테츠키치(鹿田哲吉) 君, 공주가 나카무라 히로시(中村浩) 君, 전주가 후타마치 츠네오(二町經夫) 君, 광주가 야마자키 사부로(山崎三郎) 君, 대구가 니시야마 쿠마스케(西山熊助) 君, 진주가 타케가사 사다미키(武笠貞幹) 君, 해주가 나, 평양이 세키네 요시미키(關根義幹) 君, 영변이 신도 타메지로(進藤爲次朗) 君, 춘천이 쿠니이 이즈미(國井泉) 君(이 사람은 부임 후 그만두고 호리 소우지로), 함흥이 사쿠라이 에이이치(櫻井英一) 君 …… 그 시기에는 경성(鏡城)에 관찰도가 있었는데 거기에 유다 카메고로(油田龜五郎) 君[49]……

이 가운데 적어도 5명(니시야마 쿠마스케 · 타케가사 사다미키 · 오오야마 카즈오 · 쿠니이 이즈미 · 호리 소우지로)이, 그때까지 관립 소학교 교원이었던 것은 전술한 대로이다. 그들이, 그대로 서울에 머물지 않고 지방에 전출한 것은 우연은 아니다. 거기에는, 오오야마 카즈오가 말하는 다음과 같은 인사방침이 있었던 것이다.

> 內地人 교사는, 나이를 먹은 사람은 혼자서, 후견인이 없어도 할 수 있다라는 이유로 지방으로 보내기로 하고, 漢城府 내에는 젊은 사람으로 좋을 것이라는 방침이었다고 듣고 있어, 저희는 해주(海州)로 제일 먼저 보내졌습니다.[50]

덧붙여 말하면, 오오야마는 당시 38살이었다. 30대 후반에 이미 베테랑 대접이었던 것을 알 수 있다.

한편, 서울의 10교(관립 9, 공립 1)에 배치된 자로서 이름이 확실한 것은, 스나가 토쿠고로(須長德五郎) · 하라다 진나이(原田甚內) · 노부하라 이와토라(信原岩虎) 등 3명뿐이다. 그 근무교는, 하라다가 공립 漢城, 노부하라가 관립 校洞이었다. 스나가는, 1906년 9월 시점에서는 불분명하지만, 나중에 校洞으로 옮긴 것은 후술하는 대로이다.

이상 열거한 초기의 보통학교 교원 17명에 대하여, 그 후 「朝鮮教育令」 시행까지의 움직임을 추적해 보자.

오오야마 카즈오(大山一夫)는, 해주에서 1908년 5월 진남포로 전근, 거기서 한일합병 후까지 근속했다.

사이토 카쿠지(齊藤角治, 앞의 인용에는 角「次」로 되어 있으나, 角「治」가 옳다)도, 1908년 5월에 수원에서 원산으로 전근, 오오야마와 아주 똑같은 패턴을 걸었다. 1908년 5월은, 보통학교 제3기 확장기에 해당하고, 여기에 수반하여 그때까지의 일본인 교원의 일부 인사이동이 이루어졌던 것이다.

시카다 테츠기치(鹿田哲吉)는, 4년 9개월에 걸쳐 충주에서 근무하고, 「朝鮮教育令」 공포 직전인 1911년 6월, 서울의 渼洞보통학교로 전근했다.

나카무라 히로시(中村浩)는, 1909년 5월, 공주에서 동래로 전근하여, 1911년 2월에 의원퇴직했다.

후타마치 츠네오(二町經夫)도 1909년 5월, 전주에서 관립 仁峴에 전근, 仁峴보통학교의 공립화 후에도 계속하여 근무했다. 후타마치가 전근한 것은, 仁峴의 교감 우에노 타케하야(上野竹逸)가 신설 釜山보통학교에 전출한 뒤를 메우기 위한 것이었다.

야마자키 사부로(山崎三郎)는, 1908년 5월, 사이토 카쿠지의 후임으로서 광주에서 수원으로 옮겨, 전술한 것처럼 1909년 4월, 教育主務 主事職 신설과 동시에 京畿道 主事가 되었다.

니시야마 쿠마스케(西山熊助)는, 大邱보통학교의 교원~훈도 · 교감으로 일관 했다.

타케가사 사다미키(武笠貞幹)는, 그 후 소식이 전혀 불명이다. 적어도, 일본인 교원이 구한말 『官報』에 등장하는 1908년 1월 이전에 보통학교를 사직한 것은 확실하다.

세키네 요시미키(關根義幹)는, 평양에서 2년 7개월 근무한 후, 1909년 4월, 야마자키 사부로(山崎三郎)와 같이 道主事가 되었다(충청북도 근무).

신도 타메지로(進藤爲次郎)는, 寧邊 보통학교 훈도 겸 교감을 1908년 4월에 의원퇴직했다.

쿠니이 이즈미(國井泉)는, 앞의 인용문에 있듯이, 춘천에 부임한 후 바로 퇴직했다. 그 후 大正 중기까지 한국에 있었던 것은 확실하나, 보통학교와의 관계는 분명치 않다.

호리 소우지로(堀摠次郎)는, 쿠니이 이즈미에 대신하여 착임하여, 春川보통학교 교감을 하면서 春川실업학교의 學監을 겸무하는 등, 春川 교육계의 터주같은 존재였다.

사쿠라이 에이이치(櫻井英一)도, 부임 이래「朝鮮教育令」시행까지 咸興에서 근속했다.

유다 카메고로(油田龜五郎)는, 타케가사 사다미키와 마찬가지로, 그 후의 발자취를 찾을 수 없다.

스나가 토쿠고로(須長德五郎)는,『木浦府史』에 의하면 木浦보통학교 취임이 1907년 4월(동교 개설시), 퇴직이 1910년 3월로 되어 있고,「京城 校洞 보통학교에서 부임, 의병 퇴직」[51]이라고 있다. 구한말『官報』에 고시된 스나가의 퇴직 발령은, 1910년 4월 8일자이다.

하라다 진나이(原田甚內)는, 공립 漢城보통학교가 관립 京橋~관립 渼洞~공립 渼洞으로 자꾸 변화하는 동안, 일관되게 同校에 근무하고, 1911년 6월, 충주로 전근했다. 즉, 시카다 테츠키치(鹿田哲吉)와 교체했던 것이다.

노부하라 이와토라(信原岩虎)는, 관립 校洞보통학교에서 단기간 근무한 후, 1906년 12월 6일자로 관립 漢城외국어학교 부교수가 되었다.

이상과 같은 사례에서 일본인 보통학교 교원의 인사이동 패턴을 추출하면, ① 지방의 1~2개교에서 비교적 장기간 근속, ② 단기간에 전 · 퇴직, ③ 지방에서 서울로, 혹은 서울에서 지방으로, ④ 행정직으로의 轉身 등이 있고, 이하에 등장하는 자도, 이 어느 쪽엔가 속하게 된다.

1907년 4월~6월, 보통학교 제2기 확장 사업으로서 28교가 개설되어, 새로 28명의 일본인 교원이 필요하게 되었다. 이때 신규채용된 것이 확실한 것은, 安州의 이치노세 유키오(一瀨幸雄), 馬山의 쿠로키 겐지(黑木源二), 江陵의 이토오 토우타로(伊藤藤太郎), 會寧의 오오사카 킨타로(大坂金太郎), 開城의 세노오 아키라(妹尾彰)이다. 또, 1908년 1월 28일자 구한말 『官報』로부터 추측컨대, 제2기 확장시, 신설교에 부임했다고 생각되는 것은, 鎭南浦의 우에다 토미야(上田富弥), 義州의 유모토 하게무(湯本勵), 定州의 이시이 키요시(石井清), 東萊의 미기타 노리타츠(右田乘辰), 蔚山의 이에무라 진시치(家村甚七), 星州의 키라 하야세(吉良逸世), 尙州의 타카노 히로시(高野寬), 慶州의 야마다 타미지로(山田民治郎), 元山의 카와구치 우키츠(川口卯橘), 北靑의 히구치 토라노스케(樋口虎之助), 黃州의 히라이즈미 히로토(平泉弘人), 洪州의 타가미 헤이키치(田上兵吉), 江鏡의 코사사 미네타로(小佐々峰太郎), 濟州의 하시구치 류우타로(橋口龍太郎), 羅州의 네모토 사다키치(根本貞吉), 群山의 쿠와시마 켄자부로(桑島兼三郎), 南原의 테루야 토시오(照屋敏夫), 淸州의 야마시타 요시마사(山下義正), 原州의 하야카와 이사무(早川勇), 城津의 와타나베 세이타로(渡辺政太郎), 인천의 하라다 사이치로(原田佐一郎), 安城의 츠츠이 마츠타로(筒井松太郎)이다. 이들 대부분은 신규채용이었을 것이지만, 기설교에서의 전임자도 있었을 것이다. 그것이 확실한 것이 木浦의 스나가 토쿠고로로, 전술한 것처럼 스나가는, 서울의 관립 校洞에서 木浦로 전임했다. 또, 原州의 하야카와 이사무가, 일찍이 仁川居留民小學校의 교원이었던 것도 전술한 바대로이다.

1908년도의 제3기 개설교의 교원 인사는, 구한말 『官報』에 의해 모두 확인된다. 그 초대 훈도 겸 교감은, 靈巖이 아사누마 테이이치(淺沼禎一), 古阜가 세토 유우타로(瀨戶勇太郎), 鎭南이 사카이 타카시(堺昻), 密陽이 쿠로코마 류우키치(黑駒鉚吉), 溫陽이 야마시타 요시마사(山下義正), 宜川이 사카이 케이이치(坂井敬一), 間島가 카와구치 우키츠(川口卯橘), 驪州가 모모세 쥬우시로(百瀨重四郎), 江華가 오오타케 칸조(大竹僴造)이다. 이 가운데 야마시타 요시마사(山下義正)는 淸州, 카와구치 우키츠(川口卯橘)는 元山이 전임교였다. 제2기 개설교에서 경험을 쌓은 야마시타(山下)와 카와구치(川口)가, 제3기의 신설교에 배치되게 된 것이다. 이 人事가, 상술한 사이토 카쿠지(齊藤角治)의 이동(異動), 나아가서는 이에 수반한 이른바 연쇄 異動을 유발했다고 보는 것이 타당할 것이다.

1909년 5월에 개설된 부산보통학교의 일본인 스탭은, 교장 福士德平(후쿠시 토쿠헤이, 前 敦賀상업학교장) · 교감 우에노 타케하야(上野竹逸, 前 仁峴보통학교 교감) · 교원 촉탁 사카이 요시타로(坂井嘉太郎, 前 釜山 開成學校 교수) · 동 사카네 히사토(坂根久人)였다. 보통학교장이 일본인이었던 것도, 1교에 4명의 일본인 교원이 있었던 것도 본교뿐이었는데, 사실은, 후쿠시(福士)와 사카이(坂井) · 사카네(坂根)는 부산실업학교의 학감과 교수가 本務이고, 보통학교는 兼任이었다. 따라서, 보통학교 교감이 본무로 실업학교 부교수를 겸한 우에노(上野)가, 부산보통학교의 실질적인 최고 책임자였던 것이다. 우에노는, 서울의 관립 仁峴보통학교에서 부산으로 옮겼다. 우에노에 대신하여, 후타마치 츠네오가 全州에서 관립 仁峴에 전근한 것은 앞에서 본 대로이다.

이렇게 공립 보통학교 신설시에는, 기설 학교에서, 그때까지의 실적을 인정받아 전임하는 자가 적지 않았는데, 이 경향은, 보조지정학교에서 한층 현저했다. 기존의 관공립 보통학교에서 전출하여 보조지정교의 훈도 겸 교감이 된 사례를 들면 다음과 같다.

이케다 타지스케(池田太治助, 水下洞 → 東萊府 私立 育英), 키라 하야세(吉良逸世, 星州 → 瑞興郡 私立 瑞明), 쿠로코마 류우키치(黑駒鉚吉, 密陽 → 永柔郡 私立 李花), 코사사 미네타로(小佐々峰太郎, 江鏡 → 肅川郡 私立 肅明), 타카노 히로시(高野寬, 尙州 → 長興郡 私立 彰明), 츠츠이 마츠타로(筒井松太郎, 安城 → 鐵山郡 私立 韓興), 하야카와 이사무(早川勇, 原州 → 永同郡 私立 永同)

이 밖에, 일본인 居留民小學校에서 각각 을종 公立 日新 · 私立 淸道보통학교로 옮긴 타케미츠 군조(武光軍藏) · 와카바야시 이사무(若林勇)의 예가 있다.

이상 본 것처럼, 1906년 9월부터 1911년 10월까지, 본격적인 「模範敎育」의 기간은 길게 잡아도 5년 2개월이지만, 그 사이, 보통학교 일본인 교원의 인사이동은 매우 빈번했다. 그것은 다음과 같은 이유에서이다.

첫째는, 기후 풍토 · 생활 수준 · 반일 민족운동 등 당시 한국에서의 근무환경이 매우 혹독했던 것이다. 서울은 그래도 괜찮지만, 먼 지방에서의 장기근무는 심한 곤란을 수반하여, 때문에 단기간에 퇴직 또는 전임하는 케이스가 많았다. 일례를 들면 평안북도 寧邊 보통학교에서는, 1906년 9월 개교와 함께 착임한 신도 타메지로(進藤爲次郎)가 1908년 4월에 의원퇴직, 후임인 후지모토 겐지(藤本玄治)도 1909년 12월에 역시 의원퇴직하고, 오오츠카 츠우에(大塚忠衛)가 龍川의 보조지정 사립 昌明 보통학교에서 전임했으나, 오오츠카(大塚)도, 1911년 5월에는 漢城사범학교 본과 훈도 사무취급으로 전출했다. 오오츠카의 예가 시사하는 것처럼, 당시 서울 · 지방 간의 인사이동에는, 지방에서 고생한 자를, 그 노고에 보답하기 위해 서울에라는 의미도 있었던 것이다.

둘째 이유는, 당초부터 지방에는 베테랑을, 서울에는 젊은이를, 이라고 하는 방침이 있었던 것이다. 근무의 난이도에 대응한 인사 배치이다. 시간이 지남에 따라 이것은, 서울에서 경험을 쌓은 자를 지방에, 혹은 기설교에서 실적을 거둔 자를 신설교에, 라고 하는 방침으로 바뀐다.

셋째로, 일부 교원의 자질에 문제가 있었던 것도 사실일 것이다. 이 뒷바침으로서 타와라 마고이치(俵孫一)가, 1909년 7월 관찰사 회의에서 다음과 같이 말하고 있다.

> 종래에도, 가능한 한 선량한 사람을 선발했었으나, 많은 인원 중에는 學部 관리가 직접 인물이나 성행 등을 잘 아는 사람뿐만이 아니었다. 간접적으로 알고 있는 경우도 있고, 추천자의 추천을 믿는 사람도 있다. 그 때문에 다소 어긋남이 생기는 것은 어쩔 수 없는 일이다. 지금까지의 실적을 보고 적당치 않은 사람 중에는 이미 해고된 사람도 있다.[52]

넷째로, 세 번째 이유와는 반대로, 교감으로서 학교경영의 수완을 발휘한 자가 행정관료로 스카우트된 것이다. 전술한 야마자키 사부로(山崎三郎) · 세키네 요시미키(關根義幹, 道主事) 외에 카고기 요시아키(鹿子木義明, 道主事) · 모리야마 이오타리(守山五百足, 道書記) 등의 예가 있다.

다섯째로, 실은 이것이 빈번한 인사이동의 근본 원인이라고도 생각할 수 있는데, 대규모 학교를 제외하고 원칙적으로 1교 1명으로 일본인 교원 수가 제한되어 있었던 것이다. 따라서, 한 사람이 전근되면 연쇄반응으로 인사이동이 이루어져, 이동의 폭이 넓어졌던 것이다.

(3) 「朝鮮教育令」 以後의 人事異動

구한말 시대에 채용되어, 1911년11월 1일의 「朝鮮教育令」 시행과 함께 새삼스럽게 「朝鮮公立普通學校訓導」에 임명된 것이 『朝鮮總督府官報』에 의해 확인 되는 사람은 90명이다. 그 가운데 69명은 「朝鮮教育令」 시행을 전후하여 동일교에 근무했으나, 21명은 전근되었다. 그 이름 및 이동은 다음과 같다.

이케다 타지스케(池田太治助, 釜山鎮 → 金浦), 이시이 칸고(石井勘吾, 鍾城 → 春川), 이와사 히코지(岩佐彦二, 成川 → 楊州), 우에다 토미야(上田富弥, 於義洞 → 安辺), 오오타케 칸조(大竹倜造, 江華 → 始興), 카미시나 카나메(神志那要, 校洞 → 坡州), 카메야마 사유우타(龜山佐右太, 尙州 → 大邱), 카와구치 우키츠(川口卯橘, 問島 → 會寧), 키도 마사루(木戶勝, 明川 → 河陽), 코사사 미네타로(小佐々峰太郎, 肅川 → 順川), 사카이 케이이치(坂井敬一, 宣川 → 永同), 사카이 타카시(堺昴, 龍南 → 咸興), 사쿠라이 에이이치(櫻井英一, 咸興 → 龍南), 타카하시 케이고(高橋敬後, 平壤 → 懷德), 테루야 토시오(照屋敏夫, 南原 → 宣川), 토요다 나가토모(豊田長智, 水原 → 慶山), 하야카와 이사무(早川勇, 永同 → 陰城), 하야시다 카쿠타로(林田格太郎, 河東 → 益山), 호리 소우지로(堀摠次郎, 春川 → 載寧), 마츠오 사쿠지(松尾作治, 龍川 → 河東), 마츠시타 키쿠지(松下菊治, 載寧 → 龍川)

앞 절에서 본 것처럼 이전부터 활발했던 인사이동은, 공립 보통학교가 대폭으로 증설된 「朝鮮教育令」 이후, 더욱 촉진되었다고 할 수 있다.

그들에 대한 사령은 모두 보통학교 훈도이고, 『朝鮮總督府官報』 紙上 교장 발령은 발견되지 않으나, 실제상 그들의 대부분은 교장에 임명되었다. 다만, 「朝鮮教育令」 시행 이후, 1교에 복수의 일본인 훈도를 두는 보통학교가 늘어, 거기서는, 필연적으로 平訓導에 머무를 수밖에 없는 자가 생기게 되었다. 따라서, 구한국 시대 이래의 훈도 근속자가 모두 교장을 경험하는 데는 얼마동안 시간을 요했다고 보아야 한다. 어쨌든, 그들을 포함한 교장 인사를 유게 코우타로(弓削幸太郎)는, 「학제 제정 전후에 공립 보통학교의 학교장이 된 사람은 각 縣에서 선발된 일류 교장으로 모두 상당한 연배이고 경험있는 사람이었다. 조선교육이 당시 가장 곤란하고 힘든 초창기였는데 좋은 성적을 거둘 수 있었던 주요한 원인의 하나는 공립 보통학교장의 인선이 좋았다는 것에 돌리고 싶다」[53]라고 평하고 있다.

보통학교 훈도(교장)가 된 자를 비롯하여 「朝鮮教育令」 시행 이후에도 여러 가지 직업의 형태로 조선에 머물었던 자의 大正 말기까지의 움직임을 추적하면, 다음과 같이 보통학교 이외의 각종 분야에도 진출하고 있다. (다만, 한 사람이 복수 직종인 경우가 있다. 겸직은 제외한다.)

① 총독부 관리(主事 · 書記 · 理事官 · 視學 · 郡守 등) 19명

〔이토오 토우타로(伊藤藤太郎) · 이와사 히코지(岩佐彦二) · 우에노 타케하야(上野竹逸) · 오오사카 킨타로(大坂金太郎) · 오오츠카 츠우에(大塚忠衛) · 오오야마 카즈오(大山一夫) · 카메야마 소우타(龜山佐右太) · 쿠로코마 류우키치(黑駒鉚吉) · 타츠노 신고로(立野新五郎) · 치란 요시노스케(知覽芳之助) · 토요다 나가토모(豊田長智) · 노부하라 이와토라(信原岩虎) · 하라다 사이치로(原田佐一郎) · 후루이치 하시노스케(古市橋之助) · 모리 신스케(森新助) · 모리야마 이오타리(守山五百足) · 야마다 타미지로(山田民治郎) · 요시다 카츠쿠마(吉田勝久馬) · 요시나가 타다시(吉永貞)〕

② 고등보통학교 교유 · 훈도 7명

〔오오츠카 츠우에(大塚忠衛) · 카고오 기사부로(鹿子生儀三郎) · 타부치 이사오(田淵績) · 노부하라 이와토라(信原岩虎) · 후쿠요리 코우자부로(福寄幸三

郎)·미야케 타카요시(三宅高義)·요시나가 타다시(吉永貞)〕

③ 소학교 훈도 5명

〔센다 젠스케(扇田善助)·오오야마 카즈오(大山一夫)·쿠로키 겐지(黑木源二)·세토 유우타로(瀨戶勇太郎)·미나미 쇼우노스케(南庄之助)〕

④ 실업학교 교유 2명

〔카고기 요시아키(鹿子木義明)·코마츠 켄키치(小松兼吉)〕

언뜻 보아 알수 있듯이, 가장 많은 것은 총독부 관리로의 진출이다. 이것은, 그들의 행정 수완을 증명하는 것에 다름 아니다.

소학교 훈도(교장)에의 전출은, 환언하면 조선인 보통학교와 일본인 소학교 간의 인사 교류이다.「內鮮一體」정책의 한 표현으로 볼 수 있을 것이다.

실업교육에 관해서는, 일부 보통학교에 간이실업학교가 부설되어, 쌍방의 교장을 보통학교 일본인 훈도가 겸하는 것이 통례였다. 또, 부근에 실업학교가 설립되면, 보통학교 일본인 훈도가 그 교원으로 근무하는 일도 있었다. 카고기 요시아키와 코마츠 켄키치는, 이러한 실업교육 체제 안에서 실업학교 교유 전임(專任)이 되었던 것이다. 또, 후쿠시 토쿠헤이(福士德平)·사카이 요시타로(坂井嘉太郎)·사카네 히사토(坂根久人)는, 원래 부산실업학교 교수가 본무였기 때문에 위의 리스트에는 들지 않았으나, 그들은, 1912년 4월 19일자로 부산보통학교 훈도 겸임을 벗어나, 釜山商業學校(釜山實業學校의 後身)의 교유 專任이 되었다.

이 밖에, 독특한 경력의 소유자로서 카고오 기사부로(鹿子生儀三郎)에 대하여 보충해 두려고 한다. 카고오는, 水下洞 보통학교 훈도에서 1911년 12월 京城 고등보통학교 훈도가 되고, 나아가 1914년 3월, 南滿洲철도주식회사 근무를 명받고 있다.「만주철도회사 등은, 조선에 강사 파견을 요청하여, 중국인에 대한 일본어 지도를 더 잘 하려고 힘쓰고, 마지막으로는 국어 지도를 잘 할 수 있는 교사의 할애를 요구해 왔다. 보통학교 훈도 카고오 기사부로(鹿子生儀三郎)라고 하는 사람을 선발해 보냈던 적이 있었다」[54]라는 것이 그것이다.

이처럼 「朝鮮教育令」시행으로부터 大正 말기까지의 인사 이동은, 보통학교 상호간뿐만 아니라, 조선총독부나 다른 종류의 학교 그 밖으로 범위가 확대된 것이 특색이다. 이 사이에, 일신상의 형편에 의해 의원퇴직한 자도 적지 않았던 것은 물론이다.

昭和에 들어서도 여전히 현역이었던 사람은, 이케다 타지스케(池田太治助) · 이치카와 쇼우고로(市川庄五郎) · 이토오 토우타로(伊藤藤太郎) · 이와사 히코지(岩佐彦二) · 오오사카 킨타로(大坂金太郎) · 오오야마 카즈오(大山一夫) · 카와이 군지로(河井軍次郎) · 키사누키 키요스케(木佐貫喜代助) · 쿠로키 겐지(黑木源二) · 쿠로코마 류우키치(黑駒鋤吉) · 세노오 아키라(妹尾彰) · 센바 부헤이(仙波武平) · 테루야 토시오(照屋敏夫) · 나카야마 겐이치(中山源市) · 노부 토요지(延豊次) · 노부하라 이와토라(信原岩虎) · 하시구치 류우타로(橋口龍太郎) · 후쿠시 토쿠헤이(福士德平) · 호리 소우지로(堀揔次郎) · 미나미 쇼우노스케(南庄之助) · 미야시타 마사오키(宮下政興) · 모리 신스케(森新助) · 모리야마 이오타리(守山五百足) · 야마모토 테츠타로(山本哲太郎) · 와카바야시 이사무(若林勇) 등이다.

구한말 · 식민지 시기를 통하여 장기 근속자의 대표적인 예로서 오오야마 카즈오의 경력을 여기서 다시 정리하면, 오오야마는, 1906년 4월 관립 소학교 교사로 초빙되어, 동년 9월 보통학교 발족과 함께 海州에 부임, 1908년 5월 진남포로 전근되어, 한일합병~「朝鮮教育令」 시행 후에도 그곳에 머물렀다. 그 후 1912년 12월에 일시 퇴직했으나, 1914년 4월 조선총독부 서기로 복귀, 경성부 학무주임 등을 거쳐 1919년 8월, 京城 日出 公立尋常小學校 교장에 취임했다. 그 자리에 있었던 것은 1928년도 혹은 1929년도까지로, 이어서 경성부 도서관장으로 근무했다. 『文教의 朝鮮』 1933년 12월 호에 「一心山莊主人」으로서 「朝鮮教育小話」라는 글을 기고한 것을 보면, 이때에는 이미 공직을 은퇴한 것 같다. 통산 체재기간이 길었을 뿐만 아니라, 비교적 장기에 걸쳐 보통학교 훈도(교감~교장)로 근무하고, 그 후 총독부 관리 · 일본인 소학교장 등을 역임했다는 의미에서도 大山은, 구한말에 초빙된 일본인 교원의 한 전형이었다.

오오야마 이 외의 개인적인 경력은 생략하지만, 大正期부터 계속해서 昭和期에도, 보통학교 내외에 걸친 광범한 인사이동이 이루어진 것을 지적해 둔다.

맺음말

「머리말」에 제시한 문제점에의 회답을 포함, 본 장의 요점을 정리하여 결어로 대신하고자 한다.

일본 국가권력을 배경으로 하는 일본인 교원의 한국 諸 학교에의 송출은, 학정참여관 시데하라 타이라(幣原坦)에 의해 개시되었다. 1905년 10월, 쿠니이 이즈미(國井泉)를 관립 고등소학교 교원으로 한 것이 그것이다. 이를 「模範教育」의 실질적인 스타트로 볼 수 있다. 쿠니이에 이어 1906년 4월 이후, 오오야마 카즈오 등이 관립 심상소학교에 착임하고, 그들은 동년 9월, 소학교의 후신인 보통학교의 교원이 되었다. 교원 인사상으로도, 소학교는 보통학교의 모체였던 것이다.

관립 소학교를 거쳐 보통학교 교원이 된 자 이외에도, 일본인 소학교나 사립학교 교사로서, 한국정부에 초빙되기 전부터 한국에 체재하고 있던 자가 있었다. 보통학교 일본인 교원 대부분이 직접 일본으로부터 초빙된 것은 사실이지만, 한국에서의 말하자면 현지 조달된 자들의 존재도 무시해서는 안 된다.

교원 배치의 원칙으로서는, 「나이가 든 자는 자립으로, 후견이 없어도 할 수 있을 것이기 때문에, 지방에 보내도록 하고, 한성부 내에는 젊은이로 좋을 것이다」라는 방침이 당초부터 있었다. 머지않아 이것은, 서울에서 경험을 쌓은 자를 지방에, 혹은, 기설교에서 실적을 올린 자를 신설교에, 라는 방침으로 바뀐다. 기설교에서 신설교로의 전임은, 공립 보통학교에서뿐만 아니라,

보조지정 학교의 경우 특히 현저했다.

이러한 인사방침에 더하여, 혹독한 근무환경이나 일본인 교원 자신의 자질(문제가 있으면 學部에 의해 도태, 행정 수완이 뛰어나면 행정관료에 등용)이 이동을 더욱 촉진했다. 그리고, 빈번한 인사이동의 근본 원인으로 생각할 수 있는 것이, 일본인 교원의 절대수가 제한되어 있던 것이다. 따라서, 많은 경우 한 사람의 이동이 계속해서 연쇄이동을 낳았다.

일본인 교원이 숫적으로 제약된 것은 주로 재정적인 이유에 의하지만, 그들은, 그 성격상 「模範教育」의 첨병으로서의 제약을 벗어날 수 없었다. 따라서, 유능하면 유능할수록 한국 민족주의 진영에 의해, 유능하지 않으면 일본측에 의해 비판되는 입장에 있었다.

구한말 『官報』에 일본인 교원이 등장하는 1908년 1월까지의 공백을 메운다고 하는 본 章의 목적은, 1906년 9월 시점의 공립 보통학교 14교(지금까지 일반에 알려진 13교가 아니다)의 진용 및 그들의 그 후의 경력을 밝힌 것, 1907년의 신규 채용자의 일부를 확인한 것 등에 의해 일보를 진척시킬 수 있었다고 말할 수 있을 것이다.

한편, 구한말 시대의 연장으로서의 「朝鮮教育令」 이 후에 관해서는, 90명이 새삼 「朝鮮公立普通學校訓導」에 임명되고, 일부는 그 후 조선총독부나 보통학교 이외의 학교로 전임했던 것을 밝혔으나, 그들의 보통학교장 취임의 시기에 관해서는, 1교에 복수의 일본인 훈도를 두는 보통학교가 늘었기 때문에, 훈도 근속자 전원이 교장이 되는 데는 얼마간의 시간을 필요로 했던 것을 지적해 두는데 머물렀다.

어쨌든 이 분야의 연구는, 아직 「点과 線」의 단계이다. 이것을 「面」으로, 더 나아가 「立體」로 만들기 위해, 연구를 계속해 나아가고 싶다.

【註】 (*는 한글 文獻)

(1) 韓國統監府 『韓國施政一斑』 1906년 「韓國教育」 25쪽

(2) 와다 야치오(和田八千穗) · 후지와라 키조(藤原喜藏) 共編『朝鮮의 回顧』近澤書店 1945년 113쪽
(3) 유게 코우타로(弓削幸太郎)『朝鮮의 敎育』自由討究社 1923년 146쪽
(4)『東亞同文會報告』제36회 1902년 11월 25쪽
(5) *『高宗時代史』6 63쪽(*金英宇『韓國開化期의 敎員養成硏究』創學社 1984년 258쪽에서 재인용)
(6)『敎育時論』제685호 1904년 4월 25일 45쪽
(7) 日本 外務省 記錄「外務大臣 桂太郎 앞 幣原坦 報告書」1905년 8월 21일(『日本外交文書』未收)
(8)『日本外交文書』제38권 제1책 日本國際聯合協會 1958년 869~870쪽
(9) 金正明 編『日韓外交資料集成』제6권 上 巖南堂書店 1964년 195쪽
(10)『敎育公報』제311호 1906년 9월 21쪽
(11)『敎育界』제5권 제12호 1906년 10월 98쪽
(12) 韓國 學部『韓國敎育』1909년 3~4쪽
(13) 同上 19~20쪽
(14)『文敎의 朝鮮』1927년 12월 56~57쪽
(15)『敎育界』제6권 제2호 1906년 12월 107쪽
(16) 同上 108쪽
(17) 同上 제6권 제12호 1907년 10월 104쪽
(18)『敎育時論』제826호 1908년 3월 25일 37쪽
(19) 韓國 學部『韓國敎育의 旣往及現在』1909년 79, 81쪽
(20) 同上 81쪽
(21) 유게 코우타로(弓削幸太郎) 前揭書 145쪽
(22) 韓國 學部『韓國敎育의 旣往及現在』66쪽
(23) 韓國 學部『韓國敎育』23쪽
(24) 韓國 學部『제2회 官公立普通學校 敎監會議 要錄』1908년 7월 84쪽
(25) 韓國 學部『韓國敎育』24쪽
(26) 韓國 學部『韓國敎育의 旣往及現在』34~35쪽
(27) 韓國 學部『韓國敎育』24~25쪽
(28) 韓國 學部『觀察使會議要錄』1909년 7월 39쪽

(29) *國史編纂委員會 編 · 發行 『韓國獨立運動史』 1 1965년 363쪽

(30) *서울特別市教育研究院 編 『서울教育史』 上卷 서울特別市教育委員會 1981년 128쪽

(31) 韓國 學部 『觀察使會議要錄』 4쪽

(32)(33) 쿠마모토 시게키치(隈本繁吉) 「學政에 관한 의견」(渡部學 · 阿部洋 編 『日本 植民地教育 政策史料 集成(朝鮮篇)』 제69권 龍溪書舍 1991년 所收)

(34) 韓國 學部 『韓國教育의 現狀』 1910년 20~21쪽

(35) 타카하시 하마키치(高橋濱吉) 『朝鮮教育史考』 帝國地方行政學會 朝鮮本部 1927년 221쪽

(36) 韓國 學部 『韓國教育의 現狀』 25~26쪽

(37) 유게 코우타로(弓削幸太郎) 前掲書 88쪽

(38) 韓國 學部 『韓國教育의 既往及現在』 82쪽

(39) 韓國 學部 『觀察使會議要錄』 24쪽

(40) 韓國 學部 『韓國教育과 警察行政』 1909년 16쪽

(41) 『文教의 朝鮮』 1927년 12월 58쪽

(42) 同上 58~59쪽

(43) 니시무라 로쿠야(西村錄也) 編 『朝鮮教育大觀』 朝鮮教育大觀社 1930년 경상북도 25쪽

(44) 同上 강원도 6쪽

(45) 同上 경기도 186쪽

(46) *國史編纂委員會 編 · 發行 前掲書 370쪽

(47) 『朝鮮』 제333호 1943년 2월 56~57쪽

(48) 『文教의 朝鮮』 1927년 12월 58쪽

(49) 同上 64~65쪽

(50) 同上 57쪽

(51) 木浦府 編 · 發行 『木浦府史』 1930년 474쪽

(52) 韓國 學部 『觀察使會議要錄』 24쪽

(53) 弓削幸太郎 前掲書 220~221쪽

(54) 同上 218쪽

第11장 구한말 관공립 보통학교의 일본인 교원
— 교육활동을 중심으로

머리말

1906년 9월 「보통학교령」 시행에 의해, 종전의 소학교(5~6년제)를 개편한 보통학교(4년제)가 발족했다. 그 수는 당초, 관립 9교, 공립 14교였다. (얼마 되지 않아 공립 한성보통학교의 관립화, 관립 養賢洞 · 養士洞 보통학교의 합병이 이루어져, 관립 9교, 공립 13교가 된다.) 그 후 1907년 28교, 1908년 9교, 1909년 1교의 공립 보통학교가 증설되고, 1910년 4월, 漢城師範學校부속(安洞)을 제외하고 관립 보통학교 8교가 공립으로 이관되었다. 따라서, 구한말에 있어서의 최종적인 보통학교 수는, 관립 1교, 공립 59교였다.

한편, 관공립 보통학교에 준하는 것으로, 1909년에 31교, 1910년에 10교의 보조지정학교가 설정되었다.

이들 학교에는 대개 1명씩의 일본인 교원이 배치되고(1910년도말 현재, 관공립 보통학교에 81명, 보조지정교에 42명), 그들의 대부분은, 「교장 및 다른 직원을 도와 경영과 수업을 행하여, 사실상 학교의 수뇌로서 신교육의 운용을 담당한 것 같은 감」[1]이 있었다. 그들이 「教監」이란 정식 직명을 부여받은 것은 1908년 1월의 일이나, 그 전후에서 실질적인 직무권한의 변화는 없었다. 즉 그들은, 일관되게 「模範教育」 추진의 중핵이었던 것이다.

그들의 활동에 대해서는 이미 간행된 저서 · 논문에서도 다루어졌으나, 그것들은 모두 단편적 언급에 지나지 않는다. 그래서 본 章은, 보통학교 개교 전후의 인적 · 물적 조건정비, 교내에 있어서의 교육활동, 대외적 제활동 등 세가지 측면에서, 그들이 구체적으로 어떠한 활동을 전개했는가를 종합적으로 파악하려고 한 것이다.

1. 인적 · 물적 조건정비

(1) 校舍 · 教具 등의 준비

보통학교 이전의 소학교는, 그 수가 66(서울에 관립 고등소학교 1, 동 심상소학교 8, 지방에 공립심상소학교 57)교를 헤아렸으나, 「당시, 소학교의 소재지는 한쪽으로 치우쳐 있고 좋은 선생님도 그다지 없고, 설비도 매우 불완전하여, 제도는 나름대로 잘 되어 있기는 하지만, 실제론 제대로 이루어지지 않아 거의 유명무실한 것이었다」[2]라고 한다. 따라서, 보통학교의 校舍는 신축, 혹은 소학교의 校舍를 개축하고, 비품 · 교구 등은 거의 새로 준비하지 않으면 안 되었다. 校舍 신축에 대하여, 1906년 9월 해주에 부임한 오오야마 카즈오와 1907년 4월 개성에 부임한 세노오 아키라는 다음과 같이 말하고 있다.

오오야마 씨 : 그러고 나서 드디어 학교 건물을 만드는데, 그때 海州에는 일본식 가옥은 하나도 없었습니다. 보통학교 건물이, 최초의 일본식 가옥이었다고 생각합니다. 그러나 學部에도 사람이 별로 없어서, 45미터 정도의 폭에 가운데 7미터 정도 넓이의 복도와 현관이 한 가운데 있고, 방이 5개 양쪽으로 연결되고, 한편에 출구가 있는 형태의 도면을 만들어 왔는데, 종래 있었던 곳은 좁아서 짓기가 매우 힘들었기 때문에, 우에무라 씨(學部 사무관 우에무라 마사미 – 著者 註)와 내가 함께 어디에 세울까를 결정하여, 中營洞이라고 하는 군인이 있던 곳에 빈 터가 있어서, 민간 소유지를 조금 사서 보태 가지고, 장방형(長方形)의 학교용 토지가 생겼으므로, 새해가 되어 40년(메이지 40년, 1907년 – 著者 註) 5월경에 건축을 시작하기로 했습니다.

그러나 그 도면을 일정한 토지에 맞추는 데에 대하여는, 누구에게도 상담할 수 없고 자신의 머리로 해야 하는데, 북쪽에도 도로가 있고, 서쪽에도 남쪽에도 도로가 있다고 해서, 토지에 맞출 방법부터 생각했습니다만, 아무도 상담에 응할 사람이 없어, 나 혼자 이렇게 만든 것입니다.[3)]

세노오(妹尾) 씨 : 그것은 4월(1907년 4월 - 著者 註) 중순이었습니다. 당시는 학교의 건축 준비가 되었고, 청부업자도 정해져서, 나는 공사 감독도 해야 했고 뭐든지 내가 책임져야 했습니다. 회계도 하고 수업도 하고, 건축공사 감독도 했기 때문에 매우 바빴습니다. 5월 중순부터 공사가 시작되었는데, 재료와 재목 등도 일본 내지로부터 가져왔습니다.[4)]

이들 회고담에서, 1906년 제1기의 경우, 보통학교 개교 후 얼마있다가 校舍 신축이 개시된 것에 대하여, 1907년 제2기의 경우는(그리고 제3기도), 개교와 교사 건축이 거의 동시였다는 것, 일본인 교원은, 부지의 준비나 공사감독 등 교사 건축에 전면적으로 관여했던 것, 校舍는 일본식으로, 자재도 일본에서 가져 온 것, 등을 알 수 있다.

비품 · 교구 등에 관해서는, 오오야마 카즈오 등의 다음과 같은 담화가 있다.

오오야마 씨 : 나는 9월(1906년 9월 - 著者 註) 하순에 海州에 부임하게 되어, 여러 가지 學部 지시를 받았는데, 처음에 판 상자를 두 개 건네 받았습니다. 그 안에는 벼루상자, 쇠망치, 괘선이 그어진 종이, 미츠치 씨(학정참여관 미츠치 츠우조 - 著者 註)가 만든 일어 독본 등 그리고 ……

고스기(小杉) 씨 : 시계도 있었습니다.

오오야마 씨 : 그래그래, 괘종시계였지. 그 외 여러 가지가 들어 있었고, 그것을 가져갔습니다.[5)]

덧붙이면, 일본인 교원이 부임할 때 가지고 간 쇠망치는, 신 교사 완성까지의 교실의 응급조치나 교재 · 교구의 제작에 크게 활용되었다는 것이다.

(2) 생도 모집

서울의 관립 보통학교가 사용한 생도 모집 방법은 다음과 같았다〔1908년 7월, 校洞보통학교 교감 오기타 히로키치(荻田廣吉)의 이야기〕.

1. 학생 모집에 관한 광고를 신문에 실어, 학교에 갈 연령의 아동이 있는 집에 배포하고, 그 전단지를 눈에 띄기 쉬운 곳에 붙인 것.
2. 환등기 모임을 열어, 신교육의 필요를 설명한 것.
3. 악단을 동원하고 학생을 인솔하여 모집에 관한 가두연설을 한 것.
4. 졸업생은 의무적으로 적어도 한 명의 입학생을 주선토록 한 것.(이 방법이 가장 효과가 있던 것 같다.)
5. 연 2회 또는 3회 학부형과 담화회를 열어 신교육의 필요를 설명한 것.
6. 취학아동 수 조사 및 입학 권유를 한성부에 의뢰하거나 학무위원 기타 有志들에게 모집 원조를 요청한 것.(아직 경찰의 힘을 빌린 적은 없다.)[6]

여기서, 관립 보통학교에서도 생도 모집이 용이하지 않았던 것을 엿볼 수가 있으나, 지방의 공립 보통학교에 비하면 나은 편이었다. 「아직 경찰의 힘을 빌린 적은 없다」라는 구절이, 그것을 단적으로 보여주고 있다.

공립 보통학교에서는, 생도 모집을 위해 모든 방법이 시도되었다고 해도 과언이 아니다. 그 가장 극단적인 예가, 경찰력의 동원이었다. 구체적으로는, 「부형을 유치장에 넣고 그 아동을 학교에 보낸다는 조건으로 풀어주었다는 이야기」[7]가 이를 가리키고 있는 것이다. 學部 차관 타와라 마고이치(俵孫一)도, 1909년 9월 경찰부장 회의 석상에서, 「여러분께 진심으로 謝意를 표할 것이 있다. 종래 學部가 경영 또는 보조하여 일본인 교감을 배치한 각 보통학교에 대해서는, 여러분들의 직간접적인 도움에 의해 많은 편의를 얻고 있다. 이에 대해 깊이 감사를 표함과 아울러 앞으로도 많은 원조를 바란다」[8]라고 말해, 보통학교의 생도 모집에 경찰이 깊이 관여한 것을 뒷받침하고 있다.

경찰력의 동원에는 이르지 않더라도, 일본인 교원이, 생도 모집을 위해 관찰사 · 부윤 · 군수 · 면장 등 지방관리의 협력을 구한 것은 일상 다반사였다. 「면장을 불러 학생을 권유하게 했지만 아직 효과가 없었다. 그래서 군수와 상담해 각 면마다 5명씩 학생을 입학토록 하는 의무를 지게 했다」[9]라는 예도 있다.

지방관리에 준하는 것으로 학무위원이란 존재가 있었다. 학무위원은, 관공립 보통학교 1교에 7명 이하의 지방 유력자가 관찰사 및 한성 부윤에 의해 위촉되어, 특히 입학 권유 및 출석 독촉에 진력했다. 1908년 6월 이후, 일본인 교원에게 있어서 강력한 지원체제가 제도화되었던 것이다.

이 밖에, 「청주에서는 학생을 이용해 현상(懸賞)을 걸어 노력하게 한 바, 그 효과는 양호했다」[10]라고 한다. 「懸賞」이란, 입학 권유에 성공한 생도에게 포상으로서 학용품 등을 주었던 것을 가리킨다. 앞서 본 것처럼, 관립 보통학교에서는 졸업생에게 입학자를 주선시켰는데, 졸업생 · 재학생 어느 쪽이든 그들을 사용하는 것은, 생도 모집에 큰 효과가 있었던 것 같다.

악대(樂隊)의 이용도, 관립 · 공립에 공통이었다. 공립 海州보통학교의 오오야마 카즈오는, 「어떤 때는 위세를 보이기 위해 성벽 위에 기를 세우고 큰 북을 울리면서 보통학교의 존재를 알렸던 적도 있었습니다」[11]라고 말하고 있다. 덧붙이면 당시의 사립학교에서는, 반일 민족의식 고취를 위해 나팔을 불고 큰 북을 두드리면서 군사교련을 실시했다. 같은 악대라도 관공립 보통학교와 사립학교에서는 성격이 전혀 달랐다고 할 수 있다.

이상과 같은 다른 사람이나 조직 등을 개입시키는 방법이 아니고, 일본인 교원 스스로가 직접 한국인 사회에 뛰어들어 입학을 권유한 적도 물론 있었다. 다음은, 江鏡(江景)보통학교 교감이었던 코사사 미네타로(小佐々峰太郎)의 독특한 사례이다.

> 나 자신은, 우선 한국의 사정을 연구하고, 한인과 융화하는 것이 가장 필요하다고 생각하여 韓人 복장을 하고 그들과 애써 교제했다. 한때는 거류민으로부터

이상한 평판을 받았지만, 그 효과는 확실히 있던 것 같다. 그 후 대여섯 곳의 서당은 자연스럽게 소멸되고, 금년(1908년 - 著者 註)에는 입학을 거절해야 할만큼 많은 학생이 모였다.[12]

이처럼 이런 저런 수단을 구사한 결과, 어떻게든 정원을 채울 수는 있었다. 그러나, 모인 생도는 하층계급의 자제가 대부분이었다. 따라서, 초기의 보통학교는, 별명으로「貧民學校」로 불렸던 것이다.

2. 교내 교육활동

(1) 일상 수업

일본인 교원은 보통학교 운영의 주역답게, 國語(韓國語) · 漢文을 빼고 많은 수업을 담당했다. 예를 들면, 1910년 3월 당시 영변보통학교 교감이었던 오오츠카 츠우에(大塚忠衛)에 대하여, 「오오츠카 교감은 일어가 전부 12시간, 理科는 2시간, 미술은 4시간, 체조 3시간, 합계 21시간의 수업을 했으며 교양의 수뇌로서 활동했음은 물론이다」[13]라는 기록이 있다.

많은 교과목 중에서도 그들이 가장 정력을 기울인 것은, 말할 것도 없이 日語였다. 일어야말로 「模範敎育」의 중핵이었기 때문이다. 다만, 그들이, 교육과정상의 일어 배당시간(각 학년 매주 6시간×4학년)을 전부 담당했다고만 할 수는 없다. 지방 공립 보통학교의 경우 복식학급이 많았고〔위 인용의 「오오츠카(大塚) 교감은 일어 전부 12시간」이란 것이 바로 이것이다〕, 저학년을 한국인 교원에게 맡긴 적도 있었다.

어쨌든, 일본인 교원은 일어교육에 힘을 쏟아, 그 경험은, 日語가 國語가 된 식민지시대에 활용되게 되었다. 참고로, 한일합병을 전후하여 水下洞보통학교의 교감이었던 카고오 기사부로(鹿子生儀三郎)는, 1914년 3월, 만주철도 연선(沿線)에 사는 중국인에게 일본어를 가르치기 위해 멀리 만주까지 가서 근무할 것을 명받고 있다.

일어뿐만 아니라 타 교과를 통해서도, 일본인 교원이 궁극적으로 목표로 한 것은 친일교육이었다. 1910년 5월 12일자 『大韓每日申報』 논설은, 다음과 같이 평하고 있다.

> 각 교과를 일어로 가르치고, 지리를 말할 때는, 일본은 용이 하늘로 올라가는 좋은 지형을 점하고 있다, 일본은 물산풍부한 기름진 땅을 갖고 있다, 역사를 말할 때는, 일본은 영원히 한 뿌리인 군주를 모시고 있다, 일본은 옛부터 독립된 강한 나라를 이루고 있다라고 말하고, 그 밖에 어떤 학과에 있어서도 한 마디 한 마디 일본만을 찬미하고……

친일교육에는, 천장절(天長節) 축하식을 비롯한 일본의 국가 행사나 이토오 히로부미 추도식 등 우발적인 행사도 이용되었다. 會寧보통학교 교감 오오사카 킨타로(大坂金太郎)는, 1909년 12월, 「이번 학기는, 教授 管理 訓練 등에 이익이 되는 많은 우연한 일들이 있어, 이를 하나 하나 이용하는데 힘썼다」[14] 라고 말하고 있다.

일본인 교원이 친일교육 다음으로 역점을 둔 것은 실업교육이었다. 실업교육도, 상래의 식민지 경영을 준비한다는 의미로, 교과나 행사를 통한 친일교육과 뿌리를 같이 했다. 실업교육의 장은, 보통학교내와 실업학교 · 실업보습학교로 구분할 수 있다. 전자에 관해서는, 1909년 11월 타와라 學部 차관이 각 도에 대하여 시달한 「普通學校 教養에 關한 施設綱要」 안에 「농원, 학교의 숲, 학교의 채소밭 등을 설치하여 운영하고, 조림 또는 곡물, 과수, 꽃 등을 뿌려 재배하여, 수업상 편의를 꾀함은 물론, 학생들에게 노동을 즐기고, 직업을 존중하는 습관을 붙이게 하여 아울러 좋은 취미를 갖게 한다」라고 있어, 보통학교에 있어서의 실업교육의 목적이, 주로 농림업을 통하여 근로정신을 기르는 데 있던 것을 알 수 있다. 일본인 교원도, 이 취지를 잘 실천했다. 일례를 들면, 忠州보통학교 교감 당시의 하라다 진나이(原田甚內)는, 「학도와 함께 분뇨를 운반하고 또는 함께 김을 맸다」[15]라는 것이다.

한편, 그들은, 실업학교나 실업보습학교의 운영에도 깊게 관여했다. 즉, 부근에 실업학교가 설립되면 그 학감을 겸하고, 보통학교에 실업보습학교가 병설되면 그 교감도 맡았던 것이다. 카고기 요시아키(鹿子木義明) · 코마츠 켄키치(小松兼吉) 등, 합병 후, 실업학교 전임교사가 된 자가 있었던 것으로 보아, 그들은 실업교육 수완에도 또한 뛰어난 바가 있었다고 생각된다.

다음에, 보통학교의 여자학급에 대해서 부언해 두고자 한다. 여자학급은, 1908년, 대구 · 함흥 · 군산 · 여주의 4 공립 보통학교에, 1909년, 공립 평양 · 개성 · 강화 · 목포 · 전주 · 마산보통학교 및 관립 어의동보통학교의 7교에 각 1학급이 부설되었는데, 그것은 주로 일본인 교원의 요망에 의한 것이었다. 學部는, 재정상의 이유로 여자학급 설치에 소극적이었다. 결과적으로 겨우 11학급에 머물렀다고는 하나, 여자교육에 관한 한 學部 당국보다도 일본인 교원 측이 진취적이었던 것이다. 또, 여자 학급의 신설과 함께 일본인 여자교원도 보통학교 교육의 제1선에 등장하게 되었다.

(2) 한국인 교원의 지도

보통학교 구상이 구체화되자, 여기에 필요한 통역요원을 양성하기 위해 漢城師範學校 임시교원 양성과가 개설되었다. 그 기간은, 1906년 6월~8월 의 3개월, 강사진은, 漢城師範學校 교관 마스도 츠루키치(增戶鶴吉), 주한 일본 육군 군인 코사카다(小坂田) 某, 그리고 당시 관립 소학교 교원이었던 오오야마 카즈오(大山一夫) · 니시야마 쿠마스케(西山熊助) · 호리 소우지로(堀摠次郎) 등 5명이었다. 담당 교과에 대해서는 오오야마가, 「마스도 君이 修身, 교육을 담당하고, 니시야마 君이 算術, 호리 君이 國語, 내가 地理, 歷史, 理科, 코사카다란 자가 體操를 담당했습니다」[16]라고 말하고 있다. 임시교원 양성과에서의 강습 후, 오오야마 · 니시야마 · 호리는, 각각 해주 · 대구 · 춘천의 보통학교에 부임했다. 결국, 일본인 교원에 의한 한국인 교원의 지도는, 이미 보통학교 개설 이전부터 개시되고 있었던 것이다.

漢城師範學校 임시 교원양성과는, 그 후 공립 보통학교 증설 때마다, 이에 앞서 개설되었다. 제2차 이후의 강사 이름은, 마스도 츠루키치 외에 분명하지 않으나, 보통학교의 일본인 교원이 참여했던 것은 상상하기 어렵지 않다.

보통학교에서 한국인 교원의 지도는, 일본인 교원이 그 직무를 효율적으로 수행하는 데 불가결했다. 타와라 學部 차관도, 이것을 강하게 독려했다. 다음은, 1908년 7월 제2회 관공립 보통학교 교감회의에서의 차관 훈시의 한 구절이다.

> 韓人 교원은 교수법이 미숙하고, 학교 관리에도 경험이 부족한 것은, 물론 예외는 있긴 하나, 일반적으로 인정할 수 있는 것이다. 여러분은, 이러한 사람들의 훈련에 대해서도, 항상 주의를 기울여 실행하고 있을 것으로 믿는다. 이것은, 지금까지도 자주 한 얘기이지만, 앞으로도 더욱 주의를 기울이기 바란다.[17]

한국인 교원 지도의 實例는 많지만 비교적 잘 정리된 자료로 다음 두개를 들어 둔다.

> 처음에는, 教案을 만드는 방법에 관하여 교재의 分節教法(이라고 하는 教授法)과 기재방법 등에 대해 매일 지도했다. 그 다음으로 수업 때의 마음가짐에 관해서 이야기했다. 교안을 기재하는 방법에 대해서는, 거의 다 가르쳤으므로 이번 달부터 매주 1회, 교재연구를 시작하여, 각 담임의 교과에 대해서, 교재의 취사선택 방법, 수업의 중요한 점, 수업 방법의 적용 등에 대해서 연구시키고 있다. [1909년 11월 공립 南陽보통학교 교감 사도하라 유우스케(佐土原雄助)][18]

> 학생을 교수하려고 하면 우선 교원을 지도하지 않으면 안 된다. 그래서 본교에서는 연구회 규정을 만들어 임시로 수업관리, 훈련에 관한 사항을 연구하고 또 매월 한 번 모범수업을 실시하여 교수법을 습득시키고 있다.[1909년 12월 사립 坡州보통학교 교감 미야시타 마사오키(宮下政興)][19]

이러한 지도를 받은 한국인 교원은, 일본인 교원의 단순한 통역에서 점차로 대행자가 되고, 그만큼, 일본인 교원은 다른 업무에 시간을 할당할 수 있게 되었다고 볼 수 있다.

(3) 한국어 학습

한국어 능력의 유무가 평소의 교육활동의 효과를 좌우했을 것이라는 관점에서, 일본인 교원이 한국어를 어느 정도 학습했을까 보려고 한다.

1907년 4월, 이토오 히로부미는 통감 관저에 일본인 교원을 불러 훈시하고, 한국 종래의 풍속 · 습관을 존중할 것, 정치 · 종교로부터 초연할 것, 한국어 학습에 힘쓸 것, 이 세 가지를 강조했다. 한국어 학습에 관한 부분은 다음과 같다.

> 여러분이 아동을 교육하는데 임하여 가장 필요한 것은 언어이다. 아무리 친절하게 도와주려고 해도 언어가 통하지 않기 때문에 그 목적을 달성할 수 없는 경우가 적지 않다고 생각한다. 여러분은 가르치는 틈틈이 조선어를 배울 것을 잊지 말도록, 이는 간절히 바라는 바이다.[20]

또, 동년 8월 15일자 『敎育時論』 사설도, 「고등전문학교의 교원이라면 어떻든간에, 소학교 교원은 반드시 한국어에 통달하지 않으면 안 된다」라고 주장하고 있다.

이러한 일본 官民의 요망에 응하여, 한국어를 습득한 교원도 있었다. 郭山보통학교 교감 쿠시하라 츠나고로(串原綱五郎)는 「이 교감이 특히 훌륭한 점은, 일을 시작한 지 아직 얼마 되지도 않았는데, 한국어가 굉장히 능숙하여 평안북도의 모든 교감 가운데 그 보다 능숙한 사람은 없다」[21]라고 평가받고 있기도 하고, 공립 江鏡보통학교에서 보조지정 사립 肅明보통학교로 전임한 코사사 미네타로에게는, 『日語讀本』을 완전히 한역(韓譯)하는 힘이 있었다.

1909년 12월, 코사사(小佐々)가 學部에 보고한 내용은 다음과 같다.

> 일어 독본의 한역(韓譯)을 오로지 부훈도(副訓導) 한 명에게 맡기면, 여러 가지 잘못이 생기고, 학생이 이해하는데 부적합할 수도 있을 뿐만 아니라, 잘못을 고치는 데도 곤란한 일이 적지 않은 것이 사실이다. 그러므로, 나는 전임지에 있었을 때부터, 적당한 韓譯을 하여 이것을 학교에 두고 이것에 의해 번역을 일정(一定)하게 한다는 것이 이전부터 바라던 바로, 지난 9월 이래, 열심히 번역을 하여 전부 8권이 완성되어 수업 중에도 사용하고 있는데 실제로 매우 편리함을 느낀다.[22]

그러나, 쿠시하라(串原)나 코사사(小佐々)는, 어디까지나 예외적인 존재였다. 1908년 7월 10일자 『皇城新聞』은, 「지방 각 보통학교의 일본인 교원을 學部에 소집하여, 여름방학 때 한어를 강습시키는 것을, 學部에서 현재 협의 중이다」라고 알리고 있는데, 이 강습회는, 실시되지 않은 것 같다. 그것은, 이 신문보도로부터 1년 이상이 지난 1909년 12월, 문부성 실업학무국장 마노 분지(眞野文二)가, 「한국 국민 교육은, 제대로 진보하고 있지만, 지금 정말로 필요한 것은, 훌륭한 교사의 공급이다. 물론, 우리 일본의 교사로서 적당한 인물이 적지는 않지만, 아무래도 한국어를 할 수 없기 때문에, 때때로 서로의 의사소통이 잘 안되는 경우가 있는 게 유감이다」[23]라고 말하고 있기 때문이다. 마찬가지로, 1915년의 『朝鮮教育要覽』에도, 「종래의 교장으로서 재직 4, 5년이 되어도 아직 한국어를 알지 못하는 자도 있고」[24]라고 있다. 여기서 말하는 「종래의 교장」이란, 즉 구한말 시대 이래의 일본인 교원인 것이다.

사족이지만, 한국어 학습에 힘썼다라는 의미에 있어 이토오 통감의 훈시에 충실했던 쿠시하라 츠나고로(串原綱五郎)는, 한편으로 여기에 반하는 행동을 취하고 있다. 다음의 쿠시하라 츠나고로 자신의 보고(1909년 10월)에 있듯이, 그는, 한국 종래의 풍속 · 습관을 존중했다고는 할 수 없다.

9월 27일, 28일은 음력으로 8월 13일, 14일에 해당하고 추석이라고 하여, 韓人은 조상을 모시는 날로 종래 매년 쉬어 왔지만 나는 무슨 일이 있어도 이 구습을 타파하려고 그 전날 학생을 모두 모아, 내일은 규칙대로 절대로 휴업하지 않는다고 했다. 무릇 국가의 명령에 복종하는 사람이 최선의 국민이니, 열심히 일하는 사람이 되려면, 내일 반드시 학교에 오라고 가르쳤다.[25]

한국어를 습득한 일본인 교원이 실제로는 극소수였음을 보아도, 종래의 풍속 · 습관을 경시한 자가 있었음을 보아도, 1907년 4월의 이토오 통감의 훈시는 제대로 이행되지 못한 것 같다.

3. 대외활동

(1) 가정 · 지역사회와의 연계

생도 모집 방법으로서 幻燈會 · 부형 담화회 등이 개최된 것은 전술한 대로인데, 이들 모임을 통하여 「模範教育」에 대한 이해를 얻는 것은, 생도 모집뿐만 아니라 보통학교의 운영 전반을 원활히 하는 데 필요불가결했다. 특히 공립 보통학교의 경우, 경비 전액이 국고부담이었던 관립과 달리, 「학교의 재원이 예정 수입을 얻지 못할 때는 혹은 지방 유지에게서 기부금을 모으거나 또는 다른 방법을 모색」[26]하지 않으면 안 되었기 때문에, 가정이나 지역사회와의 연계의 필요성은 더 한층 절실했다. 타와라 學部 차관이 말한 학교 · 가정 · 지역사회의 연계 수단은 다음과 같다.

1. 面長會, 有志會, 有志訪問

군청에서 면장회의의 소집, 또는 유지들의 모임이 있는 경우는 일본인 교원은 그 기회를 놓치지 않고, 여기에 출석해서, 신교육이 어떤 것인지를 설명하고, 보통학교의 시설 상황을 이야기하여, 그들을 데리고 직접 학교를 참관시키거나 혹은 지방의 유지들을 방문하여 신교육을 이해시켜서, 그들을 학교에 불러 수업 및 설비가 실제로 어떤 것인지를 관람시키는 등 각종 방법을 다해 노력하고 있다.

2. 父兄會, 母姉會, 家庭訪問

부모나 형, 누나 등은 자제를 학교에 보내도, 학교에서의 실제 수업하는 모습을 보지 못하기 때문에, 여러 가지 의심을 갖고 있고, 여러 가지 나쁜 소문에 빠질 수가 있다. 그래서 보통학교에서는 기회있을 때마다 父兄會, 母姉會 등을 열어 그들을 학교에 초대하여 실제로 교육하는 것을 보게하여 교육상황이 어떤 것인가를 보여줌과 함께 父兄이나 母姉 등과 긴밀하게 되고, 학교와 가정과의 연계를 도모하여, 혹시 학생이 결석한 경우에는 특별히 선생이 스스로 가정을 방문하여 병에 걸린 자는 위문하고, 특히 문제가 없는 자는 잘 설득하여 결석하지 않도록 노력했다. 이렇게 하여 학생의 출석률도 조금씩 좋아져 갔다.

……(中略)……

4. 學藝會, 展覽會

지방의 학부형 유지에게 보통학교의 효과를 알리기 위해서는 가끔, 그 성과를 모으거나, 혹은 국어나 일어의 실습 및 이과의 실험 등 몇 개 교과의 현장 연습회를 개최하여, 이것을 학부형 유지에게 관람시키고 신교육의 실적을 소개함으로써 민중의 마음의 계발을 재촉하는 방법을 실행하고 있다.[27]

위와 같은 각종 방법 외에, 1908년 7월 제2회 관공립 보통학교 교감 회의에서는, 「학교와 가정의 연락은 어떻게 해야하는지」에 관해서, 「경축일이나 의식이 있는 경우에는 학부형에게 참석을 촉구할 것」, 「학생들이 만든 것들을 가정에 회람시킬 것」, 「통신부를 만들어 그 이용에 힘쓸 것」, 「운동회를 개최할 것」, 「학생 상호간에 조위(弔慰)를 실시할 것」, 「필요 사항은 때때로 인쇄하여 가정에 부칠 것」 등이 협의 · 가결되었다.[28]

이러한 섬세한 수단이 강구된 결과, 보통학교는 점차 한국사회에 정착되어 갔다. 다음은, 그 한 예이다.

> 특히 학생은 일반적으로 교과의 습득에 노력하고 그 중에서도 일어에 대해서는 많은 취미를 가져, 그 성적이 현저한 경우가 있다. 또, 일본어가 능숙하면 주변의 일본인과의 교제에서, 매우 편의를 느끼고, 순경, 헌병보조원, 각 관공서의 고용원이나 판임관 등의 채용에 있어서도, 일본어 지식을 조건으로 하는 경향이 생겼기 때문에, 당초 일본어를 혐오하던 학부형 등도 지금은 적극 환영하게 되었다.[29]

또, 「폭도의 피해가 심하고 많은 일본인이 살해된 지방에서도 한 사람의 일본인 교사도 아직 조난당한 일이 없었다」[30]라고 전해지는 것도, 자기자랑인 감은 없진 않지만, 일본인 교원이 학교 · 가정 · 지역사회의 연계에 힘쓴 성과라고 볼 수 없는 것은 아니다.

(2) 사립학교 · 서당 대책

1908년 8월에 「私立學校令」이 공포되기까지, 사립학교에 대한 제약 규정은 아무것도 없었다. 「私立學校令」이라 해도, 사립학교의 존립 자체를 엄하게 규제하는 것은 아니었다. 學部로서는, 엄한 사립학교 단속이, 당시의 제한된 교육 기회를 더욱 적게하고, 결과적으로 반일의식을 부채질하게 되는 것을 두려워했던 것이다. 따라서, 일본인, 혹은 일본인에 의해 교육받은 한국인을 교사로서 보내는 것은, 사립학교를 「模範教育」의 테두리 안에 넣기 위한 유효한 수단이 될 수 있었다.

1910년 6월 19일자 『皇城新聞』에 의하면, 이 시점에서 사립학교의 일본인 교원은 200명을 넘었다고 하는데, 지금 구체적인 예를 몇개 들면, 『大韓每日申報』 1907년 2월 28일자로 야부우치 쵸우고로(藪內長五郎)가 서울 海東新塾의, 同紙 同年 12월 24일자로 니시야마 쿠마스케(西山熊助) · 츠네(津根) 夫

妻가 大邱·養成여학교의, 『皇城新聞』 1909년 1월 9일자로 유모토 하게무(湯本勵)가 義州의 一成 夜學校의 교사였던 것을 알 수 있다. 그들의 본래의 근무학교는, 야부우치 쵸우고로가 관립 齋洞보통학교, 니시야마 쿠마스케가 공립 大邱보통학교, 유모토 하게무가 공립 義州보통학교였다. 또 니시야마 츠네(西山津根)는, 1908년, 大邱보통학교에 여자학급이 설치된 후, 이 학교의 교사 촉탁이 되었다.

그들의 사립학교에서의 지위는, 니시야마 츠네를 제외하고 모두가 「명예교사」 즉 자원봉사자이고, 사립학교 측의 출강 요청에 응한 것이라고 생각할 수 있으나, 이에 대하여, 1909년도에 31교, 1910년도에 10교가 설정된 보조지정교의 일본인 교원은, 그야말로 學部의 일본인 관료에 의해 보내진 것이었다. 그 한 사람이었던 사립 又新學校의 키사누키 키요스케(木佐貫喜代助)는, 교감으로서 공립 보통학교와 같은 학교경영을 해 나아가면서, 다음과 같이 사립학교 교원양성에도 힘을 쏟고 있다.

> 이 지방 사립학교는, 좋은 교원이 없고, 서방(書房)과 전혀 다를 바 없기 때문에, 교육개선과 발달을 도모하려면, 우선 교사를 뽑을 필요가 있다. 그러므로, 군수와 상의해서, 새로 널리 교원 지원자를 모집하고, 상당한 학력을 갖춘 자 10명을 뽑아 우리 학교에 소집하여, 매일 수업을 참관시키고 또 한 두 시간 실제로 수업을 시켜서 방과 후 이를 비평하고 또 교수법 및 교재 취급 방법을 가르치고, 또 이같은 사항에 관해서 강습하고 학력 시험을 치러, 그 성적에 따라 현재의 3명을 뽑았다. 군수는 그들을 설립자에게 추천하여 채용하게 했다. 다른 사립학교도 합병 의결을 했을 때에는 이러한 양성 방법에 의해 교원을 채용할 방침이다.
>
> 강습과목
>
> 1. 교수법원리
> 2. 보통학교령 제1조에 대하여

3. 보통학교 教則에 대하여
4. 사립학교령
5. 諸表簿의 樣式에 대하여
6. 집무상의 마음가짐에 대하여
7. 설비상의 주의에 대하여
8. 교사의 태도에 대하여(일반적으로 韓人에게는 책임의식이 부족하다는 것을 인정했으므로 주로 여기에 힘을 쏟았다)

앞으로도 군내의 사립학교 교사는 위와 같은 방법에 따라 채용할 것을 군수와 협의했다.[31)]

일본인 교원을 보조지정교에 배치하는 것 자체가 사립학교 대책의 일환이었는데, 그들은 더 나아가, 보조지정교를 거점으로 하여, 교원양성을 통한 사립학교 대책을 전개하고 있었던 것이다.

또, 마찬가지로 보조지정교였던 高原보통학교의 교감 요시나가 타다시(吉永貞)는, 그 제자를 주변 사립학교의 교사로 했다. 그것이 사립학교 대책으로서 유효했던 것은, 다음의 요시나가의 보고에 있는 대로이다.

사립학교에서도 조금씩 본교를 모범으로 하게 된 것이 많아진 것은, 정말로 기뻐해야 할 일이다. 그리고, 본교의 시설이 이처럼 사립학교에 영향을 미친 것은, 우리 郡의 教育會 설립, 강습회, 교육 전람회의 개최, 본교 졸업생 또는 재학생 중에서 사립학교 교사가 된 것 등이 아마 그 원인이다. 이들 사립학교의 교사가 된 자는, 군내 9개교 가운데 4개교 5명에 이른다.[32)]

위의 인용에 있듯이 사립학교에 대한 공작은, 교원인사뿐만 아니라 강습회 · 전람회 등을 통해서도 행해지고, 그것은 일본인 교원의 근무교(관공립 및 보조지정 보통학교) 전반에 공통이었다. 이에 관한 많은 실례가 있는데, 공립

群山보통학교의 농산물 전람회의 케이스를 보면 다음과 같다.

이 지방은, 남한 제일의 全州 평야를 가까이 둔 농사 경영지이기 때문에, 학생에게 실업에 관한 취미를 환기시킬 필요가 있다. 이 소전람회도 이러한 필요에 의해 계획한 것으로, 근처 사립학교와 의논 끝에 정하고, 농업시험장에서 칸베(神部)라는 일본종 볍씨의 기부를 요청하여, 補習科 중에서 농가 학생에게 다섯 되씩을 분배함과 아울러, 각종 야채 씨를 주어 모두 시험재배시키고, 수확기에는 그 생산물을 일정한 장소에 모아 품평회를 열고, 학예에 관한 작품 등도 진열하여, 소전람회를 함께 실시하려고 했다. 농산물만의 품평회는 학교의 사업으로서는 재미없는 면이 있으므로, 작문, 미술, 서예를 비롯하여 그 외의 작품 등도 전시하여 참고로 하려고 했다. 이 생각에 찬성한 곳은 사립 沃溝 進明學校와 사립 普興學校 등이다.[33]

한편, 書堂(書房) 대책은, 당초, 매우 소극적이었던 것 같다. 서당이 풀뿌리 같은 전통교육기관인 만큼, 일본인 교원으로서도 안이하게 손을 대는 것은 피했을 것이다. 1909년 6월, 보조지정 사립 經緯學校에 부임한 센바 부헤이(仙波武平)는, 다음과 같이 보고하고 있다.

내가 부임할 때, 學部로부터 한국의 교육에 관해서 자세한 주의, 훈화가 있었으므로 그 지방의 상황을 살피지 않고 함부로 여러 가지 일을 하면 더욱 악감정을 야기시켜, 좋지 않은 결과가 있을 뿐이란 것을 깊이 생각했다. 書堂에 관해서는 방관하는 태도를 보이고, 보통학교의 설비, 수업, 훈련 등에 주의하여 열심히 그 실적을 올리려고 하면, 점점 완미(頑迷)한 사람들도 그 오해를 깨달을 것이다. 그렇게 되면, 서당도 점차 없어질 것이라고 믿고, 직원 및 설립자를 독려하여, 오로지 본교의 경영, 교육의 실적을 올려, 본교의 명예를 손상시키는 일이 없도록 하라는 주의를 내렸다.[34]

그러나, 한일합병을 전후하여 서당에 대한 작용은 점차 적극화되었다. 그 결과, 공립 載寧보통학교(전 · 보조지정사립 養元학교) 교감 마츠시타 키쿠지(松下菊治)의 다음과 같은 보고에 있듯이, 그 중에는 보통학교의 豫備校化하는 서당도 나타나고 있다.

> 서당의 교사를 지도 조언하여 그 수업방법을 개선시키는 것은 보통교육을 실시하는 데 많은 관계가 있는 일이다. 그래서, 군수와 협의하여 읍내 서당 4군데 교사를 모아, 상호 연락의 필요성을 얘기하자 모두 이 일에 찬성했다. 이후 서당을 보통학교의 예비학교와 같이 취급하여, 교감은 가끔 서당을 참관하고, 아동 지도의 상담역이 되기로 했다. 금년(1911년 – 著者 註) 서당 학생 중에서 뽑혀 본교에 입학한 사람이 20명에 이르렀다.[35)]

이상, 한국 學部 학무국 및 조선총독부 내무부 학무국 발행『學事狀況報告』에 주로 의거하면서 일본인 교원의 사립학교 · 서당 대책을 개관해 보았으나, 여기에는 자료의 치우침이 있음을 인정하지 않을 수 없다. 왜냐하면, 이들 자료는, 일본인 교원의 여러 가지 활동의, 말하자면 성공사례집 같은 색채가 짙기 때문이다.「模範教育」의 틀안에 들어간 사립학교 · 서당이 있었던 것은 사실이라 하더라도, 그것은 수많은 사립학교 · 서당의 일부에 지나지 않았다고 보는 것이 타당할 것이다.

(3) 學部와의 관계

學部로부터 일본인 교원에게 부과되는 일 중의 하나로서,「月終報告」라고 불리는 정기보고가 있었다. 타와라 學部 차관은, 1908년 7월 제2회 관공립 보통학교 교감회의에서 다음과 같이 말하고 있다.

> 여러분들의, 이른바 정기보고에 대하여, 작년에도 오신 분들은 알겠지만, 재작년 9월 여러분이 처음 온 지 몇 달 뒤인 작년 4월, 여러분과의 회합을 가졌다. 그 때 여러분들이 힘든 일이 많았던 점, 또는 여러분이 경험했던 일에 대해 참고가

> 될 만한 점도 많고, 유익한 이야기를 나눌 수 있었는데, 學部에서는, 이 회합을 개최할 때까지는 이러한 것을 전혀 몰랐던 것이다. 이것은 學部의 실수였다. 그래서 이 회합의 결과, 곧 이런 정기보고를 만들었으므로, 여러분은 이 보고에 의해 여러 가지 어려운 일을 學部에 알려주기 바란다. 그 사항은, 모두가 알고 있는 공공연한 것이어도, 비밀이어도 상관없다. 또, 여기에 열기(列記)한 사항 이외에도, 뭐든지 보고 들은 것이나 생각한 것, 지방의 상황, 학교와의 관계, 민심의 동향 등에 대해서, 여러분의 見聞, 관찰에 따라 치밀하게 보고하는 것은, 여러분이 지방에서 얼마나 고생하고 있는지를 學部 당국자에게 알리는 것임과 동시에, 학부 당국자의 동정을 이끈다고 하는 점에서도 많은 도움이 된다.[36)]

이것으로, 일본인 교원으로부터 學部에의 정기보고가 1907년 4월 이후 개시되고, 그 보고 내용은, 학사 전반에서부터 지방의 상황, 인심의 동향에 이르기까지 다양했다는 것을 알 수 있다.

이 매월 정기보고는, 1908년 9월, 격월로 바뀌었다. 구체적으로는, 「정기보고는 한 학년 6회로 하고, 5월, 7월, 9월, 11월, 다음해 1월, 3월의 각 월 말까지 정리하여 다음 달 10일까지 …… 차관 앞으로 발송하게」 되었다 「지금까지, 여러분으로부터 매월 상황보고를 받고 있는데 여러분의 異動, 또는 新任 등의 원인도 있겠지만, 실제 이 보고서 제출 기한에 늦는 일이 적지 않았다. 또 심지어는 제출하지 않는 사람도 있어 유감스러울 뿐이므로, 이번 기회에 이 보고에 관한 것은 앞의 시기대로 개정한다」[37)]는 것이 그 이유였다. 한 마디로 말하면, 매월 정기보고는 너무 번거로워, 실행하기 곤란했던 것이다.

정기보고와 병행하여, 임시보고도 수시로 행해졌다. 예를 들면, 1908년 8월의 「私立學校令」 공포 직후에는 교과용 도서 단속 상황에 관하여, 1909년 1~2월의 한국 황제의 지방 순시 때는 황제의 순시가 지방교육에 미친 영향에 관하여, 임시보고가, 學部로부터 각 보통학교의 교감인 일본인 교원에게 요구되고 있다. 또, 각 도 레벨에서 교감 회의가 열리면, 그때마다 學部에 보고서를 제출하는 것이 관례였다.

이러한 각종 보고서가 단순한 학사 보고가 아니었던 것은, 앞에서도 본 대로이다. 따라서, 學部의 정보기관원 같은 활동 때문에 일본인 교원은, 한국인의 반발을 사기도 했다. 그 일단을 나타내는 것으로 한국 國史編纂委員會 編 『韓國獨立 運動史』에는, 「학생들이 日人 교사를 배척한 것은, 그들의 교육내용이 민족 감정을 불러일으켰을 뿐 아니라, 교내의 동정을 탐지하여 밀고하는 스파이역을 도맡고 있었기 때문이다」[38]라고 있다.

1909년 4월, 주요한 군에 한 사람씩의 일본인 주사(통칭 「教育主務主事」)가 배치되었다. 교육주무주사제는, 學部와 內部의 합의하에 설치되어, 그들은, 신분상 내부대신에 의해 임면되는 道主事였으나, 직무상은 學部와 밀접한 관계에 있었다. 그들의 직무에 관하여 타와라 學部 차관이 훈시한 바는 다음과 같다.

> 제군들은, 도내 교육사무의 주임일 뿐아니라, 또 지방 각 학교 교육자의 지휘감독관이다. 제군들은, 어떤 면에서는 관찰사의 손발이지만, 또 다른 면에서는 교육자의 지휘관이다. 도내 교육자에는, 일본인이나 韓人도 있지만, 공립학교에 종사하는 사람에 대해서는, 직접 學部에서 집무상의 마음가짐에 대하여 관심을 갖는다. 특히 일본인 교감에 대해서는 늘 엄밀한 관심을 갖고, 시시각각 서면으로 지휘를 하고 있다. 여러분이 확실하게 도내 교육자를 지휘감독하는 데는, 미리 이러한 서류를 자세하게 연구해 두는 것이 좋다고 생각한다. 함부로 여러분 자신의 생각대로 여러 가지 일을 결정해서는, 가끔 지금까지의 學部의 조치와 모순되는 상황을 면할 수 없기 때문이다.[39]

즉, 教育主務主事는, 「지방 각 학교 교육자의 지휘 감독관」으로서 공립 보통학교의 일본인 교원을 지도하는 입장에 있었는데, 學部도 「특히 일본인 교감에 대하여는 늘 엄밀한 관심을 갖고」 있었다. 바꾸어 말하면, 일본인 교원은, 學部의 직접 지시를 받으면서, 이와 모순되지 않는 형태로 교육주무주사의 지휘감독을 받았던 것이다.

교육주무주사제는, 일본인 교원에 대한 지휘계통의 다원화를 가져옴과 동시에, 교원 경험자가 교육행정에 직접 참여하는 계기도 되었다. 이 제도가 발족된 1909년 4월, 水原보통학교의 야마자키 사부로(山崎三郎)와 平壤보통학교의 세키네 요시미키(關根義幹)가, 教監에서 主事로 옮긴 것이 그것이다. 1910년 5월, 定州보통학교 교감이었던 카고기 요시아키(鹿子木義明)가 여기에 뒤를 이었다.

참고로, 한일합병 후는, 구한말 시대의 교감에서 조선총독부 관리가 된 자나, 보통학교 훈도 직을 유지하면서 교과서 편집 촉탁 · 교과서 조사위원 등으로 교육행정에 종사했던 자가 적지 않게 있었던 것을 부언해 둔다.

맺음말

구한말 관공립 보통학교의 일본인 교원의 자질에 대하여, 「당시 초빙된 內地人 교사는 …… 단순히 교육적 기술가라기보다도, 재간도 있고 정치가적인 소질이 있는 자들이, 선택된 것 같다」[40]고 전해지고 있다. 이것은, 일본의 식민지인 한국에서 「模範教育」을 추진하는 데는, 교육자로서는 물론, 그 이상으로 정치가적인 소질이 필요했다는 것을 의미한다. 그리고 그들은 이 필요에 따라 다방면에서 눈부신 활동을 보통학교 내외에서 전개했다.

그러나, 學部 차관 타와라 마고이치에 의하면, 그들 모두가 그러했던 것은 아니다. 타와라는, 1909년 4월, 다음과 같이 말하고 있다.

> 나는 지금까지 3년간, 일본인 교원이 한국에 와서 근무하는 것을 봐 왔는데, 단순히 하루하루 교무(校務)를 충실히 하고, 자리를 지킨다는 것으로 끝나는 사람이 없는지, 의심하지 않을 수 없다. 왜냐하면 일본인 교감은 종종, 이른바 소심한 자가 있다고 생각하기 때문이다. 내가 여기서 소심한 자라고 하는 것은, 일상

적인 일만을 하고, 어떻게 직무책임을 다하면 좋은 결과가 나올까에 대해서는, 고심하거나 궁리하지 않는 자를 말한다. 사람은 어떤 직무에 종사하든, 늘 어떻게 하면 충분한 실적을 올릴 수 있을까에 대하여 고심하고 궁리할 필요가 있다. 이러한 고민을 하지 않고, 단지 아동에게 규정대로 교과를 가르치는 것만으로 충분하다는 것은 소심한 교육자이지 활동적인 교육자는 아니다. 그런데 한국에서 일본인 교원을 고용하여 근무시키는 이유는, 신교육의 단서(端緖)를 열어 그 모범을 보이는 데 있다. 그 사람 자신은 학교의 유일한 책임자가 되어, 다른 직원을 지도하고, 학사 실적을 올리는 임무를 맡는 자이며, 이러한 중대한 책임자는 단지 한 학교의 교사로서 수업시간만을 완전히 이행하는 것만으로 끝나지 않고, 더 나아가 학부형과 유지(有志)를 이끌어 지방 민심을 계발할 각오가 없으면 안 된다.[41)]

일본인 교원 중에는 타와라가 말하는 것 같은「틀에 박힌 생각을 가진 소심한」일본인도 있었을 것이고, 식민지가 아닌 보호국이라고 하는 상황이, 그들의 활동을 저절로 제약한 면도 있었을 것이다. 하지만, 전체로 보면, 일본인 교원은 실로 타와라가 요망한 대로 활동하여, 이것이 식민지 교육의 기초가 된 것은 확실하다.

이야기는 다소 비약하지만, 위의 타와라의 발언은, 조선총독부가 1934년에 낸『簡易學校의 敎師에게 바람』에 나오는「그 교육적 정신이 부락 청년이나 어른이나 부인들에게까지 미치는 것을 부락개학(部落皆學)의 궁극적 이상으로 한다. 당신이 사는 부락에 문맹자가 한 사람도 없게 될 때 비로소 당신은 잠들 수 있는 것이다」,「당신은 오전 9시부터 오후 4시까지의 교사이어서는 안 된다」[42)]라는 대목을 연상시킨다. 간이학교 교사만 못했다 하더라도, 활동범위가 학교 내에 머무르지 않았다는 점, 또 근무시간이 무한정이었다는 점에서, 구한말 시대의 보통학교 교원은, 식민지시대 교원의 原型이었다고 말할 수 있을 것이다.

【註】 (*는 한글 文獻)

(1) 韓國學部『韓國敎育』1909年 9쪽

(2) 同上『韓國敎育의 現狀』1910年 13쪽

(3)『文敎의 朝鮮』1927年 12月號 67~68쪽

(4) 同上 69쪽

(5) 同上 65쪽

(6) 韓國學部『第2回 官公立普通學校 敎監會議 要錄』1908年 7月 53쪽

(7) 高橋濱吉『朝鮮敎育史考』帝國地方行政學會朝鮮本部 1927年 209쪽

(8) 韓國學部『韓國敎育과 警察行政』1909年 1~2쪽

(9)(10) 同上『第2回 官公立普通學校 敎監會議 要錄』50쪽

(11)『文敎의 朝鮮』1927年 12月號 67쪽

(12) 韓國學部『第2回 官公立普通學校 敎監會議 要錄』51쪽

(13) 本繁吉「學事視察報告要領」(渡部學 · 阿部洋 編『日本植民地敎育政策史料集成(朝鮮篇)』第66卷 龍溪書舍 1991年 所收)

(14) 韓國學部 學務局『學事狀況報告 第6回 要錄』1910年 2月 4쪽

(15) 朝鮮總督府 內務部 學務局『普通學校實業學校學事狀況報告要錄』1912年 1月 9쪽

(16)『文敎의 朝鮮』1927年 12月號 56쪽

(17) 韓國學部『第2回 官公立普通學校 敎監會議 要錄』22쪽

(18)(19) 韓國學部 學務局『學事狀況報告 第6回 要錄』6쪽

(20) 韓國學部『第2回 官公立普通學校 敎監會議 要錄』附錄 統監內訓 其他 關係事項 4쪽

(21) 本繁吉「學事視察報告要領」

(22) 韓國學部 學務局『學事狀況報告 第6回 要錄』10쪽

(23)『敎育界』第9卷 第2號 1909年 12月 100쪽

(24) 朝鮮總督府 內務部 學務局『朝鮮敎育要覽』1915년 12월 35쪽

(25) 韓國學部 學務局『學事狀況報告 第6回 要錄』18쪽

(26) 韓國學部『韓國敎育의 現狀』23쪽

(27) 同上 23~25쪽

(28) 韓國學部『第2回 官公立普通學校 教監會議 要錄』97쪽

(29) 同上『韓國教育의 現狀』26쪽

(30) 弓削幸太郎『朝鮮의 教育』自由討究社 1923年 88쪽

(31) 韓國學部 學務局『學事狀況報告 第6回 要錄』1~2쪽

(32) 朝鮮總督府 內務部 學務局『普通學校實業學校學事狀況報告要錄』1912年 1月 1쪽

(33) 韓國學部 學務局『學事狀況報告 第6回 要錄』20쪽

(34) 同上 3쪽

(35) 朝鮮總督府 內務部 學務局『普通學校實業學校學事狀況報告要錄』1912年 1月 14쪽

(36) 韓國學部『第2回 官公立普通學校 教監會議 要錄』24~25쪽

(37) 同上 附錄 60쪽

(38) *大韓民國 文教部 國史編纂委員會編 · 發行『韓國獨立運動史』1 1965년 370쪽

(39) 韓國學部『韓國教育의 旣往及現在』1909年 81쪽

(40)『朝鮮』第333號 1943年 2月 56~57쪽

(41) 韓國學部『韓國教育의 旣往及現在』82쪽

(42) 朝鮮總督府 學務局 學務課『朝鮮學事例規』1938年 368, 371~372쪽